KB118756

교육
리더십

Educational Leadership

주철안·강석봉·서용희·이상철·이영내·홍창남 공저

학지사

머리말

　교육은 사람이 인간으로서 삶을 영위하는 데 필요한 지식, 기술, 가치 등을 학습하는 사회화 과정이다. 오늘날 교육은 유아부터 노인까지 배움에 참여하는 평생 학습의 개념으로 변화되고 있다. 학교를 포함한 사회 각 기관에서 교육활동의 성과를 극대화하기 위해서는 조직 구성원 전체의 역량이 발휘되어야 한다. 이러한 조직 구성원의 총체적 역량 발휘에 기여하는 핵심 요인 중 하나가 리더십이다.

　동물의 세계에서도 리더십이 발휘되는 사례를 쉽게 찾아볼 수 있다. 기러기 무리는 먹이와 따뜻한 곳을 찾기 위해 매년 수만 km를 비행한다. 초겨울 아침에 기러기들이 V자 대형으로 떠오르는 해를 배경으로 하늘을 날아가는 모습은 실로 장관이다. 앞장 선 기러기를 중심으로 기러기들이 무리지어 날아갈 때 혼자 날 때보다 훨씬 장거리를 비행할 수 있다고 한다. 선두의 기러기는 비행 중에 힘이 부치면 뒤편의 기러기와 자리를 교대하기도 한다. 뒤편에서 날아가는 기러기들은 규칙적으로 울음소리를 내면서 비행 속도를 조절하고, 서로 격려한다.

　인간사회에서도 동서고금을 막론하고 리더십에 대한 사회의 관심이 지속되어 왔지만, 20세기에 들어서 리더십에 대한 연구와 논의가 보다 활발하게 전개되었다. 리더가 갖추어야 할 인성적 특성과 능력은 무엇인가? 리더십을 효과적으로 발휘하는 리더는 어떤 행동을 보이는가? 리더십 발휘에 영향을 미치는 상황적 특성은 무엇인가? 조직을 성공적으로 이끄는 리더를 어떻게 양성할 것인가 등의 문제가 탐구되었다.

　교육 리더십의 분야에서는 학교 교육의 질 향상을 위하여 과거에는 교장 리더십이 주로 연구되고 논의되었지만, 오늘날에는 부장교사뿐만 아니라 교사 리더십으로 연구 대상과 영역이 확대되고 있다. 사회 구성원의 민주주의 의식이 높아지면서 교육 리더십에 대한 관점이 리더 중심의 영웅적 리더십에서 집단 구성원의 역할을 강조하는 비영웅적 리더십으로 변모되고 있다. 아울러, 교육의 목적과 특성, 상황 등에 적합한 교육 리더십 이론 정립에 관심을 기울이고 있다.

그동안 국내에서는 교육 리더십에 관련된 학술 연구는 많이 축적되어 왔지만 교육 리더십의 이론과 실제를 체계적으로 다룬 책은 비교적 드물었다. 기존에 집필된 교육 리더십 책에서 리더십 이론을 소개하고 리더십 과정을 다루고 있지만, 교육 리더십을 경영 실제에 접목하여 리더십 발휘 사례를 분석하고 교육 리더십의 하위 주제를 심층적으로 다룬 책은 찾아보기 어렵다. 이러한 문제의식에서 이 책은 교육 리더십의 주요 이론을 소개할 뿐만 아니라, 교육 리더십을 조직 경영 실제에 적용한 사례를 제시하고, 교육 리더십을 발휘하는 주체에 따른 교육 리더십 실제에 대한 논의 등을 종합적으로 다루고자 하였다.

저자들은 대학교수, 현장교사, 연구자 등 다양한 위치에서 교육 리더십에 대한 강의, 연구, 실제에 참여해 왔다. 대학에서 교육 리더십 강의를 통해서 예비 및 현직교사, 학교행정가, 교육전문직 등과 대화를 나누었고, 학자 및 연구자로서 교육 리더십 주제에 대해서 꾸준히 성찰하고 탐구해 왔다. 또한, 교육 및 연구조직에서 대학의 총·학장, 부서장, 부장교사, 선임연구원 등 다양한 직책에서 교육 리더십 실제를 경험하였다. 이 책은 리더십 주제를 연구한 수많은 학자의 지적 자산, 저자들의 교육 리더십 연구와 실제에 대한 경험, 그리고 강의를 통해서 만났던 교육 현장 리더들의 통찰과 경험에 기초하여 탄생되었다.

이 책은 총 3부 15장으로 구성되었다. 제1부 '리더십 이론'에서는 리더십의 개념과 본질을 개관하고, 리더십의 여러 이론을 살펴보았다. 특히, 최근에 교육 조직에서 부각되고 있는 분산적 리더십을 소개하였다. 구체적으로 '리더십의 개념과 본질' '리더의 특성과 기술' '리더십 행동이론' '리더십 상황이론' '카리스마적 리더십과 변혁적 리더십' '분산적 리더십'을 다루었다.

제2부 '리더십과 경영'에서는 리더십 이론의 중요한 내용과 원칙들이 교육 조직을 비롯한 조직경영 실제에 어떻게 적용될 수 있는지를 사례 분석을 통해서 살펴보았다. 구체적으로 '구조적 리더십' '인간자원 리더십' '정치적 리더십' '문화상징적 리더십'을 다루고, 각각의 리더십 내용에 기초하여 교육경영 실제에 적용한 리더십 사례를 제시하였다.

제3부 '교육 리더십 실제'에서는 교육 리더십을 발휘하는 주체들을 대상으로 주제를 선정하고, 각 주제별로 개념, 이론, 연구 동향, 개발 등을 살펴보았다. 특히, 학교 경영의 자율화에 따라 부각되고 있는 부장교사 리더십과 교사 리더십, 지방화 시대에 새로운 역할을 요구받는 교육행정가의 리더십, 지식정보화 사회에서 새롭게 대두되는 여성 리더십을 깊이 있게 다루었다. 구체적으로 '학교장 리더십' '부장교사 리더십' '교사 리더십' '교육행정가 리더십' '여성 리더십'을 검토하였다.

이 책은 교육 리더십에 관심을 지닌 학부 및 대학원생, 교육대학원생, 현직 교원, 교육행정가 등의 독자들이 이론적이고 실제적인 참고 도서로서 활용할 수 있도록 집필되었다. 이 책이 많은 독자에게 사랑받고 읽혀서 교육 리더십의 실제에 기여할 수 있기를 바란다. 아울러, 교육 리더십 분야의 학문적 발전에도 일조할 수 있기를 희망한다.

이 책의 출간을 흔쾌히 맡아서 좋은 책을 만들어 주신 학지사 김진환 사장님과 편집부 직원들께 감사를 드린다.

저자 대표
주철안

⊕ 차례

제2부 **리더십과 경영**

제14장
교육행정가 리더십 • 349

제15장
여성 리더십 • 373

제1부

리더십 이론

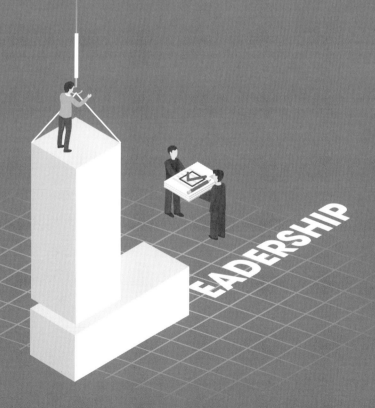

리더십 이론은 1900년대 이후 리더십 특성이론, 리더십 행동이론, 리더십 상황이론, 카리스마적 리더십과 변혁적 리더십 이론, 분산적 리더십 등으로 전개되었다. 리더십 특성이론에서는 리더가 갖추어야 할 인성적 특성과 능력이 어떤 것인지를 규명하고자 하였다. 리더십 행동이론에서는 리더십을 효과적으로 발휘하는 리더는 어떤 행동을 보이는가를 규명하고자 하였다. 리더십 상황이론에서는 리더십 발휘에 영향을 미치는 상황적 특성은 무엇인가를 탐구하고자 하였다. 카리스마적 리더십과 변혁적 리더십은 리더와 구성원 간의 영향력을 탐구하고자 하였다. 카리스마적 리더십과 변혁적 리더십은 리더 중심 이론이기 때문에 조직 내 구성원이나 다른 요소가 소홀히 취급될 소지가 있지만, 오늘날 단위학교의 자율성 확대와 책무성 등 사회의 요청에 부응하기 위해 구성원의 역할이 상대적으로 부각되는 분산적 리더십이 등장하였다.

1부에서는 리더십의 개념과 본질을 개관하고, 리더십을 연구하는 주요한 이론들을 소개한다. 리더십의 개념과 본질에서는 특히 지난 1세기 동안 리더십 개념의 시대적인 변화를 살펴보고, 리더십의 본질에 관련된 쟁점 등을 다룬다. 이어서 리더의 특성과 기술 및 역량을 다루고, 리더십 행동이론의 주요 내용과 이론을 소개한다. 리더십 상황이론에서는 이론 등장 배경과 주요 학자들의 상황이론과 평가를 살펴본다. 카리스마적 리더십과 변혁적 리더십에서는 개념 및 구성요소, 연구 동향 및 진단도구 등을 검토한다. 마지막으로, 분산적 리더십의 개념과 이론, 실행 등을 다룬다.

제1장

리더십의 개념과 본질

이 장에서는 리더십의 개념과 본질, 리더십 연구의 접근 방법, 리더십 이론의 개념화 수준과 이론 분류 등에 대해서 살펴본다. 우선, 리더십의 일반적인 개념을 살펴보고, 리더십 개념이 1900년 이후 지난 1세기 동안에 어떻게 변화되어 왔는지를 검토한다. 이러한 리더십 개념의 변화 검토를 통해서 리더십의 개념적 요소를 도출하고, 이를 바탕으로 리더십의 개념과 교육 리더십의 개념을 정의한다. 리더십의 본질과 관련하여 제기되는 여러 가지 쟁점, 즉 리더십이 특성인지 과정인지, 리더십이 전문화된 역할인지 사회 집단 내 영향력 행사과정에서 발생되는 것인지, 리더십 발휘에서 나타나는 영향력의 유형과 영향력 방식 및 목적, 리더십과 직위 및 권력 등 유관 개념과의 관계, 리더와 경영자의 구분, 리더십 행사 주체에 관련된 문제 등을 살펴본다.

이어서 리더십을 연구하는 여러 가지 접근방법, 즉 특성연구, 행동연구, 권력-영향력 연구, 상황적 연구, 통합적 연구방법을 소개한다. 마지막으로 리더십 이론의 개념화를 개인 내, 일대일, 집단, 조직 수준으로 구분하여 검토하고, 리더십 이론을 리더 중심이론과 구성원 중심이론, 기술이론과 규범이론, 보편이론과 상황이론 등으로 분류하여 설명한다.

1. 리더십의 개념

거의 모든 문화에서 가장 오래된 문학 작품은 영웅적인 리더의 행동을 이야기하는 무용담이 담겨 있다. 영웅적인 리더는 주로 어떤 것의 창시자, 새로운 시대의 창시자, 새 종교의 창시자, 새로운 생활 방식의 창시자이다. 리더(leader)라는 단어는 원래 여행에서 사람을 인도하는 것을 의미하였다. 일반적으로 많은 사람들이 공유하는 상식적인 생각은 리더십이란 아주 좋은 것이고, 사람들은 이를 필요로 한다는 점이다. 리더십은 최소한 보다 올바른 것으로 간주된다. 리더십의 개념이 무엇을 의미하는지는 아직 간결하게 정립되지 않았다.

리더십의 개념은 이해하기 어렵지만 거의 모든 문화권에서 오랜 역사에 걸쳐 필수적인 것으로 취급되어 왔다. 리더십은 궁극적으로 인간의 조건에서 생성된 불확실함과 위험에서부터 발생된다. 우리는 거의 항상 무엇을 생각하고, 느끼고, 수행해야 하는지를 판단해야 한다. 명확하고 익숙한 상황에서 판단하기란 쉽다. 그러나 혼란스럽고 불확실하고 위험이 있는 상황에서 사람은 종종 도움이 필요하다. 리더는 인간이 필요로 하는 도움의 근원 중 하나이다. 리더는 사람들이 덜 두려워하고 보다 편안하도록 도와준다. 리더는 사람들이 생각하고, 느끼고, 행동해야 하는 것에 관해서 매력적인 해답을 찾도록 도와준다. 리더는 사람들이 가능성을 발견하도록 도와준다.

그러나 리더십은 도움이 되는 긍정적인 측면이 있는 것뿐 아니라, 위험성의 부정적인 측면이 존재한다. 사람들은 자신이 일을 잘 처리할 수 있을 때에도 리더에게 의지하는 경향이 증가할 수 있다. 또는 잘못된 리더를 따를 때 발생되는 실망적인 결과를 얻을 수도 있다. 그렇지만, 리더십을 맹목적으로 거부하는 것은 더욱 이치에 맞지 않는다. 사회나 조직의 구성원은 희망과 지혜를 가지고서 리더십에 접근하는 것이 필요하다. 리더십은 사람들의 관계 속에서 발휘된다. 특히, 다른 사람들과의 관계에 대한 생각과 인식을 통해서 나타난다. 결과적으로 리더십은 각 개인에 따라 다른 것을 의미할 수 있다.

1) 일반적인 리더십 개념

일반적으로 리더십의 개념은 다음과 같다.

첫째, 가장 널리 알려진 상식적인 개념은 리더십은 리더가 원하는 일을 다른 사람들이 하도록 만드는 능력이다. 이 정의는 리더십과 권력을 동일한 것으로 다루기 때문에 매우 포괄적이다. 권력의 행사는 리더십과 관련이 적은 사항을 포함하기 때문에 다루는 정도가 너무 광범위하다. 또한 가치, 비전, 관계 등과 같은 리더십의 기술적이고 예술적인 측면을 간과한다.

둘째, 리더는 집단 구성원이 일을 수행하도록 동기를 부여한다는 정의이다. 리더는 강제나 거짓이 아니라 설득과 모범을 통해서 영향을 미친다는 것은 주지의 사실이다. '일을 하게 한다.'는 정의는 리더십이 발휘됨으로써 산출된 결과에 의해 판단된다는 견해를 추가한다. 그러나 여전히 부족한 것은 일을 통해 산출한 결과에 대한 평가를 어떻게 할 것인가에 대한 목표와 가치는 다루지 않고 있다는 점이다.

셋째, 리더는 비전을 제공한다는 일반적인 정의이다. 이것은 앞의 정의에서 누락된 의미, 목적 그리고 임무의 요소를 추가한다. 그러나 이 정의에서 비전은 리더가 독자적으로 제시한다는 것을 암시하기 때문에, 다른 사람들이 리더의 비전을 좋아하고 지지하는지를 파악하는 측면을 간과한다.

넷째, 참여적인 관리자 또는 전문직에서 유행하는 정의로서 리더십은 조장하고 지원한다는 것이다. 이 관점에서 리더십은 참여적이고, 민주적이며, 구성원이 업무를 수행하는 방법을 발견하도록 돕는다. 리더의 임무는 리더가 지시하는 것을 집단이 달성하는 것이 아니라, 집단 구성원들이 원하는 것을 수행할 수 있도록 힘을 부여하는 것이다. 이러한 리더십 관점은 리더가 행동하면 추종자는 따르고, 리더는 힘이 있고, 추종자는 의존한다는 생각과는 대조적인 것으로 어떤 측면에서는 장점이 있다. 그러나 또 다른 측면에서 이러한 정의는 바람이 부는 쪽으로 쉽게 방향을 바꾸는 풍향계와 같이 리더가 집단 구성원의 다양한 요구에 따라 쉽게 좌우되는 약점이 있다. 이처럼 일반적인 리더십 개념도 다양하게 정의된다.

2) 리더십 개념의 변화

로스트(Rost, 1991)는 1900년대부터 리더십에 관한 자료를 분석하여 지난 1세기 동안에 리더십의 개념이 시대적으로 어떻게 변화되었는지를 다음과 같이 분석하였다(김남현 역, 2013; Northhouse, 2019).

(1) 1900~1929년

20세기 첫 30년 동안 리더십은 지배(domination)라는 공통적인 주제에서 통제와 권력의 집중을 강조하였다. 예컨대, 1927년 리더십학술회의에서는 '리더십이란 리더의 의지를 구성원이 인식하게 하여 복종과 존경, 충성, 협동을 이끌어 내는 능력'이라고 정의했다(Moore, 1927).

(2) 1930년대

리더십을 지배라기보다는 영향력(influence)으로 이해하는 견해가 출현되고, 리더의 특성이 리더십을 정의하는 초점이 되었다. 리더십은 개인의 독특한 성격 특성과 집단 특성 간의 상호작용으로 설명되었다. 즉, 리더가 많은 사람의 행동과 태도에 영향을 미칠 수 있고, 반면에 많은 사람이 리더에게 영향을 미칠 수 있다고 보았다.

(3) 1940년대

집단 접근방법(the group approach)이 리더십 개념의 중심이 되었다. 리더십은 집단의 활동을 이끄는 리더 행동으로 정의되었다. 이와 함께, 설득에 의한 리더십이 강제에 의한 리더십과 구별되었다(Copeland, 1942).

(4) 1950년대

이 시기에는 세 가지 주요 주제인 집단이론, 관계로서의 리더십, 리더십의 효과성 등이 강조되었다.

첫째, 집단이론이 지속되어 리더십은 집단 내에서 이루어지는 리더의 행동이다.

둘째, 리더십이란 집단 구성원 간에 공유된 목표를 개발하는 관계이다.

셋째, 리더십이란 전체 집단의 효과성에 영향을 미치는 능력이다.

(5) 1960년대

이 시기의 리더십에 대한 지배적인 정의는 사람들을 공유된 목표를 향하도록 영향을 미치는 행동이라는 견해이다. 시먼(Seeman, 1960)은 리더십이란 "다른 사람들을 공유된 방향으로 영향을 미치는 개인의 행동이다."라고 정의하였다.

(6) 1970년대

이 시기는 집단에 대한 초점에서 조직행동 접근방법으로 전환되었다. 이에 따라 리더십이란 "집단이나 조직의 목표를 달성하기 위해서 집단이나 조직을 만들고 관리하는 것"으로 이해되었다(Rost, 1991). 그러나 번즈(Burns, 1978)에 의해 정의된 중요한 리더십 개념으로서 "리더십은 리더와 집단 구성원들이 독립적으로 또는 상호 공유된 목표를 실현하기 위하여 경쟁과 갈등의 상황에서 특정한 동기와 가치, 다양한 정치적·경제적·기타 자원을 지닌 사람들에 의해서 동원되는 상호작용의 과정이다."라는 견해가 출현되었다.

(7) 1980년대

1980년대는 리더십에 대한 학문적 연구와 대중적인 저술이 폭발적으로 이루어지던 시기로서 리더십이 다양하게 정의되었다. 이러한 정의 중에서 다음과 같은 주제나 주제어가 중심적인 것으로 부각되었다.

첫째, 리더가 희망하는 대로 한다. 리더십이란 리더가 원하는 것을 집단 구성원이 하도록 만드는 것이라는 메시지가 여전히 지배적인 견해로 존재하였다.

둘째, 영향력이다. 1980년대 리더십 정의에서 가장 빈번하게 사용되는 주제어이다. 관리와 구별하는 것으로서 리더십이란 리더가 비강제적인 방식으로 영향을 미치는 것이다.

셋째, 리더 특성이다. 피터스와 워터맨(Peters & Waterman, 1982)이 저술한 『초우량 기업의 조건(In Search of Excellence)』의 영향으로 경영의 수월성 추구를 위한 리더 특성이 재조명되었다. 결과적으로 리더십에 대한 많은 사람의 이해가 특성에 대한 논의에 기초하였다.

넷째, 변혁이다. 번즈(Burns, 1978)는 리더십이란 변혁과정(transformation process)으로서, "리더와 집단 구성원들 모두 동기와 도덕을 보다 높은 수준으로 향상시키는

방법으로 한 사람 또는 더 많은 사람이 타인과 함께 관계를 맺을 때" 리더십이 발휘
된다고 진술하였다.

(8) 1990년대 이후

이 시기에는 새로이 출현되는 연구에서도 리더십을 새로운 방식으로 정의하려는
시도보다 특정한 개인이 집단 구성원에게 공통의 목적을 달성하기 위해 영향을 미
치는 리더십 과정이라는 견해를 강조하였다. 이러한 새롭게 출현된 리더십 접근방
법은 다음과 같이 다양한 방식으로 전개되고 있다.

- 윤리적 리더십(ethical leadership): 윤리이론은 특정한 상황에서 무엇이 옳고 그
  른지, 또 무엇이 좋고 나쁜지를 판단하는 데 지침을 제공한다. 윤리는 리더십
  과 관련하여 리더가 무엇을 하여야 하며 누가 리더가 되어야 하는가를 제시한
  다. 윤리적 리더십의 원칙으로는 존중, 섬김, 공정, 정직, 공동체 구축 등이 지
  적된다(Northhouse, 2019).
- 부정적 리더십(bad leadership): 부정적 리더십의 특징으로서 무능, 경직, 충동,
  냉담, 부패, 배타성 등이 지적된다(Kellerman, 2004). 부정적 리더십 이론은 리
  더의 비효과적인 리더십으로 인하여 조직 구성원이나 조직 전체에 부정적인
  영향을 끼치게 되는 경우를 가리킨다. 국내에서도 최근에는 학교장의 부정적
  리더십에 관한 연구가 수행되고 있다(주현준, 2014).
- 진정한 리더십(authentic leadership): 리더의 진정성과 리더가 발휘하는 리더십
  의 진정성이 강조된다. 구성원의 긍정적인 심리적 능력을 유도하고 긍정적인
  윤리적 풍토를 촉진하는 리더 행동의 패턴으로서 정의된다.
- 섬김의 리더십(servant leadership): 그린리프(Greenleaf, 1970)에 의해서 주창된
  이론으로서 리더 특성과 리더 행동의 관점에서 접근한다. 리더는 구성원의 이
  익을 자신의 이익보다 우선시하고 구성원의 개발과 발전을 강조한다. 리더는
  또한 그가 속한 조직이나 이해관계자에게 강력한 도덕적 행동을 보여 준다. 리
  더는 못 가진 자들과 혜택을 덜 받고 있는 자들에 대해 관심을 가져야 할 사회
  적 책임이 있다고 본다.
- 적응적 리더십(adaptive leadership): 리더는 구성원들이 직면하는 문제를 해결하

고, 도전과 변화에 적응하도록 격려한다. 적응적 리더십은 집단 구성원들이 변화하는 환경에 대응하기 위해 필요한 적응에 초점을 둔다. 주로 리더 특성에 초점을 두는 특성이론이나 진정한 리더십과는 달리, 적응적 리더십은 상황적 맥락과 집단 구성원들의 업무와의 관련 속에서 이루어지는 리더의 활동을 강조하는 측면에서 구성원 중심적인 관점이다.

- 팔로워십(followership): 조직이나 집단의 구성원, 리더십 과정에서 구성원들이 발휘하는 역할에 대해서 조명한다. 일반적으로 이끄는 과정(leading)은 따름(following)을 전제한다. 리더와 집단 구성원이 함께 리더십 관계를 만들기 때문에 따르는 과정에 대한 이해가 필요하다. Kelley(1992)는 조직의 추종자를 활동적-수동적, 독립적 · 비판적 사고-수동적 · 체제순응적 사고 차원을 기준으로 다섯 가지 유형(소외된 추종자, 체제순응자, 실용적 생존자, 수동적 추종자, 효과적 추종자)로 구분하였다. 2010년대에 팔로우십에 대한 주요 저서들이 발간되어 따르는 과정에 대해서 보다 심층적으로 규명되고 있다(Riggio, Chaleff, & Lipman-Blumen, 2008; Kellerman, 2008; Lapierre & Carsten, 2014).
- 분산적 리더십(distributive leadership): 전통적인 리더 중심의 영웅적 리더십 이론을 벗어나서 리더 범위의 확대, 리더십 상황, 리더십의 실행을 강조하는 분산적 리더십이 부각되었다. 2000년대 이후 국내외에서 학교조직을 대상으로 분산적 리더십에 대한 논의와 연구가 활발히 수행되고 있다(Spillane, 2006).
- 영적 리더십(spiritual leadership): 구성원을 동기유발하기 위하여 가치, 소명의식, 소속감의 활용에 초점을 둔다.
- 감성적 리더십(emotional leadership): 이전에는 주로 합리적인 이성을 중시해 왔지만, 이성뿐만 아니라 감성과 가치의 요소도 리더십 발휘에 영향을 미치는 것으로 받아들여지고 있다. 감성적 리더십은 리더가 자신의 감성과 욕구를 이해하고 이를 통제하는 개인적 역량과 타인의 감성을 이해하고 관리하는 사회적 역량으로 구성된다(Goleman, Boyatzis, & McKee, 2002).

지난 세기 동안에 걸쳐서 리더십에 대한 개념은 다양하게 정의되고 있다. 더 나아가 미래에는 글로벌한 지구촌 사회, 세대 간의 차이, 리더십 개념의 역동적이고 복잡한 특성 등으로 인해 리더십의 개념은 사람들에 따라 매우 다르게 이해될 수 있다.

3) 리더십 개념의 요소

지난 세기에 리더십을 정의하기 위해 많은 분류체계가 활용되어 왔다. 이러한 여러 가지 분류 중에서 바스(Bass)는 리더십을 개인의 인성적 특성, 집단과정, 리더 행동, 리더와 구성원 간 권력관계, 변혁과정, 기술이나 역량 등으로 구분하고 있다 (Northhouse, 2019).

첫째, 리더십을 개인의 인성적 특징으로 보는 관점에서는 리더십이란 조직의 구성원들이 소유하는 인성 및 성격 특성의 조합으로 설명한다.

둘째, 리더십을 집단과정에 초점을 두는 관점에서는 리더가 집단의 활동과 변화 중심에 위치하여 집단의 의지를 구현해 나간다고 본다.

셋째, 리더십은 집단의 변화를 일으키기 위해 리더가 나타내는 행동으로 보는 관점이다.

넷째, 리더십은 리더와 구성원 간에 영향력을 주고받는 권력관계로서 정의된다. 이 관점에서는 리더는 구성원들의 변화를 유도할 수 있는 권력을 소유하는 존재로 이해된다.

다섯째, 리더십은 구성원들이 일상적으로 기대되는 수준 이상을 성취하도록 이끄는 변혁과정으로 이해된다.

여섯째, 리더십을 기술이나 역량으로 이해하는 관점이다. 이 관점에서는 집단의 목적을 효과적으로 달성하는 데 기여하는 리더의 기술과 역량을 강조한다.

이상과 같이 리더십의 개념은 다양하게 정의되지만, 리더십 개념의 주된 요소로서 공동의 목적, 집단, 영향력 행사, 과정 등을 지적할 수 있다. 이와 같은 리더십의 주된 요소를 고려해서 '리더십은 특정한 개인이 조직이나 집단의 공동 목적을 달성하기 위해 집단 구성원들에게 영향력을 행사하는 과정이다.'라고 정의할 수 있다.

첫째, 리더십은 조직이나 집단의 공동 목적 달성을 추구한다. 리더는 구성원들이 공동의 목적을 함께 달성하도록 노력한다. 공동의 목적은 리더와 구성원이 상호 공유하는 목적을 지니고 있음을 의미한다. 공동의 목적은 리더십의 정의에 윤리적인 속성이 있음을 시사한다. 공동의 목적을 달성하기 위해 리더는 구성원들과 함께 상호작용하는 행동을 강조한다. 리더와 구성원 간의 상호작용을 강조하는 것은 리더가 구성원들을 강제적인 방법이나 비윤리적인 방법으로 영향력을 행사하는 것을 배제한다. 반면에, 리더와 구성원이 공동 목적을 향해 협력하는 상호작용을 초점으로 한다.

둘째, 리더십은 집단의 상황에서 발휘된다. 집단이 리더십이 발휘되는 상황으로서 리더십은 공동의 목적을 지니고 있는 집단 구성원들에게 영향을 미친다. 이러한 집단은 소집단, 공동체 집단, 전체 조직을 대상으로 하는 대규모 집단이 될 수 있다. 리더십에 대한 전통적인 영웅적인 리더십 관점에서는 리더의 행동에 주목을 하였지만, 리더십이 발휘된 상황적 요인은 그다지 주목하지 않았다. 즉, 리더십에 대한 전통적인 논의는 리더의 개인적인 영향을 강조한 반면에, 리더십이 발휘된 상황적인 요인의 중요성을 간과하였다. 그러나 '리더가 일을 수행하도록 한다.'는 명제뿐만 아니라 '일이 리더를 만든다.'라는 상반되는 명제도 중요하다. 이러한 명제는 상황 특성이 리더에 영향을 미치는 [그림 1-1]의 리더십 모형으로 나타낼 수 있다.

[**그림 1-1**] 상황 특성과 리더 행동 관계

구체적으로 개별 학교가 위치한 상황적 특성은 학교 경영자에게 학교교육에 필요한 것과 학교교육을 통해서 가능한 것과 같은 주요 사안에 많은 영향을 미친다. 학부모와 지역사회 주민들의 기대와 요구는 학교의 유형, 교육구의 규모, 지역사회의 재정 수준 등의 요인에 따라 달라질 수 있다. 이러한 다양한 상황에 모두 효과적으로 적용될 수 있는 유일한 리더십은 가능하지 않다.

셋째, 리더십을 영향력 행사로 정의하는 것은 리더가 구성원들에게 어떻게 영향을 미치는지, 리더와 구성원 간 의사소통 방법 등과 관련된다. 영향력 행사는 리더십의 필수적인 요소이다. 리더는 영향력 행사를 위해서 구성원에게 때로는 권력을 불가피하게 사용할 수 있다. 권력이 불가피하게 사용될 때에 구성원들의 목적에 대한 공유, 공동 목적에 대한 열정, 개인적인 목표의 자발적 희생 등과 같은 협동심을 자극할 수 있다.

넷째, 리더십을 과정으로서 정의하는 것은 리더가 소유하고 있는 인성적 특성보다는 리더와 구성원 간에 발생되는 상호작용에 주목한다. 리더십은 리더가 집단 구성원에게 영향을 미치는 선형적이고 일방적인 관계가 아니라 상호작용적인 것으로 이해된다. 이 관점에서 리더십이 집단에서 공식적으로 인정된 리더에 제한되지 않고 집단 구성원 모두에게서 발견될 수 있다.

전통적인 영웅적 리더십의 관점에서는 리더는 지시하고, 구성원은 리더의 지시를 따른다는 일방적인 과정이라는 개념을 갖고 있다. 그러나 리더십은 기본적으로 리더와 집단 구성원, 즉 부하, 상사, 동료 등의 관계에서 발생된다. 이러한 리더십의 상호작용적인 관점은 조직 구성원을 포함한 상황 특성과 리더 행동 관계로서 [그림 1-2]로 나타날 수 있다.

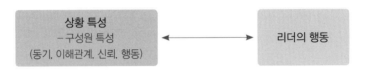

[그림 1-2] 상황 특성과 리더 행동 간의 관계

리더는 집단 내에서 독립적인 행위자가 아니고, 리더와 집단 구성원 간의 관계는 정태적인 것이 아니다. 리더-구성원의 관계는 상호작용적이고 조직 내의 여러 방향으로 움직인다. 즉, 리더십이란 단순하게 리더의 행동만을 말하는 것이 아니라, 리더와 구성원과의 관계를 포함한 상황 속에서 발생된다. 리더십이 발휘되는 상황에서 리더의 행동은 집단 구성원의 반응을 일으키며, 이것은 다시 리더의 영향력 행사에 직접적이고 간접적으로 영향을 미친다. 실제로 단위학교에서 학교행정가들이 리더십을 발휘할 때 교사를 포함한 학교 구성원들이 학교장에게 협력하는 정도와 리더로서 인정하는 범위 내에서 리더로서 역할을 수행하게 된다.

4) 교육 리더십의 개념

교육 리더십 분야의 저술에서 리더십의 개념이 다양하게 소개되고 있지만, 교육 리더십의 개념을 체계적으로 논의한 문헌은 비교적 희소한 편이다. 기존의 국내 연구들은 교육 목표를 추구하는 교육조직에 적합한 리더십의 특성을 이론적으로 규명하지 않고, 그 대신에 일반 행정조직의 리더십 이론을 도입하여 학교조직의 효과성을 검증하는 연구가 주류를 이루었다(윤정일, 2004). 교육 리더십의 개념을 논의한 학자들은 교육의 목적, 교육의 방법, 교육적 상황 등을 고려해서 경영이나 일반 행정에서 정의되는 리더십의 개념이 보완되어야 함을 지적한다.

　교육행정을 철학적인 관점에서 논의한 호지킨슨(Hodgkinson, 1991)은 교육 리더십을 도덕적 기예(the moral art)로 이해하였다. 그는 교육의 사상을 역사적인 발달에 따라 심미적 교육, 수단적 교육, 도덕 교육, 이념 교육 등으로 구분하였다. 즉, 그리스시대의 철학자들이 주도했던 자유주의 관점에서는 개인의 자아 발휘를 목적으로 하는 심미적 교육, 로마제국시대에서는 경제적 생활에 도움이 되는 수단적 교육, 중세시대의 가톨릭 교회에서는 인류를 교화하는 도덕 교육, 르네상스와 신대륙 발견 이후의 근대국가에서는 국가의 이념 교육이 강조되었다.

　오늘날의 교육기관에서는 이상의 여러 가지 교육 목적이 혼재되어 추구되고 있다. 반면에, 국가의 다른 사회 제도들은 이상의 여러 목적 중에서 주로 한 가지를 추구하고 있다. 예컨대, 군대와 경찰조직은 안전을 추구하고, 병원은 건강과 보건, 행정기관은 공공의 복지, 기업은 이윤추구, 종교기관은 도덕적 교화 등을 추구한다. 교육이 인간 생활의 모든 측면을 다루기 때문에, 교육기관은 특별한 인간적인 조직이다. 이러한 교육의 인간적인 특성으로 교육 리더십은 도덕적인 기예로서 교육의 목표와 가치에 대한 책임을 담당한다(Hodgkinson, 1991).

　현대 국가에서 모든 국민은 일생을 거쳐서 교육의 영향을 부단히 받기 때문에 교육은 가치, 도덕적인 면에서 매우 중요하다. 또한, 교육은 국가의 가장 큰 사업으로서 공교육체제에 종사하거나 참여하는 사람의 수, 재정규모에서 매우 방대하다. 이러한 교육기관에 참여하고 있는 집단은 전체의 공동선을 넘어서 각 집단이 지향하는 가치나 이익을 추구하게 된다. 결과적으로 교육제도 내의 하위체제 간, 하위체제 내 집단 간에 자원 획득을 위한 갈등이 끊임없이 발생한다. 또한, 교육기관은 환경으로부터 끊임없이 정치적인 영향과 압력에 직면할 수 있다. 이러한 상황에서 교육기관의 리더는 가치중립적인 사람이 아니라, 자신이 지지하는 가치를 이해하고, 주장할 수 있어야 한다. 교육 리더십은 이러한 교육체제 내의 집단 간 가치 갈등을 이해하고 관리할 수 있는 정치적인 기술의 발휘가 필요하다.

윤정일(2004)은 교육조직의 주된 특성은 교육을 목표로 하는 것이기 때문에, 이윤을 목적으로 하는 기업조직이나 관리를 목적으로 하는 조직과 운영 원리가 동일할 수 없다고 보았다. 교육은 지식과 기술을 배우고, 인격을 함양하는 활동으로서 교육 활동에서 전문가로서의 자율성과 권위가 보장되어야 하고, 교육의 성과는 장기적인 특성을 지닌다. 교육 리더십은 "조직 구성원이 인간으로서 자아를 실현할 수 있도록 환경을 제공하고, 구성원의 성장과 조직의 목표를 조화시킬 수 있는 능력과 자질이다."라고 정의하였다. 이러한 구성원의 성장에 초점을 둔 교육 리더십은 전통적인 리더십과는 다음과 같은 여러 가지 측면에서 차이가 있음을 지적하였다(윤정일, 2004).

첫째, 전통적 리더십은 영웅적 관점에 기반을 두고 있는 데 비해, 교육 리더십은 민주적 관점에 기반을 두고 있다. 교육 리더십은 리더와 구성원 간에 민주적 · 자율적 관계가 유지되고, 의사결정권이 분산되며, 구성원은 소속감을 가지고 적극적인 태도를 지닌다.

둘째, 전통적 리더십은 거래적 관계를 유지하는 데 비해서 교육 리더십은 교육적 관계를 유지한다. 교육 리더십은 구성원의 성장에 일차적인 목표를 두기 때문에 리더와 구성원 간에 진실한 관계가 형성되고 신뢰가 구축된다.

셋째, 전통적 리더십은 지배를 강조하는 반면에, 교육 리더십은 자율과 참여를 강조한다. 교육 리더십은 리더가 모범과 설득을 통해 조직 비전에 대한 구성원의 합의를 창출하고, 구성원이 역량을 발휘하여 성장함으로써 조직 목표 달성에 기여하도록 이끈다.

주현준(2018)은 교육 리더십에 대한 선행연구를 분석한 후에 기존의 교육 리더십 개념이 학교장과 같은 특정 지위나 대상에 편중되어 해석되었기 때문에, 전체 교육체제 속에서 논의의 대상을 확대할 필요가 있다고 지적하였다. 교육 리더십의 개념이 단위학교와 같은 교육조직 내부의 목적 달성에 집중되었기 때문에, 국가-지역-단위학교 내부 맥락뿐만 아니라 교육에 영향을 미치는 정치, 사회, 경제, 문화 등 외부 맥락을 포함하여 종합적으로 접근하여야 한다고 보았다. 또한, 교육 리더십의 개념이 타 분야의 리더십 개념에 지나치게 의존되어 왔기 때문에 교육 리더십 개념이 교육의 본질에 적합하게 재정립되어야 한다고 지적하였다. 교육 리더십은 궁극적으로 성공적인 학교로 설명되는 학교 효과성을 지향하고, 리더와 구성원 간의 영향력 관계에서 교육적인 방법을 지향하며, 학교 내부와 외부의 다양한 맥락을 지향한다고 보았다(주현준 외, 2014; Gronn, 2003).

이러한 국내외 여러 학자의 논의를 종합하여 볼 때 교육 리더십이란 '특정 개인이 교육환경 속에서 교육적 목표를 달성하기 위해서 구성원들과 상호작용을 통해 영향을 미치는 과정이며, 이러한 과정에서 발생되는 가치 갈등을 다루는 교육적인 기예이다.'라고 정의할 수 있다.

이와 같이 교육 리더십은 발휘 주체, 환경, 교육적 목표, 리더-구성원 상호작용, 영향력 과정, 가치 갈등, 교육적 기예 등 여러 가지 요소가 포함된 종합적인 개념이다.

2. 리더십 본질

리더십은 개념을 정의할 때뿐만 아니라, 리더십의 본질을 검토할 때 다음과 같은 여러 가지 쟁점과 질문을 다루어야 한다. 즉, 리더십을 특성으로 보는가 아니면 과정으로 보는가? 리더십은 전문화된 역할인가 아니면 사회 집단 내에서 리더가 영향력을 행사하는 과정에서 자생적으로 출현되는가? 리더십이 발휘될 때 나타나는 영향력의 유형, 영향력 행사 방식, 영향력 행사의 목적은 무엇인가? 리더십과 관련된 개념인 권력, 권위는 구별되는가? 리더와 경영자의 개념은 구별되는가? 리더는 리더십을 행사하는 유일한 주체인가? 등의 질문을 검토해 볼 수 있다(강정애 외 공역, 2013; Gardner, 1990; Northhouse, 2019).

1) 리더십은 특별한 능력이나 특성을 가진 개인에게서 발휘되는 것인가, 사회집단의 영향력 행사과정에서 출현되는 것인가

'어떤 사람은 타고난 리더이다.'라는 표현은 리더십을 특성으로 바라보는 관점이다. 리더십 특성론은 리더가 타고난 특별한 능력이나 특성을 가지고 있으며, 이러한 특성이 리더가 아닌 사람들과 구별해 준다고 설명한다. 이러한 특성에는 신체적 특성, 인성적 특성, 지능, 사회성 등과 같은 요소를 포함한다. 이러한 리더십 특성은 특정한 사람들에게서 찾을 수 있고, 리더십의 발휘는 특정한 타고난 사람이나 또는 리더로서의 역할을 수행할 수 있는 기술과 역량이 있는 사람들에게 제한된다.

반면에, 리더십을 과정으로 이해하는 관점에서는 리더십이란 리더와 구성원이 집단 내에서 영향력을 공유하고 확산하는 상호작용 과정에서 출현된다. 이 관점에서는 리더십은 모든 사람들에게서 발휘될 수 있다고 보기 때문에, 집단 내에서 리더와 부하를 포함한 구성원들을 명확하게 구분하지 않는다. 리더는 집단 내에서 구성원들과 상호작용하는 과정에서 자연스럽게 영향력을 행사하게 된다. 결론적으로 리더십은 개인이 소유한 특성이나 능력, 리더와 구성원 간의 상호작용에서 발생되는 과정적 측면의 두 가지 견해가 모두 부분적으로 옳은 것으로 이해되어야 한다.

2) 리더십의 발휘는 영향력의 유형, 영향력의 행사 방식, 영향력 행사 목적과 관련되는가

첫째, 리더십 발휘를 위해서 어떤 유형의 영향력이 행사되어야 하는가이다. 리더십은 구성원들이 리더의 지시를 단순히 따르는 순응이 아니라 열정적으로 따르게 할 때에 발휘된다고 본다. 이 관점은 리더십의 개념을 협의로 정의하는 것으로 리더가 집단 내 구성원들을 조종하거나 강제적인 방식, 보상이나 처벌과 같은 통제 방식을 사용하는 것은 리더십으로 인정하지 않는다.

둘째, 리더십의 영향력이 간접적으로 행사되는 문제를 다루는가의 여부이다. 대부분의 리더십 이론은 리더가 조직 구성원에게 직접적으로 행사하는 리더십 행동에 초점을 두고 있다. 그러나 리더가 직접적으로 상호작용하지 않는 조직 내외의 구성원들에게 영향력을 미칠 수 있다. 이는 조직의 권한 계층에 따라서 영향력이 전달될 수 있고, 조직의 공식적 프로그램 및 관리시스템에 의해서, 조직문화의 관리 등을 통해서 간접적인 방식으로 영향력을 행사할 수 있다.

셋째, 구성원들에게 영향력 시도의 목적이나 결과를 윤리적인 방식으로 제한해야 하는가의 여부이다. 즉, 영향력 시도의 목적이나 결과가 조직이나 집단 구성원에게 윤리적이고 이익이 되도록 영향력이 행사될 때에 리더십이 발휘된다는 관점이다. 바꾸어 말해서, 리더가 자신의 개인적인 이익을 위해서 구성원들에게 해를 끼치거나 윤리적으로 부적절한 영향을 미치는 경우에는 리더십으로 인정되지 않는다고 본다.

반면에, 일반적인 경영 및 행정 관점에서는 리더십을 보다 광의로 이해하여 리더십을 영향력의 유형이나, 영향력의 방식과 과정, 영향력의 목적과 결과를 제한하지 않을 것을 주장한다. 즉, 영향력의 유형, 영향력의 방식, 영향력의 목적과 결과와는 관계없이 조직이나 집단 구성원들에게 영향을 미치는 모든 시도를 리더십으로 간주해야 된다고 보는 견해이다. 그러나 교육 리더십은 영향력의 유형과 방식과 목적 등의 면에서 교육적인 가치에 부합되어야 하기 때문에 보다 엄밀한 협의의 개념으로 이해되어야 할 것이다.

3) 리더십은 권력, 권위와 구별되는가

대부분의 리더십에 대한 이미지는 리더가 일을 이루어지게 하고 사람들이 일을 하도록 만드는 것이다. 그러나 많은 권력에 대한 예는 리더십의 이미지에서 벗어난다. 무장한 강도, 강탈자, 약자를 못살게 구는 사람, 교통경찰은 어떤 종류의 권력을 가지고 있지만 리더로 간주되지 않는다. 묵시적으로 사람들은 리더가 비강제적인 수단으로 영향을 미치며, 어느 정도 협력적인 노력을 산출하고, 자신의 협소한 개인적인 이익을 초월한 목표를 추구하기를 기대한다. 리더는 설득력에 바탕을 둔 어느 정도의 권력을 행사한다. 그러나, 권력을 지닌 사람들이 리더십을 발휘하지 못할 수 있기 때문에 리더십은 권력의 개념과 구별될 수 있다.

리더십은 또한 단순히 합법적인 권력인 권위와도 구분된다. 예컨대, 주차위반 스티커를 발부하는 공무원은 공적인 권위를 갖고 있지만, 그가 임무를 수행할 때에 리더십을 발휘한다고 보기는 어렵다. 리더십과 공식적 권위와의 혼동은 기업이나 정부기관과 같은 대규모 조직에 잘못된 영향을 미칠 수 있다. 왜냐하면, 대규모 조직의 공식적인 지위에서 부여하는 합법적인 권위는 리더십과 동일한 것이 아니기 때문이다.

공식적인 권위를 지니고 있지만 리더가 되지 않을 수 있는 것처럼, 공식적인 직위를 소유하고 있지 않지만 리더가 될 수 있다. 하이페츠(Heifetz, 1994)는 "지위는 리더십을 억제할 수도 있다. 공식적 지위에 있는 사람은 임무에 대한 변화를 통해서 조직을 활력화하기보다 조직의 균형을 유지하고 안정을 제공하는 것으로 보는 경향이 있다. 권위는 리더십의 발휘를 억제할 수 있다. 왜냐하면, 사람들이 곤경에 처할 때 너무 많은 것을 기대하기 때문이다. 리더십이 잘못 발휘될 때 권위가 사람들의 의존성을 심화시키고, 사람들이 갖고 있지 않은 해답을 지니고 있다는 환상을 갖게 할 수 있다."고 하였다.

비록 리더가 권위를 가질 수가 있고 권위를 지닌 사람이 리더가 될 수 있지만 리더십은 권위와는 구별된다. 권위의 개념에 대한 연구는 막스 베버(Max Weber)의 저술에서 시작된다. 베버는 권위를 정당성과 연결하였다. 사람들은 그것이 정당하다고 믿기 때문에 자발적으로 권위에 복종한다. 그리고 권위가 정당성을 잃었다고 생각한다면 복종하기를 그만둘 것이다. 정당성과 자발적인 복종은 권위와 리더십 간에 강한 연결고리가 있음을 제시한다. 리더는 정당성이 부여되지 않고서는 구성원들을 이끌 수 없다. 구성원들의 자발적인 복종은 강제적으로 얻어지는 것이 아니다.

4) 리더와 경영자는 구분되는가

리더 또는 경영자는 대체로 조직체 내에서 높은 지위를 갖고서 조직의 임무수행 절차를 관장하고, 인적·물적 자원을 배치하고 분배하는 사람을 지칭한다. 훌륭한 경영자에게서 리더를 쉽게 찾을 수 있고, 비전을 지닌 리더도 때로는 경영자로서 의사결정을 내린다. 예컨대, 장기적이 이득을 얻기 위해 단기적 손실을 감수해야 할 때, 희소한 자원의 배분, 임무 수행의 위임과 같은 의사결정을 내린다. 그래서 지도자와 경영자를 구분하는 것이 쉽지 않다. 리더와 경영자는 다음과 같은 여섯 가지 측면에서 구분된다(Gardner, 1990).

첫째, 리더는 장기적으로 하루의 위기, 분기 보고서, 일정 범위를 초월하여 생각한다.

둘째, 리더는 자신이 이끌고 있는 조직단위보다 큰 규모의 조직과의 관계를 고려한다.

셋째, 리더는 자신의 지역적 기반을 넘어서 보다 넓은 지역의 시민들에게 영향을 미친다. 예컨대, 간디는 인도를 넘어서 전 세계인들에게 영향을 미쳤다. 리더는 조직 내의 관료적 범위와 한계를 벗어난다.

넷째, 리더는 비전, 가치, 동기와 같은 무형적인 것에 많은 중요성을 부여하며, 리더-구성원과의 상호작용에 있어서 비이성적·무의식적 요소를 직관적으로 이해한다.

다섯째, 리더는 다양한 지역기반이 상충되는 요구 조건을 처리하는 정치적 수완을 갖고 있다.

여섯째, 리더는 혁신의 관점에서 생각한다. 일상적인 경영자는 조직구조와 절차를 수용하는 경향이 있지만, 리더는 변화하는 현실에 맞게 기존의 구조와 절차를 개선한다.

일곱째, 경영자는 조직에 밀접히 연결되어 있지만, 리더는 조직을 갖고 있지 않을 수도 있다. 나이팅게일은 어떤 조직도 없이 수십 년간 환자 치료에 탁월한 지도성을 발휘했다. 간디도 조직을 이끌기 전에도 리더로서 역량을 발휘했다.

5) 리더가 영향력 행사의 유일한 주체인가

리더십을 발휘하는 영향력 행사의 주체를 조직의 상위 직위에 있는 소수에 국한해야 하는가 아니면 조직의 구성원 전체에서 발휘될 수 있다고 보는가이다. 리더십을 발휘하는 주체를 조직의 관리자에 제한하는 관점은 사회에서 소수의 엘리트들에게 너무 많은 것을 요구한다. 현대사회에서 조직의 높은 직위에 있는 관리자에게만 리더십을 기대하는 것은 엘리트주의적이고 비현실주의적인 관점으로 비판될 수 있다. 조직의 소수 관리자들에게 그들이 수행할 수 있는 능력 이상의 책임을 수행하도록 기대하게 된다. 그 반면에, 집단의 구성원들을 수동적인 역할에 머물게 함으로써 조직이나 집단의 전체적인 역량이 취약해질 수 있는 결과를 가져올 수 있다.

이러한 관점에서 리더는 엘리트라는 개념과 관련된다. 엘리트라는 용어는 한때 상류사회계층 가문에 적용되었다. 오늘날에는 전통적인 의미의 엘리트 외에도 능력과 직업 엘리트도 있다. 오늘날 일부 사회 비평가들은 엘리트라는 용어를 부정적 의미로서 엘리트 신분은 평등철학과 양립할 수 없다고 생각한다. 그러나 아무리 민주적이고, 평등하다고 할지라도 어떤 사회이든지 사회학적인 의미의 엘리트, 즉 학문, 체육, 예술, 정치 분야 등 각 분야의 엘리트가 있다. 개방사회에서는 엘리트 지위는 대개 획득되며, 이를 획득한 사람은 그들의 지위로써 민주적 규범을 위반하지 않는다. 오늘날 민주사회에서 지도자들은 대부분 '능력 엘리트(performance elite)'에 속한다.

앞의 관점과는 대조적인 관점은 조직의 관리자뿐만 아니라 집단 구성원을 리더로 포함한다. 이러한 민주적 리더십 관점에서는 조직의 구성원들은 조직의 과업 수행에 보다 적극적으로 참여하고자 하는 동기, 그리고 전문적인 능력이 수반될 때 효과적인 결과를 가져올 수 있다. 예컨대, 단위학교의 교장 및 교감을 포함한 학교관리자뿐만 아니라, 교사, 학생, 학부모를 포함한 학교 구성원들도 교육 리더십 발휘에 참여할 수 있다고 본다. 즉, 단위학교에서 관리자를 중심으로 소수의 리더십이 아니라 조직 전체에서 구성원들이 참여하는 리더십의 발휘가 가능하고, 필요하다고 생각한다.

리더십을 조직 내 구성원들과 공유하는 리더십의 분산은 오늘날 대규모로 복잡화된 조직의 활력에 매우 중요하다. 기업의 중요한 과제는 조직 하위계층의 리더십을 개발하기 위해 기업의 주도성을 하부, 그리고 조직 외부로 분산하는 문제이다. 많은 공공조직, 정부조직, 민간조직에서 잠재적 리더가 조직에서 주도적으로 일하기가 매우 어렵다. 일반적으로 잠재적인 리더십은 조직 내 여러 계층에 묻혀 있다. 조직의 리더십을 구성원들에게 분산시킬 때 조직 내에 잠재되어 있는 많은 활력과 동기가 발견되고 활용될 수 있다. 분산된 리더십의 필요가 조직의 상층부에서 발휘되는 리더십을 부인하는 것은 아니다. 이보다는 조직의 상층으로부터 발휘되는 리더십은 전체 조직이 분산된 리더십에 의해 활력화될 때 보다 효과적이다.

또한, 사회나 조직에서 리더십이 지속되기 위해서는 리더십이 제도화되어야 한다. 현대사회에서는 리더가 이끄는 체제가 직면하는 쟁점들은 매우 전문적이고, 변화의 속도가 빠르기 때문에 특출한 능력을 지닌 리더라 할지라도 사회나 조직이 직면하는 문제들은 개인적으로 해결하기가 어렵기 때문이다. 조직이 직면하는 문제를 해결하기 위한 제도적인 장치를 구비하고, 조직을 지속적으로 발전시켜 나갈 수 있는 리더를 충원해야 한다.

사회나 조직에서 기존의 리더가 개인적으로 문제해결 능력이 뛰어나더라도, 조직 내에서 리더십의 제도화에 실패한다면 뛰어난 리더가 조직을 떠나고 난 이후에 그 체제는 제 기능을 할 수 없게 된다. 조직은 체제를 존속시킬 수 있어야 하고 제도를 창출해야 한다. 현대의 복잡한 사회나 조직에서 리더의 모든 임무를 수행할 수 있는 기술을 다 겸비한 개인은 실제로 존재하기 어렵다. 이러한 상황에 대처하여 조직의 목적을 성공적으로 수행하기 위해서 현대조직에서 리더십 제도화의 구체적인 사례인 리더십 팀이 유용하게 활용될 수 있다.

3. 리더십의 접근방법

리더십을 연구하는 접근방법은 효과적인 리더십에 영향을 미치는 변수를 대상으로 해서 구별된다. 효과적인 리더십에 영향을 미치는 주요 변수로는 리더의 특징, 구성원의 특징, 그리고 상황의 특징이다. 리더십 이론은 효과적인 리더십에 영향을 미치는 변수를 중심으로 특성 연구, 행동 연구, 권력－영향력 연구, 상황적 연구, 통합적 연구 등으로 분류될 수 있다(강정애 외 공역, 2013; Yukl, 2013).

첫째, 특성 연구이다. 리더십을 연구하는 초기 접근방식 중 하나는 특성 연구이다. 이 접근방법에서는 리더의 성격, 동기, 가치, 능력 등과 같은 인성적 특성을 강조한다. 초기의 리더십 이론은 다른 사람들이 소유하지 못한 리더의 능력으로서 에너지, 통찰력, 설득력 등을 지적하였다. 그러나, 1930년대와 1940년대에 수행된 수백 편의 특성 연구에서는 리더의 성공을 가져올 특성을 일반화하지 못했다. 이러한 실패의 원인 중 하나는 리더의 특성과 성과 간에 존재하는 매개변인과 같은 요인들을 검토하지 않은 것과 관련된다.

둘째, 행동 연구이다. 이 접근방법은 1950년대에 연구자들이 특성적 연구에 실망하고, 관리자가 실제로 일을 수행하는 업무를 분석하면서 시작되었다. 구체적으로 관리자들이 시간을 사용하는 방법과 관리업무의 전형적 활동 패턴을 조사하였다. 관리자들이 직무를 수행할 때 요구, 제약, 역할 갈등 방식 등을 분석하였다. 관리업무를 연구하기 위해서 직접적인 관찰, 일기, 직무기술 설문지, 면접 등을 기술적인 자료 수집방식이 활용되었다.

행동 연구방법의 다른 유형은 관찰 가능한 리더 행동이나 의사결정을 확인하고, 이러한 행동이 효과적인 리더십 지표와 어떻게 관련되는지를 탐구하는 것이다. 이 접근에서는 리더의 행동을 기술하는 설문지를 사용하는 양적 조사연구방식으로 이루어졌다.

셋째, 권력－영향력 연구이다. 이 접근방법에서는 리더와 구성원들 간의 영향력 과정을 검토한다. 권력－영향력 접근방법은 일반적으로 리더 중심적인 관점을 취한다. 이 접근에서는 리더가 소유한 권력의 정도와 유형, 권력을 행사하는 방식을 통해서 리더십 효과성을 설명하고자 한다. 다른 유형의 연구에서는 리더가 구성원의 태도와 행동에 어떻게 영향을 미치는지를 파악하기 위해 설문지, 사건기술법을 사용해 왔다. 참여적 리더십은 권력의 공유와 구성원의 임파워먼트에 관련되지만 행동접근의 전통과도 관련된다.

넷째, 상황적 연구방법이다. 이 접근방법에서는 리더십 과정에 영향을 미치는 상황 요인의 중요성을 강조한다. 주요한 상황 변수로서는 구성원의 특성, 집단이 수행하는 직무의 성격, 조직의 규모, 외부 환경의 특성 등이 포함된다. 한 유형의 연구에서는 다양한 유형의 조직, 다양한 관리계층, 다양한 문화에서 리더십 과정이 동일하거나 다르게 발휘되는지를 밝혀내고자 한다. 다른 유형의 연구에서는 리더의 특성과 행동이 리더십 효과성의 관계를 조절하는 상황적 요소를 탐구한다.

다섯째, 통합적 연구방법이다. 이 방법은 한 가지 유형 이상의 리더십 변수를 포함한다. 최근의 연구에서는 연구자들이 한 연구에서 두 가지 유형 이상의 리더십 변수를 포함하는 경향이 많아지고 있다. 통합적 연구방법의 사례로서 카리스마적 리더십의 자기개념이론(self-concept theory)의 경우, 어떤 리더의 부하들이 집단의 목표를 달성하기 위해서 기꺼이 많은 희생을 치르고자 하는지 그 이유를 설명하고자 한다. 카리스마적 자기개념이론에서는 카리스마적 리더의 행동, 특성과 능력, 그리고 카리스마적 리더들이 출현하는 상황 등 여러가지 리더십 변수의 관계를 규명하고자 한다.

4. 리더십 이론의 개념화 수준과 분류

1) 리더십 이론의 개념화 수준

리더십 이론은 다루는 대상의 개념화 수준에 따라 개인 내 과정, 일대일 관계, 집단과정, 조직과정 등으로 구분해서 검토할 수 있다(강정애 외 공역, 2013; Yukl, 2013).

첫째, 개인 내 과정(intra-individual processes)이다. 이는 리더 개인의 의사결정과 행동을 설명하기 위해서 개인의 성격 특성, 가치관, 능력, 동기부여 그리고 인지심리학이론 등을 활용한다. 또한 리더를 설명하고 비교하기 위해 개인이 수행하는 역할, 행동, 또는 의사결정 스타일을 활용할 수 있다. 예컨대, 권력과 권한이 있는 직위를 추구하는 사람의 동기를 설명하기 위해서 개인의 생애와 역사, 개인의 특성과 능력 등에 초점을 두는 경우이다. 리더십을 발휘하는 개인 내 과정에 대한 지식과 리더십 역할 및 특성은 효과적인 리더십 이론을 개발하는 데 통찰력을 제공한다.

둘째, 일대일 관계과정(dyadic processes) 이다. 이 접근은 주로 리더와 구성원 개인 간의 관계에 초점을 둔다. 구체적으로 리더가 구성원의 직무 수행을 위한 동기부여 및 행동 변화에 미치는지에 초점을 둔다. 일대일 관계의 리더십 이론은 일대일 교환관계, 목표와 공유, 협력 등 관계 형성과정을 설명한다. 일대일 관계이론은 팀이나 조직의 집합적 성과를 촉진하는 데 필요한 리더의 행동을 포함하지 않기 때문에 리더십이 발휘되는 상황이나 조직 환경과 같은 요인을 고려하지 못하는 한계가 있다.

셋째, 집단 과정(group processes)이다. 집단수준에서 효과적인 리더십은 팀 성과를 결정하는 집합적 과정에 대한 리더의 영향력이다. 이러한 영향력 행사의 과정은 리더에 의해 영향을 받을 수 있는 집단효과성의 결정요소를 설명한다. 일대일 관계이론에 비교하여 집단수준 이론은 팀에서의 효과적인 리더십을 더 잘 설명한다. 그러나 집단은 일반적으로 보다 큰 규모의 조직 내에서 존재하기 때문에 연구 초점을 집단 내부에만 제한할 때 집단의 효과성에 대한 이해가 충분하지 않을 수 있다.

넷째, 조직 과정(organizational processes)이다. 이 접근에서는 리더십을 집단이 하위체제로 구성된 더 큰 조직체제에서 일어나는 과정으로 설명된다. 실제적으로 조직의 생존과 번영은 환경에 대한 대응과 필요한 자원의 확보에 영향을 받는다. 조직

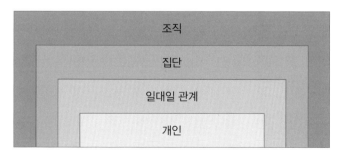

[그림 1-3] 리더십 과정에 대한 개념화 수준

은 생존하기 위해서 환경에 대한 정보를 수집하고, 위협과 기회요인을 확인하고, 환경에 대한 효과적인 대응 방안을 개발하는 등의 리더십이 발휘되어야 한다.

2) 리더십 이론의 분류

리더십 이론은 리더 중심이론과 구성원 중심이론, 기술이론과 규범이론, 보편이론과 상황이론으로 구분될 수 있다(강정애 외 공역, 2013; Yukl, 2013).

첫째, 리더 중심이론과 구성원 중심이론이다. 리더십 이론은 리더를 중심으로 설명되는가 또는 조직 구성원을 중심으로 설명되는가에 따라 달라진다. 대부분의 리더십 이론은 구성원에 대해서는 큰 관심을 두지 않는 대신에, 리더의 특성과 행동을 강조한다. 즉, 효과적인 리더십을 가져오는 리더의 특성과 행동을 중심으로 이론이 전개된다. 반면에, 현대사회에서 민주적인 경영이 강조되면서 점차로 조직의 구성원을 중시하는 리더십 이론이 부각되고 있다. 교육조직 내에서 분산적 리더십 이론 모형이 그 예로 지적될 수 있다.

둘째, 기술이론과 규범이론이다. 기술이론(descriptive theory)은 리더십 과정을 설명하거나 리더의 활동을 기술하며, 왜 어떤 행동이 특정 상황에서 발생되는지를 분석하고 설명한다. 반면에, 규범이론(prescriptive theory)은 효과적인 리더십을 발휘하기 위해서 리더는 어떤 상황에서 어떤 행동을 보여야 하는지를 구체적으로 기술하고 처방한다.

셋째, 보편이론과 상황이론이다. 보편이론(universal theory)은 모든 유형의 상황에 보편적으로 적용될 수 있는 리더십 이론을 정립하고자 한다. 반면에, 상황이론(contingency theory)은 특정한 상황에서 적용될 수 있는 리더십을 구체적으로 설명한다. 보편이론과 상황이론은 개념적이고 이상적으로 양극단으로 분류되지만, 실제적으로 리더십 이론은 양극단의 사이에서 특정 유형에 좀 더 가깝게 적용될 수 있다.

참고문헌

강정애, 이상욱, 이상호, 이호선, 차동옥 역(2013). 현대 조직의 리더십이론. 게리 유클 저. 서울: 시그마프레스.

김남현 역(2013). 리더십: 이론과 실제. 서울: 경문사.

윤정일(2004). 리더십이란? 윤정일. 이훈구. 주철안(편), 교육 리더십. 서울: 교육과학사.

주현준(2014). 학교장의 부정적 리더십 연구에 관한 탐색적 고찰. 교원교육연구, 31(2), 29-52.

주현준, 김민희, 박상완(2014). 교육지도성. 경기: 양서원.

주현준(2018). 교육리더십의 재개념화. 교육정치학연구, 25(1), 103-122.

Bass, J. M. (2008). *Bass and Stogdill's handbook of leadership: A survey of theory and research* (4th ed.). New York, NY: Free Press.

Bolman, L. G. & Deal, T. E. (1991). *Reframing organizations*. San Francisco, CA: Jossey-Bass Publishers.

Bolman, L. G. & Deal, T. E. (1997). *Reframing organizations*(2nd ed.). San Francisco, CA: Jossey-Bass Publishers.

Burns, J. M. (1978). *Leadership*. New York, NY: Harper & Row.

Copeland, N. (1942). *Psychology and the soldier*. Harrisburg, PA: Military Service Publications.

Gardner, J. W. (1990). *On Leadership*. New York, NY: Free press.

Goleman, D., Boyatzis, R., & McKee, A. (2002). *Primal leadership: Learning to lead with emotional intelligence*. Boston, MA: Harvard Business School Press.

Greenleaf, R. K. (1970). *The servant as leader*. Westfield, IN: Greenleaf Center for Servant Leadership.

Gronn, P. (2003). *The new work of educational leaders: Changing leadership practice under an era of school reform*. London: Paul Chapamn.

Heifetz, R. A. (1994). *Leadership without easy answers*. Cambridge, MA: Belknap Press.

Hodgkinson, H. (1991). *Educational leadership: The moral art*. State University of New York Press.

Kelllerman, B. (2004). *Bad Leadership*. Boston, MA: Harvard Business School Press.

Kellerman, B. (2008). *Followship: How followers are creating change and changing leaders*. Boston, MA: Harvard Business School Press.

Kelley, R.(1992). *The power of followship*. New York, NY: Bantam, Doubleday & Dell.

Lapierre, L. M., & Carsten, R. K. (2014) *Followship: What is it and why do people follow?* Bingley, UK: Emerald Group.

Moore, B. V. (1927). The May conference on leadership. *Personnel Journal, 6*, 124–128.

Northhouse, P. G. (2019). *Leadership, theory and practice* (8th ed.). London: Sage.

Peters, T. J., & Waterman, R. H. (1982). *In search of excellence*. New York, NY: Warner Books.

Riggio, R. E., Chaleff, I., & Lipman–Blumen, J. (Eds.). (2008). *The art of followship: How great follows creates leaders and organizations*. San Francisco, CA: Jossey–Bass.

Rost, J. C. (1991). *Leadership for the twenty–first century*. New York, NY: Praeger.

Seeman, M. (1960). *Social status and leadership*. Columbus: Ohio State University, Bureau of Educational Research.

Spillane, J. P. (2006). *Distributed Leadership*. John Wiley & Sons, Inc.

Yukl, G. (2013). *Leadership in Organization* (8th ed.). Upper Saddle River, NJ: Prentice–Hall, Inc.

제2장

리더의 특성과 기술

이 장에서는 리더십 이론으로서 리더의 특성이론, 리더의 기술과 역량, 리더 특성 및 역량이론의 강점과 한계점 등을 살펴본다. 리더의 특성을 규명하기 위해서 수행된 여러 가지 연구유형, 즉 집단의 리더가 될 관리자의 특성과 기술, 관리자의 특성 및 기술과 리더십 효과성 간의 관계, 종단연구를 통한 관리자 승진에 영향을 미치는 특성, 승진에 성공한 관리자와 실패한 관리자의 특성 비교 연구 등을 검토한다. 효과적인 리더의 인성적 특성으로서 스트레스 인내, 자신감, 내적인 통제, 정서적 성숙, 진정성 그리고 동기적 특성으로서 권력동기, 성취지향, 사교성을 설명한다. 이어서 특성이론의 강점과 한계점을 다룬다.

리더의 기술로서는 카츠(Katz)의 구분에 따라 전문적 기술, 인간관계 기술, 개념적 기술을 설명하고, 관리자가 갖추어야 할 기술과 리더십이 발휘되어야 할 상황 간의 관계를 다룬다. 1990년대 이후에 부각된 리더십 역량이론에서 제시한 리더의 역량으로 감성지능, 사회적 지능, 학습 역량, 문제해결 역량을 상술하고, 마지막으로 역량이론의 강점 및 약점을 검토한다.

1. 리더십 특성이론

리더십 특성이론은 20세기 초에 리더십을 규명하기 위한 최초의 체계적인 시도로서, 사람들을 위대한 리더로 만드는 특성이 무엇인지를 연구하였다. 이 연구는 사회의 위대한 정치적·군사적 리더들이 갖추고 있는 타고난 자질이나 특성을 파악하는 데 초점을 두었기 때문에 '위인이론(great man theory)'으로 명칭되었다. 이러한 리더의 특성에는 신체적 특성, 인성적 특성, 지능, 사회성 등과 같은 요소를 포함한다.

그러나 이러한 특성연구에서는 다양한 상황에서 리더의 성공을 가져올 특성을 일반화하지 못했다(Stogdill, 1948). 특정한 리더십 특성을 지닌 사람이 어떤 상황에서는 리더가 될 수 있어도 다른 상황에서는 리더가 될 수 없었기 때문이다. 즉, 특성연구가 실패한 원인은 리더의 특성과 성과 간에 존재하는 매개변인과 같은 상황적 요인들을 검토하지 않은 것과 관련된다.

1) 리더의 특성에 대한 연구 유형

리더십 특성이론은 리더는 특별하고 타고난 특징이나 재능을 가지고 있으며, 이러한 특성이 리더가 아닌 일반 사람들과 구별해 준다고 설명한다. 리더십 특성이론은 특정한 사람이 소유하는 일련의 속성으로서 리더십을 이해하게 된다. 이러한 리더십 특성은 특정한 사람들에게서 찾을 수 있고, 리더십의 발휘는 특정한 타고난 사람들에게 제한된다.

첫째, 초기의 특성 연구 유형에서는 어떤 사람이 집단을 이끄는 리더가 될 것인지를 예측하는 특성과 기술을 밝히고자 하였으며, 이 같은 리더십 특성이론은 1940~1950년대에 많이 연구되었다. 스톡딜(Stogdill, 1948)은 1904년부터 1947년에 수행된 124편의 리더십 특성연구를 고찰하고, 리더십과 관련된 개인의 특성요인을 다음과 같은 다섯 가지로 분류하였다.

- 능력: 지능, 민첩성, 표현 능력, 독창성, 판단력
- 성취: 학문적 성취, 운동 성취

- **책임**: 신뢰성, 주도성, 인내심, 진취성, 자신감, 탁월성
- **참여**: 활동성, 사교성, 적응성, 협력, 유머
- **지위**: 사회·경제적 지위, 인기

둘째, 연구유형에서는 관리자들의 특성과 기술이 그들의 현재의 직위에서 보여주는 리더십의 효과성과 어떻게 관련되는지를 밝히고자 하였다. 즉, 효과적인 리더십을 발휘하는 데 관련되는 리더의 특성과 기술을 규명하고자 하였다.

셋째, 연구유형에서는 수년간의 종단연구를 통해 대규모 조직의 최고경영층까지 승진하는 데 영향을 주는 특성과 기술을 밝히고자 하였다.

넷째, 연구유형에서는 최고 경영층에 성공적으로 승진한 관리자들과 중도에 해고되거나, 조기 퇴직하는 등 승진에서 탈락한 관리자들을 비교했다. 즉, 각 관리자들의 특성, 기술, 승진 경력 등의 정보를 수집하고 분석하여 승진에 성공한 관리자와 탈락한 관리자들을 비교하였다.

이러한 여러 가지 연구방법을 활용하여 수십 년간 리더십의 특성과 기술을 밝히는 연구가 수행되었다. 스톡딜(Stogdill, 1974)이 기존의 선행연구에 대한 검토를 통해서 내린 결론은 이후의 여러 학자에 의해서 수행된 메타분석 등에 의해 재확인되었다. 즉, 어떤 특성을 지닌 리더가 특정한 상황에서는 효과적일 수 있지만 다른 상황에서는 효과적이지 못할 수 있다는 지적이다. 또한, 서로 다른 특성을 지닌 복수의 리더가 동일한 상황에서도 성공적일 수 있다는 점이다.

2) 효과적인 리더의 특성

특성연구는 초기에 위인들의 자질을 확인하는 것을 강조하는 데서 시작하였으나, 후에는 효과적인 리더십에 영향을 미치는 개인의 특성을 탐색하는 방향으로 전환되었다. 스톡딜(Stogdill, 1974)은 개인의 성격 특성과 상황요인 모두가 리더십의 결정요인이라고 지적하였다. 여러 학자가 유사한 연구를 통하여 효과적인 리더의 특성을 규명하였고, 1990년대에 연구자들은 사회적 지능(social intelligence)과 관련된 리더십 특성을 연구하였다. 사회적 지능이란 자기 자신과 타인의 느낌, 행동, 생각을 이해하고, 이에 따라 적절하게 행동하는 능력을 가리킨다.

이렇게 여러 학자에 의해서 확인된 리더가 갖추어야 할 인성적인 특성은 스트레스에 대한 인내, 자신감, 내적인 통제, 정서적인 성숙, 진정성 등을 지적할 수 있다. 또한, 리더가 갖추어야 할 동기적 특성으로는 권력동기, 성취동기, 사교성 등을 들 수 있다(강정애 외 공역, 2013; Yukl, 2013).

(1) 인성적 특성

인성적 특성에는 스트레스에 대한 인내, 자신감, 내적인 통제, 정서적인 성숙, 진정성 등을 들 수 있다.

① 스트레스에 대한 인내

특성연구에 따르면 활력 수준, 체력 및 스트레스에 대한 인내는 리더의 효과성과 관계가 있다. 높은 활력 수준과 스트레스에 대한 인내심은 조직의 관리자들이 장시간 바쁘게 일하는 상황에 도움이 된다. 특히, 스트레스를 잘 관리할 수 있는 리더는 위기 상황에서 보다 나은 결정을 내릴 수 있다. 오늘날 사회에서는 조직을 경영하는 리더는 필요한 정보가 부족한 상황에서 중요한 결정을 내려야 하는 압력에 직면하는 경우, 이해관계가 충돌되는 집단이나 개인들 간의 갈등 문제를 해결해야 하는 경우 등이 빈번하게 발생되기 때문에 이러한 업무로 인한 스트레스를 슬기롭게 극복할 수 있는 인내심이 필수적이다.

② 자신감

특성연구에서 자신감은 효과적인 리더십과 긍정적인 상관관계가 있다. 구체적으로 자신감이 높은 리더는 어려운 과업을 시도하고 도전적인 목표를 설정할 가능성이 더 높으며, 문제를 주도적으로 해결하고자 한다. 반면에 자신감이 부족한 리더는 어려운 과업을 다루는 것을 지연하거나 책임을 타인에게 전가할 가능성이 높다. 그러나, 자신감이 지나친 경우에는 오히려 역기능적인 결과를 가져올 수 있다. 즉, 자신감이 지나치게 높은 경우에 타인과의 협력관계를 유지하거나 발전시켜 나가는 데 어려움을 겪을 수 있다.

③ 내적인 통제

사람들이 자신의 삶에서 일어나는 사건에 대해서 어떻게 인식하는가에 따라 내부통제 지향성과 외부통제 지향성으로 구분될 수 있다. 내부통제 지향성이 강한 사람들은 자신의 삶에서 일어나는 사건이 우연이나 통제 불가능한 힘보다는 자신의 행동에 의해서 결정된다고 믿는다. 반면에, 외부통제 지향성이 강한 사람들은 이러한 사건이 우연이나 운에 의해 결정되며 자신의 삶을 개선하기 위해 할 수 있는 것이 거의 없다고 생각한다.

특성연구에서는 내부통제 지향성이 강할수록 리더의 효과성에 긍정적인 영향을 미친다고 설명한다. 내부통제 지향성이 강한 사람들은 자신의 운명에 영향을 미칠 수 있다고 믿기 때문에 자신의 행동과 조직의 성과에 보다 많은 책임을 지게 된다. 따라서 미래지향적이며, 목표를 달성하기 위해 적극적으로 계획을 수립하고 추진해 나가게 된다.

④ 정서적인 성숙

정서적인 성숙(emotional maturity)는 개인이 자신의 강점과 약점을 정확하게 인식하며, 자신의 약점을 부정하거나 성공에 대해 공상하기보다는 자기 개선을 위해 노력한다. 따라서 정서적으로 성숙한 사람들은 자기중심적인 경향이 적고, 자기 통제력은 보다 강하여, 정서적으로 안정되어 있기 때문에 타인의 비판에 대해서 수용적이고 자기 실수에서 배우고자 한다. 이러한 결과로 정서적인 성숙도가 높은 리더는 부하, 동료 및 상사들과 협력적인 관계를 유지할 수 있다.

⑤ 진정성

진정성(integrity)은 개인이 지향하는 가치와 나타내는 행동이 일관되며, 정직하고 윤리적이며 신뢰할 수 있다는 것을 가리킨다. 진정성은 대인 간에 신뢰를 획득하는 주요한 결정 요인이다. 리더가 신뢰할 수 없다고 지각되면 집단 구성원의 충성심을 확보하거나 동료와 상사로부터 협력과 지원을 획득하기가 어렵게 된다. 진정성을 나타내는 중요한 지표는 개인이 정직하고 진실한 정도, 약속을 지키는 정도, 구성원들에게 대한 책임을 이행하는 정도, 구성원의 비밀을 무분별하게 누설하지 않는 정도, 자신의 결정과 행동에 대해 책임을 지는 정도 등이 있다.

(2) 동기적 특성

동기적 특성에는 권력동기, 성취동기, 사교성 등의 특성을 들 수 있다.

① 권력동기

권력동기가 높은 사람은 다른 사람이나 집단 내외에서 발생되는 사건에 영향을 미치는 것을 즐기며 권한이 많은 직위를 추구할 가능성이 높다. 대규모 조직의 관리자들은 부하, 동료, 상사에게 영향을 미치기 위해 권력을 행사한다. 반면에, 권력동기가 낮은 사람은 집단의 활동을 조직화하고 자원을 확보하기 위해 로비하고 변화를 유도하기 위해 필요한 적극적인 자기주장이 부족하다. 관리자로서 높은 권력동기가 필요하지만, 관리자의 효과성은 권력동기가 표현되는 방식과 관련된다. 사회화된 권력을 지향하는 관리자가 개인화된 권력을 지향하는 관리자보다 효과적인 리더십을 발휘할 가능성이 더 높다.

개인화된 권력을 지향하는 관리자들은 자기 자신을 과장하고, 개인의 자존심과 지위에 대한 강한 욕구를 만족시키기 위해 권력을 사용한다. 또한 부하들을 무력하고 의존하게 만들어서 부하들을 지배한다. 중요한 결정 권한은 리더에게 집중되고 정보는 제한되며, 부하를 조종하기 위해 보상과 처벌이 사용된다. 반면에 사회화된 권력을 지향하는 관리자들은 정서적으로 성숙되어 타인의 이익을 위해 권력을 행사하고, 권력을 작위적으로 사용하는 것을 절제하고, 이기적인 성향이 약하고, 장기적인 안목을 갖추고 있다. 권력에 대한 강한 욕구는 조직을 성공적으로 만드는 것으로 표현된다.

② 성취동기

성취동기는 성취 욕구, 책임을 맡고자 하는 의지, 업적지향, 과업 목표에 대한 관심을 포함하는 욕구가 포함된다. 성취동기와 관리 효과성 간의 관계는 직선적이 아니라 곡선적이기 때문에 적절한 수준의 성취동기를 지닌 관리자가 성취동기가 낮거나 지나치게 높은 관리자보다 효과적인 결과를 낳게 된다. 성취동기가 높은 관리자는 과업 목표에 대한 강한 관심을 가지고 있고, 과업 문제를 해결하기 위한 책임을 맡고자 하며, 문제해결을 위한 주도권을 확보할 가능성이 보다 높다.

성취동기가 높은 관리자는 도전적이면서 현실적인 목표와 시한을 설정하고, 구체적인 행동계획을 수립하고, 장애를 극복하기 위한 방법을 결정하고, 업무를 효율적으로 조직화하는 등의 과업 행동을 보여 줄 가능성이 높다. 반면에, 성취동기가 높은 경우에 관리자가 팀이나 작업 단위의 성취보다 자신의 개인적 성취와 승진에 노력을 쏟게 될 가능성이 높다. 관리자가 혼자서 달성하려고 노력하고, 부하에 대한 업무 위임을 꺼리고, 부하의 책임감과 과업에 대한 몰입도를 진작시키지 못할 때 조직 전체적으로는 효과적인 결과가 나오기 어렵다.

③ 사교성

사교성, 즉 친교 욕구가 강한 사람은 타인으로부터 호감을 받고 함께 어울릴 때 만족을 얻고, 우호적이고 협력적인 사람들과 함께 일하는 것을 즐긴다. 대부분의 연구에서는 사교성 욕구와 관리 효과성 간에 부정적인 상관관계를 제시한다. 사교성이 높은 사람은 과업의 수행보다는 구성원 간의 관계를 더 중시하고, 갈등에 직면할 때 갈등을 회피하기 쉽다. 조직 내에 필요하지만 인기가 없는 결정을 내리기를 회피한다.

반면에, 사교성이 매우 낮은 사람은 다른 사람과 사귀는 것을 좋아하지 않는 고립적인 인물이 되는 경향이 있다. 이런 사람은 부하, 동료, 상사들과 효과적인 대인기술을 개발하지 못하고, 타인에 영향을 미치는 능력에 대한 자신감이 부족하게 된다. 따라서, 사교성 욕구는 높거나 매우 낮은 것보다는 적절한 수준이 보다 효과적일 수 있다.

3) 특성이론의 강점과 비판

특성이론은 다음과 같은 사항들에서 강점을 지니고 있다(김남현 역, 2013; Northhouse, 2019).

첫째, 특성이론은 직관적으로 흥미를 끈다는 점이다. 일반적인 사람들의 생각, 즉 리더는 일반 사람들보다 능력이 있는 사람이라는 생각과 잘 조화된다.

둘째, 특성이론은 지난 1세기에 걸쳐서 많은 연구가 수행되었다. 오랜 기간에 걸친 많은 연구를 통해서 개인의 다양한 특성이 리더십이 발휘되는 과정에서 중요한 역할을 한다는 것을 보여 주었다.

셋째, 특성이론은 리더십이 발휘되는 과정의 주요 요소 중에서 리더에 초점을 맞추고 있다. 즉, 리더십이 발휘되는 과정에서 리더의 역할을 강조함으로써 보다 깊은 이해에 기여하였다.

넷째, 특성이론은 리더가 되기 위해 갖추어야 할 특성이 무엇인가를 알게 해 주는 기준을 제공한다.

한편, 특성이론은 다음과 같은 점에서 비판을 받고 있다(김남현 역, 2013; Northhouse, 2019).

첫째, 특성이론은 '결정적인 리더십 특성 목록'의 범위와 한계를 규정하는 데 실패하고 있다는 점이다. 과거 1세기 동안 수많은 연구가 수행되었지만, 이들 연구의 결과는 모호하며 특성목록에 나타난 특성의 수가 매우 많다는 점이다.

둘째, 특성이론은 상황을 고려하지 못하고 있다는 점이다. 특정 상황에서 리더로서의 특성을 소유한 사람이 다른 상황에서는 리더가 되지 못하는 사례가 발생된다는 점이다. 리더십이 발휘되는 다양한 상황에서 보편적으로 적용될 수 있는 일련의 리더십 특성을 확인하는 것은 어려운 작업이다.

셋째, 리더십 특성에 관한 연구가 리더십의 성과와 어느 정도 관계되는지를 규명하지 못하고 있다는 점이다. 효과적인 리더십에 요구되는 특성을 확인하는 작업에 초점을 두었을 뿐 리더십 특성이 집단의 구성원이나 이들의 성과에 어떻게 영향을 미치고 있는지에 대한 구체적인 내용을 소홀히 하였다.

넷째, 특성이론은 리더십 훈련이나 계발을 위해 유용하지 못하다는 점이다. 특성이란 비교적 고정적이고 안정적인 심리적 요소이기 때문에 리더로서의 특성을 리더십 훈련을 통해서 계발되기가 어렵다는 한계가 있다.

2. 리더의 기술과 역량

리더십 특성연구와 같이 리더 기술 및 역량연구도 리더십을 리더중심적인 관점에서 이해하는 접근방법이다. 리더 특성연구는 연구의 초점을 리더의 타고난 특성에 두었지만, 리더의 기술 및 역량연구는 리더가 학습할 수 있고 개발할 수 있는 기

술이나 역량에 초점이 있다. 리더의 기술 및 역량연구는 카츠(Katz, 1955)에 의해서
발표된 관리기술에 의해서 시작되었다.

1) 리더의 기술

카츠(Katz, 1955)는 관리자들의 경영활동을 관찰한 현장연구에 기초하여 리더가
갖추어야 할 기술로서 조직의 직급 수준에 따라 전문적 기술, 인간관계 기술, 통합
적 기술 등으로 구분하였다(강정애 외 공역, 2013; 김남현 역, 2013; Northhouse, 2019;
Yukl, 2013).

(1) 전문적 기술

전문적 기술(technical skill)은 구체적인 작업이나 활동을 수행하는 방법, 공정, 절
차 및 기법에 관한 지식이나 이러한 작업이나 활동에 필요한 도구나 장비를 사용할
수 있는 능력이다. 예컨대, 교사의 전문적인 기술은 학생의 학습을 지도할 수 있는
교과수업에 관련된 지식과 능력, 그리고 학생의 교내외 생활을 이해하고 지도할 수
있는 인간발달 및 학생 지도 방식에 관련된 지식과 능력, 그리고 학급담임으로서 학
급학생들을 관리하고 지도할 수 있는 관리능력 등을 지적할 수 있다. 일반적으로 전
문적 기술은 조직 내에서 하위 수준의 직급에서 중요하다.

(2) 인간관계 기술

인간관계 기술은 사람들이 함께 일하는 데 필요한 인간관계에 대한 지식과 함께
일할 수 있는 능력이다. 인간관계 기술은 인간행동과 대인관계에 대한 지식, 다른
사람의 말과 행동에 대한 동기, 감정 및 태도를 이해할 수 있는 공감능력, 효과적으
로 분명하게 소통할 수 있는 의사소통능력, 효과적으로 동료 및 조직 구성원 등과
협력적인 관계를 구축할 수 있는 대인관계능력 등을 포함한다.

인간관계 기술은 리더가 조직이나 집단의 구성원, 동료, 상급자 등과 함께 일함으
로써 조직이나 집단의 목표를 달성하는 데 필요하다. 인간관계 기술은 조직이나 집
단이 직면한 특정한 문제에 대해서 자신의 관점과 구성원의 관점을 파악하고 이러
한 관점들을 조화시키고 적응할 수 있는 능력이다. 인간관계 기술은 조직의 중간관

리층이나 상위관리층의 직급에서 상대적으로 중요하다.

(3) 개념적 기술

개념적 기술(conceptual skill)은 사물이나 사람을 다루는 것이 아니라 아이디어나 개념, 비전 등을 다루는 능력이다. 즉, 분석능력, 논리적 사고, 개념을 만들고 복잡한 현상을 이해할 수 있도록 구조화할 수 있는 능력, 아이디어를 창안하고 문제를 창의적으로 해결하는 능력 사건을 분석하고 추세를 인식하고 변화를 예상하며, 잠재적인 문제를 추리할 수 있는 능력 등을 가리킨다.

개념적 기술은 불확실한 환경 속에서 조직의 비전을 제안하고, 계획을 수립하고, 조직이 목표를 구성원에게 설득력 있게 전달하고, 조직을 관리하고, 복잡한 문제를 해결하기 위한 방안을 강구하는 등의 과업 수행에 필수적이다. 개념적 기술은 조직의 상위층에 있는 구성원들에게 매우 중요하다.

(4) 리더의 기술과 상황 간의 관계

관리자들은 자신에게 부여된 역할을 수행하기 위해서 여러 가지 다양한 기술을 습득해야 한다. 이러한 다양한 기술의 상대적인 중요성은 관리자가 리더십을 발휘하게 될 상황에 따라 달라진다. 이러한 상황에는 조직의 계층에서 위치하는 관리자의 직위 수준, 조직의 유형, 조직이 처한 외부 환경의 특성과 기술 등을 들 수 있다 (강정애 외 공역, 2013; Yukl, 2013).

① 관리자의 직위 수준

기술의 중요성에 영향을 미치는 상황변수 중의 한 가지는 조직의 계층 상에서 위치하는 관리자의 직위 수준이다. 관리자의 직위 계층에 따라 필요로 하는 기술의 상대적인 중요성은 다음과 같다([그림 2-1] 참조). 일반적으로 고위관리자일수록 업무수행을 위해 필요로 하는 조정활동의 다양성 정도는 더 많고, 관리해야 할 관계의 복잡성은 더 크며, 해결해야 할 문제는 추상적이고 불분명한 특성을 지니게 된다.

최고경영자의 경우에 처리해야 할 업무의 복잡성으로 인해 전체를 이해하는 개념적 기술에 대한 이해가 보다 중요해진다. 또한 미래의 사건을 예견하고, 획득한 정보를 바탕으로 전략적 결정을 내리고, 결정된 사항을 부하직원들에게 실행하도

록 지시한다. 중간관리자는 상위 계층에서 수립한 방침과 목표를 실행하는 책임을
담당한다. 이러한 역할을 수행하기 위해서는 전문적 기술, 인간관계기술, 개념적 기
술을 비교적 동일하게 갖출 필요가 있다. 반면에, 하위관리자는 최고경영자-중간
관리자를 통해서 전달된 업무 목표를 달성하는 데 초점을 두기 때문에 상대적으로
전문적 기술을 많이 활용하게 된다.

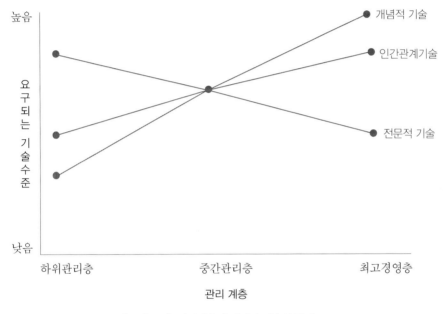

[그림 2-1] 관리계층과 관리자 기술의 관계

② 조직의 유형

관리자가 갖추어야 할 기술에서 제기되는 주요한 한 가지 질문은 관리자의 기술
이 특정 조직에서 다른 조직으로 전이될 수 있는가이다. 조직의 특정한 관리 계층에
서 필요한 전문적 기술은 업무와 기능이 서로 다른 부서에게로 쉽게 전이될 수 없다
는 것이 일반적인 생각이다. 카츠(Katz, 1955)는 인간관계 기술과 개념적 기술을 구
비한 최고경영자들은 업종의 차이에 관계없이 효과적으로 리더십을 발휘할 수 있
다고 지적했다. 반면에 다른 연구자들은 조직 간 업무 기술, 시장, 전통, 문화와 풍
토 등이 상이하기 때문에 리더의 관리기술이 한 조직에서 다른 조직으로 전이될 가
능성이 제한적이라고 보았다(Kotter, 1982).

기술, 제품, 전통에 대한 친숙성은 특정 조직에서 오랫동안 경험을 통해서 습득되는 지식이다. 개념적 기술과 전문적 기술의 일반적인 요소는 다른 조직 상황에 전이될 수 있지만, 이러한 기술의 고유한 지식요소는 다시 학습되어야 한다. 더욱이, 다른 업종으로 옮길 경우에는 새로운 외부 인맥을 개발해야 한다. 따라서 새로운 직위에서 광범한 기술 전문성과 광범한 외부 인맥이 새롭게 요구될 때 다른 업종이나 조직에서 성공적으로 관리하는 과제는 보다 어려워질 것이다.

③ 외부환경과 기술

조직이 발전하면서 변화하는 환경에 대한 적응을 연구하는 이론에서는 리더에게 요구되는 기술이 조직의 발전과정에 따라 달라질 수 있다는 점을 지적한다. 즉, 새로운 조직을 설립하는 경영자에게 필요한 기술은 조직이 안정적으로 성장된 조직의 경영자에게 필요한 기술과는 일치하지 않을 수 있다는 점이다. 또한, 조직의 환경이 안정적이고 우호적인 경우에 경영자에게 필요한 기술은 격심한 경쟁적인 환경에 직면한 경영자에게 필요한 기술과는 일치하지 않을 수 있다(Hunt, 1991; Quinn, 1992).

더욱이 오늘날 현대사회는 글로벌 사회로서 조직을 둘러싸고 인구, 정치, 경제, 과학 및 기술, 질병 및 의료 등에서 유래를 찾아볼 수 없을 정도로 변화가 가속화되고 있다. 따라서 이러한 시대적 변화에 대처하기 위해 관리자들은 과거에 비해서 리더로서 감성지능, 사회적 지능, 학습역량 등 새로운 관리기술과 역량이 매우 중요하게 되었다.

2) 리더의 역량

역량은 일반적으로 기술로 간주되기는 하지만 대체로 세부적인 기술과 보완적인 특성이 결합된 것을 의미한다. 역량은 집단이나 조직을 경영하는 관리자들에게 요구되는 바람직한 기술이나 속성을 가리킨다. 이러한 역량으로서는 감성지능, 사회적 지능, 학습 역량, 문제해결 역량 등이 있다.

(1) 감성지능

감성은 신경을 자극하는 강한 느낌으로서 개인의 인지과정과 행동에 영향을 미친다. 감성의 예로는 분노, 공포, 슬픔, 행복, 수치, 사랑 등이 있다. 감성은 개인의 기분을 좌우하며, 이러한 개인의 기분은 리더십 행동에 여러 가지로 영향을 미친다. 감성지능(emotional intelligence)이란 감성을 지각하고 표현하는 능력이고, 감성을 활용하여 사고를 촉진하는 능력이며, 감성을 이해하고, 감성으로써 추론하고, 자신의 내적인 감성과 다른 사람과의 관계에서의 감성을 효과적으로 관리하는 능력이다(Mayer et al., 2000). 감성지능에는 여러 가지 상호 관련된 기술이 포함된다. 공감(empathy)은 타인의 감정을 인식하고 타인이 자신의 감정과 행동에 어떻게 반응을 보이는지를 이해하는 능력이다. 자기조절은 충동적 행동으로 반응하기보다 감정을 상황에 적합한 행동으로 표현할 수 있는 능력이다. 감성적 자기인식(emotional self-awareness)은 자신의 감정을 이해하고, 자신의 감정이 과업 수행과 대인관계에 어떤 영향을 미치는지를 이해하는 능력이다.

감성지능이 높은 리더는 복잡한 문제의 해결, 효과적인 시간관리, 상황에 적합한 행동, 위기상황 관리 등을 보다 능숙하게 처리한다. 자기인식은 사건이 발생했을 때 가능한 반응을 쉽게 이해하게 함으로써 대안의 평가를 용이하게 한다. 자기조절은 스트레스가 많은 상황에서 정서적 안정과 정보처리를 촉진하여 장애물에도 불구하고 임무에 대한 열정을 유지하도록 돕는다. 공감은 협력적인 대인관계를 발전시키는 데 도움이 될 수 있다. 그러나 감성지능이 리더십의 효과성을 제고한다는 결과를 제시하는 연구는 아직 제한적이고, 감성지능의 유용성에 대한 논쟁은 여전히 계속되고 있다(Joseph & Newman, 2010).

(2) 사회적 지능

사회적 지능(social intelligence)은 특정 상황에서 리더십의 필요를 판단하고 이 상황에 적합한 행동을 선택하여 행동할 수 있는 능력이다. 이를 위해서 자기 자신의 느낌이나 행동, 생각을 이해하고, 또 다른 사람들의 느낌이나 행동, 생각을 이해하여 적절하게 행동할 수 있어야 한다. 사회적 지능의 두 가지 주요 요소는 사회적 지각과 행동의 유연성이다. 사회적 지각은 집단 또는 조직에 관련된 부서의 필요성, 문제, 기회, 구성원의 필요, 사회적 관계 및 집합적 과정 등을 이해하는 능력이다. 사회적 지각이 높은 리더는 집단 또는 조직을 효과적으로 만들기 위해 필요한 과업과 방법을 이해한다. 사회적 지각에는 대인관계 기술, 조직에 대한 지식과도 관련된다.

행동의 유연성은 상황에 적응하기 위해 개인의 행동을 변화시킬 수 있는 능력과 태도를 가리킨다. 행동의 유연성이 높은 리더는 자신의 행동을 평가하여 필요에 따라 수정할 수 있다. 리더는 자신이 취할 수 있는 다양한 행동 유형의 효과, 제약 조건 등을 잘 파악하고 이러한 행동을 능숙하게 구사할 수 있다. 자기 점검이 높은 리더는 자신의 행동, 자신의 행동이 타인에게 미치는 영향 등을 잘 인식할 수 있다.

(3) 학습 역량

조직이 변화하는 환경에서 적응하기 위해 리더는 시행착오를 통해서 자신이 가진 신념과 가정을 수정하고, 자신의 정신모델을 점검하게 된다. 리더가 상황의 변화 속에서 성공적인 리더십을 발휘하기 위해 가장 중요한 역량 중 한 가지가 학습하고 변화에 적응하는 역량이다(Argyris, 1991). 이 역량은 '학습하는 방법을 학습하는 것'과 관련되며 자신의 인지 과정을 분석하고, 이를 개선하기 위한 방법을 발견하는 역량이다.

학습 역량은 또한 자신의 강점과 약점을 이해하는 자기인식 능력을 포함한다. 경험을 통해 학습하고 변화에 적응하는 역량은 기술뿐만 아니라 개인의 특성과도 관련된다. 이러한 특성으로는 성취 지향성, 정서적 성숙, 자기 점검 등이 있다. 이와 같은 특성을 지닌 관리자는 과업을 성취하기 위해 동기가 부여되고, 탐구심이 많고, 개방적이며, 새로운 방식으로 추진하려는 자신감과 호기심을 갖고 있으며, 자신의 강점과 약점에 대한 피드백을 적극적으로 추구한다.

(4) 문제해결 역량

문제해결 역량(problem-solving skills)은 조직이 직면하는 새롭고, 전례 없는, 불명확한 문제를 해결하는 창의적인 능력이다(Mumford et al., 2000). 즉, 조직이 해결해야 할 주된 문제점을 명확하게 정의하고, 정보를 수집하여 문제점을 새롭게 이해하고, 문제해결을 위한 방법을 창안해 내는 능력이다. 이러한 능력은 조직의 상황 속에서 발생되는 전례 없는 문제를 해결하기 위해서 발휘된다.

문제해결 역량을 지닌 능숙한 리더는 역동적인 조직 상황 속에서 복잡한 문제를 이해하고, 문제에 대한 재개념화를 통해서 해결책을 구상할 뿐만 아니라, 해결책을 실천하는 데 소요되는 시간, 조직의 장·단기 목표, 외부적인 이슈 등에도 주의를 기울인다. 문제해결 역량을 구성하는 구체적인 기술에는 문제인지, 원인/목표 분석, 제약요인 분석, 기획, 예측, 창의적 사고, 아이디어 평가, 지혜, 비전 만들기 등을 지적한다(Mumford et al., 2017).

3) 역량 모형의 강점과 한계

리더 역량 연구는 리더십의 이해를 위해 다음과 같은 측면에서 긍정적인 기여를 하고 있다(김남현 역, 2013; Northhouse, 2019).

첫째, 리더십 역량 개발의 중요성을 강조하는 리더중심 모델이다. 리더 역량에 관한 초기 연구는 각기 다른 관리 계층에 요구되는 리더 역량을 강조했지만, 후기 연구에서는 학습된 역량을 모든 계층에 효과적인 리더십 성과에 영향을 미치는 구조를 밝히고자 하였다.

둘째, 역량 모델은 성격 특성 모델과는 달리 기술이나 역량이기 때문에 사람들이 학습하고 계발할 수 있다는 점이다.

셋째, 역량 모델은 광범하고 다양한 요소를 통합하는 리더십 이론의 포괄적인 시각을 제시한다.

넷째, 역량 모델은 많은 리더십 교육프로그램의 교과과정에서 반영할 수 있는 실제적인 지침을 제시히고 있다는 점에서 유용하다.

반면에, 리더십 역량 모델은 다음과 같은 점에서 한계점이 있다(김남현 역, 2013; Northhouse, 2019).

첫째, 역량연구의 범위가 리더십의 범위를 넘어서고 있다는 점이다. 즉, 리더의 인지적 역량을 강조함으로써 리더십 분야를 넘어서 인지심리학과 같은 다른 분야의 주제를 다룬다는 점이다.

둘째, 역량모델은 예측력이 약하다는 점이다. 리더의 사회적 지능이나 문제해결 역량이 집단 구성원의 성과에 어떻게 영향을 미치는가를 구체적으로 설명하지 못한다는 점이다.

셋째, 역량연구는 모델의 주요한 구성요소로서 인성 특성의 개념과 유사한 개인적 속성을 포함하고 있다는 점이다. 리더의 인지 능력, 동기유발, 성격 등의 변인을 역량에 기여하는 요인으로 설명하고 있는데, 이런 요소는 특성연구에서 다루는 사항이다.

넷째, 역량모델이 리더십의 다른 여러 상황에서 적절하고 유용하게 적용될 수 있는가 하는 점이다. 역량 모델이 육군 장교들을 대상으로 그들의 성과를 관찰하는 방법을 통해서 개발되었기 때문에 다른 분야 또는 조직에 속하는 집단에 일반화될 수 있는가에 대한 지적이다.

참고문헌

강정애, 이상욱, 이상호, 이호선, 차동옥 공역(2013). **현대 조직의 리더십이론**. 게리 유클 저. 서울: 시그마프레스

김남현 역(2013). **리더십 이론과 실제**. 피터 G. 노트하우스 저. 서울: 경문사

Argyris, C. (1991). Teaching smart people how to learn. *Harvard Business Review, 69*(3), 99-109.

Bolman, L. G. & Deal T. E. (1991). *Reframing organizations*. San Francisco, CA: Jossey-Bass Publishers.

Gardner, J. W. (1990). *On leadership*. New York, NY: Free Press.

Hunt, J. G. (1991). *Leadership: A new synthesis*. Newbury Park, CA: Sage.

Joseph, D. L., & Newman, D. A. (2010). Emotional intelligence: An integrative meta-analysis and cascading model. *Journal of Applied Psychology, 95*(1), 54-78.

Katz, R. L. (1955). Skills of an effective administrator. *Harvard Business Review, 33*(1), 33-42.

Kotter, J. P. (1982). *The general managers*. New York, NY: Free Press.

Mayer, J. D., Salovey, P., & Caruso, D. R. (2000). Models of emotional intelligence. In R. J. Sternberg (Ed.), *Handbook of intelligence* (pp. 396-420). Cambridge, UK: Cambridge University Press.

Mumford, M. D., Zaccaro, S. J., Harding, F. D., Jacobs, T. O., & Fleishman, E. A. (2000). Leadership skills for a changing world: Solving complex social problems. *The Leadership Quarterly, 11*(1), 11-35.

Mumford, M. D., Todd, E. M., Higgs, C., & McIntosh, T. (2017). Cognitive skills and leadership permformance: The nine critical skills. *The Leadership Quarterly, 28*(1), 24–39.

Northhouse, P. G. (2019). *Leadership, theory and practice* (8th ed.). London: Sage.

Quinn, J. B. (1992). *The intelligent enterprise.* New York, NY: Free Press.

Stogdill, R. M. (1948). Personal factors associated with leadership: A survey of the literature. *Journal of Psychology, 25,* 35–71.

Stogdill, R. M. (1974). *Handbook of leadership: A survey of the literature.* New York, NY: Free Press.

Yukl, G. (2013). *Leadership in Organization* (8th ed.). Upper Saddle River, NJ: Prentice-Hall, Inc.

제**3**장

리더십 행동이론

이 장에서는 리더십 행동이론에 대해 설명한다. 1950년
대에 연구자들은 리더 행위의 보편성으로 눈을 돌렸
다. 리더의 공통적인 특성을 찾으려 하기보다는 관리자가 실제로 일을 수행하는 업
무를 분석하면서 성공적인 리더가 어떻게 행동하는지 알고자 한 것이다. 행동이론
연구자들은 사람들이 업무를 수행하는 것을 왜 하는가에 대해 설명하는 것을 목표
로 리더의 행동을 밝히는 방향으로 연구를 수행하였다(Barrick, Mount, & Li, 2013).

리더 행동연구는 두 가지 일반적인 하위범주로 구분된다. 첫째는, 리더의 업무에
대한 행동 유형(특성)을 연구하는 것이다. 리더들이 조직의 업무를 수행함에 있어서
시간을 어떻게 사용하는지 조사하고 관리상의 활동(관리역할, 기능, 책임 등)은 어떠
한지 행동에 주목하여 내용을 기술한다. 주로 직접관찰, 분석, 직무기술서, 면담을
통한 기술적 방법을 통해 리더십 행동 유형을 밝히고자 하였다. 둘째는, 효과적인
리더와 비효과적인 리더의 행동 유형은 어떻게 차이가 있는지에 주목하여 연구하
는 것이다. 선호되는 연구방법은 행동 기술 질문지를 통한 조사방법 또는, 조작실험
연구, 중요 사건을 이용한 연구 등이다. 효과적인 리더의 행동과 비효과적인 리더의
행동을 비교하는 방법으로, 리더십 행동에 대한 질문지 측정치와 리더십 효과성 측

정치 간의 상관관계를 조사하고 분석하는 수많은 연구가 수행되었다(Yukl, 2013).

리더십 행동이론 연구를 살펴보기 위해, 3장에서는 먼저 리더 행동의 범주와 분류는 어떻게 구성되는지를 살펴보고, 대표적인 리더십 행동이론과 내용과 연구동향, 평가에 대한 내용을 다룬다.

1. 리더십 행동

리더십 행동이론은 리더와 구성원과의 관계를 중심으로 리더의 행동 유형을 집중적으로 밝히려 한 연구의 한 흐름이다. 1950~1960년대에 주류를 이루었던 이 연구의 접근방법은 리더가 어떠한 사람인가 하는 것보다는 어떤 행동을 하느냐를 분석하고, 조직이나 집단 속에서 리더가 어떠한 행동을 나타내고 있느냐에 기준을 두었다. 하지만 리더십 행동이론은 리더십 특성과 자질, 기술과 이분법적으로 구분되지는 않는다. 행동이론이 리더의 행동에 초점을 맞추고 있으나, 그러한 행동은 리더의 개인적 특성과 자질, 기술에 직접적인 영향을 받기 때문이다(Lunenburg & Omstein, 1991).

리더십 행동이론에서는 리더 유형이 리더십 과정에 있어서 결정적 요소라는 신념을 바탕으로, 과업구조 · 방향 · 생산에 대한 지향성과 인간의 욕구에 대한 지원 및 집단 욕구특성에 대한 지향성 모든 부분에 중요한 기능을 발휘한다는 것을 가정한다(정태범, 2003). 이를 바탕으로, 연구자들은 부하의 만족도와 성과에 가장 영향을 미칠 가능성이 높은 리더십 행동 유형에 대한 연구를 검토하고 리더의 어떤 행위가 효과적인지 규명하기 위해 효과적인 리더와 비효과적인 리더의 행동을 비교한다. 즉, 리더십 행동이론은 성공적인 리더의 보편적인 행동 유형을 밝히고자, 모든 상황에 가장 적합한 효과적인 리더의 행위에 초점을 두고 리더의 행동을 연구한 것이라 정리할 수 있다.

1) 리더의 행동범주

리더십 행동연구의 주요 문제는 '모든 리더에게 적절하고 의미 있는 행동범주가 무엇인가?'를 확인하는 것이다. 지금까지 반 세기 넘게 이루어진 연구들을 통해서 관리자 및 지도자와 관련된 다양한 행동 개념은 너무도 많이 만들어졌다(Bass, 1990; Fleishman et al., 1991). 여러 연구자들에 의해 동일한 용어가 다르게 정의되기도 하고, 어떤 경우에는 하나의 행동범주가 두 세개의 범주로 확인되는 등 너무도 다양한 분류법이 존재해 하나의 일련의 행동을 다른 행동으로 구분 짓기가 어렵다. 리더십 연구들의 초기 경향을 살펴보면, 연구들은 일차적으로 어느 한 범주를 다른 범주보다 더 강조하여, 서로 다른 결과를 통합하기보다는 한 부분에 초점을 맞추어 연구하는 것으로 나타났다. 이후에는 보다 복합적인 범주의 상호작용에 대해 관심을 가지고 다원적인 관점의 중요성을 부각하여 리더에게 보다 다양한 능력 발휘를 요구하는 형태로 연구가 진행되었다(박병량, 주철안, 2012; 윤정일 외, 2009; Yukl, 2006).

행동범주는 실제 세계의 실체적 속성이라기보다 추상적 개념이다. 범주들은 추상적 개념을 의미 있게 인식할 수 있도록 관찰된 행동으로 조직화되지만, 어떤 객관

표 3-1 행동 분류법 개관

구분(년도)	범주	1차 목적	개발 방법
Fleishman(1953)	2	효과적 행위 확인	요인 분석
Stogdill(1963)	12	효과적 행위 확인	이론적-연역적
Mahoney, Jerdee, & Carroll(1963)	8	지위 요구 기술	이론적-연역적
Bowers & Seashore(1966)	4	효과적 행위 확인	이론적-연역적
Mintzberg(1973)	10	관찰된 활동 분류	판단적 분류법
House & Mitchell(1974)	4	효과적 행위 확인	이론적-연역적
Morse & Witchell(1974)	6	효과적 행위 확인	요인 분석
Luthans & Lockwood(1984)	12	관찰된 활동 분류	판단적 분류법
Page(1985)	10	지위 요구 기술	요인 분석
Yukl, Wall, & Lepsinger(1990)	14	효과적 행동 확인	요인 분석
Bass & Avlio(1990)	7	효과적 행위 기술	요인 분석
Wilson, O'Hare, & Shopper(1990)	15	효과적 행위 확인	요인 분석

적인 것으로 존재하지는 않는다. 따라서 '정확히 이것이다.'라고 옳다고 여기는 행동 범주들이 절대적인 것이 아니기에 행동 분류법 간의 다양성이 나타난다. 지난 50년 간 제안된 여러 행동 분류법은 〈표 3-1〉과 같다.

다양한 행동 분류법이 발생하는 이유를 보다 구체적으로 살펴보면 크게 세 가지 근거를 들 수 있다. 먼저, 목적이 다른 분류법은 다른 구성요소를 가질 수 있다. 관리 효과성에 대한 연구와 이론을 촉진하기 위해 설계된 분류법은 관찰된 리더 활동을 기술하기 위해 설계된 분류법이나, 리더(관리자 및 행정가)의 지위에 따르는 책임 목록을 만들기 위해 설계된 분류법과는 초점이 다르다. 반면에 같은 목적을 가지고 있다 할지라도 행동 요소들이 다른 수준의 추상적 개념 또는 보편성을 공식화할 수 있는 가능성이 있는 상황에서는 분류법 간 다양성이 존재할 수 있다. 즉, 어떤 분류법은 매우 적은 수지만 매우 엄밀하고 광범위하게 정의된 행동범주를 포함하기도 하고, 또 다른 분류법들은 많은 수의 정의된 행동범주를 가지기도 한다. 예를 들면, 과업지향적인 행동은 광범위한 메타 범주이고, 업무 역할을 명확히 하는 것은 중간 범주이며, 명확한 성과목표를 설정하는 것은 구체적이고 좁은 범주이다. 셋 모두 추상적 행동범주이지만, 목표설정은 과업행동의 일부인 명료화의 구성요소인 것이다 (〈표 3-2〉 참조). 마찬가지로 관계지향적인 행동은 광범위한 메타범주이고, 개발은 중간범주의 관계 행동이며, 직업조언을 제공하는 것은 매우 구체적인 특정범주의 개발이다. 분류법에서 행동범주에 대한 최적의 추상화 수준은 분류법 목적에 따라 달라지는데, 효과적인 리더십 연구에 있어서 광범위한 메타범주는 보다 구체적인 행동범주보다 덜 유용한 것으로 확인된다(Yukl, 2013).

표 3-2 서로 다른 수준의 추상적 개념의 행동 기술 예

광범위, 추상적 범주	과업 지향 행동	
중간 범위 범주	명료화	감독(점검)
구체적인 특정 범주	작업 할당, 목표 설정, 정책 설명	작업수행방법 관찰, 주간 영업보고서 읽기, 진행상황 검토 미팅 개최
관찰된 범주	관리자는 매출을 10% 증가시킨다는 목표 설정한다.	관리자는 새 디스플레이가 올바르게 수행되었는지 확인한다.

출처: Yukl, G. (2013). Leadership in organization (8th ed.), p. 63.

행동 분류법 간의 다양성의 세 번째 근거는 분류법 개발에 사용되는 방법 때문이다. 어떤 분류법은 실제 리더의 행동을 기술하는 '행동 기술 질문지' 행동 항목 간의 공분산패턴을 조사함으로써 개발되기도 하고(요인 분석 방법), 어떤 분류법은 내용 또는 목적이 유사하다고 여겨지는 집단행동의 예들을 판단하기 위해 개발되기도 하며(판단적 분류법), 또 다른 분류법은 이론에서부터 추론함으로써 개발되기도 한다(이론적−연역적 접근). 각 방법은 고유한 관련 편향을 가지며, 다른 방법을 사용하면 목적이 동일하더라도 분류법이 다소 달라진다. 여러 가지 방법을 함께 사용할 때는 일반적으로 하나의 방법이 보통 다른 것들보다 행동범주 선택에서 더 중요하게 작용하는 형태로 편향될 수밖에 없다. 때문에 다른 방법을 사용하면 목적이 같아도 어떤 다른 분류법이 되는 것이다.

서로 다른 분류법을 비교해 보면, 행동의 수, 행동의 범위, 행동 개념의 추상화 수준에 상당한 차이가 있다. 어떤 분류법은 적은 수의 넓은 범주만을 가지고 있고, 다른 분류법은 많은 수의 특정한 행동을 가지고 있으며, 또 다른 분류법은 특정한 요소 행동을 가진 몇 개의 넓은 범주를 가진다. 어떤 분류는 리더 행동의 전체 범위를 다루도록 의도되는 반면, 또 다른 분류는 특정 이론(즉, 카리스마적 또는 변혁적 리더십 이론)에서 확인된 행동만을 포함한다.

2) 리더십 행동 분류

적절한 리더십 행동을 분류하기 위해 사용되는 다양한 접근방식들은 유클(Yukl, 1989)에 의해 공식화되었다. 지난 반 세기 동안 연구의 많은 부분에 영향을 준 몇 가지 광범위한 행동범주를 설명하고자 요인분석, 판단적 분류, 이론적 연역과 같은 이론들을 조합하여 많은 수의 범주를 조합하였다(Yukl, 2013).

분류는 리더 효과성 이해와 관계있는 모든 관점에서의 리더 행위를 포괄한다. 범주들은 여러 리더들에게 폭넓게 적용될 정도로 충분히 일반적이지만, 리더 개인이 당면한 독특한 상황적 요구와 압력에 관계될 만큼 특수적이기도 하다. 새로운 분류에서 모든 범주는 비록 범주들의 상대적 중요성이 리더에 따라 다를지라도, 모든 형태의 리더와 관계되는 행동 관점이 있다. 범주들은 동료뿐 아니라 부하에 대한 행위를 기술하기 위해 사용될 수도 있으며, 매트릭스(matrix) 관리자(예: 생산 관리자, 기획

표 3-3 리더의 관행

계획과 조직	장기 목표 및 전략 결정, 우선순위에 따른 자원 분배하기, 효율적 과업성취를 위한 인적·물적자원의 활용 방법 결정하기, 조직 단위의 협동·생산성·효과성 증진 방법 결정하기
문제해결	작업 관련 문제 확인, 원인 확인 및 해결책 강구를 위한 시기적절하지만 체계적 방식의 문제 분석 중요 문제 또는 위기해소를 위한 해결책 실천하기 위해 단호하게 행동하기
역할 및 목표 명료화	작업하는 방향 제공, 직업 책임, 과업목표, 한계선, 수행 기대 등의 명확한 이해 위해 의사소통하기
통보	작업에 필요한 사람들에게 결정, 계획, 활동 등에 대한 관련 정보 전파하기
감시	작업에 영향을 미치는 작업 활동 및 외부 조건에 대한 정보 수집, 기록물 및 문서 확인하기
제공	기술적 정보에 대한 요청에 대답하기, 작업 진행과 질 체크하기, 개인적 조직단위의 수행 평가, 경향 분석 및 외적 사건 예측하기
동기화 및 격려	작업을 위해 정열적이 되도록 감정 또는 설득하는 영향력 발휘하기, 과업목표에 동의, 협동, 지원, 지지, 자원 등에 대한 요청에 따르기, 적당한 행동의 예 설정하기
상담	사람들에게 영향을 미치는 변화를 시도하기 전에 그들을 점검하고, 향상을 위해 제안을 하며, 의사결정에의 참여를 유도하고, 의사결정에 다른 사람들의 생각과 제안 반영하기
위임	작업 활동, 문제 취급, 중요 결정하기를 수행하는 데 책임과 자유재량을 갖도록 부하에게 허용하기
지지	우호적이고 배려적으로 행동하기, 인내심을 가지고 유용하게 되기, 실의나 걱정에 싸인 사람에게 동정심과 지지 보여 주기, 불평이나 문제 듣기, 사람들의 흥미 주시하기
개발하기 및 훌륭한 지도자 되기	코치 및 유용한 충고해 주기, 인간의 기술 획득, 전문적 발전, 직업 진보를 촉진하는 일 하기
갈등 다루기 및 팀 구축	갈등의 구성적 해결 촉진, 협동, 팀워크, 작업 단위와의 동일시 격려하기
통신망	비공식적 사회화, 정보와 지지의 근원인 사람과 접촉, 방문, 전화, 대응, 출석을 포함한 모임이나 사회적 사건에 주기적 상호작용을 통한 접촉 유지하기
인정	효과적 수행, 중요한 성취, 특별한 기여 등에 대해 칭찬하고 인정해 주기
보상	효과적 수행, 중요한 성취, 논증된 능력 등에 대해 월급 이상 또는 승진 등과 같은 유형의 보상하기

관리자)나 부하에게 직접적 권위를 사용하는 전통적 관리자에게도 적용할 수 있다. 또한 몇몇의 범주들은(즉, 위임, 개발, 보상 등) 대개 부하에게 적용된다.

각 리더가 조직에서 오래전부터 해 오던 관례에 따른 행동을 확인하면, 과업 및 인간 양자와 관계된 행동 구성요소들을 포함하고 있음을 볼 수 있다. 대부분 리더의 관행은 어떤 경우에는 일반적으로 과업(예: 감시, 계획, 문제해결, 명료화 등)과 더 관계가 있고, 또 다른 경우에는 개인 간 관계성 유지(예: 지지, 인정, 개발, 갈등 취급 등)와 더 관련 있는 것으로 나타난다(Yukl, 2006).

리더십과 관련된 연구들을 종합하여 살펴보면, 리더십의 어떤 측면보다도 리더 활동과 행동에 대한 연구가 많이 이루어졌다. 그리고 리더의 활동과 행동을 보다 효과적으로 기술하기 위해서 많은 학자들이 다양한 분류체계를 사용하였으나, 수많은 서로 다른 분류체계 중에서도 모든 목적을 충족시키는 체계를 찾을 수 없었다. 대부분의 초기 분류법은 행동 분류법 간에 상당한 중첩이 있음에도 불구하고, 새로운 리더 행동이 과업 및 관계 행위 간의 기본적인 2요인(과업, 관계) 구별과 어떻게 관계되는가 하는 것에 대부분 관심을 두었다. 이후, 3요인 분류법이 특성 행동을 일반적 범주로 그룹화하는 가장 유용하고 민감한 방법이라 주장하는 연구(Yukl, 1997)가 나타났다. 이처럼 수많은 관련 행동을 범주화하는 간명한 방법으로서, 다음과 같이 리더의 행동을 과업지향적, 관계지향적 그리고 변화지향적 정도를 통해 구분할 수 있다(Ekvall & Aronson, 1991; Yukl, 2006).

(1) 과업지향 행동

과업지향 행동(task-oriented behavior)은 집단, 팀 또는 조직에서 내부 효율성을 개선하고 유지하는 것과 관계된다. 효과적인 리더는 사람, 자원, 정보 및 장비를 더 잘 사용하는 방식으로 활동을 조직화한다. 그들은 활동계획을 세우고, 과제를 할당하고, 자원 요구조건을 결정하며, 상호 관련된 활동들을 조정하고, 품질·생산성·자원의 활용을 개선하는 노력을 고무시켜 촉진하며, 과제 목표·우선순위·결과를 평가하는 기준을 명료화하는 데 도움을 준다. 효과적인 리더는 수행을 평가하고 해결해야 할 문제를 발견하기 위해 집단이나 조직의 내부운영을 모니터하고, 계획과 전략에서 점진적이거나 커다란 변화가 요구되는 기회와 위협들에 대한 정보를 얻기 위해 외부환경을 모니터한다(Yukl, 2006).

과업지향적인 형태는 이처럼 운영의 효율성과 신뢰성을 개선하기 위해 직무를
조직·감독·촉진하는 몇몇 관리적 행동양식에 주된 관심을 가진다. 직무를 조직
하고 감독하고 촉진하는 부분의 질 관리를 위해 과업을 완수하는 데 필수적인 관리

표 3-4 과업지향 행동양식

계획수립	• 누가 무엇을 언제 어떻게 수행할 것인지를 결정하는 것 • 목적: 업무단위 능률 및 효과 개선을 위한 효율적 집단구성·활동 조정·자원의 효과적 활용 확보 • 목적·우선순위·전략·정형구조·자원의 배분·책임의 할당·활동의 계획·관리인 자신의 시간사용에 관한 관리적 의사결정 포함
문제해결	• 과업과 관련된 문제를 파악하고 그것을 적절한 때 체계적으로 분석하며, 위기에 대처하여 해결책을 실행하기 위한 중요한 행동을 수반하는 것 • 목적: 규칙적이고 안정된 운용 유지 및 계획과 프로그램의 성공적인 이행 • 계획과 같이 정보를 처리하고, 분석하고, 결정하는 것 포함
명료화	• 계획, 방침, 역할기대를 분명하게 전달하는 것 • 목적: 업무활동을 가이드하고 조정하며, 사람들에게 무엇을 어떻게 수행해야 하는지를 알도록 함 (직무에 어떤 의무·기능·활동이 요구되는지, 어떤 결과가 예상되는지 부하 각자가 이해하는 것이 중요하며, 역할모호성이나 역할갈등이 있을 때 행동을 명료화하는 것 또한 중요함) • 주요한 네 가지 하위범주: (1) 부하에게 직무상 책임 규정, (2) 수행목표 설정, (3) 과제 할당, (4) 업무수행을 위한 지침 제공
정보제공	• 부하, 동료, 상사 또는 외부 인사에 의해 요구되는 일과 관련된 정보의 의사소통을 포함 • 목적: 다른 이들의 직무를 촉진하고, 조정을 개선하고, 직무 단위에 대한 호의적인 이미지 유지 • 방법: 전화메시지, 메모와 보고서, 전자우편, 게시판에 있는 메시지, 사보 기사, 구두 브리핑 그리고 확성장치를 통한 공고 등의 다양한 통신매체 이용
점검	• 관리자가 관할하는 집단의 운영에 대한 정보를 수집하는 것 • 목적: 계획수립과 문제해결에 필요한 많은 정보 수집 (점검을 통해 수집된 정보는 목표, 전략, 계획, 방침, 절차를 세우고 수정할 뿐만 아니라, 문제와 기회를 파악하는 데 사용되어 관리의 효과성을 가져옴) • 형태: 운영의 관찰, 보고서 읽기, 수행 자료를 컴퓨터 스크린에서 관찰, 표본 검사, 진전여부 검토회의 개최, 일과 후 검토 등

출처: Yukl, G. (2006). Leadership in organization (6th ed.), pp. 67-69.

적 행동양식은 '계획수립, 문제해결, 명료화, 정보제공, 점검'의 다섯 가지 형태로 세부 내용은 다음 〈표 3-4〉와 같다.

(2) 관계지향 행동

관계지향 행동(relations-oriented behavior)은 높은 수준의 상호신뢰와 충성심을 특징으로 하는 협력관계를 구축하고 유지하는 것과 관계된다. 효과적인 리더는 다양한 서로 다른 관계지향 행동을 사용하는데, 이들은 사람들을 지지하여 신뢰와 존경심을 보여 주고, 지도와 후견과 같은 조력행동을 한다. 또한 사람들에게 중요한 방식으로 영향을 미치는 결정을 내리기 전에 사람들과 협의를 하며, 마지막으로 정보·지원 및 정치적 지지의 가치 있는 원천이 되는 외부인들과 협력관계망을 구축하고 유지한다(Yukl, 2013).

어떤 관리적 실천의 주된 목적은 과업목적을 달성하기 위해 필요한 사람과 협동과 보조를 하고자 효과적인 관계를 만들고 유지하는 것이라 볼 수 있다. 따라서 협동적인 관계성을 구축하고 유지하기 위해서는 몇 가지 관계행동이 필요하다. 관계행동의 다섯 가지 유형, 즉 '지원, 개발, 인정, 보상, 갈등관리'는 다음 〈표 3-5〉와 같다.

표 3-5 관계적 행동양식

지원	• 관리자들에 의한 행동의 광범위한 영역을 포함하는 것 (다른 사람의 욕구와 감정에 대한 배려, 수용 그리고 관심을 보여 줌) • 목적: 구성원들의 우정, 충성심, 만족감 확보 (사람에 대해 사려 깊고 우호적인 관리자는 그들의 우정과 충성심을 확보할 가능성이 더 높으며, 구성원들은 냉정하고 비인간적인 것보다 오히려 우호적이고 지지적인 관리자를 위해 일하는 것에 더 만족함)
개발	• 개인적 기술을 증가시키고 직원의 적응과 직업발전을 촉진시키기 위해 고안된 지도, 훈련, 후견 그리고 직업 상담과 같은 관리적 행동의 몇몇 유형을 포함하는 것 • 목적: 관리직에 요구되는 적합한 사람들의 준비, 구성원 만족감과 조직에 대한 위임을 증가시키는 잠재적인 이익의 다양성 및 타인들이 성장하고 발전시키도록 돕는 것으로부터의 만족감 확보

인정	• 칭찬을 하고 효과적인 수행, 훌륭한 성취, 그리고 조직에 끼친 중요한 공헌에 대해 타인에게 칭찬하고 감사를 표시하는 것 • 주요 목적: 원하는 행동과 과업위임 강화 • 부수적인 목적: 인간상호 간의 관계성을 개선하고 직업만족을 증가시키는 것 포함
보상 제공	• 효과적인 수행, 훌륭한 성취 그리고 보조(도움적)를 위해 사람에게 실재적인 이익을 주는 것 • 목적: 과업을 행하는 데 있어 구성원의 노력을 증가시키는 것
갈등 관리	• 관리자 모임 내에서, 그리고 다른 단체들이나 고객들과 같이 외부인들과 함께 협동적인 일 관계성을 만들고 유지하기 위해 사용되는 것 • 목적: 구성원, 동료, 감독자 그리고 외부인들과 협동적인 직업관계성을 가지고 유지하는 것 • 타인 사이에 갈등을 해결하기 위한 노력 포함

출처: Yukl, G. (2006). Leadership in organization (6th ed.), pp. 70-73.

(3) 변화지향 행동

변화지향 행동(change-oriented behavior)은 전략목표, 전략, 조직구조, 조직문화 및 업무과정의 변화에 영향을 미치는 것과 관계된다. 효과적인 리더는 외부 사건들을 해석함으로써, 그리고 사람들의 욕구, 가치 및 희망에 관련되는 호소력 있는 비전을 천명함으로써 긴박감을 조성한다. 이들은 신뢰성 있는 비전을 구축하기 위해 조직의 핵심역량과 공유가치에 근거하여 전략을 수립하고, 변화를 위한 승인을 얻고자 내부 및 외부 지지자들의 연합세력을 구축한다. 유능한 변화주도자들은 자신의 책임영역 내에서 변화를 실행하며, 또한 효과적인 리더는 사람들에게 변화의 준비를 갖추게 하고, 변화의 고통에 대처하도록 도움을 주고, 변화의 진전을 알려 주며, 개인적으로 변화에 지속적인 헌신성을 보여 준다(Yukl, 2006).

변화를 이끈다는 것은 가장 중요하고 어려운 리더십 책임의 하나로, 효과적인 리더십은 조직에 새로운 활력을 주고 변화하는 환경에 대한 적응을 촉진하는 데 필요하다. 조직에서의 전면적인 변화는 통상적으로 리더가 이끌지만, 조직의 어느 구성원이라도 변화를 주도하거나 변화의 성공에 기여할 수 있다. 따라서 변화를 성공적으로 추진하고 이에 적응하기 위해서는 넓은 범위의 리더십 행동이 요구된다. 변화 행동의 다섯 가지 유형, 즉 '변화에 대한 저항, 변화 실행, 동기부여, 혁신 및 학습 증

표 3-6 변화적 행동양식

변화에 대한 저항	• 무지나 유연성의 부족의 결과로 나타나는 반응이 아니라, 개인적 이해관계와 자결성에 대한 인식을 보호하기 원하는 자연스러운 반응 • 변화에 대한 저항의 이유: 변화 제안자에 대한 불신, 변화의 불필요성 인식, 불가능에 대한 신념, 경제적 위협, 변화에 지출되는 높은 비용, 실패에 대한 두려움(개인적), 개인과 조직단위에의 권력과 지위의 이동, 가치와 이상에 대한 위협, 간섭에 대한 분개 등
변화 실행	• 조직의 전면적인 변화를 위해 정치적 또는 조직 수준의 행동을 하는 것 • 목적: 성공적인 조직의 변화를 이끌고 촉진하여 조직 구성원들에게 활력을 부여함 • 종합적인 비전과 일반전략을 수립하고, 전략에 찬성하는 지지자 연합세력을 규합하며, 전략을 실행하는 과정을 이끌고 조정하는 것(변화를 인도할 팀 구성, 핵심직위를 맡을 적격인물 선발, 작업에 영향을 미치는 상징적 변화추진, 주의를 요하는 문제를 탐지하기 위한 변화의 진전 점검 등) • 현재의 희생과 변화가 요구하는 역경을 정당화할 만큼 충분히 매력적이고 보다 나은 미래에 대한 비전 제시 포함
동기부여	• 조직 구성원들에게 지지와 지원을 해 주고, 변화를 촉진하기 위한 필요한 자원을 제공하고, 인도하는 것(변화를 실행하는 과정에서 나타나는 핵심적 부분) • 목적: 변화에 따른 긴장과 고통, 적응과 혼란 등의 상황에서 구성원들의 열정과 낙천성을 유지하게 함 • 긴박감을 조성하고, 사람들에게 변화에 대한 대비책을 갖추도록 하고, 변화에 대처하도록 도와주며, 변화과정에 대해 계속 알려 주고, 변화 프로그램에 지속적으로 개입하며, 개별적으로 사람들에게 활력을 부여하는 것 포함
혁신 및 학습 증대	• 조직 구성원들에게 학습과 지속적 개선을 지향하도록 장려하는 것 • 목적: 보다 더 역동적으로 변하고 경쟁이 치열해지는 환경에서 조직이 성공적으로 적응·유지하고 발전하는 것 • 유연성과 학습에 대한 진정한 가치 인정, 시스템적 사고, 지식의 확산, 개인과 팀의 학습을 고무시키고 촉진시킴, 외부로부터 지식 습득, 혁신과 창의적 활동 고무, 학습의 확산, 학습과 혁신에 대한 보상, 뜻밖의 일과 실패로부터 학습 이용 등
환경의 모니터링	• 외부환경 변화에 대해 모니터하여 조직에 대한 위협을 탐지하고, 기회를 적시에 발견하여 파악하는 것 • 목적: 환경을 정확하게 해석하여, 전략계획과 위기관리에 필요한 정보 수집 • 관련되는 사건들과 변화에 대해 어떤 정보를 수집할 것인지 파악, 다수의 정보원천 사용, 고객의 욕구와 기대의 이해, 환경정보와 전략적 계획을 관련하여 효과적인 전략 수립 등 • 외부적응의 문제와 내부통합의 문제해결을 위한 조직문화를 형성하는 것 포함

출처: Yukl, G. (2006). Leadership in organization (6th ed.).

대, 환경의 모니터링'은 다음 〈표 3-6〉과 같다.

리더 행동과 리더십 효과성의 관계는 과업지향(T), 관계지향(R), 변화지향(C), 즉 'TRC 리더십 이론'이라는 모델로 설명된다. 행동의 세 범주는 대부분의 리더와 모두 관계되지만, 행동의 최적의 혼합은 조직이 직면한 환경 형태와 현재 전략의 효과성에 의해 결정된다. 예를 들면, 조직에서 경쟁적 전략이 적합한 안정적 환경에서는 과업지향 행위가 변화지향 행위보다 중요하게 적용된다. 능률성을 증진시키고 규칙적이고 확고한 작업을 유지하기 위해서는 과업지향 행위가 상당히 요구되는 것이다. 변화지향적 행위는 외현적 사건을 해석하고, 개선의 증진을 촉구하고, 지식을 습득하고 보급하는 능력을 개발하는 데 있어서 상당히 필요하다. 변화지향 행위는 조직이 필요할 때 미래에 더 큰 변화를 하도록 준비하는 것을 도우며, 혼란스럽고 역동적인 환경에서 그에 위협이 되는 주된 문제나 기회 등을 다룬다. 반면, 어떤 과

• 과업지향 행동(task-oriented behavior)
 −과업 성취, 인적 · 물적 자원의 효과적 이용, 안정적이고 확실한 작업 유지, 질과 생산성 향상
   증가 등과 일차적으로 관계되는 일 하기
 −행동의 핵심적 구성요소: 역할 명료화, 작업계획 및 조직, 감시 등
 −이 범주는 조직 주도를 포함하지만 더욱 광범위하게 정의됨

• 관계지향 행동(relaions-oriented behavior)
 −관계성 향상과 인간 돕기, 협동 및 팀워크 증가, 부하 직업 만족 증가, 조직에 대한 정체성 형
   성 등과 일차적으로 관계되는 일 하기
 −행동의 핵심적 구성요소: 지지, 개발, 인정, 상담, 갈등 취급 등
 −이 범주는 배려와 유사하지만 과업에 대한 관심을 통합하는 방법이 더 광범위함

• 변화지향 행동(change-oriented behavior)
 −전략적 결정 증진, 변화가 환경에 순응하도록 만들기, 목표 · 과정 또는 생산물/서비스의 주된
   변화 형성, 변화에 대한 위원회의 위임 획득 등과 일차적으로 관계되는 일하기
 −행동의 핵심적 구성요소: 외현적 사건 읽고 해석, 흥미 유발하는 비전 제시, 혁신적 전략 제
   안, 변화에 대한 요구에 대해 설득력 있는 흥미 유발, 실험을 격려하고 촉진, 변화를 지지 · 보
   충하기 위한 연대 형성 등

업지향 행위는 새 전략, 수행 방법 계획, 새 역할 기대 명료화, 변화 과정 감시 등을 필요로 하기도 한다.

과업 및 관계에 대한 관심의 균형을 유지하는 적절한 방법은 환경 조건에 의존하는 것과는 다르다. 혼란스러운 환경에서보다는 안정된 환경 속에서 인간지향 행위가 더 가능해진다. 조직이 상대적으로 성공적일 때 실질적인 지지, 인정, 개발, 팀 형성 등이 이루어지기 쉽다. 그러나 안정된 환경에서도 인간관계의 가능성에는 한계가 있다. 만약 조직이 즐거운 작업 조건 제공 및 개인적 용도로 구성원에게 자원을 분배하는 데 지나치게 관용적이면 통제가 이루어지지 않는다. 높은 효율성 성취를 지향하는 과업지향적일 경우에는 비용을 통제하는 측면이 중요하게 작용한다. 조직과 그 구성원들이 미래에 직면하게 될 신상품 연구 및 개발, 과도한 빚 감소, 인적 자본의 개발 등과 같은 활동에 대비하는 데 잉여 자본을 최우선적으로 투자하는 것이 필요하므로, 조직은 불필요한 장식, 비생산적 직원, 과잉 월급과 이익 등에 자원을 낭비하지 않으려 하기 때문이다.

혼란스러운 환경이 될수록 인간지향적인 부분을 만족시키는 데 더 많은 압력을 받게 된다. 변화하고 적의에 찬 환경에의 성공적 적응은 보통 조직의 생산물 · 서비스 및 과정에서 중요 변화를 요구하며, 조직은 변화를 지지하기 위해 제한된 자원만 가진다. 따라서 조직의 경제적 위기의 중심에서는 구성원의 요구를 만족시키기 위해 더 적은 자원을 이용하고, 지지와 같은 인간지향과 관계된 것에 시간을 덜 투자한다. 리더는 희생을 요구해야 하고, 조직 구성원과 다른 제삼자에게 영향을 미치는 인기 없는 변화를 시도한다. 그럼에도 불구하고 성공적 적응을 위해서는 인간지향 행위(예: 증가하는 변화에 대한 스트레스에 쉽게 상처 입는 사람들을 격려하고 지지하기, 부하들과 곤란 및 희생 공유하기, 새로운 전략에 대한 갈등 다루기, 새로운 전략 적용과정 축하하기 등)가 필요하다(Dunbar & Goldberg, 1978). 권력을 남용하고 착취하는 사람은 다른 곳에서 더 좋은 기회가 주어진다면 실패한 조직을 구하기 위해 돕기보다는 조직을 버리게 될 것이다. 그러므로 주요 환경 변화에 성공적 적응을 하기 위해서는 더 초기에, 혼란스러움이 적을 때, 강력한 조직의 개입을 위해 인간지향 행위를 하는 것이 더 좋다.

리더 행동과 리더십 효과성 관계에 대한 결과에 따르면, 리더 행동이 과업 지향, 관계 지향, 변화 지향으로 분류되어 있더라도 이러한 행동유형은 혼재되어 있으며,

조직이 직면한 환경 형태에 따라, 조직의 현재 전략이 가장 최적의 효과를 도출할 수 있는 행위가 무엇인지 판단하여 리더십을 발휘하는 것이 적절함을 알게 한다. 이는 초기에 이루어진 리더십 효과에 대한 이론과 연구들이 과업과 관계 행동에 집중되었던 것에서 확산되어 발전된 결과이다.

2. 리더십 행동이론의 주요 유형 및 연구

수많은 리더십 연구들을 살펴보면 주요 접근방식이나 관점에 따라서 연구를 체계화하였다. 리더십 연구들의 초기 경향을 살펴보면, 연구들은 일차적으로 어느 한 범주를 다른 범주보다 더 강조하여, 서로 다른 결과를 통합하기보다는 한 부분에 초점을 맞추어 연구하였다. 이후에는 보다 복합범주의 상호작용에 대해 관심을 가짐으로써 다원적인 관점의 중요성을 부각하여 다차원적인 성격을 가지고 리더에게 보다 다양한 능력 발휘를 요구하는 형태로 연구가 진행되었다(박병량, 주철안, 2012; 윤정일 외, 2009; Yukl, 2006). 이러한 연구들은 더 나아가 현실에 신속히 적응할 뿐만 아니라, 새로운 관점에서 미래를 지향하는 형태의 리더십을 요구하는 연구들로 이어졌다(최정희, 2004; 허병기, 2001).

리더십 행동이론은 기본적으로 효과적인 리더와 그렇지 못한 리더의 행동이 어떻게 다른지 알아보기 위해 '행동기술 질문지' '실험실과 현장 실험' '중요 사건 등'과 같은 방법을 사용하여 많은 연구가 이루어졌다. 리더십 행동 이론의 주요 연구와 그 동향은 다음과 같다.

1) 대표적인 리더십 행동이론

1950년대와 1960년대에 심리학자들에 의해 수행된 지도자 행동에 관한 몇몇 초기 연구들을 검토하면, 행동이론이 보편화되기 이전인 1930년대 진행된 아이오와(Iowa) 대학교의 연구를 제외하고는 지난 60년 간 지도성 행위에 관한 대부분의 연구는 오하이오(Ohio) 주립대학교와 미시간(Michigan) 대학교의 연구 프로그램에 의해 정립된 것으로 볼 수 있다. 이 이론에 의하면, 리더들은 두 가지의 기본적 유형의 행동, 즉 과업행동과 관계성 행동을 하며, 이들 두 가지 유형을 어떻게 조합하여 다른 사람들의 행동에 영향을 미칠 것인가가 행동이론의 유형 연구의 핵심이다.

리더십의 고전적 행동이론으로 대표적으로 널리 알려진 연구로는 아이오와 대학교의 연구, 오하이오 주립대학교 연구, 미시간 대학교의 연구, 블레이크와 모우튼(Blake & Mouton)의 관리망 이론, High-high(고-고) 리더 연구 등이 있다.

(1) 아이오와 대학교의 리더십 연구

아이오와 대학교에서는 행동이론이 본격적으로 진행되기 전인 1930년대에 레빈과 그의 동료들에 의해 관리자의 리더십 유형에 대한 연구가 진행되었다(Lewin et al., 1939). 해당 연구는 기본적으로 리더십 행동을 유형화하여 분류하고, 각 유형이 집단의 태도와 생산성에 미치는 영향을 분석하였다. 연구는 10대 소년들을 대상으로 이루어진 실험 연구로, 1개 그룹은 통제집단으로, 3개 그룹은 실험집단으로 설계하여 총 네 그룹에서 나타난 리더십 행동에 따른 영향력에 대해 확인하는 것으로 진행되었다. 3개 실험집단에서는 각 그룹의 리더에게 '정책 결정, 과업기술과 활동의 설정, 계획 수립, 분업과 과업 할당, 평가' 측면에서 '권위적(authoritarian), 민주적(democratic), 자유방임적(laissez-faire)'으로 행동하게 하였다. 실험 결과, 소년들은 리더의 세 가지 유형 중, 민주적인 리더를 가장 선호하고 권위적인 리더를 가장 싫

표 3-7 아이오와 대학교 연구에서의 각 리더 행동 유형 차이

행동 구분	정책 결정	업무 기술과 활동 결정	계획수립	분업과 업무 할당	평가
권위적 리더	단독 결정	단독 결정	단독 수립	명령	단독 수행 리더 개인의 칭찬과 비판
민주적 리더	집단 결정	집단 결정	계획수립에 필요한 충분한 정보 수집	집단결정	객관적 기준에 의한 평가
자유방임적 리더	없음 (자율적)	개인에게 일임	체계적인 계획수립 없음	리더가 관여하지 않음	없음 다른 집단 구성원에 의한 임의 평가

어하는 것으로 나타났으며, 특히 권위적인 리더는 소년들로 하여금 공격적이거나 냉담한 행동을, 자유방임적 리더는 좌절, 방향성 상실, 우유부단한 행동을 유발한 것으로 확인되었다.

하지만, 아이오와 대학교에서 진행된 이 연구는 실험이 제한된 지역(미국)에서 적은 수의 어린 소년들을 대상으로 진행되었다는 점과 실험과정에서 주변 환경의 많은 변인들을 통제하지 못했다는 제한점으로 인해 해당 결과를 일반화하기에는 무리가 있는 것으로 평가된다(윤정일 외, 2009). 하지만 이 이론은 기존의 리더십 연구와는 달리 리더의 행동 유형이 구성원의 태도와 효과성에 미치는 영향을 분석한 것으로, 리더십 행동이론의 효시가 된다고 본다.

(2) 오하이오 주립대학교 리더십 연구

오하이오 주립대학교 리더십 연구는 효과적인 리더십 행위에 대한 질문지 연구로 시작되었으며, 이는 여러 효과적인 리더십 행위에 대한 질문지 연구에 많은 영향을 주었다. 오하이오 주립대학교 연구는 효과적인 리더 행동은 어떤 유형이고, 그러한 리더의 행동은 조직에서 작업을 하는 구성원들의 성취와 만족에 어떤 영향을 주는가에 관심을 두고, 조직의 목표를 달성하는 데 효과적인 리더의 행동에 초점을 두었다(Stogdill & Coons, 1957).

연구자들의 초기 과업은 리더 행동을 기술하는 데 부하들이 사용할 질문지, 즉 '리더 행동 기술척도(Leader Behavior Description Questionnaire: LBDQ)'를 개발하는 것이었다. 연구자들은 LBDQ 개발을 위해, 1,800여 개의 리더 행위에 대한 예를 목록으로 작성하고, 이 중에서 중요하고 훌륭한 리더십 기능이라고 생각되는 예문을 150개 항목으로 압축하였다. 이들 항목들로 구성된 예비 질문지에 군인과 민간인들이 관리자 행위를 기술하도록 했다(Fleishman, 1953; Halpin & Winer, 1957; Hemphill & Coons, 1957). 질문지 반응의 요인 분석결과, 구성원들은 관리자의 행위를 일차적으로 두 개의 넓은 범주, 즉 배려와 구조주도로 인식하는 것으로 나타났다.

- 배려(consideration): 리더가 우호적이고 지지적인 방식으로 행동하고, 구성원들에게 관심을 보이며 그들의 복지를 돌보는 정도를 말한다. 예를 들면, 구성원들에게 개인적 호의를 베풀고, 그들의 문제를 듣는 시간을 갖고, 구성원들을 지

지하거나 채찍질을 가하며, 중요한 일에 대해 함께 상의하고 그들의 제안을 기꺼이 받아들이고 동등하게 다루는 것이다. 따라서 업무를 수행하는 구성원들에게 만족을 주는 긍정적 효과를 가진다.

• **구조주도**(initiating structure): 리더가 조직의 목표달성을 위해 그 자신의 역할과 구성원들의 역할을 정의하고, 구조화하며, 과업 수행의 성취를 평가하는 정도를 말한다. 예를 들면, 구성원 각자에게 기대되는 역할을 분명히 하고, 업무를 배정하며, 작업의 명확한 기준을 유지하여 구성원들이 기준과정을 따르도록 하고, 제출기한의 중요성을 강조하고, 서투른 작업은 비난하고, 문제에 대한 새로운 접근을 제시하며, 부하들이 능력을 발휘하여 일하도록 하는 것 등이다. 따라서 조직의 업무수행을 높이는 데 긍정적 영향을 미친다.

연구자들은 오하이오 주립대학교 연구를 통해서 배려와 구조주도는 상대적으로 독립된 행위 범주임을 확인하고, 이 두 범주를 조합하여 네 가지 리더십 유형을 구분하였다. 네 가지 리더십 유형은 두 범주에서 모두 점수가 높은 '역동적 리더(높은 배려와 높은 구조주도)'와 그 반대인 '수동적 리더(낮은 배려와 낮은 구조주도)', 그리고 배려는 높은데 구조주도가 낮은 '배려적 리더'와 이와 반대로 배려는 낮은데 구조주도가 높은 '구조적 리더'로 구분된다(주철안 외, 2021).

	배려	
	저	고
구조 주도 고	구조적 리더	역동적 리더
저	수동적 리더	배려적 리더

[그림 3-1] 오하이오 주립대학교 리더십 유형

오하이오 주립대학교의 LBDQ 연구가 밝힌 주요 결과는 다음과 같다(Halpin, 1966: 이지영, 2010 재인용).

- 배려와 구조주도는 리더 행동의 기본 범주이다.
- 효과적인 리더 행동은 대부분 이 두 차원의 빈번한 행동과 연관된다.
- 리더와 구성원은 효과성을 평가함에 있어서 서로 다른 경향성을 가진다. 리더는 구조주도를 강조하는 경향이 있으며, 구성원은 배려에 더 관심을 두는 경향이 있다.
- '리더는 어떻게 행동해야 하는가'에 대해 리더가 말하는 것과 구성원이 설명하는 것은 거의 일치하지 않는다.

할핀(Halpin)의 연구에 의하면 네 가지 리더십 유형 중 '역동적 리더(높은 배려, 높은 구조)'가 가장 효과적이고(윤정일 외, 2009), 교육조직과 군(공군)조직의 리더에게 적용한 LBDQ 결과를 비교한 또 다른 연구에서는 교육행정가가 공군 지휘관에 비해 배려적 행동을 더 강조하고 구조주도 행동을 덜 강조하며, 존경받지 못하는 대부분의 리더는 '수동적 리더(낮은 배려, 낮은 구조)'인 것으로 확인되었다(Halpin, 1955).

연구를 통해서 확인된 배려와 구조주도는 독립된 행위범주로, 두 범주의 행동에 따른 효과적인 리더십의 영향이 달라짐을 확인하였으나, 다음과 같은 부분에서의 한계점을 가는 것으로 나타났다. 먼저, 두 범주가 어떠한 비율로 어떻게 조직 효과에 영향을 주는지 명확하지 않다는 점, 다음으로 리더십을 단지 두 범주에서만 파악하여 환경요인을 고려하지 못한 점, 마지막으로 리더십 효과성을 측정하는 데 질문지 반응에만 의존했다는 점이 오하이오 주립대학교의 연구의 한계로 볼 수 있다(이지영, 2010).

(3) 미시간 대학교 리더십 연구

리더십 행동에 대한 두 번째 연구 프로그램은 오하이오 주립대학교 리더십 연구와 거의 동시에 수행된 미시간 대학교 연구이다. 이는 미시간 대학교의 사회조사연구센터 초대 학장인 리커트(Likert, 1961)와 그의 동료들이 진행한 연구에서 시작되었다. 미시간 대학교 연구는 생산성이 높은 조직과 생산성이 낮은 조직에서의 리더 행동을 비교하여 효과적인 리더와 비효과적인 리더를 분류하고, 효과적인 리더십이 무엇인지 결정하는 것을 목표로 했다(Likert, 1961). 따라서 리더가 집단 내에서 어떠한 기능을 하는지 결정하기 위해 '리더십 행위, 집단 과정, 집단 수행도 측정 간의 관계성 확인'에 초점을 두고, 어느 리더가 효과적 혹은 비효과적이라고 평가받는지 확인하고자 다양한 조직에서 자료를 수집·분석했다. 초기 연구는 보험회사 과장들, 대규모 제조회사 관리자(Katz & Kahn, 1952), 철도조합 관리자(Katz, Maccoby, & Morse, 1950)를 대상으로 조직 설문조사 질문지나 인터뷰를 통해 리더의 관리 행동에 대한 정보를 수집하고 집단 생산성의 객관적 측정을 통해 리더들이 상대적으로 효과적인가 또는 비효과적인가를 분류하는 데 사용하였다(Yukl, 2006).

연구자들은 리더십 유형을 직무중심 리더와 종업원중심 리더로 나누고, 효과적인 리더십 원리와 방법을 발견하기 위해 작업시간당 생산성, 구성원의 직무만족, 이직, 무단결근, 고충처리 신청 건수, 비용, 손실, 동기부여 등의 지표를 사용하여 리더의 행동을 파악하였다(이지영, 2010).

- 직무중심 리더(job-centered leadership): 생산성을 높이기 위해 구성원에게 끊임없이 압력을 가하는 관리자로, '목표 강조'와 '업무촉진'의 두 가지 직무중심적 행동을 지향함. 종업원이 수행해야 할 과업과 과업성취를 위한 상세한 작업방법을 규정하고, 과업의 표준을 엄격하게 설정하여 과업을 세심하게 조직함

> 주요 행동: 종업원에게 업무 분담, 철저한 감독, 생산 독려를 위한 유인체제 강구, 종업원을 조직 목표의 달성 도구로 인식, 합법적·강압적 권력 사용 등과 같은 과업지향적 행동을 보임. 오하이오 주립대학교 연구에서 구조주도 높은 지도자의 행동과 유사함

- 종업원중심 리더(employee-centered leadership): 구성원들의 만족감과 높은 수행 목표를 가지는 효과적인 작업집단을 만드는 데 최선을 다하는 관리자로, '지원'과 '상호작용 촉진'이라는 두 가지 종업원중심적 행동을 지향함. 종업원의 인간적인 욕구 충족과 인관관계의 개선을 강조하고, 높은 성취목표를 설정하고 달성하도록 종업원들을 격려하며, 그들의 복지에 관심을 기울이면서 신뢰를 구

축하고 지원하고, 종업원에게 민감하게 반응하며 존중하고 의사소통함으로써 우호적인 관계를 갖고자 노력함

> 주요 행동: 종업원에게 의사결정 위임, 종업원의 복지 및 당면 문제에 관심, 작업환경 조성, 종업원의 욕구 및 개인적 성향 중시 등과 같은 인간지향적 행동을 보임. 오하이오 주립대학교 연구에서 배려가 높은 지도자의 행동과 대단히 유사함

리커트가 사무, 판매, 제조업과 같이 다양한 업종에서 일하는 종업원과 감독자를 대상으로 분석한 결과, 생산성이 높은 부서의 감독자들은 종업원중심적이었으며, 생산성이 낮은 부서의 감독자들은 직무중심적인 것으로 확인되어, 종업원중심 감독자가 직무중심 감독자보다 높은 생산을 올리는 것으로 나타났다.

[그림 3-2] 감독자의 지도성과 생산성의 관계

출처: Likert, R. (1961). New Patterns of Management. New York: McGraw-Hll, p. 7

미시간 대학교에서 수행한 연구의 결과를 통해, 생산성이 높은 부서의 관리자는 구성원에게 조직의 목적이 무엇이고, 무엇을 달성해야 하는지를 설명한 후, 수행 방법은 구성원에게 위임하는 것이 생산성을 높인다는 사실을 발견했다(윤정일 외, 2009; 이지영, 2010; Likert, 1961). 또한 언제나 가장 효과적인 특별한 유형의 지도성은 없으므로, 구성원의 기대와 가치에 부응하는 분위기와 여건을 조성하면서 구성원을 중심으로 리더십을 발휘해야 직무 성과가 높아짐을 시사하였다(이지영, 2010).

하지만, 미시간 대학교의 연구의 경우 리더십 유형을 단순히 두 측면으로만 검토하였다는 점에서 한계를 가지고, 또한 리더십 유형이 상황에 따라 변화한다는 점을 무시하고, 상황적 요소(집단의 응집력, 구성원의 특성, 과업 특성 등)를 고려하지 않았

다는 점에서 비판을 받았다(박세훈 외, 2008).

(4) 블레이크와 모우튼의 관리망 이론

오하이오 주립대학교와 미시간 대학교의 연구에 기초를 둔 관리망 이론(Managerial grid theory)은 두 가지 리더십 차원에 기초하고 있다. 이는 텍사스(Texas) 대학교에서 관리망을 개발하여 1964년 출간하고, 1978년과 1985년에 그 내용을 개선했으며, 1987년에 사망한 모우튼(Mouton)을 대신하여 1991년에 앤 아담스 맥캔스(Anne Adams McCanse)에 의해 리더십 관리망으로 명명되었다(Lussier & Achua, 2016). 블레이크와 모우튼(Blake & Mouton, 1964)은 리더십 차원을 '생산에 대한 관심'과 '사람에 대한 관심'으로 규정하고, 생산과 사람에 대한 관심은 설문지를 통하여 1~9(1: 관심의 최저 상태, 9: 관심의 최고 상태)까지의 척도로 측정하였다.

측정 결과, 생산과 사람에 대한 유형은 81개로 조합이 가능했으며, 그중에서도 [그림 3-3]에서 제시된 다섯 가지 유형, 즉 1.1. 무관심형 리더, 9.1. 권위순응형 리더, 5.5. 중간형 리더, 1.9. 컨트리클럽형 리더, 9.9. 팀 리더가 기본적 유형으로 제시되었다(Lussier & Achua, 2016).

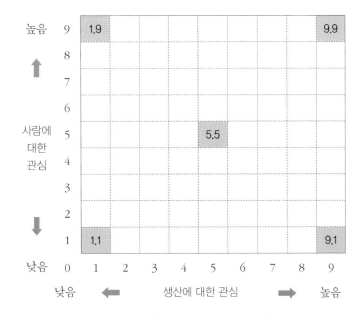

[그림 3-3] 블레이크와 모우튼 및 맥캔스의 리더십 관리망

출처: Blake & Mouton, J. (1985). The Managerial Grid III.

- 1.1. 무관심형 리더: 생산과 사람에 대해 모두 낮은 관심을 가짐. 리더는 조직에서 필요로 하는 최소한의 과업만 수행함
- 9.1. 권위순응형 리더: 생산에 대해서는 높은 관심을 갖고, 사람에 대해서는 낮은 관심을 가짐. 리더는 생산성을 극대화하기 위해 엄격한 규칙, 명령, 통제를 강조하고 사람들을 기계처럼 취급하며 과업을 완수하는 것에 초점을 둠
- 5.5. 중간형 리더: 생산과 사람에 대해 균형적이고 중간적인 관심을 가짐. 리더는 현상에 순응하고 중도를 유지하여 만족스러운 성과와 사기를 유지하기 위해 노력함
- 1.9. 컨트리클럽형 리더: 사람에 대한 높은 관심과 생산에 대한 낮은 관심을 가짐. 리더는 생산에 대한 고려 없이 구성원 간 사회심리적 요인에 관심을 두고 우호적인 분위기를 유지하기 위해 노력함
- 9.9. 팀 리더: 생산과 사람에 대해 모두 높은 관심을 가짐. 리더는 조직의 지속적 개선과 구성원의 발전을 함께 이루는 것을 강조하여, 최대의 성과 및 구성원 만족을 위해 노력함

블레이크와 모우튼 및 맥캔스에 의하면, 팀 리더 유형을 일반적으로 모든 상황에서 사용하기 적절한 가장 이상적인 유형으로 보았다. 즉, 관리망이론에서의 효과적 리더는 두 차원 모두에 높은 관심을 가지는 것이다. 따라서 관리망이론에서는 여러 훈련 기법을 활용함으로써 이상적인 팀 리더 유형에 가까워지게 만드는 것을 기본 발상으로 한다.

하지만, 관리망이론의 연구자들은 효과적인 리더십을 발휘하기 위해서는 상황에 적절해야 한다는 생각을 가지고 상황적 측면을 고려해야 함을 주장하였으나, 실제로는 구체적인 상황과 적절한 행동을 연계시키는 연구를 수행하지 못한 한계를 가진다(윤정일 외, 2009; 이지영, 2010).

(5) High-High(고-고) 리더 연구

1950년대와 1960년대의 과업중심 및 관계중심 리더십에 대한 연구는 High-High(고-고) 리더 개념으로 확장되어 연구되었다. 이 연구는 관리망과 초기 오하이오 주립대학교 리더십 연구의 영향을 받은 연구자들이 효과적인 리더들이 광범위

하게 과업중심 및 인간중심 행동을 한다는 개념을 확인하기 위해 수행한 것이다.

　High-high(고-고) 리더 모델은 리더의 행동방식을 과업중심 행동과 관계중심 행동 두 차원으로 나누고 두 차원 모두에 관심을 둔다(Larson, Hunt, & Osborn, 1976). 이는 '부가적(additive) 모델'과 '상승적(multiplicative) 모델'로 구분되는데, 연구방법에 따라 그 결과는 다르게 나타난다. High-High(고-고) 리더십의 기술적 연구에서는 '부가적(additive) 모델'을 리더의 과업중심 행위와 인간중심 행위가 구성원들에게 독립적·부가적 효과를 미친다고 가정한다. 그리고 그것은 리더십 행동의 특별한 형태가 과업수행 또는 협동적인 관계성에만 관련 있으며, 양자 모두에 동시적으로 관심을 가질 수 없다고 본다. 인간중심 행위는 보다 높은 직업 만족, 팀워크, 조직적 수행을 가져오는 반면, 과업중심 행위는 역할 이해 요구, 부하들 간의 조정, 지원과 인적자원의 보다 효율적 이용 등을 요구하는데, 두 차원의 각 행동의 결과들은 업무 단위의 전체적 수행에 중요하기 때문에, 두 차원의 행동은 효과적 지도자가 되기 위해 필요한 것이다(Yukl, 2006). 반면에 '상승적(multiplicative) 모델'은 과업중심 행동과 관계중심 행동 두 차원이 상호작용하고, 구성원들에게 그들의 효과를 상호 촉진한다고 본다. 행동의 한 차원은 행동의 다른 차원이 낮을 때보다 높을 때 더 유익하다는 것으로, 구성원의 과업중심 행동에 대한 인식은 어느 정도 리더의 인간중심 행동에 의존한다고 보는 것이다. 예를 들면, 어떻게 일을 하는지 자세하게 가르치고, 특정 목표와 한계선을 설정하고 부하들을 자주 감시하는 것 등의 행동에 대해서, 구성원들과의 상호작용 측면에서 구성원에게 지지를 받는 리더는 그 행동이 조장적 행위로 인식되지만, 반대로 지지를 받지 못하는 하는 리더는 동일 행동이 처벌적 행위로 인식된다는 것이다(Fleishman & Harris, 1962; Misumi, 1985).

　리더십 행위에 관한 대부분의 조사연구에서는 연구자들이 '부가적(additive) 모델'을 가정하고 측정·분석하지만, 부가적 모델의 결과에 대해서는 명확한 결론이 나지 않은 상태로 나타난다. 비록 과업과 관계행동이 조사연구에서 구성원의 수행 정도와 정적 상관이 있는 것으로 확인되었지만, 그 상관은 대체로 미약한 것으로 나타났기 때문이다(Fisher & Edwards, 1988). 그리고 '상승적(multiplicative) 모델'을 사용한 연구에 대해서는 단지 소수의 연구에서 과업중심 및 관계중심 행동 간의 상호작용을 조사하였으나, 그와 관련된 연구는 확인되지 않았다(Evans, 1970: Fleishman & Harris, 1962; Larson et al., 1976: Yukl, 2006에서 재인용). 일본에서 수행된 조사 및 유사 실험(quasi-experimental) 연구에서도 부가적 모델에 대한 연구결과는 더욱 일관성 있게 나타났으나(Musumi, 1985), 양방향(two-way) 상호작용에는 거의 사용되지 않았다.

요약하면 High-High(고-고) 리더십의 효과성에 대해 중요 사건 및 인터뷰 같은 기술적 연구와 질문지를 사용한 실험적 연구의 결론은 확연히 다르게 나타남을 볼 수 있다. 먼저, 중요 사건 및 인터뷰 같은 기술적 연구는 효과적인 지도자가 되기 위해서는 협동적 관계성과 팀워크를 유지하는 동시에 과업 달성을 위해 작업을 안내하고 촉진할 수 있어야 한다고 강력하게 주장한다. 반면에, 질문지를 사용한 실험적 연구는 High-High(고-고) 리더가 더욱 효과적이라는 제안을 하기에는 제한이 있으며, 두 형태의 리더 행위가 상호 촉진적 방법으로 상호작용하는지에 대해서는 이루어진 연구가 거의 없다.

이 행동이론에 대한 연구는 리더십 연구에서 크게 세 가지 기여를 했다고 볼 수 있다(이지영, 2010; Lussier & Achua, 2016).

- 행동이론 연구는 리더십 상황이론으로 패러다임의 변화를 끌었다는 것이다. 행동이론의 비평가들은 모든 상황에서 같은 리더십 유형을 사용하는 것에 동의하지 않기에 여러 리더십 유형이 다른 상황에서 좀 더 효과적이라고 주장하며, 오히려 상황을 가장 잘 충족시키는 현실적인 리더십 행동을 발휘하기를 제안하였다. 즉, 리더십의 효과를 향상시키기 위해서는 조직의 상황에 따라 다양한 행동 유형을 적절히 적용하는 것이 중요함을 제시한 것이다. 따라서 효과적인 리더십의 발현을 위하여 조직 내·외부의 환경과 상황을 고려하려는 상황 적응적 접근을 이끌게 된 것이다.
- 조직은 생산과 사람중심의 리더십을 모두 필요로 한다는 것이다. 생산중심적 리더십과 사람중심적 리더십 기능의 포괄적인 집합은 효과적인 조직성과를 보장하기 위해서 실행되어야 하기 때문이다.
- 공동리더십을 지지한다는 것이다. 리더가 생산중심과 사람중심 두 차원의 기능을 모두 수행하는 것은 매우 어려우므로, 리더는 자신의 약점을 보완해 줄 공동리더를 찾는 것이 필요하다. 생산중심적인 성향이 강한 리더가 사람중심적 기능을 제공하는 상호보완적 리더와 함께 있다면 더욱 성공할 수 있을 것이며, 이

는 사람중심적 성향이 강한 리더에게도 마찬가지일 것이라 보았기 때문이다.

2) 리더십 행동이론의 연구동향

1950년대부터 진행된 수많은 리더십 행동이론들은 효과적인 리더의 행동을 파악하고자 다양한 접근방식, 관점에 따라 연구들을 체계화하였다. 행동이론 연구에서 사용된 연구방법을 중심으로 연구의 동향을 살펴보면, '조사(질문지) 연구, 조작실험(실험실 실험, 현장실험) 연구, 그리고 중요 사건을 이용한 연구'로 구분하여 살펴볼 수 있다.

(1) 조사(질문지) 연구

리더십 행동을 측정하기 위한 질문지를 활용하여 조사 연구를 시행한 연구는 오하이오 주립대학교에서 시작되었다. 조사(질문지) 연구에서 사용된 질문지들은 다음과 같다. 많은 조사(질문지) 연구의 기초가 되는 초기 질문지는 '리더 행동 기술 질문지(LBDQ)'이며, 다음으로 '관리적 행동 기술 질문지(Supervisory Behavior Description: SBD or SBDQ)'가 개발되었다. 세 번째 질문지는 리더 태도를 측정하는 데 더 적당한 것으로 개발된 '리더 의견 질문지(Leader Opinion Questionnaire: LOQ)'이며, 네 번째 질문지는 'LBDQ Ⅶ'로, 오하이오 주립대학교 연구자들이 배려와 구조주도의 영역을 좁히고 10개의 부가적 척도를 더하여 개발한 것이다(Stogdill, Goode, & Day, 1962). 특히, LBDQ Ⅶ 질문지에서 몇 개의 새 척도는 리더 행동의 관점(책임, 통합)을 측정하고, 다른 척도들은 특성(불확실한 관용) 또는 기술(예측의 정확성, 설득성)을 측정하는 것으로 개발되었다. 하지만, LBDQ Ⅶ이 개발된 후에도 대부분의 연구자는 배려와 구조주도 척도만 계속 사용하는 것으로 확인되었다.

오하이오 주립대학교의 리더십 질문지와 그 개정판은 많은 다른 연구자들이 수백의 연구에서 사용했다. 많은 연구들이 과업과 관계 행동에 대한 조사 연구로, 부하 만족 및 수행 등과 같은 결과를 얻기 위해 배려와 구조주도의 관계를 밝히고자 하였다. 하지만 그 결과는 대부분 리더십 효과성의 기준과 모순되게 나타났다(Bass, 1990; Fisher & Edwards, 1988). 어떤 연구에서는 구조적 리더에게서 더 나은 만족과 수행을 보였으며, 또 다른 연구에서는 정반대의 결과나 전혀 관계가 없다는 연구결과도 있었다. 배려와 수행기준 간의 관계성에 대한 연구도 있었으나, 배려와 부하 만족 간에 정적 상관이 있다는 연구는 플레시먼과 해리스의 연구를 제외하고는 나타나지 않았다. 이처럼 조사(질문지) 연구의 대부분은 '배려와 구조주도' 척도에 대한 연구임을 알 수 있다.

수많은 배려주도 및 조직주도에 관한 상관연구 분야에서 플레시먼과 해리스 (Fleishman & Harris, 1962)의 연구는 가장 좋은 사례로 들 수 있다. 플레시먼과 해리스의 연구는 수많은 연구 중에서도 배려와 부하 만족 간 정적 상관이 있다는 단 하나뿐인 결과를 도출한 연구이기 때문이다. 해당 연구는 트럭 제조공장에서 수행되었는데, 부하들이 57명의 관리자 행위를 SBDQ에 기록하게 하고, 리더 효과성의 기준은 11개월 간의 부하의 불평 수와 자발적인 이직률로 확인하였다. 조사 결과, 매우 배려적인 관리자 하에서는 낮은 배려의 관리자보다 작업 단위에 있어 불평과 이직률이 낮았으며, 구조주도와는 역수관계로 나타났다. 구조적 행위를 많이 하는 관리자에게서는 부하들의 이직과 불평이 더 많았다(통계 분석에 의하면 곡선관계에 있었다). 즉, 부하들이 적어도 적당하게 배려하는 리더에게 보통 더 만족한다고 제안하였다. 리더 행위와 이직률 간의 관계는 [그림 3-4]와 [그림 3-5]와 같이 나타났으며, 이 연구결과는 스키너(Skinner, 1969)의 직물공장 관리자 연구에 의해 확증되었다. 하지만 플레시먼과 해리스(Fleishman & Harris, 1962)는 배려의 증가 또는 구조주도의 감소가 이직률과 불평의 정도에 효과가 없다는 비판도 있다고 한다.

조사(질문지) 연구에서는 과업중심(구조주도)과 관계중심(배려) 행위에 대한 수많은 연구가 이루어진 만큼 다양한 연구의 한계점들도 확인된다. 확인되는 한계점들

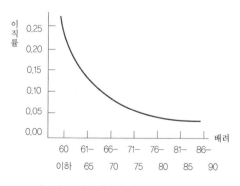

[그림 3-4] 배려와 이직률 간의 관계

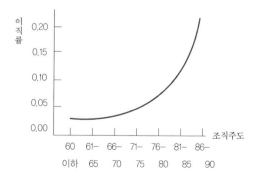

[그림 3-5] 구조주도와 이직률 간의 관계

은 대체로 조사를 위해 개발된 질문지 자체에 대한 부분, 인과관계의 방향성에 대한 부분에 대해서 다룬다.

- 행동 질문지의 한계: 행동 기술 질문지 자체가 가지는 편견과 잘못이 있다 (Luthans & Lockwood, 1984; Schriesheim & Kerr, 1977; Uleman, 1991).
  - 서로 다른 응답자들에 의해 다르게 해석될 수 있는 애매한 항목을 사용하는 것으로, 연구자의 해석의 문제가 발생할 수 있는 것이다. 대부분의 리더십 질 문지들은 응답자들이 여러 달 또는 여러 해 동안 되풀이하여 생각하고, 한 리 더가 그 항목에 기술된 행위를 얼마나 자주, 많이 행동하는지를 나타내는 고 정된 반응 형태를 가진다. 하지만 그러한 행동에 대한 정확한 판단을 하기 어 렵기 때문에 응답자는 그 행위가 발생한 그 순간에는 알아채지 못하고 특정 기간 동안 얼마나 자주 그 행위가 발생했는지 기억해 내는 것도 불가능하다 (Shipper, 1991).
  - 고정된 반응 항목에 대한 응답자의 반응편견문제이다. 예를 들면, 몇 명의 응 답자들은 그들이 리더를 좋아하거나 싫어하기 때문에, 리더의 행위에 실제 차 이가 있음에도 불구하고 각 항목에 대해 본인의 감정에 따라 반응하는 것이 다(Schresheim, Kinicki, & Schresheim, 1979). 그리고 동시에 일어난 행위에 대 한 고정관념과 함축이론에 의해 반응들이 왜곡될 수도 있다(Eden & Leviatan, 1975; Gioia & Sims, 1985; Rush, Thoas, & Lord, 1977). 또한 어떤 응답자들은 실 제로 그 행위가 관찰되지 않았음에도 불구하고, 요구되는 행위가 효과적일 것 이라 여겨지는 리더에게 '일어났다'고 지각하기도 한다(Green & Michell, 1979; Lord, Binning, Rush, & Thomas, 1978; Mitchell, Larson, & Green, 1977).

- 인과관계 결정에서의 문제: 리더십 효과성에 대한 대부분의 연구는 부하들이 질 문지에 답하게 하여 행동을 측정하고, 행동 점수 결과는 동시에 같은 관점에서 얻어진 기준 측정치들과 관련짓는다. 하지만 중요한 상호관련성이 발견되어도 인과관계의 방향을 결정할 방법이 없다. 예를 들면, 배려와 부하 수행도 간에 정적 상관이 있을 때 가능한 해석은 다양하다.
  - 보통 연구자들은 행위에서 결과로 인과관계가 있다고 가정하는데, 이것은 배

려적 리더가 부하들을 더욱 동기화하고 생산적으로 만든다는 해석을 선호하기 때문이다.

－반대방향의 인과관계, 즉 결과에서 행위로 인과관계가 있다고 가정하기도 하는데, 그것은 지도자들은 수행을 잘하는 부하들을 더 배려한다는 해석을 선호하기 때문이다(Greene, 1975).

－또 다른 가능한 해석은 행동의 원인에 가설을 두는 것인데, 부하의 리더 행동 기술이 조직성공과 같은 결과의 인식에 의해 체계적으로 영향을 받는다는 귀인 가설이다.

－배려와 수행이 귀인 가설에 의해 같은 방식으로 영향을 미친다는 것이며, 리더 행위와 수행 간에 인과관계성이 없을 때조차 중요한 상관관계가 있다고 보는 것이다. 예를 들면, 리더를 좋아하는 응답자들은 행위와 결과에 높게 반응하는 반면, 리더를 싫어하는 응답자들은 양자 모두에 낮게 반응할 수도 있다.

(2) 조작실험(실험실실험, 현장실험) 연구

리더 행동을 질문지를 통해 측정하는 것보다 '조작실험을 수행'하는 것이 인과관계를 결정하기 위한 최선의 방법이 된다는 입장에서 대학 실험실에서 여러 연구가 수행되었다(Day, 1971; Day & Hmblin, 194; Farris & Lim, 1969; Herold, 1977; Lowin & Craig, 1968; Misumi & Shirakashi, 1966; Sims & Mans, 1984). 이러한 조작실험(실험실 실험, 현장실험) 연구는 과업행동과 관계행동에 대한 실험으로, 인과관계가 양방향, 즉 행위에서 결과로 또는 그 반대방향으로 성립함을 밝혀내었다. 즉, 실험실실험과 현장 실험 연구는 관계지향 리더십 행위의 증가가 더 높은 부하 만족과 생산성을 초래하다는 결과를 얻었고, 과업지향 리더십은 실험 연구에서는 조작될 수 없었으며, 조작되었을 때 그 결과는 혼합이 되어 불명확해지는 것으로 나타났다. 조작실험(실험실 실험, 현장실험) 연구 사례와 한계점을 살펴보면 다음과 같다(Yukl, 2006).

• 실험실실험: 관리자들이 각 부하들에게 배려와 구조주도 리더십 행위를 독립적으로 높게 도는 낮게 나타내도록 조작함

－Lowin, Hrapchak와 Kavanagh(1969) 실험: 배려적 리더의 부하들이 더 만족하고 생산적이었으며, 구조적 행위의 리더는 중요한 효과가 없음

- Gilmore, Beehr와 Richter(1979) 실험: 리더십 행동의 형태가 부하 생산성과 질 어느 것에도 일정하고 중요한 효과를 나타내지 못함. 아마도 리더십 행위 조작이 미숙했기 때문일 것으로 판단됨
- 한계점: 비실제적이므로, 결과를 실제 조직의 고용주에게 일반화하기 어려움
- **현장실험**: 현장실험에서 리더십 행동은 보통 훈련 프로그램에 의해 조작됨
  - Hand와 Slocum(1972) 실험: 철강 공장의 관리자 실험으로, 훈련이 끝난 후 18개월간의 후속 측정에서 관리자는 더욱 배려적이었으며, 훈련받은 관리자 가 통제그룹보다 더 높은 수행률을 보임. 과업지향 행위에는 결정적이 아니 라는 결론을 지음
  - Wexly와 Nemeroff(1975) 실험: 병원 관리자 실험으로, 훈련에 의해 배려 행 위가 증가했고, 훈련 후 2개월간 더 높은 부하 만족과 참여 결과를 얻음
  - Latham과 Saari(1979) 실험: first-line 생산관리자 실험으로, 훈련에 의해 관계 지향 행동 증가함(예: 적극적 경청, 칭찬 사용). 또한 훈련 1년 후, 수행률이 의 미 있게 증가함
  - Porras와 Anderson(1981) 실험: 관리자 실험으로, 인간관계 훈련이 관계지향 행동을 더욱 증가시켰고(예: 적극적 경청, 칭찬, 상담), 훈련이 끝난 후 6개월 동 안 작업자 생산성(시간당 생산성)이 17% 정도 의미 있게 증가함
  - Wikoff, Anderson과 Crowell(1983) 실험: 가구공장 생산 관리자 실험으로, 훈 련 후 2년 6개월간 관리자가 부하들에게 칭찬을 더 많이 하도록 훈련받은 4 개의 부서 중, 3개의 부서에서 생산성이 증가함
  - 한계점: 실제 조직에서는 수행되기 어려움. 리더십 행동의 효과를 연구하기 위해 소수의 실험만이 이루어짐

현장 연구의 가장 대표적인 사례는 미시간 대학교 연구이다. 미시간 대학교 연구 는 현장에서 인터뷰와 질문지를 함께 활용하여 진행된 연구로, 효과적인 리더와 비 효과적인 리더의 비교를 통해서 리더 행동에서 흥미 있는 차이를 나타냈다. 리커트 (Likert, 1961, 1967)의 경우, 이 차이에 따라 리더십 행동을 다음의 세 가지 형태로 분 류했다.

- **과업지향 행동:** 효과적 리더는 부하들과 같은 일을 하는 데 시간과 노력을 소비하지 않는다. 대부분의 효과적 리더는 일의 계획, 부하 활동 조정, 필요한 경비, 장비, 기술적 지원 등과 같은 과업지향 기능에 집중 투자한다. 게다가 효과적 리더는 실제적인 수행목표를 높게 설정하고 부하들을 안내한다. 과업지향 행동은 오하이오 주립대학교 연구자들에 의해 정의된 구조주도와 유사하다.

- **관계지향 행동:** 효과적 리더는 부하들에게 더욱 배려하고 지지하며, 지원적이다. 관계지향 행동의 형태는 신용과 믿음을 보여 주고, 우호적·배려적으로 행동하며, 부하 문제를 이해하려 노력하고, 부하들의 더 나은 경력 개발을 돕고, 부하들의 비밀을 유지하고, 부하들의 생각을 인정하고, 부하들의 공헌과 성취를 인정하는 등이다. 이는 효과적 리더와도 관계있다. 효과적인 리더들은 부하들에게 목표와 일반적 지침을 정해 주지만, 그 일을 하는 방법이나 자율적으로 보조를 맞추는 방법 등을 결정하는 데 자율성을 부여한다. 리커트(Likert)는 리더는 개별 부하들이 지지 등의 경험을 갖게 하고 개인적 가치와 중요성에 대한 느낌이나 그 느낌을 유지하도록 조장해야 한다고 주장한다. 관계지향 행동은 미시간 대학교 연구의 배려와 유사하다.

- **참여적 리더십:** 리커트(Likert)는 리더는 각 부하들을 분리하여 관리하기보다 집단 관리를 광범위하게 사용해야 한다고 주장한다. 집단 모임은 부하의 의사결정 참여를 촉진하고 의사소통을 개선하며, 협동을 증진하고, 갈등 해결을 촉진한다. 집단 모임에서 리더의 역할은 일차적으로 토의를 진행하고, 지지적이며, 구조적으로 모임이 진행하되 문제해결 지향적이 되어야 한다. 그리고 참여적 의사결정이라고 하더라도 모든 결정과 그 결과에 대해 책임을 져야 한다.

(3) 중요 사건을 이용한 연구

리더 행동 연구의 또 다른 형태는 중요 사건 접근법이 있다(Flanagan, 1951). 이 방법은 리더가 무엇을 하는지에 대한 기술적 연구(descriptive research)와 효과적 행위에 대한 연구 간 교량 역할을 하며, 부하·동료·상급자 등의 응답자들이 특정 형태의 관리자(예: 생산 관리자, 소매상 관리자, 군 사무관)에 대해 효과적 또는 비효과적 행동을 기술할 수 있다는 가정에 바탕을 준다. 행동 사건들은 대규모 응답자 집단으로부터 인터뷰나 개방형 질문지를 통해 수집되고, 중요 사건들은 특히 관리적 행동이 상황적으로 적절한지 알아보기 위해 설계된 실험실 연구에 유용하게 적용된다. 다음은 케이(Kay, 1959)에 의해 수행된 생산 관리자 연구에서 얻어진 중요한 사건의 예이다.

> 다음 날 계획을 위해 장비 점검을 계획하고, 감독은 기계를 점검하고 잘못된 곳을 기록하고 그것을 고치도록 한다(긍정적 사건).
>
> 감독은 기계가 다시 작동되기 전에 수리할 필요가 있음을 교대 감독에게 알리는 데 실패했다(부정적 사건).

대부분의 중요 사건 연구에서 행동 결과 범주는 연구마다 매우 다른데, 이러한 차이는 생산관리자, 식품 잡화점 관리자, 소매상가의 부장, 승무원 관리자 등과 같이 매우 다양한 리더로 인해 일부 기인하는 측면이 있다. 또한 행동 범주에서 나타나는 차이는 분류 과정의 독단적, 주관적 특성 때문이기도 하다. 그럼에도 결과를 바탕으로 연구에서의 연구자 또는 응답자의 서로 유사한 행위 내용을 그룹화하였다. 다음은 대부분의 연구에 나타나는 리더 행동의 형태들이다.

- 계획, 조정, 운영의 조직화
- 부하 감독(지도, 지시, 수행 감시)
- 부하들과 좋은 관계 수립 및 유지
- 상관, 동료, 외부인들과 좋은 관계 수립 및 유지
- 조직 정책 이해, 요구되는 의무 수행, 필요한 결정 위한 책임 가정

중요 사건을 이용한 연구에서도 다른 연구들과 마찬가지로 많은 한계를 가진다. 중요 사건법은 대부분의 ① 응답자들이 어떤 행위가 리더십 효과성에 중요하고 적절한 것인지 알고 있다는 것을 가정하며, ② 어떤 행위가 여러 사람이 보고하는 사건들 속에 빈번하게 나타나면 중요한 것이라고 가정한다. 그러나 이러한 가정은 응답자의 지각에 있어 편파적일 수 있으며, 효과적 지도자에 관한 고정관념이나 함축이

론에 일치하는 사건들만 회상하고 보고하는 경향이 생길 수도 있는 문제를 가진다.

연구자들은 집단 수행과 같은 독립적 기준에 의해 효과적 지도자와 비효과적 리더를 구별하는 행위를 증명하기 위해 부가적 연구로 중요 사건 연구를 드물게 사용한다. 이 추적(follow-up)접근은 승무원 관리자들에 대한 레이텀과 웩슬리(Latham & Wexley, 1977)의 연구에서 성공적으로 사용되었다. 중요 사건 연구에서 발견된 많은 행위 범주는 행동이 연구된 리더 유형에 대한 직무의 특정 요구와 관계되는 용어들로 정의되었다. 이러한 특정 관점에서 행동범주를 정의하는 것은 수행평가 도구 개발 및 훈련 필요성을 결정하는 것과 같은 목표 달성은 용이하게 하나 연구 간 범주의 비교는 어렵게 한다. 하지만, 이러한 문제는 유클과 밴 플리트(Yukl & Van Fleet, 1982)의 연구에서처럼 사전 결정된 행위 범주로 바꾸어 줌으로써 극복할 수 있다. 특정상황의 행동 범주와 보다 일반적인 행동 범주 양자를 모두 사용하면 중요 사건 연구를 여러 가지 목적에 이용 가능하다

3. 리더십 행동이론에 대한 평가

지금까지 살펴본 리더십 행동이론의 접근에 대한 평가를 통해, 향후 리더십 이론의 개선방향을 도출할 수 있다. 여러 측면에서 살펴본 평가의 내용은 다음과 같다 (Yukl, 2006).

리더십 행동이론에서는 오랫동안 배려와 구조주도에 대한 리더 행동의 신념이 지배적이었다. 하지만 오랜 신념은 사라지고, 새로운 연구자들은 리더십 효과성을 이해하기 위해 더 광범위한 범위의 행동과 더 특수한 행동 형태를 시험할 필요성을 느끼게 되었다. 그러나 수백의 과업중심 및 사람중심 행동 연구를 비교해 보면, 특수한 형태의 리더십 행동과 관계되는 상황을 확인하기 위한 시도를 한 연구는 거의 없음을 알 수 있다.

특성연구처럼 행동연구는 복잡한 질문에 단순한 대답을 하는 경향이 있다. 리더십 효과성에 대한 대부분의 연구는 효과적 리더가 협의사항을 성취하기 위해 특수 행동 패턴을 어떻게 사용하는가를 다루기보다sms 개인적인 행동을 시험한다. 특정 행동은 복잡한 방식으로 상호작용하고, 리더십 효과성은 이 상호작용이 연구되

지 않는다면 이해될 수 없다. 예를 들면, '감시하기'는 문제 발견에는 유용하나 발견된 문제를 해결하지 않는다면 리더십 효과성에 기여하지 못한다. '계획'은 감시, 상담, 통신망을 통해 수집된 시기적절하고 정확한 정보에 바탕을 두지 않는다면 비효과적이며, 또한 리더가 개발 계획을 지지하고 보충함으로써 사람들에게 영향을 미치지 않는다면 그 계획은 핵심이 없게 된다. '위임'은 리더가 부하들의 새로운 책임을 명료화하지 않는다면 비효과적이게 되는 것이다.

행동 분류법은 복잡한 사건들을 분석하고 그 사건들을 더 잘 이해하도록 돕는 기술적(descriptive) 조력이다. 그러나 모든 행동 분류법은 독단적이며 타당적이지 않았다. 행동이론 연구에서는 불행하게도 '옳은(correct)' 행동 범주를 찾고 사용하는 데 너무 몰두했다. 관리 행동에 대한 많은 현장 연구에서, '약간'의 옳은 행동만 측정되었고, 전체적인 리더십 행동 형태에 대한 풍부하고 기술적인 정보 수집의 기회를 너무 많이 놓쳐 버렸다. 질문지법과 관찰 연구 양자 모두에서 어떤 구성물이 가장 유용할지 이미 알고 있는 것을 가정하기보다 리더십 행동 형태 분석에 사용되는 행동 구성물을 유연하게 대처하는 것이 필수적이다.

적당한 행동을 선택하고 규정하는 리더의 기술은 성공적 결과와 관계되지만, 같은 결과를 얻기 위해 다른 형태의 행동을 취하게 된다. 결국은 동일한 결말을 가지는 것이다. 미래 연구에서는 리더십 행동이 어떤 특정 구성요소에 너무 몰두하기보다 리더십 행동을 전체적 형태로 사용하는 것이 필요하다. 리더십 행동이 어떻게 집단과 조직 수행에 영향을 미치는지 시험하는 이론에 기초한 연구가 필요한 것이다. 과업중심적 행동과 효과성 간의 관계성에 관한 연구는 조직의 다른 부분 및 외부환경을 다룬 관리자 역할은 무시했는데, 대부분 부하 만족과 직무 수행이 과업중심적 효과성에 대한 단 하나의 기준이었다. 연구는 대개 이념상의 가치를 부하에게 위임하여 영향을 미치고, 부하들이 추구하는 권한을 부여하는 행동은 무시했다. 마찬가지로, 그 연구는 혼란스러운 환경 속에서 조직의 유연성과 적응성에 기여하는 리더십 행동을 시험하는 데 실패했다. 즉, 지금까지 살펴본 리더십 행동이론에서는 어느 리더십 유형이 가장 효과적인가에 대한 결과를 도출하지 못했다.

행동이론에 대해 비평한 비평가들은 여러 리더십 유형들이 다른 상황에서 좀 더 효과적이라고 주장하며, 리더십의 효과를 향상시키기 위해서는 조직의 상황에 따라 다양한 행동 유형을 적절히 적용하는 것이 중요함을 제시하였다. 따라서 효과적인 리더십의 발현을 위하여 조직 내·외부의 환경과 상황을 고려하려는 상황적응적 이론(situational contingency theory)이 등장하게 되었다.

참고문헌

박병량, 주철안(2012). 학교·학급경영. 서울: 학지사.

박세훈, 권인탁, 고영석, 유명수, 정재균(2008). 교육행정 및 교육경영. 서울: 학지사.

윤정일, 송기창, 조동섭, 김병주(2009). 교육행정학원론. 서울: 학지사.

이지영(2010). 교육행정 및 교육경영. 서울: 청목출판사.

정태범(2003). 교사지도성의 이해와 개발. 부산교육대학교 교육대학원 2003학년도 제1회 학술 세미나, 2003.10.7. 부산: 부산교육대학교 학술정보관.

주철안, 홍창남, 박병량(2021). 교육행정 및 교육경영. 서울: 학지사.

최정희(2004) 교사의 변환적 지도력과 학생의 수업 참여의 관계. 이화여자대학교 대학원 박사 학위논문.

허병기(2001). 수업과 교장 리더십. 교육행정학연구, 19(3), 53-78.

Barrick, M. R., Mount, M. K., & Li, N. (2013). The Theory of Purposeful Work Behavior: The Role of Personality, Higher-Order Goals, and Job Characteristics. *Academy of Management Review, 38* (1), 132-153.

Bass, B. M. (1990). *Handbook of leadership: A survey of theory and research.* New York, NY: Free Press.

Blake, R. & Mouton, J. (1985). *The Managerial Grid III: The key to leadership excellence.* Houston, TX: Gulf Publishing.

Blake, R., & Mouton, J. (1964). *The Managerial Grid* . Houston, TX: Gulf Publishing.

Day, R. C. (1971). Some effects of combining close, punitive, and supportive styles of supervision. *Sociometry, 34,* 303-327.

Day, R. C., & Hamblin, R. L. (1964). Some effects of close and punitive styles of supervision. *American Journal of Sociology, 69,* 499-510.

Eden, D., & Leviatan, U. (1975). Implicit leadership theory as a determinant of the factor structure underlying supervisory behavior scales. *Journal of Applied Psychology, 60*(6), 736-741.

Ekvall, G., & Arvonen, J. (1991). Change-centered leadership: An extension of the two dimensional model. *Scandinavian Journal of Management, 7*, 17–26.

Evans, M. G. (1970). The effects of supervisory behavior on the path-goal relationship. *Organizational Behavior and Human Performanc, 5*, 277–298

Farris, G. F., & Lim, F. G., Jr. (1969). Effects of performance on leadership, cohesiveness, satisfaction, and subsequent performance. *Journal of Applied Psychology, 53*, 490–497.

Fisher, B. M., & Edwards, J. E. (1988). Consideration and initiating structure and their relationships with leader effectiveness: A meta-analysis. Proceedings of the *Academy of Management, August* , 201–205.

Flanagan, J. C. (1951). The Use of Comprehensive Rationales in Test Development 1. *American Institute for Research, 11*(1), 151–155.

Fleishman, E. A. (1953). The description of supervisory behavior. *Personnel Psychology, 37*, 1–6.

Fleishman, E. A., & Harris, E. F. (1962). Patterns of leadership behavior related to employee grievances and turnover. *Personnel Psychology, 15*, 43–56.

Fleishman, E. A., Mumford, M. D,, Zaccaro, S. J., Levin, K. Y., Korotkin, A. L., & Hein, M. B. (1991). Taxonomic efforts in the description of leader behavior: A synthesis and functional interpretation. *Leadership Quarterly, 2, 245–287*.

Gilmore, D. C., Beehr, T. A., & Richter, D. J. (1979). Effects of leader behaviors on subordinate performance and satisfaction: A laboratory experiment with student employees. *Journal of Applied Psychology, 64*(2), 166–172.

Gioia, D. A., & Sims, H. P. (1985). On avoiding the influence of implicit leadership theories in leader behavior descriptions. *Educational and Psychological Measurement, 45*(2), 217–232.

Green, S. G., & Mitchell, T. R. (1979). Attributional processes of leaders in leader-member interactions. *Organizational Behavior & Human Performance, 23*(3), 429–458.

Greene, C. N. (1975). The reciprocal nature of influence between leader and subordinate. *Journal of Applied Psychology, 60*(2), 187–193.

Halpin, A. W. (1955). The Leader Behavior and Leadership Ideolo gy of Educational Administrators and Aircraft Commanders. *Harvard Educational Review, 25*, 18–32.

Halpin, A. W., & Winer, B. J. (1957). Afactorial study of the leader behavior descriptions. In R. M. Stogdill & A. E. Cooms (Eds.), *Leader behavior: Its description and measurement*. Columbus, Ohio: Bureau of Business Research, Ohio State University.

Hand, H. H., & Slocum, J. W. (1972). A longitudinal study of the effects of a human relations training program on managerial effectiveness. *Journal of Applied Psychology, 56*(5), 412–

417.

Hemphill, J. K., & Coons, A. E. (1957). Development of the leader behavior description questionaaire. In R. M. Stogdill & A. E. Cooms (Eds.), *Leader behavior: Its Description and Measurement* (pp. 6-38). Columbus, Ohio: Bureau of Business Research, Ohio State University.

Herold, D., M. (1977). Two-way influence processes in leader-follower dyads. *Academy of Management Journal, 20*(2), 224-237.

Katz, D. & Kahn, R. L. (1952). Some recent findings in human relations research in industry. In G. E. Swanson , T. M. Newcomb & E. Hartley (Eds.), *Readings in social psychology.* (2nd ed.) New York: Holt. 650-665.

Katz, D., Maccoby, N., & Morse, N. C. (1950). *Productivity, supervision, and morale in an office situation. Part 1.* Institute for Social Research, Univ.

Kay, B. R. (1959). Key factors in effective foreman behavior. *Personnel, 36,* 25-31.

Larson, L. L., Hunt, J. G., & Osborn, R. N. (1976). The Great Hi-Hi Leader Behavior Myth: A Lesson from Occam's Razor. *The Academy of Management Journal, 19*(4), 628-641.

Latham, G. P., & Saari, L. M. (1979). Application of social-learning theory to training supervisors through behavioral modeling. *Journal of Applied Psychology, 64*(3), 239-246.

Latham, G. P., & Wexley, K. N. (1977). Behavioral observation scales for performance appraisal purposes. *Personnel Psychology, 30*(2), 255-268.

Lewin, K., Lippitt, R., & White, R. K. (1939). Patterns of Aggressive Behavior in Experimentally Created Social Climates. *Journal of Social Psychology, 10,* 269-299. https://doi.org/10.108 0/00224545.1939.9713366

Likert, R. (1961). *New patterns of management.* New York, NY: McGraw-Hill.

Likert, R. (1967). *The human organization: Its management and value.* New York: McGraw-Hill.

Lord, R. G., Binning, J. F., Rush, M. C., & Thomas, J. C. (1978). The effect of performance cues and leader behavior on questionnaire ratings of leadership behavior. *Organizational Behavior & Human Performance, 21*(1), 27-39.

Lowin, A., & Craig, J. R. (1968). The influence of level of performance on managerial style: An experimental object-lesson in the ambiguity of correlational data. *Organizational Behavior & Human Performance, 3*(4), 440-458.

Lowin, A., Hrapchak, W. J., & Kavanagh, M. J. (1969). Consideration and initiating structure: An experimental investigation of leadership traits. *Administrative Science Quarterly, 14*(2),

238-253.

Lunenburg, F. C., & Omstein, A. C. (1991). *Educational Administration: Concepts and practices*. Belmont, CA: Wadsworth Publishing Company.

Lussier, R. N., & Achua, C. F. (2016). *Leadership: Theory, application, & skill development* (6th ed.). Cengage Learning.

Luthans, F., & Lockwood, D. L. (1984). Toward an observation system for measuring leader behavior in natural settings. In J. G. Hunt , D. Hosking , C. Schriesheim, & R. Stewart (Eds.), *Leaders and managers: International perspectives on managerial behavior and leadership*. New York: Pergamon Press. 117-141.

Misumi, J. (1985). The behavioral science of leadership: An interdisciplinary Japanese research program.(M. F. Peterson, Ed.). The University of Michigan Press.

Misumi, J., & Shirakash, S. (1966). An Experimental study of the effects of supervisory behavior on productivity and morale in a hierarchical organization. *Human Relations, 19*(3), 297-307.

Mitchell, T. R., Larson, J. R., Jr., & Green, S. G. (1977). Leader behavior, situational moderators, and group performance: An attributional analysis. *Organizational Behavior and Human Performance, 18*, 254-268.

Porras, J. I., & Anderson, B. (1981). Improving managerial effectiveness through modeling-based training. *Organizational Dynamics, 9*(4), 60-77.

Rush, M. C., Thomas, J. C., & Lord, R. G. (1977). Implicit leadership theory: A potential threat to the internal validity of leader behavior questionnaires. *Organizational Behavior & Human Performance, 20*(1), 93-110.

Schriesheim, C. A., & Kerr, S. (1977). Theories and measures of leadership. In J. G. Hunt & L. L., Larson(Eds), *Leadership: the cutting edge*. Carbondale, IL: Southern Illinois University Press. 9-45.

Schriesheim, C. A., Kinicki, A. J., & Schriesheim, J. F. (1979). The effect of leniency on leader behavior descriptions. *Organizational Behavior & Human Performance, 23*(1), 1-29.

Shipper, F. (1991). Mastery and frequency of managerial behaviors relative to sub-unit effectiveness. *Human Relations, 44*(4), Sage Publications. 371-388.

Sims, H. P. Jr., & Mans, C. C. (1984). Observing leader verbal behavior: Toward reciprocal determinism in leadership theory. *Journal of Applied Psychology, 69*, 222-232.

Skinner, E. W. (1969). Relationships between leadership behavior patterns and organizational-situational variables. *Personnel Psychology, 22*(4), 489-494.

94   제3장 리더십 행동이론

Stogdill, R. M., & Coons A. E. (1957). *Leader behavior: Its description and measurement*. Columbus, OH: Bureau of Business Research, Ohio State University.

Stogdill, R. M., Goode, O. S., & Day, D. R. (1962). New leader behavior description subscales. *Journal of Psychology, 54*, 259-269.

Uleman, J. S. (1991). Leadership ratings: Toward focusing more on specific behaviors. *The Leadership Quarterly, 2*(3), 175-187.

Wexley, K. N., & Nemeroff, W. F. (1975). Effectiveness of positive reinforcement and goal setting as methods of management development. *Journal of Applied Psychology, 60*(4), 446-450.

Wikoff, M., Anderson, D. C., & Crowell, C. R. (1982). Behavior management in a factory setting: Increasing work efficiency. *Journal of Organizational Behavior Management, 4*, 97-127.

Yukl, G. (2006). *Leadership in organization* (6th ed.). NJ: Prentice-Hall.

Yukl, G. (2013). *Leadership in Organizations* (8th ed.). Pearson Education.

Yukl, G. A. (1989). *Leadership In Organizations*. 김대운 역(1996). 리더십의 이해. 서울: 삼성기획.

Yukl, G. A. (1997). *Effective leadership behavior: A new taxonomy and model*. Paper presented at the Eastern Academy of Management International Conference, Dublin, Ireland.

Yukl, G. A., & Van Fleet, D. D. (1982). Cross-situational, multimethod research on military leader effectiveness. *Organizational Behavior & Human Performance, 30*(1), 87-108.

제**4**장

리더십 상황이론

리더십 특성이론과 리더십 행동이론의 공통적 과제는 조직의 효과성을 높이는 데 적합한 이상적인 리더십 유형이나 형태를 발견하려는 것이었다. 그러나 이러한 연구들 중 어느 것도 모든 상황에서 효과적인 보편적 리더십 유형을 발견하지 못했다. 특성연구에서 결정적인 리더십 특성을 찾아내지 못한 것처럼 리더십 행동연구에서도 리더십 효과성과 일관되게 관련성을 가지고 있는 보편적 리더십 행동 유형을 도출해 내는 데 실패했으며, 어떻게 상황이 리더의 행동에 영향을 주느냐는 점을 간과했다(George & Jones, 2008). 성공적인 리더십을 달성하려면 주어진 상황에 맞게 리더십을 적용해야 하기 때문에 경영자는 상황에 적합한 리더십을 발휘해야 한다. 이러한 관점의 리더십 연구가 리더십 연구의 세 번째 패러다임인 상황적 리더십 이론이다.

리더십 상황이론(situation or contingency theory)이란 리더가 구성원에게 주는 영향력이나 효과는 상황에 따라 상이하다는 개념에 기초한 이론이다(Andre, 2008). 이 장에서는 리더십 상황이론의 배경, 피들러(Fiedler)의 상황적합이론(contingency theory), 허시(Hersey)와 블랜차드(Blanchard)의 성숙도이론(Situaltional Leadership II: SL II), 하우스(House)의 경로-목표이론(path-goal theory), 브룸(Vroom)과 예튼

(Yetton)의 규범적 모형(normative model)을 탐색한다.

1. 상황이론의 배경

리더십 연구는 효과적인 리더십은 어떤 것일까 하는 관점에서 출발하였고, 크게 특성이론, 행동이론, 상황이론으로 발전하였다. 리더십 특성이론이나 행동이론은 리더십 효과성을 낳게 하는 공통적인 특성이나 행동 유형이 존재한다는 가정에서 출발한다. 따라서 어떠한 리더든 상관없이 효과적이라고 생각되는 특성이나 행동을 부하에게 보이면 효과적인 리더십을 발휘하게 된다는 것이다. 따라서 특성이론이나 행동이론은 모든 상황에서 적용 가능한 이론을 추구하려는 보편이론의 성격을 갖고 있다. 그러나 특성이론이나 행동이론은 어떠한 상황에서는 효과적이지만 또 다른 상황에서는 효과적이지 못하다는 한계를 보였다. 따라서 어떤 상황에서나 효과적으로 적용되는 리더십이론은 없다고 생각하며, 효과적인 리더십은 상황에 따라 다르다고 하는 상황이론이 등장하게 되었다.

이러한 접근은 리더십 연구의 초점을 리더에게 두는 것이 아니라 리더가 처한 상황에 초점을 두는 것이다. 따라서 리더십의 상황이론은 리더의 특성이나 행동이 상황변수와 어떠한 관련을 갖는가를 연구하는 접근이다. 즉, 리더십 효과성이 달라지는 상황에 대한 연구를 중점적으로 하기 시작하였다.

리더십 상황이론(situation or contingency theory)은 어떤 상황에서도 효과적인 리더십 유형을 찾는 것을 포기하고 리더십 효과성을 상황변수와 연계시키고자 등장한 이론이다. 리더십 상황이론이란 리더가 구성원에게 주는 영향력이나 효과는 상황에 따라 달라진다는 전제를 기초로 한다(Andre, 2008). 즉, 어떤 상황에서는 리더

[그림 4-1] 리더십 상황이론의 변수

의 특성이나 행동 유형이 구성원의 성과나 만족에 영향을 주지만 다른 상황에서는 영향을 주지 않는다는 것이며, 서로 다른 개인이나 집단은 서로 다른 리더십 유형을 선호한다는 것이다.

상황이론의 주요 관심사는 지시형과 위임형 중에서 어느 한 유형이 더욱 효과적이냐 하는 점이 아니라, 지시형은 어떤 상황에서 더욱 적합한가를 도출해 내는 것이다. 리더십 상황이론은 리더에게 초점을 두는 것이 아니라, 리더와 구성원 그리고 조직이 처해 있는 상황변수에 초점을 두는 것이다(Richard, 2008).

리더십 상황이론은 리더의 특성이나 행동 유형이 구성원과 조직에 미치는 영향을 조절해 주는 변수들을 파악하여 상황 적합 관계를 설명하는 이론으로, [그림 4-1]과 같다.

상황조절변수(situational moderator variable)란 리더의 특성이나 행동의 영향력을 증감시키는 변수를 말한다. 일반적으로 상황이론에서 고려되는 상황변수에는 리더의 특성 또는 행동 유형, 구성원의 특성, 집단 및 조직의 특성, 과업의 특성 등이 포함된다. 대표적인 상황조절변수의 요인은 다음과 같다.

타넨바움(Tannenbaum)과 스미스(Smith)는 상황변수로 리더와 구성원의 행동 요인으로 성격, 욕구, 동기, 경험, 강화작용을, 집단과 과업 특성 요인으로 과업의 구체성과 명확성, 집단의 규범, 구성원 간의 서열, 응집성을 조직차원의 요인으로 리더의 권력기반, 조직 내 규율 절차, 조직구조, 조직의 목적 및 운영 방침, 의사결정 시 시간적 여유를, 피들러의 리더십 상황적합이론에서는 리더-구성원 관계, 과업

표 4-1 상황조절변수

학자	구성원(followers)	리더(leader)	상황(situation)
Tannenbaum & Smith	능력 동기유발	개인적 특성 행동 경험	과업 구조 환경
Fiedler	리더-구성원의 관계, 과업구조, 지위권력		
Hersey & Blanchard	구성원의 유능성과 헌신성		
House	부하의 특성, 과업특성		
Vroom & Yetton	의사결정에서의 참여 정도		

구조, 지위권력 요인을, 허시와 블랜차드의 성숙도이론에서는 구성원의 유능성과 헌신성을 상황변수로 제시하였다. 또 하우스의 경로-목표 이론은 부하의 특성과 과업 특성 요인을, 브룸과 예튼의 규범적 의사결정 모형에서는 의사결정에서의 참여 정도를 상황변수로 제시하고 있다.

물론 주요 상황이론에서 공통적으로 포함하고 있는 상황요인은 없다. 이 장에서는 대표적인 상황이론인 피들러의 리더십 상황적합이론, 허시와 블랜차드의 성숙도이론, 하우스의 경로-목표 이론, 브룸과 예튼의 규범적 모형을 중심으로 설명한다.

2. 피들러의 상황적합이론

상황적합이론(contingency theory) 중 가장 대표적인 이론이 피들러의 리더십 상황적합이론이다(Fiedler, 1964, 1967; Fiedler & Chemers, 1984). 상황적합이론은 리더 적합이론(leader-math theory)이라고도 하는데, 그것은 리더가 그의 리더십을 적절한 상황에 적합시켜야 한다는 것을 의미한다(Hersey & Blanchard, 1988). 여기에서 '상황적합(contingency)'이란 리더의 행동 유형이 상황과 어느 정도로 잘 적합되느냐를 의미하고, 효과적인 리더십은 리더의 행동 유형을 적절한 상황과 잘 조화시켜야 한다는 것이다.

피들러는 1950년대 초기에 한 조사를 통해서 동료 작업자에 대한 리더의 지각이 리더십 효과성과 관련이 있을 것이라는 사실을 알게 되었다. 그는 1953년 일리노이 대학교에서 LPC라 불리는 태도 척도를 사용하여 리더 유형을 예측하려고 시도했으며, 그 후 10여 년간 동료 연구자들과 함께 다양한 집단을 대상으로 리더십 효과성 연구를 하여 상황적합 모형의 틀과 상황에 따른 효과적 리더의 가설을 도출하게 되었다.

피들러는 상이한 상황에서 일하는 상이한 리더들의 행동유형에 대한 연구를 통하여 상황적합이론을 개발하였다. 그는 리더의 행동유형을 측정하고 나서 그가 일하고 있는 상황을 측정하였다. 그리고 그 리더가 효과적인 리더인가의 여부를 알아보고, 업적이 좋은 리더들과 업적이 나쁜 리더들의 리더십 행동유형을 분석한 후 피들러와 동료 연구자들은 주어진 조직 상황에서 어떤 리더십 유형이 최선의 것이고 어떤 유형이 부적합한 유형인지 실증적으로 검증한 후 일반화하여 제시하였다.

피들러의 상황적합이론은 리더의 유형이 과업지향인지, 관계지향인지를 파악하고 상황(리더와 부하의 관계, 과업구조, 지휘 권력)이 리더십 유형에 적합한지를 밝히는 이론이다. 이 이론은 집단의 성과가 리더의 유형과 상황의 호의성 간의 상호작용에 의해 나타나며 이에 따라 리더십의 효과성이 결정된다는 가정으로, 리더십 유형과 상황변인들을 효과적으로 적합(조화)시키는 틀을 제공하였다.

1) 리더십 유형

상황적합이론에서 리더십 유형(leadership style)은 과업지향(task motivated)과 관계성지향(relationship motivated)으로 설명되고, 과업지향적 리더는 주로 목표달성에 관심이 있는 반면 관계지향성 리더는 친밀한 인간관계를 개발하는 데 관심이 있다.

피들러는 리더 유형을 측정하기 위한 LPC 척도(Least Preferred Co-Worker style)를 개발하였다. 가장 함께 일하고 싶지 않은 동료를 생각하게 하여 18개 항목을 평가하는 기법인데, 점수에 따라 57점 이하이면 과업지향적 리더이고, 중간 정도의 58~63점 사이이면 사회독립적 리더이며, 64점 이상이면 관계지향적 리더로 분류하였다. 즉, 이 척도에서 높은 점수를 받은 사람은 관계지향적이고 낮은 점수를 받은 사람은 과업지향적인 사람을 의미한다.

LPC 측정은 성격측정으로 시간이 지나도 쉽게 변하지 않는 경향이 있다. 피들러의 LPC 설문에서 높은 점수를 받은 사람은 자신이 가장 함께 일하기 싫은 동료를 생각하고 평가했음에도 불구하고 상대적으로 좋은 점수를 준 점에서 동료들과 좋은 관계를 형성하는 데 관심이 있는 관계지향적인 리더로 분석할 수 있다. 반면에 낮은 점수를 받은 사람은 자신이 가장 함께 일하기 싫은 동료를 비호의적으로 기술한 점에서 과업목표와 생산성을 중시하는 과업지향적인 리더로 분류된다.

낮은 LPC 점수를 받은 리더와 높은 LPC 점수를 받은 리더 중 누가 더 효과적인가라는 질문의 답은 '상황에 따라 다르다.'이다. 즉, 상황에 따라 과업지향적 리더가 효과적일 때도 있고, 관계지향적 리더가 효과적일 때도 있다.

2) 상황변수

피들러는 조직 상황이 리더에게 호의적인가 비호의적인가를 결정하는 상황변수로 세 가지 요인을 제시하였다. 상황변수에는 리더-구성원 관계, 과업구조, 지위권력으로 〈표 4-2〉와 같다.

첫째, 리더-구성원 관계(leader-member relation)이다. 이는 집단 분위기, 리더에 대한 신뢰의 정도, 충성도, 호감도 등을 의미한다. 만약 집단 분위기가 좋고 구성원이 리더를 신뢰하고 친밀하게 지내면 리더-구성원 관계는 좋은 것으로 판정한다. 반면에 집단 분위기가 삭막하고 갈등과 마찰이 있으면 리더-구성원 관계가 좋지 않은 것으로 판단한다. 리더-구성원의 관계가 좋을수록 더 호의적이다.

둘째, 과업구조(task structure)이다. 과업구조는 과업내용이 명확하며 수행절차가 공식화·구호화되어 있는 정도를 의미한다. 고도로 구조화된 과업인 경우 과업수행 방법이나 절차가 종업원에게 명확히 이해되고 수행 여부도 명확히 파악할 수 있지만, 고도로 비구조화된 과업인 경우 과업수행 방식이나 결과 확인이 불분명해진다. 구조화된 상황에서의 리더가 영향력이 있으며, 작업이 구조화될수록 상황은 호의적이다(Achau & Lussier, 2010).

셋째, 지위권력(position power)이다. 지위권력은 리더가 구성원에게 상과 벌을 줄 수 있는 권한의 양을 의미한다. 또 지위권력은 리더가 고용, 해고, 징계, 승진, 임금상승 같은 변수에 영향력을 행사하는 정도를 가리킨다. 거기에는 개인이 조직 내의 어떤 지위에 오름으로써 얻게 되는 합법적 권력(legitimate power)이 포함된다. 만약 리더가 이에 관한 권한을 크게 가질수록 리더의 지위권력은 강력하다고 할 수 있고, 권한이 없다면 그의 지위권력은 약하다고 말할 수 있다. 권력이 클수록 상황은

표 4-2 피들러 상황적합이론의 상황변수

상황변수	정의
리더-구성원 관계	집단 분위기, 리더에 대한 신뢰 정도, 충성도, 호감도
과업구조	과업내용의 명확도, 수행절차의 공식화·구조화 정도
지위권력	리더가 고용, 해고, 징계, 승진, 임금상승 등의 변수에 영향력을 행사하는 정도

더욱 호의적이다.

피들러 이론은 이 세 가지 상황요인들이 결합된 여러 상황이 리더에 얼마나 호의적인가를 나타내는 상황호의성(favorablenness of the situation)을 결정한다. 피들러는 리더-구성원 관계, 과업구조, 지위권력 각 요인을 2등분한 후 여덟 가지(I~Ⅷ)의 상황을 도출했고, 각 상황에 맞는 리더의 유형을 제시하였다([그림 4-2] 참조).

리더십 효과성은 리더의 유형과 상황호의성 간의 적합성에 의해 결정되는데, 과업지향적 리더는 매우 호의적 상황(I~Ⅲ)과 매우 비호의적인 상황(Ⅶ, Ⅷ)에서 우수한 성과를 내며, 관계지향적 리더는 다소 호의적인 중간 상황(Ⅳ~Ⅵ)에서 효과적이라는 결과를 도출하였다. 구체적으로 리더-구성원의 관계가 좋고 구조화되어 과업수행절차나 방법이 명확하며 리더의 지위권력이 강한 경우(상황 I)라면, 피들러의 연구결과는 과업지향적인 리더가 우수한 성과를 낸다고 보고 있다. 또 리더-구성원과 관계가 나쁘고 과제가 비구조화되어 있으며 직위권력이 낮은 경우(상황 Ⅷ)라면, 피들러의 연구결과 상황은 리더에게 가장 덜 유리하므로 과업지향적 리더가 우수한 성과를 보이게 된다. 반면에 리더-구성원 관계가 나쁘고, 과업구조가 높으며, 지위권력이 강한 경우(상황 V)에는, 상황이 리더에게 유리하므로 관계지향적인 리

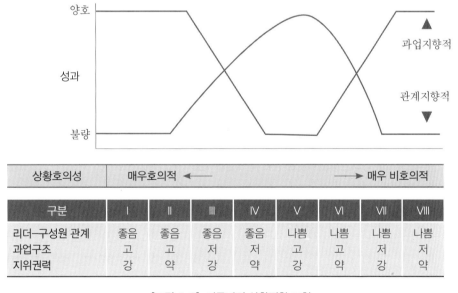

[그림 4-2] 피들러의 상황적합 모형

자료: Fiedler (1972). The effects of leadership training and experience: A Contingency model interpretation. *Administrative Science Quarterly, 17*(4), 455.

표 4-3 피들러의 상황호의성 변환 방법

구분	내용
리더-구성원 관계 변환	구성원과 함께하는 시간을 조절함(증가 또는 감소)
	과업 이외의 활동 추천(체육대회, 등산 등)
	집단 내 믿을 만한 사람에게 자기편에 서 달라고 주문함
	구성원에게 줄 보상(특별서비스 등)을 확보함으로써 사기를 높임
	구성원과 정보를 공유함
과업구조 변환	과업절차, 가이드 등을 마련함
	추가적인 훈련을 요청함
	해결할 문제를 찾아냄
직위권력 변환	직위의 잠재적 권한을 행사함
	구성원들의 과업에 전문가가 됨
	구성원들이 받는 정보의 양과 유형을 통제함
	권한위임, 의사결정에 참여시킴

출처: Fiedler & Chemers (1984). Improving leadership effectiveness. pp. 179-184을 재구성.

더가 우수한 성과를 보이게 된다.

피들러의 주장에 따르면 리더십의 효과를 높이기 위해서는 두 가지 선택이 가능하다. 첫째, 리더의 행동 유형을 바꾸는 것으로 리더십 개발을 위한 교육 및 훈련을 통해 가능하다. 둘째, 상황을 바꾸는 것으로, 상황에 해당하는 리더-구성원의 관계, 과업구조, 지위권력을 변화시키는 상황엔지니어링(situational engineering)을 하는 것이다. 피들러는 두 방법 중 리더가 상황 호의성에 따라 행동 유형을 적응하는 방법을 교육하는 것은 장려하지 않으며, 리더가 처한 상황을 변화시키는 것이 더 쉽다고 주장하였다. 피들러가 제시한 LPC 점수에 맞도록 상황 호의성을 바꾸는 방법은 〈표 4-3〉과 같다(Fiedler & Chemers, 1984).

3) 상황적합이론의 강점과 비판

(1) 상황적합이론의 강점

첫째, 상황적합이론에 관한 많은 실증연구들이 이루어졌다. 피들러(Fiedler, 1972), 그린과 네베커(Green & Nebeker, 1977), 슈나이더(Schneider, 1978), 라이스(Rice,

1981), 스트루베와 가르시아(Strube & Garcia, 1981) 등의 학자뿐만 아니라 우리나라에서도 한국의 문화적 특성을 고려하여 상황 호의성을 주제로 한 많은 연구들이 이루어졌다(이상호, 2001).

둘째, 상황이 리더에 미치는 영향을 강조한 리더십 이론이다(Fiedler, 1967). 이전의 리더십 이론(특성 · 행동연구)이 최선의 리더십이 무엇인가에 초점을 두었다면, 상황적합이론은 리더십 상황을 중시했고, 리더−상황 간의 적합관계를 강조하였다.

셋째, 상황적합이론은 특정 상황에서 리더십 효과성을 예측할 수 있다는 점이다. 어떤 상황에서 가장 효과적인 리더십이 무엇인가에 관한 유용한 정보를 제공한다. LPC 척도에서 얻은 데이터와 세 가지 상황요인(리더−구성원 관계, 과업구조, 지위권력)에 대한 측정에서 얻은 데이터를 가지고 어떤 특정한 리더가 어떤 특정한 상황에서 성공 가능성이 있는지를 예측할 수 있다는 것이다.

넷째, LPC 척도에 의해 유용한 정보를 제공한다. 리더십 유형과 적합한 상황에 리더를 배치해야 하며, 잘못된 상황에서 일하는 경우 리더의 상황을 변경하거나 다른 상황으로 개선할 것을 제안하였다.

(2) 상황적합이론의 비판

첫째, LPC 이론은 개념적 취약점을 가지고 있다(Yukl, 2002). LPC 점수는 '의미를 추구하는 측정치'이다. 따라서 LPC 점수에 대한 해석은 임의적으로 바뀌어 왔으며, 이 모형은 리더의 LPC 점수가 집단 수행에 어떻게 영향을 미치는지를 설명하지 못한다(Ashour, 1973).

둘째, LPC 척도의 표면 타당성과 실행 가능성에서 문제점을 보였다(Hosking, 1981). LPG점수를 기초로 많은 연구가 이루어졌지만, LPC 척도는 표면타당성이 없기 때문에 다른 표준적인 리더십 측정치들과 상관성이 없다. 따라서 LPC 점수가 리더십 효과성과 어떻게 관련되어 있는지를 설명하는 데는 역부족이며, 단지 인지복잡성이나 리더의 동기 차이에서 기인한다는 가설을 확인하였다.

셋째, 실제로 사용하는 데 용이하지 않았다. 리더의 행동 유형을 LPC 척도로 측정하고, 세 가지 상황변수로 상황을 분석하는 과정에서 주관적 판단이 포함되는 한계점을 가지고 있었다.

4) LPC 척도 설문지

LPC 척도는 상황적합이론에서 사람의 리더십 유형을 측정하기 위해 사용된다. 예를 들어, 이 척도는 응답자로 하여금 '함께 일하기가 어려운 동료작업자'를 떠올려 그에 관해 기술하게 함으로써 그 응답자의 리더십 유형을 측정한다. 그 동료작업자는 함께 일하기가 곤란한 작업자이지 가장 싫어하는 작업자가 아니다. 이와 같이

표 4-4 LPC 척도

LPC 척도 [LEAST PREFERRED CO-WORKER (LPC)] SCALE										점수
쾌활한 사람	8	7	6	5	4	3	2	1	쾌활하지 못한 사람	
친절하고 다정한 사람	8	7	6	5	4	3	2	1	불친절하고 다정하지 못한 사람	
거부적인 사람	1	2	3	4	5	6	7	8	수용적인 사람	
긴장하고 있는 사람	1	2	3	4	5	6	7	8	긴장을 풀고 여유 있는 사람	
거리를 두는 사람	1	2	3	4	5	6	7	8	친근한 사람	
냉담한 사람	1	2	3	4	5	6	7	8	다정한 사람	
지원적인 사람	8	7	6	5	4	3	2	1	적대적인 사람	
따분해 하는 사람	1	2	3	4	5	6	7	8	흥미가 있어 하는 사람	
싸우기 좋아하는 사람	1	2	3	4	5	6	7	8	화목하고 잘 조화되는 사람	
우울한 사람	1	2	3	4	5	6	7	8	늘 즐거워하는 사람	
서슴지 않고 개방적인 사람	8	7	6	5	4	3	2	1	주저하고 폐쇄적인 사람	
험담을 잘 하는 사람	1	2	3	4	5	6	7	8	너그럽고 관대한 사람	
신뢰할 수 없는 사람	1	2	3	4	5	6	7	8	신뢰할 만한 사람	
사려 깊은 사람	8	7	6	5	4	3	2	1	사려 깊지 못한 사람	
심술궂고 비열한 사람	1	2	3	4	5	6	7	8	점잖고 신사적인 사람	
마음에 맞는 사람	8	7	6	5	4	3	2	1	마음에 맞지 않는 사람	
성실하지 않은 사람	1	2	3	4	5	6	7	8	성실한 사람	
친절한 사람	8	7	6	5	4	3	2	1	불친절한 사람	
								총점		

출처: Fiedler & Chemers (1984). *Improving leadership effectiveness: The leadr match concept* (2nd ed.).

함께 일하기가 어려운 동료작업자를 선택한 후 척도성에 표시된 18쌍의 형용사를 가지고 그 작업자를 평가(기술)하도록 한다.

첫째, 낮은 LPC의 사람들(low LPCs)은 과업지향적으로, 이들의 일차적인 욕구는 과업을 완성하는 것이고, 이차적인 욕구는 다른 사람과 잘 지내는 데 초점을 맞추는 것이다. 둘째, 중간 정도의 LPC의 사람들(middle LPCs)은 사회독립적인 리더들(socio-independent leaders)로, 이들은 과업에 관해 지나친 관심을 보이지 않거나 다른 사람이 자기를 어떻게 보는가에 대해서 지나친 관심을 보이지 않는다. 셋째, 높은 LPC의 사람들(high LPCs)은 관계성(relationship)에 의해 동기유발되는 사람들로, 이들은 조직 내에서 주된 만족을 다른 사람들과 사이좋게 잘 지내는 대인관계에서 얻는다.

최종 LPC점수는 18개 척도상에 있는 숫자 위에 표시를 하고 그 표시된 숫자들을 모두 합계한 것이다. 최종점수가 57점 이하이면 낮은 LPC점수이고, 그는 과업지향적 성향이라는 것을 의미한다. 최종점수가 58점과 63점 사이이면, 중간 정도의 LPC 점수이고 그 사람은 독립적 성향을 의미한다. 그리고 점수가 64점 이상이면 높은 LPC 점수이고, 관계성지향적 성향이라는 것을 의미한다.

3. 허시와 블랜차드의 성숙도이론

허시와 블랜차드의 성숙도이론(Situational Leadership: SL)은 부하의 성숙도 정도에 따라 리더의 리더십 유형을 달리해야 한다는 이론이다. 여기에서 부하의 성숙도 정도란 부하가 과업 수행을 위해 어느 정도의 유능성과 헌신성을 발휘하느냐를 의미하는데, 리더는 그의 행동유형을 부하의 유능성과 헌신성의 정도에 적합시켜야 한다는 것을 가정한다.

이 이론은 레딘(Reddin, 1967)의 3-D이론(3-D management style theory)을 바탕으로 허시와 블랜차드(Hersey & Blanchard, 1969a)에 의해 개발되었고, 처음 발표된 이후 여러 번 개정을 거듭하였다(Blenchard et al., 1993; Blenchard et al., 1985; Hersey & Blenchard, 1977, 1988). 허시와 블랜차드의 성숙도이론은 최초 '리더십 일생주기이론(life cycle theory of leadership)'으로 불렸으나, 이후 '상황적 리더십이론(Situational

Leadership: SL)'으로 불렸으며, 일반적으로 '상황적응 리더십' 또는 '성숙도이론'으로 불리우고 있다. 성숙도 이론은 이후에 블랜차드(Blanchard, 1985)와 블랜차드 등(Blanchard et al., 1985)에 의해 상황적 리더십 이론II(Situational Leadership II: SLII) 모형을 완성하였다. 이 모형은 허시와 블랜차드(Hersey & Blanchard, 1969a)가 개발한 원래의 성숙도이론 모형을 발전시킨 이론으로, 이 장에서는 SLII 모형을 중심으로 설명하고, 이하 성숙도이론으로 지칭한다.

성숙도이론(SLII)은 리더십 유형과 부하의 발달수준으로 나누어 설명할 수 있다([그림 4-3] 참조).

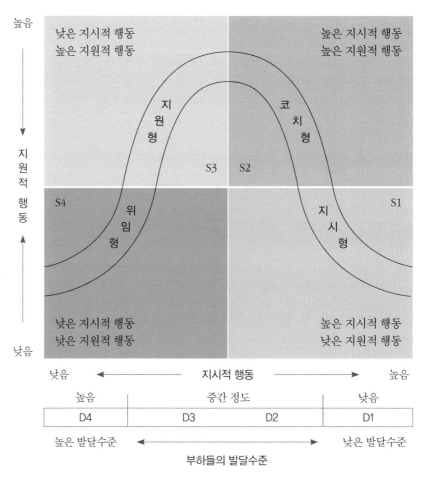

[그림 4-3] Hersey와 Blanchard의 성숙도이론 모형(SLII)

자료: Blandchard(2007). Management Corporation, Leading at a Higher Level, p. 187. 재구성.

1) 리더십 유형

리더의 행동 유형은 오하이오 대학교 연구에서의 과업지향 행동과 관계지향 행동의 두 축을 중심으로 지시형, 코치형, 지원형, 위임형 등 네 가지 리더십 유형으로 나눌 수 있다(Northouse, 2007).

첫째, 지시형(directing style: S1)이다. 지시형은 높은 지시－낮은 지원의 행동 유형으로, 주로 일방적 의사소통에 의존하며 의사소통의 초점이 목표 달성에 맞춰져 있다. 이 같은 유형의 리더는 구성원들이 행할 목표기준과 작업방법 등을 제시하고 작업 활동을 감독하는 특징을 보인다.

둘째, 코치형(coaching approach: S2)이다. 코치형은 높은 지시－높은 지원의 행동 유형으로, 리더는 결정된 사항을 구성원들에게 알려 주고 구성원의 참여를 권장하고 아이디어 제출을 독려하는 등 쌍방향 의사소통이 이루어진다. 리더는 의사소통의 초점을 목표 달성과 사회정서적 지원 양쪽에 둔다.

셋째, 지원형(supporting approach: S3)이다. 지원형은 낮은 지시－높은 지원의 행동 유형으로, 리더가 과업행동보다 관계행동에 더욱 집중하여 지원적 행동(경청, 아이디어 제출, 독려, 칭찬, 인정, 피드백 제공 등)을 통해 구성원들이 능력을 발휘하도록 동기유발하는 데 힘쓴다. 형식적 의사결정은 부하에게 위임하고 참여를 통해 구성원들이 성장하고 개발할 수 있도록 한다.

넷째, 위임형(delegating approach: S4)이다. 위임형은 낮은 지시－낮은 지원의 행동 유형으로, 리더는 과업완수를 위한 지시나 불필요한 사회적 지원을 줄이고 과업수행의 방법과 책임을 부하에게 위임한다.

성숙도이론(SLII)은 지시적 리더십 행동과 지원적 리더십 행동이 네 가지의 상이한 리더십 유형의 각각을 위해 어떻게 조합을 이루고 있는지를 잘 나타내 보이고 있다. 성숙도이론 모형에서 지시적 행동은 S1과 S2에서 높고 S3와 S4는 낮으며, 반면에 지원적 행동은 S2와 S3에서 높고 S1과 S4에서는 낮다.

2) 상황변수(부하 발달수준, 부하 성숙도)

허시와 블랜차드의 상황요인은 구성원의 발달수준(maturity, readiness)이다. 구성

표 4-5 SL Ⅱ 모형의 구성원 발달수준

D1	D2	D3	D4
유능성 낮음 헌신성 높음	약간의 유능성 헌신성 낮음	유능성 중간 높음 헌신성 낮음	유능성 높음 헌신성 높음

원의 발달수준이란 구성원이 주어진 과업이나 활동을 완성하는 데 필요한 유능성 (competence)과 헌신성(commitment)을 의미한다. 초기 연구에서는 능력과 의지를 가지고 구성원의 성숙도를 측정했으나, 이후 SL Ⅱ 모형에서는 유능성과 헌신성 정도를 측정했다. 유능성은 특정 과업을 수행하기 위해 필요한 기술이나 역량을 가지고 있는 정도이고, 헌신성은 과업수행을 하는 긍정적 태도와 자신감 그리고 동기유발 여부로 설명하고 있다(Northouse, 2007). 유능성과 헌신성을 중심으로 구성원들은 네 가지 범주의 발달수준으로 분류되고, 〈표 4-5〉와 같다.

D1 구간의 구성원은 유능성은 낮고 헌신성은 높은 경우이다. 이 사람들은 주어진 과업에 미숙하고 과업의 수행 방법을 정확하게 모르지만 과업수행에 도전감과 흥미를 갖고 있다. 이러한 경우 높은 지시-낮은 지원의 지시형 리더가 적합하다.

D2 구간의 구성원은 약간의 유능성과 낮은 헌신성을 갖고 있는 경우이다. 이 사람들은 직무수행 방법을 배워 약간의 유능성은 있지만 처음의 일에 대한 도전감과 흥미를 잃고 동기유발 수준이 낮은 상태이다. 이러한 경우는 높은 지시-높은 지원의 코치형 리더가 적합하다.

D3 구간의 구성원은 중간 정도에서 높은 정도의 유능성은 있지만 아직 헌신성이 부족한 경우이다. 이 사람들은 직무수행 기술 수준은 높으나 과업완성에서의 자신감은 결여되어 있다. 이러한 경우 낮은 지시-높은 지원의 지원형 리더가 적합하다.

D4 구간의 구성원은 최고 수준의 유능성과 직무 완성을 위한 높은 헌신성을 갖고 있는 경우이다. 이러한 경우에는 낮은 지시-낮은 지원의 위임형 리더가 적합하다.

리더가 효과적인 리더십을 발휘하려면 구성원들의 발달단계가 어느 정도인가를 진단하여 자신의 리더십 유형을 발달수준에 적합시키는 것이 중요하다. 다시 말해, 리더는 상황의 특성을 진단하여 그의 리더십 유형을 SL Ⅱ 모형에서 처방하고 있는 리더십 유형에 적응시켜 발휘하는 것이다

3) 성숙도이론(SL II)의 강점과 비판

(1) 성숙도이론의 강점

첫째, 성숙도이론은 강한 실용성을 가지고 있다. 성숙도이론은 기업뿐 아니라 학교, 가정 등 많은 조직에서 리더십 훈련을 위해 빈번히 활용되고 있다. 성숙도이론은 이해하기 쉽고 직관적으로 알아차릴 수 있으며, 다양한 상황에 쉽게 응용될 수 있다.

둘째, 성숙도이론은 리더 행동의 융통성과 적응성을 강조하고 있다. 리더가 구성원의 발달수준을 알아내고 상황에 따라 리더 행동을 적응시켜야 한다는 점을 강조하고 있다. 유능한 리더는 과업의 요구와 구성원의 상황에 따라 자신의 리더십행동을 변경시키는 리더이다.

셋째, 성숙도이론은 리더의 행동을 처방하고 있다. 여러 상황에서 지향해야 할 행동과 지양해야 할 행동을 설명해 주고 있다. 유능성이 낮을 경우에는 지시적 행동을, 헌신성이 낮은 경우에는 지원적 행동을 제시하고 있다.

(2) 성숙도이론의 비판

첫째, 성숙도이론은 성숙도라는 하나의 상황변수에 의존하는 점과 구성원의 성숙도에 대한 개념이 모호하다는 점을 가지고 있다. 유능성과 헌신성을 기준으로 어떻게 네 가지 발달 수준이 형성되는가에 대한 명확한 설명이 없다(Yukl, 1989). 각각의 요인에 가중치가 어떻게 부여되고, 그 요인들이 어떻게 결합되었는지에 관한 기준과 근거가 없다.

둘째, 성숙도이론은 가정이나 명제를 증명하기 위한 실증 연구가 부족하다.

셋째, 성숙도이론은 헌신성 개념의 모호성을 가진다. 블랜차드 등(Blanchaed et al., 1985)은 헌신성(commitment)이 자신감(confidence)과 동기유발(motivation)로 구성된다고 제시하였다. 그러나 자신감과 동기유발이 어떻게 결합하여 헌신성을 이루는가에 대한 설명을 명확하게 제시하지 않고 있다.

넷째, 성숙도이론은 네 가지 리더십 유형과 구성원의 발달단계의 결합에 관한 타당성 문제를 가진다. 즉, 이 모델은 리더십유형을 구성원의 발달단계와 어떻게 적합시키느냐의 모델의 처방적 타당성 문제를 가진다. 이를 검증하기 위해 베키오

(Vechio, 1987)는 300명 이상의 고등학교 교사와 교장들을 대상으로 한 실증연구에서 성숙도이론에서 제시하고 있는 기본적인 처방의 타당성을 입증하는 데 실패하였다.

다섯째, 성숙도이론은 많은 상황요인과 교육, 경험, 나이, 성별 등의 인구통계적 변수를 포함시키지 않고 있다. 성숙도이론은 인구통계적 요인들(교육, 경험, 나이, 성별 등)이 모델상의 구성원에 대한 리더 행동의 결정에 어떻게 영향을 미치는지 설명을 하지 못하고 있다.

4. 하우스의 경로-목표이론

하우스의 경로-목표이론(path-goal theory)은 리더가 구성원들을 어떻게 동기유발시켜 설정된 목표에 달성하도록 할 것인가에 관한 이론이다(House, 1971). 에반스(Evans, 1970) 이론을 기초로 하여 개발된 이론이며, 브룸의 기대이론(expectancy theory)을 근거로 완성되었다. 이 이론은 구성원의 발달수준에 적응시켜야 한다는 허시와 블랜차드의 성숙도이론(Situational Leadership: SL)과 리더의 리더십 유형과 상황변인 간의 적합을 강조하는 피들러의 리더십 상황적합이론과는 달리, 하우스의 경로-목표이론은 리더의 리더십유형과 구성원의 특성 및 과업 특성 간의 관계를 강조한다.

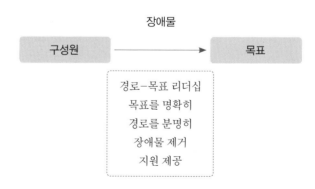

[그림 4-4] House 경로-목표이론의 기본개념

자료: House & Mitchell (1974). Path-goal theory of leadership. *Journal of Contemporary Business*, *3*, pp. 81-97 연구자가 재구성.

경로-목표라는 용어는, 효과적 리더는 구성원들의 목표(보상)와 목표 달성 경로를 분명히 하여 목표에 대한 기대를 높여 주고, 목표를 향한 가장 효과적이며 빠른 경로를 제시하며, 목표 달성을 용이하게 하는 상황적 조건을 조성함으로써 그 경로를 보다 쉽게 따라갈 수 있게 해 준다는 데서 유래한다. 구성원들이 효과적으로 목표에 도달하기 위해서는 목표를 명확하게 제시하고, 도달할 수 있는 경로를 분명하게 하며, 목표 달성 과정에 나타나는 장애물을 제거해 주고, 지시나 지원 등을 제공하는 것이 경로-목표의 기본개념이다(House & Mitchell, 1974).

　경로-목표이론은 기대이론(expectancy theory)의 가정을 근거로 한다(Achau & Lussier, 2010). 브룸은 기대이론에서 "동기부여의 정도는 행위의 결과에 대한 매력의 정도(유의성)의 결과의 가능성(기대) 그리고 성과에 대한 보상 가능성(수단성)의 함수에 의해 결정된다."고 주장하였다. 하우스는 리더의 노력 → 성과, 성과 → 보상에 대한 기대감, 유의성 관계를 중심으로 리더십 과정을 설명한다

　하우스의 경로-목표이론은 리더의 행동 유형과 상황변수로서의 부하의 특성 및 과업 환경 간의 관계를 강조하고 있다. 하우스는 [그림 4-5]와 같이 리더의 리더십

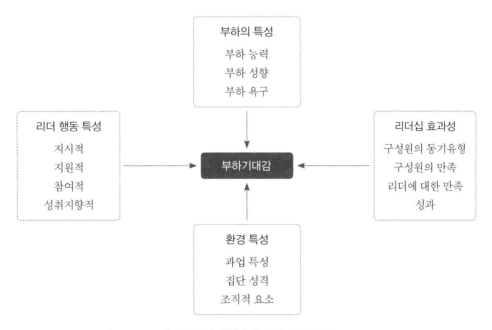

[그림 4-5] 하우스의 경로-목표이론

자료: McShane & Glinow (2000). Organizational behavior, p. 444.

유형을 지시적, 지원적, 참여적, 성취지향의 네 가지 유형으로 구분하고, 구성원들이 리더에게 바라는 두 가지 상황적 요인(부하특성, 과업환경)을 결합시켜 리더십 효과성을 결정짓는 경로모형을 제시하였다.

이후 하우스는 처음 모형을 50여 회의 실증연구를 거쳐, 개정된 경로-목표이론(reformulated path-goal theory)으로 여덟 가지의 리더십 행동 유형을 제시하였다. 여덟 가지 리더십 행동 유형은 기존 이론의 지시적, 지원적, 참가적, 성취지향적 행동에 작업의 촉진(work facilitation), 집단지향적 의사결정(group-oriented decision process), 작업집단의 대변 및 관계형성행동(work-group representation and networking), 가치중심적 리더 행동(value-base leader behavior)이 포함되었다.

1) 리더의 행동 유형

하우스와 미첼(House & Mitchell, 1974)은 경로-목표이론의 리더 행동을 지시적 행동, 지원적 행동, 참가적 행동, 성취지향적 행동의 네 가지 유형으로 제시하였다.

(1) 지시적 행동

지시적 행동(directive behavior)은 오하이오 주립대학교 연구에서의 구조주도 행동(initiating structure) 및 성숙도이론에서의 지시적 행동 유형(telling style)과 유사하다. 리더의 지시적 행동은 구성원들에게 과업수행에 대한 지시를 하고, 기대되는 목표치와 과업수행 방법을 말해 주며, 과업 완성시기를 제시하고, 분명한 업적 기준을 정해 주며, 구성원들이 지켜야 할 규칙을 명확히 알려 주는 행위를 포함한다(Robbins & Judge, 2008).

예를 들어, 조직에서 역할 모호성이 나타나면 리더의 지시적 행동은 구성원에게 효과적이다. 역할 모호성이 존재하는 경우에 구성원은 자신에게 무엇을 기대하고 있는지 알지 못하므로 효과적인 과업을 수행할 수 없다. 이 경우 그가 해야 할 구체적인 역할을 명확하게 제시해 주는 리더의 지시적 행동은 부하의 노력에 영향을 미치고 성과를 이룰 수 있는 기대감을 높이며, 결과적으로 부하의 직무만족 등에 긍정적인 영향을 미치게 된다.

(2) 지원적 행동

지원적 행동(supportive behavior)은 오하이오 주립대학교 연구에서 확인된 배려 행동(consideration behvior)과 유사하다. 그래서 지원적 리더십은 친절하고 접근하기 쉽도록 하는 리더 행동을 가리킨다. 여기에서 지원적 행동은 구성원의 복지와 욕구에 관심을 보이며, 리더의 행동은 개방적이고 친절하다. 리더는 팀 분위기를 창조하며 부하를 동등하게 취급한다.

예를 들어, 부하가 단조로운 과업을 수행하는 경우나 과업이 어렵고 실패에 대한 두려움을 느낄 때, 리더의 지원적 행동은 두려움을 극복하고 자신감을 갖게 함으로써 노력 → 성과 → 직무만족을 가져오게 된다.

(3) 참여적 행동

참여적 행동(participative behavior)은 구성원들을 의사결정에 참여시키는 것으로, 허시와 블랜차드 이론(초기 SL이론)의 참여적 유형과 유사하다. 참여적 리더는 구성원들과 상의하고 그들의 아이디어나 의견을 구하며 그들의 제안을 받아들여 집단이나 조직이 의사결정에 반영한다.

(4) 성취지향적 행동

성취지향적 행동(achievement-oriented behavior)은 구성원들에게 일에 대한 도전적인 자세를 요구하여 가능한 최고 수준의 업적을 달성하도록 요구한다. 높은 수준의 직무수행을 독려하고, 고도의 목표 달성방법을 배울 수 있도록 도우며, 부하들에게 신뢰를 보여 준다.

예를 들어, 구성원에게 탁월하게 설정된 목표를 달성할 수 있다는 확신을 각인시키고 부하에게 목표 달성에 대한 의지와 책임감을 갖게끔 동기부여하면, 부하는 목표 달성에 대한 자신감이 증가되면서 노력 → 성과 → 직무만족이라는 긍정적 결과를 가져오게 될 것이다. 그러나 이런 경우는 과업이 모호하거나 비구조화된 과업의 경우에서 가능하며, 반복적이고 구조화된 과업의 경우에는 영향을 주지 못한다.

2) 상황변수

경로-목표이론에서 상황변수에는 [그림 4-5]와 같이 부하의 특성, 환경 특성이 있다. 피들러의 상황적합이론에서는 상황변수(리더-구성원 관계, 과업구조, 지위권력)에 따라 리더의 리더십 행동 유형을 고정적이라고 보았지만, 하우스와 미첼(House & Mitchell, 1974)의 경로-목표이론에서는 상황변수를 동일한 리더가 상황에 따라 리더 행동을 변경할 수 있다고 보고 있다.

(1) 부하의 특성

리더십 유형에 영향을 미치는 부하의 특성에는 부하 능력, 부하 성향, 부하 욕구 등 세 가지 영역으로 구분하여 설명할 수 있다.

- **부하 능력**: 부하가 자신의 능력을 높이 평가할수록 지시적 리더십은 거부되는 경향이 있다. 부하의 능력은 주로 과업능력과 경험 등으로 평가
- **부하 성향**: 내향적일수록 참여적 리더십을, 외향적일수록 지시적 리더십을 선호한다. 하우스는 부하의 성향을 통제위치로 설명하고 있음
- **부하 욕구**: 하위욕구가 강할수록 지시적 리더십을, 친화욕구가 강할수록 후원적 · 참여적 리더십을, 상위욕구가 강할수록 후원적 리더십의 수용도가 높음

(2) 환경 특성

리더십 유형에 영향을 미치는 환경적 요인에는 과업의 구조화 정도, 작업집단의 성격, 조직체 요소 등이 있다.

- **과업 특성**: 과업이 구조적일수록 후원적 · 참여적 리더십이 바람직하며, 과업이 비구조적이면 지시적 리더십이 바람직
- **집단 성격**: 형성기에는 지시적 리더십이, 정착 · 안정기 이후에는 후원적 · 참여적 리더십이 바람직
- **조직적 요소**: 긴급 상황에서는 지시적 리더십이, 불확실성이 수반되는 경우에는 참여적 리더십이, 리더-구성원 간 상호작용이 요구될 때는 후원적 리더십

이 바람직

3) 경로-목표이론의 강점과 비판

(1) 경로-목표이론의 강점

첫째, 경로-목표이론은 리더의 다양한 리더십 행동이 구성원들의 만족과 업적에 어떤 영향을 미치는가에 대한 이해를 할 수 있는 하나의 유용한 이론적 틀을 제공하고 있다. 경로-목표이론은 개념적으로 뚜렷이 구분되는 네 가지 리더십 행동 유형(지시, 지원, 참여, 성취지향)을 강조한 리더십 이론이다. 이전의 이론들은 리더십 행동을 과업지향적 행동과 관계지향적 행동만으로 주로 다루었는데, 하우스는 네 가지 영역으로 확장하고 추가적인 연구를 통해 여덟 가지 리더십 행동으로 제시하였다. 이는 리더의 다원적 개념을 통하여 경영자의 직무성격을 비교적 명확하게 구분할 수 있게 해 준다.

둘째, 경로-목표이론은 리더가 구성원에게 도움을 줄 수 있는 실무적인 모형을 제공하고 있다는 강점을 가진다. 경로-목표이론은 리더가 부하에게 목표로 가는 경로를 명확히 하고, 장애물을 제거하며, 필요한 것을 지원하는 등 리더가 구성원을 도울 수 있는 개념적 틀을 제공하고 있다.

셋째, 경로-목표이론은 기대이론의 원칙들을 리더십 이론에 적용시켰다는 점에서 의의를 가진다. 경로-목표이론은 다른 이론들과는 다르게 기대이론을 적용하여, 구성원의 과업 완수, 보상, 동기유발 문제에 관심을 가지게 만들었다.

넷째, 경로-목표이론에서 리더는 처한 상황에 적합하도록 자신의 행동을 유연하게 변화시켜야 한다는 시사점을 제공한다.

(2) 경로-목표이론의 비판

첫째, 경로-목표이론은 개념적으로 복잡하고 실제적으로 활용하기 어려운 점을 가진다. 특히 상황변수가 많고 복잡하여, 특정 상황에 맞는 리더십 유형을 활용하기가 어렵다. 경로-목표이론의 범위가 너무 광범위하고 많은 상이한 가정들을 포함하고 있으며, 어떤 특정 조직 상황의 리더십 과정을 개선하기 위한 이론으로 적용하기가 어렵다.

둘째, 경로—목표이론은 타당성 검증의 문제를 가진다. 최근의 연구결과까지 이론의 주장에 대한 충분하고 일관된 모습을 검증받지 못하고 있고, 실시된 실증연구에서 부분적 검증만 지지되고 있다. 실증연구에서 지시적·지원적 리더십 연구는 많이 이루어졌으나, 상대적으로 참가적·성취지향적 리더십 연구는 미미한 수준이다(Northouse, 2007).

셋째, 경로—목표이론은 구성원의 동기유발과 리더십 행동과의 관계를 명확하게 설명하지 못하는 한계를 가진다. 경로—목표이론은 기대이론의 가설을 근거로 하고 있는데, 어떻게 연관이 되는지에 관한 설명이 부족하다. 예를 들어, 구조화된 과업을 수행하는 상황에서 지원적 리더십이 구성원들의 동기유발에 어떻게 영향을 미치는가에 대한 설명이 부족하다는 점 등이 있다.

넷째, 경로—목표이론은 매우 리더지향적이고 리더십의 거래적 특성을 인정하지 않고 있어 리더십 과정에 구성원의 참여를 촉진하지 않는다는 비판을 받는다.

4) 경로—목표 리더십 설문지

표 4-6 경로—목표 리더십 설문지

〈작성요령〉
이 설문지는 경로-목표 리더십이 상이한 리더십 유형에 관한 문항들을 담고 있다. 각 문항을 읽고 그 문항이 귀하 자신의 행동을 어느 정도로 잘 나타내고 있는지 해당되는 숫자를 각 문항 앞의 ___ 위에 적어 넣으시오. 1부터 7까지의 숫자는 다음과 같이 그 정도를 나타내고 있습니다.

1= 결코 그런 적이 없다.   2= 거의 그런 적이 없다.
3= 좀처럼 그러지 않는다.   4= 때때로 그렇게 한다.
5= 가끔 그렇게 한다.   6= 보통 그렇게 한다.
7= 항상 그렇게 한다.

_____ 1. 나는 하위자들에게 '그들에게서 기대하고 있는 것이 무엇인지'를 알려 준다.
_____ 2. 나는 하위자들과 우호적인 '작업 상대 관계'를 유지한다.
_____ 3. 어려운 문제에 봉착했을 때 나는 하위자들과 상의한다(하위자들의 자문을 구한다).
_____ 4. 나는 수용적인 자세로 하위자들의 아이디어나 제안을 경청한다.
_____ 5. 나는 하위자들에 무슨 일을 어떻게 수행해야 하는지에 대해서 알려 준다.
_____ 6. 나는 하위자들에게 최고 수준의 업무수행을 기대한다고 말한다.
_____ 7. 나는 나의 하위자들과 상의 없이 내 나름대로 결정하고 행동한다.

8. 나는 우리 집단의 성원이 된 것을 즐겁고 행복하게 느끼도록 하기 위해 할 수 있는 일들을 다 한다.

9. 나는 하위자들에게 표준적인 규칙이나 규정을 따르도록 요구한다.

10. 나는 꽤 도전적인 '하위자들의 업적 목표'를 설정하고 있다.

11. 나는 하위자들의 개인감정을 상하게 할 만한 말들을 하고는 한다.

12. 나는 집단과업을 어떻게 수행할 것인지에 관한 제안이나 아이디어를 제출하도록 하위자들에게 요청한다.

13. 나는 하위자들에게 그들의 업무수행에서 계속적인 개선을 위해 노력하도록 고무한다.

14. 나는 하위자들에게 '그들에게서 기대하고 있는 업적수준'이 어느 정도인가에 대해 설명(말)해 준다.

15. 나는 하위자들에게 그들의 과업수행에 방해가 되는 문제들을 극복하도록 해 준다.

16. 나는 하위자들에게 그들의 목적달성능력에 대한 나의 의심을 나타내 보인다.

17. 나는 하위자들에게 업무할당을 어떻게 해야 하면 좋은지에 대한 제안을 하도록 요청한다.

18. 나는 하위자들에게 직무상 그들에게서 기대하고 있는 것이 무엇이라는 것을 적당하게(대충) 설명해 준다.

19. 나는 일관되게 하위자들에게 도전적인 목표를 설정해 준다.

20. 나는 하위자들의 개인적인 욕구(요구)의 충족을 위해 한결같이 마음을 쓴다.

자료: Indvik (1985). A path-goal theory investigation of superior subordinate relationships.

〈채점방법〉

1. 문항 7, 11, 16, 18의 점수를 뒤바꾼다(예: 1 ↔ 7, 2 ↔ 6, 3 ↔ 5).
2. 지시적 유형: 문항 1, 5, 9, 14, 18 점수 합산
   지원적 유형: 문항 2, 8, 11, 15, 20 점수 합산
   참가적 유형: 문항 3, 4, 7, 12, 17 점수 합산
   성취지향적 유형: 문항 6, 10, 13, 16, 19 점수 합산

〈채점결과의 해석〉

구분	낮음	중간	높음
지시적 리더 유형	18 이하	23	28 이상
지원적 리더 유형	23 이하	28	33 이상
참여적 리더 유형	16 이하	21	26 이상
성취지향적 리더 유형	14 이하	19	24 이상

　예를 들어, 채점결과 귀하의 점수가 지시적 리더 유형에서 28점(높음), 지원적 리더 유형에서 22점(낮음), 참여적 리더 유형에서 21점(중간), 성취지향적 리더 유형에서 24점(높음)이 나왔다면, 귀하는 다른 리더와 비교하여 더욱 지시적이고 성취지향적인 경향이 있고, 다른 리더보다 지원적이지 않으며, 부하들을 참여시키는 정도는 다른 리더와 비슷하다고 분석할 수 있다.

5. 브룸과 예튼의 규범적 모형

브룸과 예튼의 규범적 모형(normative model)은 의사결정 상황에 따라 리더의 개입과 참여 정도가 달라져야 한다는 이론으로, 다섯 가지 리더십 유형이 여덟 가지 상황변수와 상호 조화를 이룰 때 효과적이라는 주장의 이론이다. 규범적 모형은 조직의 핵심 활동인 의사결정과 리더와의 관계를 의사결정이론과 리더십 이론을 연결하여 제시하고 있다(Vroom & Yetton, 1973). 이 모형은 의사결정 참여 모형으로 불리기도 하며, 1973년 처음 브룸과 예튼에 의해 발표되었고, 1988년 브룸과 제이고에 의해 수정 발표되었다(Vroom & Jago, 1988). 또 리더의 개입과 부하들의 참여 정도를 결정하는 데 고려해야 할 상황을 파악할 때, 의사결정 나무(decision-making tree)를 활용하여 특정 상황에 가장 적합한 최적의 리더십 유형에 도달할 수 있다. 상황을 파악하고 그에 맞는 정도로 부하들을 의사결정에 참여시키라는 것으로, 리더 · 참여(leader · participation model) 모형이라고도 불린다.

1) 리더십 유형

브룸과 예튼은 리더가 부하를 참여시키는 정도에 따라 다섯 가지로 리더 유형을 나누어 설명하고, 〈표 4-7〉과 같다. 이 이론에서 말하는 참여의 정도(degree of participation)란 다른 이론에서의 리더 행동에 해당하며, 리더가 의사결정을 할 때 구성원을 참여시키는 정도를 구분해 놓은 것이다.

표 4-7 브룸과 예튼 모형의 리더십 유형

리더십 유형	A1	A2	C1	C2	G2
의사결정 참여자	리더	리더 부하(개인)	리더 부하(개인)	리더 부하(집단)	리더 부하(집단)
리더 참여 정도	리더 단독 결정	부하와 개별적으로 묻고 답함	개별적으로 부하의 제언을 받음	부하들과 정보 공유	부하와 정보 공유 공동 결정

자료: Vroom & Yetton (1973). Leadership and decision making, p. 13.

- A1형(autocratic 1: 독재1형 또는 순수독재형): 리더가 자신이 가진 정보를 이용하여 단독으로 결정하거나 문제를 해결하는 유형
- A2형(autocratic 2: 독재2형 또는 참고독재): 리더가 부하로부터 정보를 얻어 단독으로 결정하거나 문제를 해결하는 유형
- C1형(consultative 1: 자문1형 또는 개별협의형): 리더는 부하와 일대일의 관계에서 문제를 공유하고 의견을 들은 후 결정. 최종 결정에는 부하의 의견이 반영될 수도 있고, 반영되지 않을 수도 있음
- C2형(consultative 2: 자문2형 또는 집단협의형): 리더는 집단토론을 통해 아이디어나 제안을 얻고 문제를 공유하나, 결정은 리더가 단독으로 행하는 경우. 최종 결정에는 부하의 의견이 반영될 수도 있고, 그렇지 않을 수도 있음
- G2형(group 2: 집단2형 또는 위임형): 리더는 부하 그룹과 문제를 공유하고 모든 토론자는 대안을 제시하고 평가함. 리더는 압력을 가하지 않으며, 공동 결정 사항을 이해함

브룸과 예튼의 규범적 모형에서 어떠한 리더십 유형이 가장 효과적일까? 브룸과 예튼은 리더십 효과성은 문제나 상황에 따라 달라지게 된다고 설명하고, 상황진단과 관련된 두 가지 기준과 여덟 가지 규칙으로 상황요인을 설명하여 제시하였다.

2) 상황변수

브룸과 예튼의 규범적 모형에서 상황변수는 [그림 4–6]의 하단부분과 같이, 상황 파악을 위한 질문 내용이 두 부분으로 나누어져 있다. 하나는 의사결정의 성격과 관련된 항목(1, 3, 4, 8)이고, 다른 하나는 의사결정의 수용성과 관련된 항목(2, 5, 6, 7)이다.

첫째, 의사결정의 성격(질)과 관련된 속성은 의사결정의 중요성, 리더의 정보 수준, 문제의 구조화 여부, 부하의 정보수준과 관련된다.

둘째, 의사결정의 수용과 관련된 속성은 부하 수용의 필요성, 리더 결정의 수용 가능성, 부하의 조직목표 공유, 부하 간 갈등으로 구성된다.

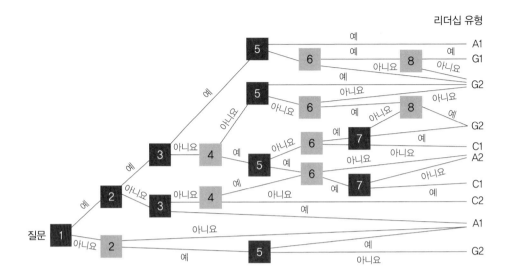

▶ 상황파악을 위한 질문내용

■ 1. 의사결정의 질: 결정의 결과가 매우 중요한 것인가?

▨ 2. 부하의 참여: 부하의 참여와 헌신이 매우 중요한가?

■ 3. 리더의 정보: 리더는 충분한 정보와 기술이 있는가?

▨ 4. 문제의 질: 결정할 문제가 정형화되고 확실하게 정의되었는가?

■ 5. 부하의 순종: 리더가 혼자 결정해도 부하는 순순히 따를 것인가?

▨ 6. 조직목표와 일치: 이 문제와 관련하여 부하들이 조직의 목표를 잘 알고 있는가?

■ 7. 부하들의 갈등: 의견대립의 가능성이 많은가?

▨ 8. 부하의 정보: 부하들도 좋은 결정을 내릴 수 있을 정도의 정보가 충분한가?

[그림 4-6] 브룸과 예튼의 규범적 모형

자료: Vroom & Yetton (1973). Leadership and decision making, p. 184.

　이 모형은 신속하게 의사결정에 이르게 하는데, 리더는 질 높은 대안을 선택하고 선택된 대안을 부하들이 잘 수용할 수 있도록 노력해야 한다.

　브룸과 제이고는 기존 모형을 일부 수정한 모형을 발표하였고, 과거 모형과 변화된 두 가지 사항은 [그림 4-7]과 같다.

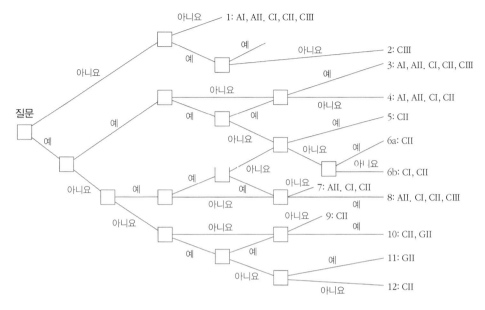

[그림 4-7] 브롬과 제이고의 규범적 모형

자료: Vroom & Jago (1988). The new leadership: Managing participation in organization, p. 184.

3) 브룸과 예튼 모형의 강점과 비판

(1) 브룸과 예튼 모형의 강점

첫째, 리더가 특정 상황에서 효과적으로 의사결정을 하기 위해 고려해야 할 상황을 체계적으로 제시하였다. 의사결정 나무를 통해 합리적인 의사결정을 할 때 고려해야 할 필수적인 상황을 신중하게 검토할 수 있다.

둘째, 부하들이 의사결정 과정에 참여함으로써 문제해결 능력 및 상황분석 능력 등 조직 활동에 필요한 능력들을 학습하게 된다.

(2) 브룸과 예튼 모형의 비판

첫째, 의사결정 나무는 리더의 의사결정 행동만을 강조하고 있고, 리더-부하의 상호작용 과정을 고려하지 않고 있다.

둘째, 의사결정의 효율성의 문제를 가진다. 의사결정 나무가 체계적이라는 강점이 있지만 실제 상황에서 의사결정 나무를 활용할 때 더욱 많은 시간이 필요하다.

리더십의 효과성을 상황과 연계시키고자 등장한 것이 리더십 상황이론이다. 리더십 상황연구는 리더에게 초점을 두는 것이 아니라, 리더와 부하 그리고 조직이 처해 있는 상황에 초점을 둔다. 상황이론은 리더의 특성이나 행동 유형이 구성원이나 조직에 미치는 영향을 조절해 주는 변수들을 파악하여 상황적합 관계를 설명하는 이론으로, 상황조절변수란 리더의 특성이나 행동의 영향력을 증감시키는 변수를 말한다. 상황이론에서 고려되는 상황변수는 리더의 특성 또는 행동 유형, 구성원의 특성, 집단 및 조직의 특성, 과업의 특성 등이다.

피들러의 상황적합이론은 리더십 유형과 상황변수들을 효과적으로 적합시키는 틀을 제공하는데, 집단의 성과는 리더십 유형과 상황 호의성 간의 상호작용에 의해 나타나며 이에 따라 리더십 효과성이 결정된다고 가정한다.

허시와 블랜차드의 성숙도이론(SL II 모형)은 구성원의 성숙도 정도에 따라 리더십 유형을 달리해야 한다는 이론이다. 이 이론은 구성원의 성숙도를 상황변수로 보았으며, 리더의 행동 유형을 지시형, 코치형, 지원형, 위임형 등 네 가지 리더십 유형으로 제시하였다.

하우스의 경로-목표이론은 어떻게 리더가 구성원들을 동기유발해서 설정된 목표에 도달하도록 할 것인가에 관한 이론이다. 경로-목표이론에서 효과적 리더는 목표에 대한 기대를 높여 주고, 목표를 향한 빠른 경로를 제시하고, 목표 달성을 용이하게 하는 상황적 조건을 조성하는 것을 강조한다. 경로-목표이론은 리더의 행동 유형과 상황변수로서의 부하 특성 및 환경 특성 간의 관계를 강조하고 있다.

브룸과 예튼의 규범적 모형은 의사결정 상황에 따라 리더의 개입과 참여 정도가 달라져야 한다는 이론으로, 리더십 유형 다섯 가지가 상황변수 여덟 가지와 상호조화를 이룰 때 효과적이라는 것이다. 브룸과 예튼은 리더가 부하를 참여시키는 정도에 따라 다섯 가지로 리더 유형을 나누어 설명했다. 리더의 개입과 부하들의 참여 정도를 결정할 때, 고려해야 할 상황을 파악할 때, 의사결정 나무를 활용하면 특정 상황에 가장 적합한 최적의 리더십 유형에 도달할 수 있다.

참고문헌

이상호(2001). 경영학계의 여러 리더십이론 및 국내 연구동향: 세 가지의 리더십 관점에서의 검토 및 제안. 인사관리연구, 24(2), 1-40.

Achau, C. F., & Lussier, R. N. (2010). *Effective Leadership* (4th ed.). South-Western Cengage Learning.

Andre, R. (2008). *Organization behavior*. Pearson Prentice Hall.

Ashour, A. S. (1973). The contingency model of leadership effectiveness: An evaluation. *Organizational Behavior and Human Performance, 9*, 339-355.

Blanchard, K. H. (1985). *SL II: A situational approach to managing people*. CA: Blanchard Training and Development.

Blanchard, K., Zigarmi, D., & Nelson, R. (1993). Situational leadership after 25 year: A retrospective. *Journal of leadership Studies, 1*(1), 22-36.

Blanchard, K., Zigarmi, P., & Zigarmi, D. (1985). *Leadership and the one minute manager: increasing effectiveness through situational leadership*. NY: William Morrow.

Blanchard. K. (2007). *Management corporation, leading at a higher level*. Pearson Prentice Hall. p. 187.

Fiedler, F. E. & Chemers, M. M. (1984). *Improving leadership effectiveness: The leader math concept* (2nd ed.). New York: John Wiley & Sons. pp. 179-184.

Fiedler, F. E. (1964). A contingency model of leadership effectiveness. *Advances in experimental social psychology, 1*, 149-190.

Fiedler, F. E. (1964). A contingency models of leadership effectiveness. *Advances in experimental social psychology, 1*, 149-190.

Fiedler, F. E. (1967). *A theory of leadership effectiveness*. New York: McGrari-Hill.

Fiedler, F. E. (1972). The effects of leadership training and experience: A Contingency model interpretation. *Administrative science quarterly, 17*(4), 455.

Fiedler, F. E. (1972). The effects of leadership training and experience: A contingency model interpretation. *Administrative Science Quarterly, 17*(4), 455.

George, J. M., & Jones, G. R. (2008). *Understanding and managing organizational behavior* (5th ed.). Pearson Prentice Hall. p. 397.

Hersey, P., & Blanchard, K. H. (1969a). Life-cycle theory of leadership. *Training and development Journal, 23*, 26-34.

Hersey, P., & Blanchard, K. H. (1977). *Management of organizational behavior: Utilizing human resources* (3th ed.). NJ: Prentice Hall.

Hersey, P., & Blanchard, K. H. (1988). *Management of organizational behavior.* Englewood Cliffs. NJ: Prentice-Hall.

Hersey, P., & Blanchard, K. H. (1988). *Management of organizational behavior: Utilizing human resources* (5th ed.). NJ: Prentice Hall.

Hosking, D. (1981). A critical evaluation of Fiedler's contingency hypotheses. *Progress in Applied Psychology.* p. 103.

House, R. J. (1971). A path -goal theory of leader effectiveness. *Administative Science Qouarterly, 16*(2), 321-329.

House, R. J., & Mitchell. T. R. (1974). Path-goal theory of leadership. *Journal of contemporary Business, Autumm, 81.*

Indvik, J. (1985). A path-goal theory investigation of superior subordinate relationships. Unpublished doctoral dissertation, University of Wisconsin-Madison.

Mcshane, S. L., & Von Glinow, M. A. Organizational Behavior. Irwin, McGraw-Hill. pp. 442-443.

Northouse, P. G. (2007). *Leadership* (4th ed.). SAGE Publications.

Richard, L. D. (2008). *The leadership experience* (4th ed.). p. 64.

Richard, L. D. (2008). *The leadership experience* (4th ed.). p. 64.

Robbins, S. P., & Judge. T. A. (2008). *Essentials of organizational behavior* (9th ed.). Pearson Prentice Hall. p. 184.

Stube, M. J., & Garcia, J. E. (1981). A meta-analytic investigation of Fiedler's contingency model of leadership effectiveness. *Psychological Bulletin, 90,* 307-321.

Vecchio, R. P. (1987). Situational leadership: An examination of a prescriptive theory. *Journal of Applied Psychology, 72*(3), 444-451.

Vroom, V. H., & Jago. A. G. (1988). *The new leadership: Managing participation in organization.* Englewood Cliffs, NJ: Prentice Hall. p. 194.

Vroom, V. H., & Yetton, P. W. (1973). *Leadership and decision making.* PA: The University of Pittsburgh Press.

Yukl. G. A. (1989). *Leadership in organizations* (2th ed.). NJ: Prentice Hall.

Yukl, G. A. (2002). *Leadership in organizations* (5th ed.). Pearson Education, Inc.

제5장

카리스마적 리더십과 변혁적 리더십

이 장에서는 카리스마적 리더십과 변혁적 리더십의 개념, 리더의 행동 유형, 리더십 구성 요소, 리더십 연구 동향, 리더십 진단 등을 중심으로 살펴본다.

먼저, 카리스마적 리더십에서는 관련 연구를 바탕으로 개념을 정리하고, 카리스마적 리더의 행동 유형을 바탕으로 카리스마적 리더와 비카리스마적 리더의 행동을 비교해 본다. 이어 카리스마적 리더십 연구동향에서는 카리스마적 리더십의 긍정적 및 부정적 영향 관련 연구를 살펴보고, 카리스마적 리더십 진단도구를 소개한다.

다음으로, 변혁적 리더십에서는 관련 연구를 바탕으로 개념을 정리하고, 변혁적 리더십과 밀접하게 관련되는 거래적 리더십 및 카리스마적 리더십과의 관계를 검토한다. 선행연구를 바탕으로 변혁적 리더십의 구성 요소를 정리하고, 교육 분야 변혁적 리더십 구성요소에 관한 연구를 소개한다. 이어 변혁적 리더십의 연구동향을 정리하고, 학교장의 변혁적 리더십 진단도구를 살펴본다.

1. 카리스마적 리더십

1) 카리스마적 리더십 개념

막스 베버(Max Weber, 1968)는 카리스마적 리더십에 관한 최초의 현대적 연구자로서, 특정인의 권위가 다른 사람에게 정당하다고 인식되면, 그 힘은 권위가 되어 다른 사람에게 지배력으로 작용한다고 주장하였다. 그러면서 권위의 유형을 전통적 권위, 합법적 권위, 카리스마적 권위로 구분하였는데, 첫째, 전통적 권위는 왕권과 같이 신분이나 전통 등에 근거한 권위로, 과거로부터 내려온 관행이나 전통 때문에 특정인이 사람들에게 지배적인 영향을 미치고, 둘째, 합법적 권위는 규범과 규칙에 근거하여 특정인에게 부여하는 권위로, 특정인은 규칙에 근거하여 다른 사람들에게 지배적인 영향을 미치며, 셋째, 카리스마적 권위는 특정인이 가진 비범한 능력에 부여하는 권위로, 특정인이 상식을 뛰어넘는 능력 때문에 사람들에게 지배적인 영향을 미친다고 의미를 정리하였다(박병량, 주철안, 2012). 즉, 베버는 비범한 능력을 가진 사람이 카리스마적 리더가 된다고 주장하였다.

다른 학자들이 정의한 카리스마적 리더십의 개념을 살펴보면, 하우스(House, 1977)는 카리스마적 리더십을 '리더의 행동 및 특성이 추종자에게 영향을 미치는 것'으로 정의하였고, 신중식 등(2003)은 카리스마적 리더십에 대하여, '카리스마(charisma)는 신으로부터 특별히 부여받은 능력이라는 뜻의 그리스어 Kharisma에서 유래한 말로, 부하들이 지도자의 능력과 행동에 대한 지각에서 결과되는 것'으로 정의하였다. 즉, 카리스마적 리더십은 '리더 개인의 비범한 능력으로 부하에게 영향을 미치는 것'에 중점을 두고 개념을 정리할 수 있다.

2) 카리스마적 리더의 행동

카리스마적 리더의 행동에서는 카리스마적 리더의 행동 유형, 카리스마적 리더와 비카리스마적 리더의 행동 비교 등을 중심으로 살펴본다.

(1) 카리스마적 리더의 행동 유형

카리스마적 리더의 행동 유형은 연구자들마다 다양하게 접근하고 있는데, 이들 유형은 〈표 5-1〉과 같이 크게 비전 관련 행동, 리더의 실천 행동, 리더의 임파워링 행동으로 구분할 수 있다.

카리스마적 리더의 행동에 대한 주요 연구자들의 연구 내용을 살펴보면, 하우스 (House, 1977, 1998)는 카리스마적 리더의 행동으로, 비전 관련 행동에는 목표 명시, 이념적 측면 강조, 호소력 있는 비전 제시 등을, 리더의 실천 행동에는 역할 모델링, 이미지 확립, 자신감 보이기, 비범한 행동, 공정·통합 등을, 리더의 임파워링 행동에는 높은 기대 전달, 신뢰보이기, 동기부여 등을 제시하였다.

샤미르 등(Shamir et al., 1993)은 카리스마적 리더의 행동으로, 비전 관련 행동에는 이념 강조, 매력적인 비전 제시 등을, 리더의 실천 행동에는 비범한 행동, 개인적 위험을 무릅쓴 자기희생적 행동, 역할 모델링 등을, 리더의 임파워링 행동에는 집단 정체성 강조, 높은 기대 전달 등을 제시하였다.

콩거와 카눈고(Conger & Kanungo, 1998)는 카리스마적 리더의 행동으로, 비전 관련 행동에는 환경에의 민감성, 전략적 비전, 매력적이지만 관습에 얽매이지 않는 비전 옹호 등을, 리더의 실천 행동에는 비전을 지지하기 위해 개인적 위험을 무릅씀, 자신감과 열정으로 행동함, 비재래식 행동 등을, 리더의 임파워링 행동에는 부하에 대한 신뢰, 부하의 욕구에 민감하게 반응 등을 제시하였다. 콩거(Conger, 1999)는 후속 연구에서 카리스마적 리더의 행동으로, 비전 관련 행동에는 비전, 영감 등을, 리더의 실천 행동에는 역할 모델링, 리더의 임파워링 행동에는 지적 고무, 임파워링, 의미부여, 높은 기대 부여 등을 제시하기도 하였다.

카스트로와 슈리스하임(Castro & Schriesheim, 1999)은 카리스마적 리더의 행동으로, 비전 관련 행동에는 환경에의 민감성, 비전 명시, 제휴확립, 혁신적 행동 등을, 리더의 실천 행동에는 자기희생, 자신감, 이미지 확립, 목표 수용, 외적 대표 등을, 리더의 임파워링 행동에는 동기부여, 개인적 지원, 높은 기대 전달, 부하 신뢰, 지적 자극 등을 제시하였다.

카리스마적 리더의 행동에 관한 연구를 종합하면, 비전 관련 행동에는 매력적이고 호소력 있는 비전 제시, 리더의 실천 행동에는 비범한 행동, 자신감 있는 행동, 개인적 위험을 무릅쓴 자기희생적 행동 등을, 리더의 임파워링 행동에는 부하에 대

표 5-1 카리스마적 리더의 행동 유형

연구자 \ 차원	비전 관련 행동	리더의 실천 행동	리더의 임파워링 행동
House (1977, 1998)	목표 명시 이념적 측면 강조 호소력 있는 비전 제시	역할 모델링 이미지 확립 자신감 보이기 비범한 행동 공정, 통합	높은 기대 전달 신뢰 보이기 동기부여
Bennis & Nanus(1985), Sashkin(1988)	비전 제시	신뢰 보이기 위험 감수	존경 표시
Nadler & Tushman (1990)	비전 제시	활력 불어넣기	능력 제고
Shamir et al. (1993)	이념 강조 매력적인 비전 제시	비범한 행동 개인적 위험을 무릅쓴 자기희생적 행동 역할 모델링	집단 정체성 강조 높은 기대 전달
Conger & Kanungo (1998)	환경에의 민감성 전략적 비전 매력적이지만 관습에 얽매이지 않는 비전 옹호	비전을 지지하기 위해 개인적 위험을 무릅씀 자신감과 열정으로 행동함 비재래식 행동	부하에 대한 신뢰 부하의 욕구에 민감하게 반응
Conger(1999)	비전, 영감	역할 모델링	지적 고무 임파워링 의미 부여 높은 기대 부여
Castro & Schrieshein (1999)	환경에의 민감성 비전 명시 제휴 확립 혁신적 행동	자기희생 자신감 이미지 확립 목표 수용 외적 대표	동기부여 개인적 지원 높은 기대 전달 부하 신뢰 지적 자극

출처: 김락현(2018), 카리스마적 리더십을 넘어서, p. 10; 이상욱(2003), 현대조직의 리더십 적용, p. 352를 바탕으로 재구성.

한 신뢰 보이기, 높은 기대 전달, 지적 자극, 동기 부여 등으로 정리할 수 있다.

(2) 카리스마적 리더와 비카리스마적 리더의 행동 비교

콩거와 카눈고(Conger & Kanungo, 1987)는 카리스마적 리더와 비카리스마적 리더의 행동 요소를 비교하여 제시하였으며, 주요 내용을 정리하면 〈표 5-2〉와 같다.

리더들이 처한 상황에 따른 카리스마적 리더와 비카리스마적 리더의 행동을 살펴보면, 현 상태와의 관계에서 있어서는, 카리스마적 리더는 현 상태와 대립하며 현

표 5-2 카리스마적 리더와 비카리스마적 리더의 행동 요소 비교

구분	카리스마적 리더	비카리스마적 리더
현 상태와의 관계	본질적으로 현 상태와 대립하며, 현 상태를 변화시키려고 노력함	본질적으로 현 상태에 동의하며, 현 상태를 유지하려고 노력함
미래의 목표	현 상태와 크게 다른 이상적인 목표	현 상태와 별 차이 없는 목표
호감	관점공유와 이상적인 비전을 통해 리더는 부하들의 동일시와 모방의 대상이 됨	관점공유를 통해 리더는 부하들의 호감을 받음
신뢰성	개인적 위험과 부담을 감수하더라도 부하들의 지지에 집착하지 않음	설득과정에서 부하들의 지지에 무관심함
전문성	기존의 절차를 초월하는 비전통적인 수단을 사용하는 전문가	기존 질서 내에서 목표를 달성하기 위해 이용 가능한 수단을 사용하는 전문가
행동	혁신적이거나 현재의 규범에 대항함	보수적이고 현재의 규범에 동조함
환경에 대한 민감성	현 상태를 변화시키기 위해 환경에 대한 감수성 욕구가 높음	현 상태를 유지하기 위해 환경에 대한 감수성 욕구가 낮음
표현 방식	미래의 비전과 동기에 대한 강한 표현	목표와 동기에 대한 약한 표현
권력 기반	개인적 권력(전문성, 존경, 영웅에 대한 경외심에 근거)	직책권력과 개인적 권력(보상, 전문성, 자신과 유사한 사람에 대한 호감에 근거)
리더-부하 관계	엘리트주의, 기업가적, 모범적임 급진적 변화에 찬성하도록 사람들을 변화시킴	평등주의, 합의추구, 지시적임 사람들이 자신의 견해에 찬성하도록 지시하거나 넌지시 요구함

출처: Conger & Kanungo (1987), p. 641; 이상욱(2004), p. 355.

상태를 변화시키려고 노력하고, 비카리스마적 리더는 현 상태에 동의하며 현 상태를 유지하려고 노력한다.

미래의 목표에 있어서는, 카리스마적 리더는 현 상태와 크게 다른 이상적인 목표를 제시하고, 비카리스마적 리더는 현 상태와 별 차이 없는 목표를 제시한다.

호감에 있어서는, 카리스마적 리더는 관점공유와 이상적인 비전을 통해 리더는 부하들의 동일시와 모방의 대상이 되고, 비카리스마적 리더는 관점공유를 통해 리더는 부하들의 호감을 받는다는 면에서 차이가 있다.

신뢰성에 있어서는, 카리스마적 리더는 개인적 위험과 부담을 감수하더라도 부하들의 지지에 집착하지 않고, 비카리스마적 리더는 설득과정에서 부하들의 지지에 무관심하다.

전문성에 있어서는, 카리스마적 리더는 기존의 절차를 초월하는 비전통적인 수단을 사용하는 전문가이고, 비카리스마적 리더는 기존 질서 내에서 목표를 달성하기 위해 이용 가능한 수단을 사용하는 전문가이다.

행동에 있어서는, 카리스마적 리더는 혁신적이거나 현재의 규범에 대항하고, 비카리스마적 리더는 보수적이고 현재의 규범에 동조한다.

환경에 대한 민감성에 있어서는, 카리스마적 리더는 현 상태를 변화시키기 위해 환경에 대한 감수성 욕구가 높고, 비카리스마적 리더는 현 상태를 유지하기 위해 환경에 대한 감수성 욕구가 낮다.

표현 방식에 있어서는, 카리스마적 리더는 미래의 비전과 동기에 대하여 강하게 표현하고, 비카리스마적 리더는 목표와 동기에 대하여 약하게 표현한다.

권력 기반에 있어서는, 카리스마적 리더는 전문성, 존경, 영웅에 대한 경외심 등과 같은 개인적 권력에 기반하고, 비카리스마적 리더는 보상, 전문성, 자신과 유사한 사람에 대한 호감 등과 같은 직책권력과 개인적 권력에 기반한다.

리더-부하 관계에 있어서는, 카리스마적 리더는 엘리트주의, 기업가적 마인드를 바탕으로 급진적 변화에 찬성하도록 사람들을 변화시키고, 비카리스마적 리더는 평등주의, 합의추구 마인드를 바탕으로 사람들이 자신의 견해에 찬성하도록 지시하거나 넌지시 요구한다.

콩거와 카눈고(Conger & Kanungo, 1987)의 연구를 정리하면, 카리스마적 리더는 현 상태의 변화와 혁신에 중점을 두고 행동하는 반면, 비카리스마적 리더는 현 상태의 유지에 중점을 두고 행동하는 하는 특징이 있다.

그리고 하우스와 호웰(House & Howell, 1992)은 카리스마적 리더가 비카리스마적 리더와는 다른 차이점을 제시하고 있는데, 성취지향성, 창의적이고 혁신적이며 영감적인 경향, 정열적인 에너지와 적극적인 참여, 자신감, 권력의 도덕적인 사용에 대한 관심과 관련된 사회적 영향력에 대한 인식 등에서 차이가 있다.

카리스마적 리더와 비카리스마적 리더를 비교한 연구를 종합하면, 카리스마적 리더는 현 상태를 변화시키기 위하여 이상적인 목표를 제시하고, 혁신적이거나 비전통적인 수단을 사용하며, 개인적 권력을 바탕으로 사람들을 변화시키기 위해 노력하는 리더이다. 비카리스마적 리더는 현 상태를 유지하기 위하여 현실적 목표를 제시하고, 보수적이거나 기존, 즉 전통적 수단을 사용하며, 직책권력을 바탕으로 사람들에게 자신을 따르도록 지시하는 리더이다.

3) 카리스마적 리더십 연구동향

카리스마적 리더십 연구동향에서는, 카리스마적 리더십의 긍정적 부정적 영향에 대한 연구에 중점을 두고 살펴본다.

표 5-3 카리스마적 리더십의 긍정적 및 부정적 영향

연구자	영향	주요 내용
Bass (1990)	긍정적	• 권한 위임을 통해 조직 구성원의 자신감을 제고하고 미래 모델이 됨
	부정적	• 카리스마적 권한의 원천을 강압적 · 합법적 권한에 둠
House & Howell (1992)	긍정적	• 사회화된 카리스마적 리더, 사회화된 권력 동기를 가진 리더 • 임파워먼트를 통해 부하들 스스로의 자신감 제고, 자신들에게 헌신하기보다 공동 이데올로기에 헌신 강조 • 가치의 내면화, 권한 위임, 정보 공개 및 공유, 의사결정 참여 등
	부정적	• 개인화된 카리스마적 리더, 개인적 권력 동기를 가진 리더 • 공동 이데올로기보다 리더에게 헌신 강조 • 개인적 동일시 강조, 리더의 개인적 목표를 위해 봉사, 리더에 의존, 부하를 지배하고 복종시키려고 함 등

출처: 장호철(2011). 서번트 리더십과 카리스마적 리더십이 조직유효성에 미치는 영향에 관한 연구, pp. 19-22; 전기석 외(2019). 조직 구성원이 인식하는 카리스마적 리더십행동 및 특성에 관한 탐색연구, pp. 122-123을 바탕으로 재구성.

바스(Bass, 1990)는 카리스마적 리더의 긍정적 영향으로 권한 위임을 통해 조직구성원의 자신감을 제고하고 미래 모델이 되는 반면, 부정적 영향으로 카리스마적 권한의 원천을 강압적·합법적 권한에 두는 점이라고 주장하였다.

하우스와 호웰(House & Howell, 1992)은 카리스마적 리더의 긍정적 영향으로 사회화된, 즉 공적 권력 동기를 가진 사회화된 리더로서 임파워먼트를 통해 부하들 스스로의 자신감을 제고하고, 리더에게 헌신하기보다 공동 이데올로기에 헌신할 것을 강조하며, 가치의 내면화, 권한 위임, 정보 공개 및 공유, 의사결정 참여 등에 관심을 가진다. 반면 부정적 영향으로 개인적 권력 동기를 가진 개인화된 리더로서 공동 이데올로기보다 리더 개인에게 헌신할 것을 강조하고, 개인적 동일시, 리더의 개인적 목표를 위한 봉사, 리더에 의존, 부하를 지배하고 복종시키려 함 등에 관심을 가진다.

그리고 유클(Yukl, 2013)은 카리스마적 리더의 부정적 결과를 〈표 5-4〉와 같이 제시하였다. 주요 부정적 결과에는 부하의 리더에 대한 두려움, 리더에 대한 인정 욕구로 인해 무비판적 수용, 리더를 무오류한 존재로 착각, 리더의 과도한 자신감으로 인한 위험에 대한 무자각, 실패 부정으로 인한 조직학습 감소, 실패 가능성이 높은 거창한 계획, 충동적이고 불합리한 행동, 리더 의존으로 인한 후계자 양성 억제, 후계자 양성 실패로 인한 리더십 위기 초래 등이라고 밝혔다.

표 5-4 카리스마적 리더의 부정적 결과

1. 부하는 리더를 두려워하여 좋은 제안을 내지 않는다.
2. 부하는 리더에게 수용을 받고자 하는 욕구로 인해서 비판을 억제하게 된다.
3. 부하는 리더를 숭배하여 무오류성의 착각을 불러일으킨다.
4. 리더는 과도한 자신감과 낙관주의로 실제 위험에 눈멀게 된다.
5. 문제와 실패를 부정하여 조직학습이 감소된다.
6. 위험하고 거창한 계획이 실패할 가능성이 높다.
7. 성공을 위해 완전한 신뢰를 이용하는 것은 주요 지지자를 멀어지게 한다.
8. 충동적이고 불합리한 행동은 신봉자뿐만 아니라 적들을 만들어 낸다.
9. 리더에 의존함으로써 유능한 후계자의 개발이 억제된다.
10. 후계자 개발의 실패는 궁극적으로 리더십 위기를 유발한다.

출처: 강정애 외 공역(2013). 현대 조직의 리더십이론, p. 475.

4) 카리스마적 리더십 진단

콩거와 카눈고(Conger & Kanungo, 1987, 1998)는 〈표 5-5〉와 같이 카리스마적 리더십의 행동 특성을 전략적 비전 제시, 환경에 대한 민감성, 개인에 대한 민감성, 위험 감수, 비전통적 행위 등의 다섯 가지 요인으로 구분하여 제시하였는데, 이를 바탕으로 리더의 카리스마적 리더십 정도를 진단할 수 있다.

표 5-5 카리스마 리더십 진단 도구

영역	행동
전략적 비전 제시	1. 팀원들에게 진취적인 전략과 팀의 목표를 제시한다. 2. 구성원들이 하고 있는 일의 중요성을 효과적으로 설명하며 이를 통하여 팀원들을 지속적으로 동기부여 하고 의욕을 북돋워 준다. 3. 지속적으로 팀원들에게 조직의 미래에 대한 새로운 아이디어를 제공한다. 4. 자신의 의견을 적극적으로 제시한다. 5. 미래의 비전을 실현시키려 노력한다.
환경에 대한 민감성	1. 조직의 목표 달성에 도움이 되는 새로운 기회를 놓치지 않는다. 2. 조직 목표를 달성하는 데 유리한 물리적·사회적 기회를 빨리 알아차린다. 3. 조직 목표를 저해하는 물리적 환경에 대한 이해가 빠르다. 4. 조직 목표에 해가 될 수 있는 사회적·문화적 환경에 대한 이해가 빠르다.
개인에 대한 민감성	1. 팀원들의 기술과 능력을 파악하고 있다. 2. 팀원들의 직무에 대한 한계를 파악하고 있다. 3. 다른 사람을 존중하며 호의로써 대한다. 4. 팀원들의 욕구와 감정에 민감하다. 5. 팀원들의 욕구와 감정에 개인적인 관심을 보인다.
위험 감수	1. 조직 발전을 위해서라면 개인적인 위험도 감수한다. 2. 조직 목표를 달성하기 위해서는 자신의 안전을 위협하는 일에도 솔선수범한다.
비전통적 행위	1. 조직목표를 달성하기 위해서 혁신적인 행동을 한다. 2. 조직목표를 달성하기 위해서 기존의 관습을 깨는 방법도 이용한다. 3. 팀원들을 놀라게 하는 그만의 독특한 행동을 보여 주기도 한다.

출처: Conger & Kanungo (1987). Toward a Behavior Theory of Charismatic Leadership in Organizational Settings. pp. 637-647; 전기석 외(2019). 조직 구성원이 인식하는 카리스마적 리더십행동 및 특성에 관한 탐색연구. p. 119.

2. 변혁적 리더십

1) 변혁적 리더십 개념

변혁적 리더십 개념을 먼저 살펴보고, 변혁적 리더십과 밀접하게 관련되는 거래적 리더십, 카리스마적 리더십과의 관계를 검토해 본다.

먼저, 변혁적 리더십 개념이다. 번스(Burns, 1978: 신중식 외, 2003 재인용)는 처음으로 변혁적 리더십(transforming leadership) 개념을 제시하였는데, '리더와 조직 구성원이 서로 긴밀한 관계를 맺으면서 동기부여 수준과 도덕성 수준을 더 높은 차원으로 높이는 과정'으로 정의하였다. 즉, 리더와 부하가 서로 긍정적 영향을 주어 함께 변혁을 일으키는 관점에서 출발한다. 바스(Bass, 1985)는 번스의 변혁적 리더십 개념을 발전시켰는데, 변혁적 리더십(transformational leadership)을 '조직 구성원이 리더를 신뢰하고 존경하도록 함과 동시에 기대 이상의 성과를 달성하도록 동기부여하는 과정'으로 정의하였다. 그리고 저지와 피콜로(Judge & Piccolo, 2004)는 변혁적 리더십을 '단기적인 목표를 뛰어넘은 상위 차원의 목표를 통해 부하를 이끌고 부하의 내적 욕구를 자극하고 개발하는 리더십'으로 정의하고 있다. 즉, 변혁적 리더십은 '리더가 높은 수준의 목표 달성을 위해 부하의 자발적인 동기부여를 이끌어 내는 과정'으로 정리할 수 있다.

다음으로, 변혁적 리더십과 거래적 리더십의 관계이다. 번스(Burns, 1978)는 기존의 거래적 리더십(transactional leadership)에 반대되는 개념으로 변혁적 리더십을 처음 사용하였다. 거래적 리더십은 리더와 구성원 간의 교환관계에 초점을 두고, 구성원의 개인적 이익에 호소하여 동기부여한다. 반면 변혁적 리더십은 리더와 구성원 간의 교환관계를 넘어 상위욕구에 해당하는 공동의 목표를 향하도록 동기부여한다는 차이가 있다. 저지와 피콜로(Judge & Piccolo, 2004)는 거래적 리더십을 리더가 원하는 것, 예를 들면 성과, 목표달성 등과 부하가 원하는 것, 보상의 교환관계에 초점을 두면서 부하를 관리하는 리더십으로 정의하고 있다. 반면, 변혁적 리더십은 단기적인 목표를 뛰어넘은 상위 차원의 목표를 통해 부하를 이끌고 부하의 내적 욕구를 자극하고 개발하는 리더십으로 정의한다. 즉, 거래적 리더십은 리더와 구성원 간 개

표 5-6 변혁적 리더십과 거래적 리더십 관계

학자	내용
Burns(1978)	• 거래적 리더십: 리더와 구성원 간의 교환관계에 초점을 두는데, 구성원의 개인적 이익에 호소하여 동기부여함 • 변혁적 리더십: 리더와 구성원 간의 교환관계를 넘어 상위욕구에 해당하는 공동의 목표를 향하도록 동기부여함
Judge & Piccolo (2004: 최병권 외, 2017 재인용)	• 거래적 리더십: 리더가 원하는 것(성과, 목표달성 등)과 부하가 원하는 것(보상)의 교환관계에 초점을 두면서 부하를 관리하는 리더십 • 변혁적 리더십: 단기적인 목표를 뛰어넘은 상위 차원의 목표를 통해 부하를 이끌고 부하의 내적 욕구를 자극하고 개발하는 리더십

별 목표의 교환관계에 중점을 두기 때문에 교환적 리더십과 같은 의미로 사용되고 있으며, 변혁적 리더십은 리더와 구성원 간 공동의 목표에 중점을 둔다. 변혁적 리더십과 거래적 리더십 관계는 〈표 5-6〉과 같다.

마지막으로, 변혁적 리더십과 카리스마적 리더십의 관계이다. 변혁적 리더십과 카리스마적 리더십의 관계에 대하여 두 개념을 구별하기 어렵다는 견해와 두 개념을 구별할 수 있다는 견해가 있다. 두 개념을 구별할 수 없다는 견해에는 바스(Bass, 1985)가 대표적인데, 바스는 변혁적 리더십이 카리스마적 리더십을 포함한다고 주장한다. 그 근거로는 카리스마가 변혁적 리더십의 핵심 요소일 뿐 아니라 변혁적 리더의 주요 행동 특성이 부하의 충성심을 유발하는 비전을 제시하는 것인데 비전 제시는 카리스마적 리더십의 핵심 요소에 해당된다고 보았다. 박병량과 주철안(2012)도 리더 개인의 능력에 따라서 구성원들에게 많은 영향을 줄 수 있다는 측면에서 두 개념은 유사하다고 주장하고 있다.

두 개념을 구별할 수 있다는 견해에는 트라이스와 베이어(Trice & Beyer, 1991)가 대표적인데, 카리스마적 리더의 관심사는 새로운 문화와 조직을 창출하는 데 있는 반면에, 변혁적 리더의 관심사는 기존 조직문화를 새로운 조직문화로 변화시키는 데 있다고 주장한다. 그리고 이상욱(2004)은 리더의 행동과 보편성의 정도로 두 개념을 구별하였다. 리더의 행동에 있어서, 카리스마적 리더는 관습에 얽매이지 않는 행동, 개인적인 모험 감수 등과 같은 행동을 통해 비범한 능력의 이미지를 불러일으키는 반면, 변혁적 리더는 부하에게 권한 위임, 즉 임파워먼트, 부하의 자신감 개발 등과 같은 행동을 통해 부하들이 리더에게 덜 의존적으로 만든다는 점에서 차이가 있다. 보편성의 정도에 있어서, 카리스마적 리더는 드물게 나타나는데 새로운 조직의 창설 등과 같이 카리스마 리더가 출현하기 좋은 조건이 있는 반면, 변혁적 리더는 변화하는 조직이라면 흔히 발견될 수 있다는 점에서 차이가 있다. 변혁적 리더십과 카리스마적 리더십 관계를 정리하면 〈표 5-7〉과 같다.

표 5-7 변혁적 리더십과 카리스마적 리더십 관계

구분	학자	내용
개념을 구분할 수 없다는 견해	Bass (1985)	• 변혁적 리더십이 카리스마적 리더십을 포함함 • 카리스마가 변혁적 리더십의 핵심요소 • 변혁적 리더의 중요 행동 특성이 부하의 충성심을 유발하는 비전을 제시하는 것인데, 비전 제시는 카리스마적 리더십의 핵심요소에 해당됨
	박병량, 주철안 (2012)	• 지도자 개인의 능력에 따라서 구성원들에게 많은 영향을 줄 수 있다는 측면에서 두 개념은 유사함
개념을 구분할 수 있다는 견해	Trice & Beyer (1991)	• 카리스마적 리더의 관심사: 새로운 문화와 조직 창출 • 변혁적 리더의 관심사: 기존 조직문화를 새로운 조직문화로 변화
	이상욱 (2004)	• 리더의 행동 　-카리스마적 리더는 관습에 얽매이지 않는 행동, 개인적인 모험 감수 등과 같은 행동을 통해 비범한 능력의 이미지를 불러일으킴 　-변혁적 리더는 부하에게 권한 위임, 즉 임파워먼트, 부하의 자신감 개발 등과 같은 행동을 통해 부하들이 리더에게 덜 의존적으로 만듦 • 보편성의 정도 　-카리스마적 리더는 드물게 나타나며, 새로운 조직의 창설 등과 같이 카리스마 리더가 출현하기 좋은 조건이 있음 　-변혁적 리더는 변화하는 조직이라면 흔히 발견될 수 있음

출처: 신중식 외(2013). 교육지도성 및 인간관계론.

2) 변혁적 리더십 구성요소

변혁적 리더십 구성요소는 일반적 이론에서 제시하고 있는 변혁적 리더십 구성요소, 교육분야 연구에서 제시하고 있는 변혁적 리더십 구성요소를 구분하여 살펴본다.

(1) 변혁적 리더십 구성요소

앞서 번스(Burns, 1978)의 연구에서 살펴본 것처럼 변혁적 리더십과 거래적 리더십은 구별되는 개념이지만 매우 밀접한 관계를 가지고 있으므로, 〈표 5-8〉과 같이 변혁적 리더십 구성요소는 거래적 리더십 구성요소와 함께 살펴볼 필요가 있다.

먼저, 변혁적 리더십 구성요소이다. 바스(Bass, 1985)는 변혁적 리더십 구성요소로 카리스마(charisma), 개별적 배려(individual consideration), 지적 자극(intellectual stimulation) 등 3차원적 요소로 제시하고 있으며, 번스(Burns, 1978), 바스와 아볼리오(Bass & Avolio, 1994, 1997)는 바스(Bass, 1985)의 세 가지 구성요소에 영감적 동기부여(inspirational motivation)를 추가하여 4차원적 요소로 제시하였다. 필라이 등(Pillai et al., 1999)은 번스(Burns, 1978), 바스와 아볼리오(Bass & Avolio, 1994, 1997)의 네 가지 구성요소에 이상화된 영향력(idealized influence)을 추가하여 5차원적 요소로 제시하고 있다. 그리고 포사코프 등(Podsakoff et al., 1990)은 비전 정립 및 구체화, 모범적 모델 제시, 집단목표 수용 촉진, 높은 성과 기대, 개별화된 지원, 지적 자극 등의 6차원적 요소로 제시한다.

다음으로, 거래적 리더십 구성요소이다. 바스(Bass, 1985)는 상황적 보상, 소극적 예외관리 등 2차원적 요소로 제시하였고, 바스와 아볼리오(Bass & Avolio, 1994, 1997)는 상황적 보상, 예외관리, 자유방임 등 3차원적 요소로 제시하였다. 예외관리는 리더가 정상적인 범위를 벗어날 때 개입하여 관리하는 것을 의미하는데, 적극적 예외관리는 부하의 문제상황 발생 이전에 개입하여 관리하는 사전 예방조치에 해당된다면, 소극적 예외관리는 부하의 문제상황 발생 이후에 개입하여 관리하는 사후 대응조치에 해당된다는 차이가 있다. 에피트로파키와 마틴(Epitropaki & Martin, 2005)은 상황적 보상, 적극적 예외관리, 소극적 예외관리 등 3차원적 요소로 제시하고 있다. 변혁적 리더십과 거래적 리더십의 구성요소를 정리하면 〈표 5-8〉과 같다.

표 5-8 변혁적·거래적 리더십의 구성요소

리더십	차원	구성요소	연구자
변혁적 리더십	3차원	카리스마, 개별적 배려, 지적 자극	Bass(1985)
	4차원	카리스마, 개별적 배려, 지적 자극, 영감적 동기부여	Burns(1978) Bass & Avolio(1994, 1997)
	5차원	카리스마, 개별적 배려, 지적 자극, 영감적 동기부여, 이상화된 영향력	Pillai, Schriesheim, & Williams(1999)
	6차원	비전 정립 및 구체화, 모범적 모델 제시, 집단목표 수용 촉진, 높은 성과 기대, 개별화된 지원, 지적 자극	Podsakoff, MacKenzie, Moorman, & Fetter(1990)
거래적 리더십	2차원	상황적 보상, 소극적 예외관리	Bass(1985)
	3차원	상황적 보상, 예외관리, 자유방임 상황적 보상, 적극적 예외관리, 소극적 예외관리	Bass & Avolio(1994, 1997) Epitropaki & Martin(2005)

출처: 최병권 외(2017). 변혁적·거래적 리더십의 국내 연구동향과 향후 연구방향, p. 74 재구성.

(2) 교육분야 변혁적 리더십 구성요소

교육분야에서는 학교조직의 리더에 해당하는 학교장의 변혁적 리더십 구성요소에 대하여 연구자의 관심이 집중되어 왔으며, 정리하면 〈표 5-9〉와 같다.

서지오바니(Sergiovanni, 1993)은 학교장의 변혁적 리더십 구성요소로 목표 또는 비전의 설정, 권한 위임, 지원적 권력 행사, 교육성과에 대한 문화적 관리, 공동가치의 유지와 자유재량권의 허용, 도덕적 행위 등을, 레이스우드(Leithwood, 1994)는 학교장의 변혁적 리더십 구성요소로 협력하는 학교문화의 창조 및 유지, 교사들의 능력개발 촉진, 집단참여에 의한 문제해결 등을, 라이스우드 등(Leithwood et al., 1996)은 학교장의 변혁적 리더십 구성요소로 카리스마, 영감, 비전, 목적합의, 개인적 배려, 지적 자극, 모범, 성과기대, 문화형성, 구조화, 일시적 보상 등을 제시하였다.

노종희(1996)는 학교장의 변혁적 리더십 구성요소로 비전 설정 및 공유, 인간 존중, 지적 자극, 높은 성과 기대, 목표 수용, 솔선수범, 학교문화 창조, 집단 참여 허용 등을, 조평호(1998)는 학교장의 변혁적 리더십 구성요소로 솔선수범, 인간 존중, 성과 기대, 비전 제시 등을, 이성은, 권순교(2006)는 학교장의 변혁적 리더십 구성요소로 비전 설정 및 공유, 인간 존중, 지적 자극, 학교문화 창조, 솔선수범 등을, 윤정일

표 5-9 학교장의 변혁적 리더십 구성요소

연구자	구성요소
Sergiovanni(1993)	목표 또는 비전의 설정, 권한 위임, 지원적 권력 행사, 교육성과에 대한 문화적 관리, 공동가치의 유지와 자유재량권의 허용, 도덕적 행위
Leithwood(1994)	협력하는 학교문화의 창조 및 유지, 교사들의 능력개발 촉진, 집단참여에 의한 문제해결
Leithwood, Tomlinson, & Genge(1996)	카리스마, 영감, 비전, 목적합의, 개인적 배려, 지적 자극, 모범, 성과 기대, 문화형성, 구조화, 일시적 보상
노종희(1996)	비전 설정 및 공유, 인간 존중, 지적 자극, 높은 성과 기대, 목표 수용, 솔선수범, 학교문화 창조, 집단 참여 허용
조평호(1998)	솔선수범, 인간 존중, 성과기대, 비전제시
이성은, 권순교(2006)	비전 설정 및 공유, 인간 존중, 지적 자극, 학교문화 창조, 솔선수범
윤정일, 송기창, 조동섭, 김병주(2013)	이상적인 완전한 영향력, 감화력, 지적인 자극, 개별적인 배려
김현진(2021)	카리스마, 지적 자극, 개별적 관심, 결속촉진 및 동기부여

출처: 김철환(2010). 교사의 변혁적 지도성과 조직몰입의 관계 연구, p. 22; 하정호(2021). 교직 경력과 교사가 인지한 학교장의 변혁적 리더십이 교사의 전문적 자본에 미치는 영향, pp. 31-32 등을 바탕으로 재구성함.

등(2013)은 학교장의 변혁적 리더십 구성요소로 이상적인 완전한 영향력, 감화력, 지적인 자극, 개별적인 배려 등을, 김현진(2021)은 학교장의 변혁적 리더십 구성요소로 카리스마, 지적 자극, 개별적 관심, 결속 촉진 및 동기부여 등을 제시하고 있다.

일반적 이론에서 제시하고 있는 변혁적 리더십 구성요소와 구별되는 학교장의 변혁적 리더십 구성요소로는 교육성과에 대한 문화적 관리, 협력하는 학교문화의 창조 및 유지, 교사들의 능력개발 촉진, 인간 존중 등이 해당된다.

3) 변혁적 리더십 연구동향

변혁적 리더십 연구동향에서는 변혁적 리더십 연구에서 활용한 관련 변인 등에 중점을 두고 살펴본다.

함병우 등(2017)은 2007~2016년까지 10년간 국내 학술지에 게재된 변혁적 리더십 관련 논문을 분석하여 변혁적 리더십 연구에서 활용한 주제어를 추출하여 '주

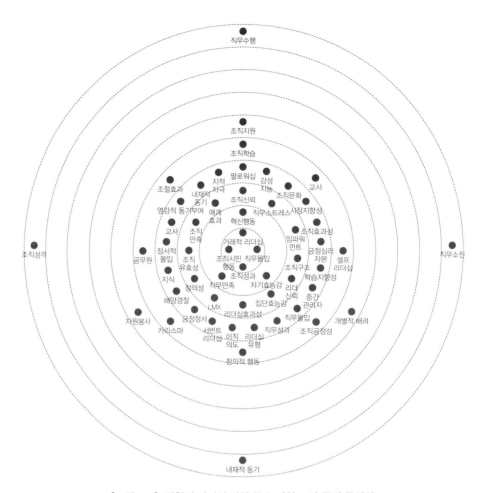

[그림 5-1] 변혁적 리더십 관련 주요 키워드 간 근접 중심성
출처: 함병우 외(2017). 변혁적 리더십의 연구동향 분석: 최근 10년(2007~2016)간 국내 학술지 중심으로, p. 498.

요 키워드의 근접 중심성'을 [그림 5-1]과 같이 제시하였다. 여기에서 근접 중심성(closeness centrality)이란 '네트워크 분석에서 하나의 키워드가 다른 키워드와 동시에 출현하는 정도'를 의미한다(함병우 외, 2017). 변혁적 리더십과의 근접 중심성 정도는 거래적 리더십, 조직시민행동, 조직몰입, 조직성과 등이 가장 높았고, 그 다음은 혁신행동, 직무만족, 자기효능감 등이었다. 그리고 적응수행, 조직성격, 내재적 동기, 직무소진 등은 상대적으로 근접 중심성이 낮다고 밝혔다.

한지영과 박지원(2020)은 2009~2019년까지 10년간 HRD 분야 저널에 게재된 변혁적 리더십 관련 연구를 대상으로 연구 대상, 연구방법, 관련 변인 등을 분석하였다.

변혁적 리더십과 관련 변인과의 관계를 중심으로 살펴보면, 변혁적 리더십과 관련 결과변인(종속변인) 관계에서는, 변화몰입, 개인효과성, 팀효과성(팀성과, 팀몰입), 적응수행, 창의성, 조직지식창출, 조직행동, 조직학습 등과 같은 결과변인에는 정(+)의 영향을 미친 반면에, 조직시민행동, 직무만족, 조직몰입 등과 같은 결과변인에는 정(+)의 영향과 부(-)의 영향이 함께 나타나고 있다고 밝혔다.

변혁적 리더십과 관련 매개변인 관계에서는, 신뢰, 학교장 신뢰, 자기존중감, 업무몰입, 학습조직, 조직학습, 개인·팀 학습행동, 커뮤니케이션, 학교풍토, 관리코칭, 성과피드백, 학습문화, 사회관계망, 변화몰입, 집단효능감 등과 같은 매개변인

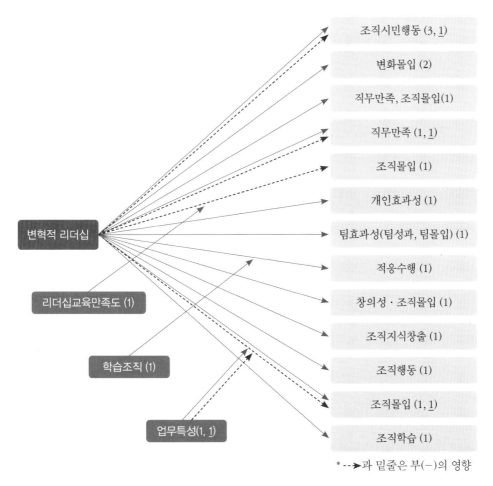

[그림 5-2] 변혁적 리더십과 조절변인 및 결과변인과의 관계

출처: 한지영, 박지원(2020). 변혁적 리더십의 연구동향 분석: HBD학술지 중심으로, p. 118.

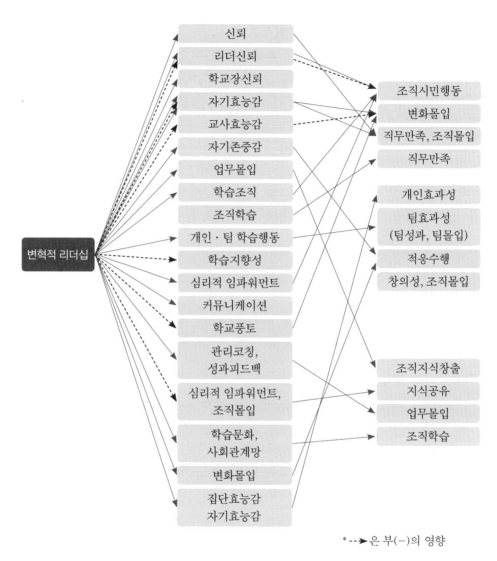

* --▶은 부(−)의 영향

[그림 5-3] 변혁적 리더십과 매개변인과의 관계

출처: 한지영, 박지원(2020). 변혁적 리더십의 연구동향 분석: HBD학술지 중심으로 p. 119.

에서는 정(+)의 영향을 미친 반면에, 리더신뢰, 자기효능감, 교사효능감, 학습지향성, 심리적 임파워먼트, 조직몰입 등과 같은 매개변인에서는 정(+)의 영향과 부(−)의 영향이 함께 나타나고 있다고 분석하였다.

　변혁적 리더십과 관련 변인들 간의 관계에 관한 연구를 종합해 보면, 변혁적 리더십과 관련된 변인의 수가 상당히 많다는 점을 들 수 있으며, 이들 변인들 중에는 정(+)의 영향을 받는 변인들이 다수이지만 일부 변인들은 정(+)의 영향과 부(−)의 영향을 함께 받고 있다는 특징이 있다.

4) 변혁적 리더십 진단

김현진(2021)은 선행연구를 바탕으로 학교장의 변혁적 리더십 진단 도구를 개발하였는데, 학교장의 리더십 진단 영역을 카리스마, 지적 자극, 개별적 관심, 결속 촉진 및 동기부여 등의 다섯 가지 영역으로 구분하여 제시하였으며, 각 영역별 진단 문항 내용은 〈표 5-10〉과 같다.

표 5-10 학교장의 변혁적 리더십 진단 도구

영역	문항
카리스마	1. 사람들의 마음을 사로잡는 능력이 있다. 2. 닮고 싶은 롤 모델이다. 3. 학교 조직에 충성심을 갖게 한다. 4. 새로운 사고와 비전을 제시한다.
지적 자극	1. 각종 연수 및 연구 활동에 참여하도록 권장한다. 2. 새로운 교수방법이나 지도방법의 적용을 권장한다. 3. 직무수행에 대한 피드백을 구한다. 4. 창의성과 독자성을 가지고 문제해결에 앞장선다. 5. 교내 상황을 파악하려고 다양하게 노력한다. 6. 학교목표나 교육계획을 새롭게 설정하여 제시한다.
개별적 관심	1. 개별적 관심으로 각자의 능력을 고려해 적합한 조직목표를 설정한다. 2. 동등한 입장에서 문제를 해결하려고 노력한다. 3. 각자의 의견을 수용하며 존중한다.
결속 촉진 및 동기부여	1. 공동체의식 함양을 위해 노력한다. 2. 학년 내, 부서 내 협동을 강조한다. 3. 목적의식을 심어 준다. 4. 학교가 추구하는 목표 달성을 위해 구성원의 동기를 부여한다.

출처: 김현진(2021). 학교장의 변혁적 지도성에 대한 교장과 교사의 자타평가와 학교조직효과성의 관계 분석, pp. 177-178.

참고문헌

강정애, 이상욱, 이상호, 이호선, 차동옥 역(2013). 현대조직의 리더십 이론. 서울: 시그마프레스. [Yukl, G. (2013). Leadership in Organizations (8th ed., Global ed.). Boston: Pearson.]

김락현(2018). 카리스마적 리더십을 넘어서: 리더의 의사결정능력과 자원조달능력의 조절효과 검증. 전남대학교 박사학위논문.

김철환(2010). 교사의 변혁적 지도성과 조직몰입의 관계 연구. 중부대학교 박사학위논문.

김현진(2021). 학교장의 변혁적 지도성에 대한 교장과 교사의 자타평가와 학교조직효과성의 관계 분석. 열린교육연구, 29(2), pp.169-189.

박병량, 주철안(2012). 교육행정 및 교육경영. 서울: 학지사.

박상완(2009). 학교장의 지도성에 관한 국내 연구동향 분석(1988~2008). 교육행정학연구, 27(1), 349-378.

신중식 외(2003). 교육지도성 및 인간관계론. 서울: 하우.

신현석 외(2011). 교육행정 및 교육경영. 서울: 학지사.

유영기(2013). 카리스마적 리더십이 조직유효성에 미치는 영향에 관한 연구. 서울벤처대학교 박사학위논문.

이병진(2003). 교육리더십. 서울: 학지사.

이상욱(2004). 현대조직의 리더십 적용. 서울: 시그마프레스.

장호철(2011). 서번트 리더십과 카리스마적 리더십이 셀프 리더십을 매개로 조직구성원의 행위 결과에 미치는 영향. 동아대학교 박사학위논문.

전기석, 윤만영, 이만희(2019). 조직 구성원이 인식하는 카리스마적 리더십행동 및 특성에 관한 탐색연구. 리더십연구, 10(2), 113-143.

최병권, 문형구, 주영란, 정재식(2017). 변혁적·거래적 리더십의 국내 연구동향과 향후 연구방향. 인사조직연구, 25(2), 69-127.

하정호(2021). 교직 경력과 교사가 인지한 학교장의 변혁적 리더십이 교사의 전문적 자본에 미치는 영향. 세종대학교 박사학위논문.

한지영, 박지원(2020). 변혁적 리더십의 연구동향 분석: HRD학술지 중심으로. 역량개발학습연구, 15(2), 93-132.

함병우, 고근영, 전주성(2017). 변혁적 리더십의 연구동향 분석: 최근 10년(2007~2016)간 국내 학술지 중심으로. 한국콘텐츠학회논문지, 17(8), 490-505.

Bass, B. M. (1985). Leadership and Performance Beyond Expectations. NY.: The Free Press.

Bass, B. M. (1990). Form transactional to transformations leadership: Learning to share the vision. *Organizational Dynamics, 18*(1990), 19-31.

Burns, J. M. (1978). *Leadership.* NY.: Harper & Row.

Conger, J. A., & Kanungo, R. N. (1987), Toward a Behavior Theory of Charismatic Leadership in Organizational Settings. *Academy of Management Review, 12*(4), 637-647.

Conger, J. A., & Kanungo, R. N. (1998). Charismatic leadership in organizations. Thousand Oaks, CA SAGE Publications.

House, R. J. (1977). A 1976 theory of charismatic leadership. In J.G. Hunt & L.L. Larson (Eds.), *Leadership: The cutting edge* (pp. 189-207). Carbondale, IL: Southern Illinois University.

House, R. J., & Howell, J. M. (1992). Personality and Charismatic Leadership. *Leadership Quarterly, 3*(2).

Judge, T. A., & Piccolo, R. F. (2004). Transformational and transactional leadership: a meta-analytic test of their relative validity. *The Journal of applied psychology, 89*(5), pp.755-768.

Trice, H. M., & Beyer, J. M. (1991). Cultural Leadership in Organizations. *Organizational Science, 2*(2), pp.149-169.

Weber, M. (1968). Economy and Society. Vol. 3. G. Roth & C. Wittich(eds.). New York: Dedminister.

제6장

분산적 리더십

오늘날 학교와 학교시스템의 변화에 대한 압력은 심각하다. 학교와 학교 운영의 중대한 변화를 필요로 하는 지역, 국가 및 세계적 움직임이 많다. 특히 학교 리더를 채용하는 방식의 변화는 변화의 주요 동인이다. 어떻게 하면 미래의 리더들을 발굴하여 학교와 학교시스템 속에 자리 잡게 할 수 있을까? 어떻게 하면 학교에서 광범위한 리더십 역량을 개발시킬 수 있을까? 미래를 위한 학교 리더의 방향은 교장, 교사 그리고 여러 전문가 모두가 잠재적 리더이자 변화의 주역이 되는 것이다. 분산적 리더십은 지속 가능한 리더십을 폭넓게 퍼져 나가도록 공유하는 리더십이다.

이 장은 분산적 리더십에 대한 것으로 네 가지 주제로 구성되어 있다. 첫째, 분산적 리더십이 탄생하게 된 배경을 비롯하여, 분산적 리더십의 개념 및 지도자확대, 상황, 조직문화, 조직학습 등 구성요소에 대해서 기술함으로써 분산적 리더십에 대한 전반적인 이해를 돕고자 하였으며, 둘째, 그론(Gronn), 스필레인(Spillane), 해리스(Harrris) 등 학자별 특징적인 분산적 리더십 이론과 연구에 대해 기술하면서 분산적 리더십에 대한 국내 연구동향 및 진단도구에 대해 살펴보았다. 셋째, 리더십에 대한 분산적 관점은 지도자 범위 확대와 실행의 측면에서 보아야 한다는 의미에서,

누가 어떤 책임을 맡게 되는지, 어떤 형식으로 리더십 책임이 분담되는지, 어떤 요인으로 책임 분담이 결정되는지, 어떻게 영향력 있는 지도자로 여겨지는지에 대해 살펴보았으며, 마지막으로, 몇몇 국내외 학교 사례를 통해 지도자들의 상호작용에 대한 인적차원과 정례업무, 도구 사례 등 상황 차원으로 나누어 분산적 리더십 실행 측면을 기술하는 내용들을 제시하였다.

1. 분산적 리더십의 개념 및 요소

분산인지는 분산적 리더십의 이론적 배경을 제공한다(Gronn, 2000; Spillane et al., 2004). 분산인지는 캘리포니아 대학교 인지과학 교수인 에드윈 허친스(Edwin Huchins, 1995)가 인지적 과정의 전통적인 이론에 대안적으로 제시한 이론적 틀로서 사람의 인지적 과정은 개인의 머릿속에서 진행되는 과정이 아니라 외부와의 상호작용을 통해 구성된다는 것이다. 즉, 분산인지의 관점에서 인지란 사람, 환경, 인공물 등에 분산되며 이들 사이의 상호작용이라 할 수 있다. 사람, 환경, 인공물 사이의 상호작용에서 이들은 대등한 인지적 역할을 한다. '분산된 인지' 개념은 인간이 주변의 다양한 환경을 활용하는 방식에 통찰을 주고, 분산인지는 공유된 공동의 목적 달성을 위해 발생하며, 21세기의 공동체는 문제해결을 위한 팀으로서 정보와 의사결정 과정을 분산 담당하는 사회적 분산 지능 공간이다(이건효 외, 2003). 따라서 교육에서 발생하는 리더십 상황은 교육 영역 전체에, 학교에서 발생하는 리더십 상황은 학교 전체에 분산되어 있기 때문에 교육과 학교를 둘러싼 상황 속에서 시스템을 구성하는 전체 요소에 대한 분석과 고려가 이루어져야 한다.

오랜 세월을 거쳐 리더십은 다양한 관점에서 탐구되면서 수많은 경험적 연구가 이루어졌는데, 리더십의 효과는 조직마다 다를 수 있으며 리더십이 다양한 환경과 맥락에 있는 구성원들에게 각자 다르게 인지될 수 있다는 점을 설명하지 못하고 있다(박선형, 2003). 20세기의 리더십은 조직이 가지는 한계인 불확실성과 복잡성을 극복하기 위한 리더 중심의 접근이었던 것에 반해 21세기에 들어와서 리더십 관련 연구들은 리더십 과정(leadership process)을 강조하고 있다. 이와 같은 연구의 일반적인 특징은 '한 개인이 공동목표를 달성하기 위해 개인들로 이루어진 집단에 영향을 미치는 과정'으로 리더십을 정의한다. 기존의 리더십이 선형적이거나 일방적인 것인데 반해 과정을 강조하는 리더십은 상호작용의 측면을 강조한다(김남현 역, 2021). 차츰 설명해 나가겠지만, 분산적 리더십 역시 과정을 강조하는 리더십이다.

1) 분산적 리더십의 개념

> 리더십 모형이 리더를 중심으로 한 조직적인 위계에서 권한이 폭넓게 분산되고 공유되는 네트워크 형태로 변화하는 추세이므로 조직 구성원들은 자신의 역량을 함양하여 앞으로 추구하는 바를 달성하고자 더욱 정진해야 한다(Senge et al., 2005).

현대사회 급변하는 환경과 리더에 대한 역할기대가 높은 상황에서 효과적인 리더십은 예전보다 더욱 더 요구되고 있다. 그러나 문제는 어떤 형태의 리더십이냐 하는 것이다. 이렇게 거대한 규모의 변화 속에서 새로운 형태의 리더십이 요구되지만, 기술의 발전과 세계화에 대한 복잡한 특징들과 도전을 받아들일 수 있는 리더십의 분명한 형태는 아직도 모호한 상태이다.

한편, 신뢰와 협력 등의 사회적 자본이 학교 공동체가 지향해야 할 조직문화로서 새롭게 강조되고 있는 현 시점에서 학교조직의 탈집중화와 지도자의 권한위임이 부각될 수 있는 개념기제로서의 분산적 리더십에 대한 체계적인 분석은 교육리더십 연구체계 확립과 학교운영의 이론적 기초 확대 및 향후 발전 방향 탐색을 위한 시의적절한 교육적 의미를 가진다고 할 수 있다(박선형, 2018).

분산적 리더십은 변혁적 리더십의 내용과 논리실증주의의 인식론적 한계로 인한 대안으로서(박선형, 2003) 새로운 리더십 연구의 방향을 제시하고 있다. 분산적 리더십은 효율성이나 결과로 정의하려는 이전의 리더십 개념에 문제를 제기하고 있다. 이는 분산적 관점은 기존과는 달리 학교 지도자의 전문성이나 리더십 발휘가 '어떻게 또는 어떤 과정'으로 이루어지는가에 초점을 두고 있기 때문이다(라연재, 2009). 분산적 리더십은 학교조직 내에 이미 존재하고 있는 자율적이고 주도적인 흐름의 묘사이며, 리더십에 대한 당위론과 규범적 시각을 초월한 '리더십 그 자체에 대한 이해'로 규정될 수 있다(Spillane, 2006). 따라서 분산적 리더십은 시대의 흐름을 반영한 관점의 변화로 이해할 수 있을 것이다.

분산적 리더십이라는 용어는 다양한 공식적·비공식적 집단의 업무에 영향을 주는 실제적이고 분명한 요인을 이해하려고 시도한 오스트레일리아의 심리학자 깁(Gibb, 1954)에 의해 최초로 사용되었다. 소규모 집단 또는 팀 환경에서 영향력의 형태를 측정하려는 방법을 확인하려고 시도를 하면서, 집중된 리더십(focused leadership)과 분산적 리더십 간의 차이가 만들어졌다. 집중된 리더십은 리더십 활동이 개인에게 집중되어 있는 것을 의미하는 반면, 분산적 리더십을 지속적으로 리더의 역할을 수행하면서 리더십이 사람들에게 공유되고 분산되는 것을 간략히 표현

표 6-1 분산적 리더십의 개념적 정의

출처	정의
박선형 (2003)	리더십은 조직 내 구성원들과 추종자들의 인지구조에 의하여 지각되고 해석되면서, 이들을 둘러싸고 있는 다양한 환경적 요인과의 상호작용 속에서 발휘되는 것
주영효, 김규태 (2009)	조직효과성, 개인의 전문성과 역량의 극대화를 위해 조직 내 다수의 공식적·비공식적 지도자들이 네트워크를 형성하여 조직의 상황과 맥락에서 목표, 특정 문제에 대한 의사결정을 공유하고, 상호 협력과 전문성 공유를 통해 공동실행을 촉진하는 '리더십 실행'과 '리더십 분산'에 초점을 두고 있는 리더십
김희규, 주영효 (2012)	학교 지도자와 구성원 그리고 그들이 놓여 있는 상황 간 상호작용의 산물로서의 리더십 실행
강경석, 박찬 (2013)	리더십이 지도자와 구성원 그리고 이들이 사용하고 있는 도구와 상황에 분산되어 있고 이들 간의 상호작용에 의해 발휘되는 것을 의미
문성윤 (2013)	한 사람의 역량이나 시스템 안에 내재되어 있는 것이 아니라 분산되어 발휘되며 학교장, 교사, 상황, 상호작용의 요소 간의 실행을 통한 리더십
이석열 (2013)	어느 한 사람 중심의 상징적이고 위계적인 리더십 차원이 아닌 조직의 구성원들까지도 리더로서 책임을 다하는 리더십 실행의 확대를 의미
박희경, 이성은 (2014)	지도자, 구성원, 상황 간의 상호작용의 산물로, 다수에게서 발휘되며, 리더십 자원을 활용하는 과정에서 조직학습이 촉진되어 궁극적으로 리더십이 어떻게 실행되는지에 관심을 갖는 것
전상훈, 이일권 조흥순 (2016)	학교는 교사들이 리더십 역할 수행 기회를 확대하고자 노력하고, 교사들은 리더십을 발휘할 수 있는 역할에 관심을 갖고 수업 개선을 위한 역할 분담, 학습 전략 수립과 학교의 당면 문제해결 등을 위해 상호 협의하고 협력하는 리더십 형태

출처: 박선형(2018). 분산적 리더십: 학문토대와 개념정의 및 국내 연구동향 분석, p. 10-11. 수정·보완.

하는 방식이었다. 분산적 리더십은 사람들이 함께 일할 때 만들어지는 의미이자 정체성에 관한 것이다.

분산적 리더십의 도입 배경이 조직이 지속 가능한 발전을 이루고, 정책 환경 변화에 긴밀한 대응을 하기 위해 대두된 점에 비추어, 조직 구성원들은 조직 경영에 능동적으로 참여하고 상호 협력을 통한 공동의 책임 분산 및 이행을 강조하고 있다. 분산적 리더십의 개념은 민주적 · 공유적 · 협동적 · 참여적 · 이양적 속성과 함께 구성원 간 과업의 공동 이행과 네트워크 특성이 개념 속에 내재되어 있다(Spillane et al., 2004; Gronn, 2008).

분산적 리더십의 개념 정립에 기여한 스필레인 등(Spillane et al., 2004)에 의하면, 분산적 리더십은 "학교 지도자와 구성원 그리고 그들이 놓여 있는 상황 간 상호작용의 산물"로서 "리더십 실행(leadership practice)"으로 보았다. 해리스(Harris, 2008a)는 분산적 리더십을 "조직 상층의 지위에 기반을 둔 개인의 특징과 속성이라기보다는 조직 구성원에 의한 방향 설정과 영향력"을 설명하고 있다. 또한 그론(Gronn, 2000)은 분산적 리더십을 "상호작용하는 개인의 집단 또는 네트워크의 창발적 속성"으로 보는데, 이 함의는 조직개선과 개발은 리더십이 광범위할 때 그리고 교사들이 협동할 기회를 갖고 변화와 혁신에 능동적으로 참여하는 곳에서 증진된다는 것이다. 〈표 6-1〉에서 보는 바와 같이 국내 주요 선행연구는 스필레인 등이 제시한 분산적 리더십의 정의를 대체로 따르고 있는 것으로 보인다.

분산적 리더십은 종종 협동적 리더십, 공유적 리더십, 합동 리더십, 민주적 리더십, 상황적 리더십과 동의어처럼 사용되곤 한다. 때로는 분산적 리더십을 변혁적 리더십의 한 유형과 같은 것으로 주장하는 이들도 있다. 스필레인(라연재 외 공역, 2010)은 이러한 것들이 오류라고 생각한다. 이러한 용어들은 분산적 리더십과 유사한 측면이 있을 수 있지만, 같은 것이 될 수는 없다고 하면서 분산적 리더십과 유사하게 쓰이는 개념에 대해 다음과 같이 설명하고 있다.

협동적 리더십(collaborative leadership)은 용어의 정의상 리더십이 분산되어 있다는 것을 전제하지만, 모든 분산적 리더십이 반드시 협동적이어야 하는 것이 아니다. 실상, 분산적 리더십은 상황에 따라서 더 협동적이 될 수도 있고 그렇지 않을 수도 있다. 코스튼 학교에서 교장과 교감이 학급 교수활동의 개선을 위해서 노력할 때, 경력이 오래된 몇몇 교사들은 오히려 그 변화를 거부하였다. 이러한 상황은 분산적 리더십의 관점에서 이해가 가능하지만, 협동적 리더십으로는 설명할 수 없다.

합동 리더십(Co-leadership)은 분산적 리더십의 측면을 포함하지만, 리더십 실행을 합동 리더십보다 더 잘 이해할 수 있게 해 주지는 못한다. 합동 리더십은 지도자들이 가치와 포부와 목표를 함께 공유해야 한다는 것을 전제로 하지만, 분산적 관점에서는 지도자들이 가치를 공유하지 않고 동일하지 않은 목표를 위해서 일하는 실행에서도 여전히 분산적일 수 있다는 것이다. 그래서 모든 분산적 리더십이 합동 리더십을 의미하지는 않는다.

끝으로, 변혁적 리더십과 분산적 리더십의 관계에 대해 살펴보면, 리더십에 대한 분산적 관점은 개념적으로 변혁적 리더십과는 적어도 두 가지 면에서 차이가 있다. 첫째, 분산적 관점은 거래적 관점과 변혁적 관점을 동등하게 대우한다. 즉, 분산적 관점에서 볼 때 리더십은 변혁적일 수도 있고 거래적일 수도 있는 것이다. 리더십에 대한 분산적 관점은 리더십 실행에서 사회적 영향의 메커니즘에 대해 불가지론적인 입장을 취하고 있다. 둘째, 분산적 관점은 최고경영자나 교장이 중심이 아니라 리더십 실행을 그 중심에 둔다. 이에 따라 다른 관리자들이나 교사들이 리더십 실행에서, 그것이 계획적이든지 비계획적이든지 상황에 따라 중심인물이 될 수 있다는 것이다.

2) 분산적 리더십의 구성요소

분산적 리더십을 구성하는 요소는 분산적 리더십이 실행되기 위한 필수조건을 의미한다(주영효, 김규태, 2009). 분산적 리더십의 요소로서 스필레인 등(Spillane et al., 2004)은 지도자, 구성원, 상황 등 세 가지를 제시하고 있으며, 해리스(Harris, 2008b)는 공유된 비전, 전문가로서의 지도자, 협력적인 팀 구성, 실행공동체, 적극적인 조직 구성원, 조직목표 달성을 위한 과업의 효과적인 할당, 분산된 역할과 과업, 조직변화와 개발을 위한 탐구 등 여덟 가지의 요소를 제시하고 있다(김희규, 주영효, 2012).

한편, 주영효와 김규태(2009)는 학교조직 내 공식적 지위와 권위, 학교 구성원들의 전문적 지식 등이 특정 개인에게 집중된 것이 아니라는 점을 강조하면서, 학교조직 내 분산적 리더십 실행을 핵심적 요소로 지도자 확대와 조직의 상황, 이를 지원할 학교 구성원 간 협력적인 조직문화 및 조직학습을 제시하고 있다. 이를 구체적으로 살펴보면, 첫째, 지도자 확대는 리더십 경계의 확대 또는 해체와 리더십 망이 확대된 것으로서 지도자와 구성원이 포함되는 요소를 의미한다. 분산적 리더십 실행은 리더십의 망 안으로 공식적인 지도자뿐만 아니라 전문적 지식을 가지고 있는 조직 구성원들을 공식적 혹은 비공식적으로 참여하도록 하여 이들 역시 지도자로서 확대하고, 리더십 실행을 구성하는 호혜적 상호의존 또는 상호작용을 통해 지도성을 조직에 확산한다는 점을 강조한다.

둘째, 상황(situation)은 정례화된 활동, 도구, 구조, 제도 등을 포함하는 요소이다 (Spillane et al., 2004). 상황은 리더십 실행을 정의하고, 동시에 리더십 실행을 가능하게 하는 요소이다. 조직의 지도자는 구성원들뿐만 아니라 상황과도 상호작용하게 된다. 이러한 상황의 요소에는 학생의 시험 성적 자료, 교사 평가 프로토콜, 학년 담임 및 교사회의, 조직 내의 팀 구조 및 위원회 등의 공식적 · 비공식적 조직과 운영 규칙 등이 포함된다.

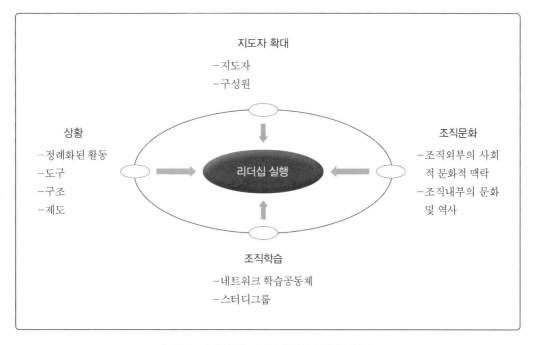

[그림 6-1] 분산적 리더십 실행을 위한 구성요소

출처 : 주영효, 김규태(2009).

셋째, 조직문화는 리더십이 분산되는 데 영향을 미치는 조직의 사회적·문화적 맥락을 의미한다. 리더십의 분산적 관점에서는 학교 내에 존재하는 공유, 존경, 충성, 배려, 팀 간 또는 팀 구성원들의 상호연계 및 상호의존·신뢰, 파트너십 등이 분산적 리더십 실행을 위해 전제된다.

넷째, 조직학습은 리더십 실행에 있어서 조직의 역동성과 창발적 속성을 드러내는 요소로서 네트워크 학습공동체, 스터디그룹 등 조직 내 전문가 학습공동체를 통한 리더십 실행을 구성하는 요소이다. 조직학습은 조직 역량 및 구성원의 전문성 개발, 비전 공유와 책무성 제고에 기여할 수 있을 뿐만 아니라, 조직 구성원 간 다양한 의사교환의 기회와 지식 및 경험의 공유를 통해 학교의 공동체 형성에 기여하게 된다.

이상과 같이 분산적 리더십의 구성요소는 [그림 6-1]과 같이 '지도자 확대, 상황, 조직문화, 조직학습'의 네 가지다.

학교조직을 살아 움직이는 체제 내지 유기체적 조직으로 이해하는 분산적 리더십은 상호협력적인 조직문화 속에서 학교 구성원, 조직 상황 간 상호작용과 조직학습 및 자기 조직화(self-organizing)를 통하여 조직 효과성, 조직 구성원의 전문성과 역량 개발을 지향하는 '리더십 실행'과 '리더십 분산'에 초점을 두고 있다.

2. 분산적 리더십 이론 및 연구동향

분산적 리더십 이론은 서구의 학문공동체에서 21세기를 대표하는 매우 영향력 있는 리더십 이론모형으로 주목받고 있다(박선형, 2018). 하지만 분산적 리더십의 이론 형성은 아직 초기 단계로서 분산적 리더십이 교수학습에 가져오는 효과를 측정하는 것보다 분산적 리더십이 무엇인지 파악하는 것이 우선시되어야 하며(라연재 외 공역, 2010), 서구사회의 학교와 조직의 문화, 환경, 교육에 대한 시각은 우리와 유사하거나 상이할 수 있기 때문에 리더십 이론을 우리의 교육 상황과 맥락에 맞게 재정립할 필요가 있다.

분산적 리더십의 이론적 매력은 탁월한 '개인 지도자 중심의 전통적 리더십 모델'의 연구방향을 다중조직 구성원의 상호작용(학교 지도자, 추종자, 상황 간의 교차점)의 결과인 '집합적 현상'으로 안내하기 위한 분석 기제를 제공했다는 측면에 있다. 박선형(2018)은 분산적 리더십의 가장 선도적인 역할을 수행한 대표 학자로, 피터 그론(Peter Gronn), 제임스 P. 스필레인(James P. Spillane)과 알마 해리스(Alma Harris)를 꼽고 있다. 이에 이창수(2020)의 연구를 참고로, 세 학자 각각의 분산적 리더십 이론에 대한 생각과 아이디어를 간략히 짚어 보고, 분산적 리더십에 대한 국내 연구동향과 진단도구에 대해 살펴보고자 한다.

1) 피터 그론의 분산적 리더십

> 분산적 리더십이 학교 수준 의사결정의 실제를 이해하기 위한 잠재력을 가지고 있다고 확신하고 있다.…… 계층 및 계층적 요소를 융합하거나 통합하는 다양한 실제 패턴의 더 정확한 표현으로서 '하이브리드(hybrid)'의 가능성이 있다…… 하지만 분산된 리더십은 여전히 개념적으로나 경험적으로 해야 할 일이 많다…… 분산적 리더십은 조직의 업무를 보다 잘 이해하고 평가하는 데 기여하고 있다(Gronn, 2008).

그론의 분산적 리더십에 관한 연구는 사회심리학자 깁(Gibb, 1954)의 분산의 관점에 관한 연구를 시작으로, 분산인지와 조직학습에 관한 연구 및 행동 이론에 관한 연구가 이론적 배경으로 자리 잡는다. 자신의 연구에서 그는 우리에게 여전히 리더십이 필요한지 근본적인 질문을 던지며, 우리가 리더십에 대해 가지고 있는 몇 가지 인식을 언급한다. 지도하기 위해 태어난 사람은 없지만, 우리는 조직의 최고 권위를 가지는 인물 또는 수장에게 리더십을 기대하고 있다. 하지만 우리 대부분은 권력, 영향 그리고 리더십의 구분을 명확하게 하지 못한다. 또한 기존의 지도자−추종자의 이원론적 리더십 이론에서 지도자는 추종자보다 우월하고 추종자는 지도자와 리더십에 의존하여 다른 사람들을 위해 일하고, 주어진 일을 한다. 하지만 우리가 공동 작업을 통해 얻은 성과는 개개인이 독립적으로 수행한 것들의 총합보다 클뿐만 아니라 복잡한 문제를 해결하는 데 필요한 지식은 조직 전체에 분산되어 있다. 그의 분산적 리더십은 주로 교사 개발과 학교 개선 문헌에서 지지되고 있다.

그론(Gronn, 2002)은 자신의 분산적 리더십에 관한 연구를 두 가지 방향으로 발전시킨다. 시기상 두 연구는 유사하지만, 하나는 분산적 리더십 이론적 배경을 단단하게 하고자 하며, 다른 하나는 분석 단위(a unit of analysis)를 구성하는 것에 중심을 둔다. 이와 같은 그론의 분산과 분산적 리더십에 관한 이론 연구는 후속 연구 학자들 특히 해리스와 스필레인에게 영향을 준다. 또한 그론(Gronn, 2002)은 조직에서 일어나는 협력적 행동을 이해하기 위한 분석도구로서 분산적 리더십의 아이디어를 개발하고자 한다.

그론(Gronn, 2002)은 분산된 형태의 리더십은 좋은 조직 관행과 조직 형태를 설명하고, 이를 성취하는 데 중요한 역할을 할 것이라 주장한다. 이는 분산된 관점이 노동 분업을 반영하기 때문이다. 집중된 리더십의 총합이 1이라면 분산된 리더십의 총합은 1이상이며 조직의 현장에서 실제로 매일 조직 구성원들이 분산을 경험하고 있음에도 불구하고, 아직 조직의 현장은 리더중심적이고 집중적이며 유능한 개인의 행동을 강조하고 있으며, 집단적이고 공유된 형태의 리더십을 무시하고 있다. 리더십은 하나의 조직 역할이나 한 수준에 집중된 리더십이 아니라 여러 동료 간에 공유되는 것이다. 모든 조직 구성원은 지도자가 될 수 있고, 조직이 이런 계층적 경계를 넘어 역할을 공유하기 위해서는 계층 구조를 없애거나 경쟁 구조를 만들어 상호의존적으로 책임을 상호 보완할 수 있도록 해야 한다.

그론(Gronn, 2002)은 기존의 리더십에 관한 선행연구는 리더에게 유리하게 이루어졌다면서 분산적 리더십이 분석의 단위가 되면, 현장에서 진화하고 있는 노동의 분업을 정확하게 반영하는 담론이 되고 실무와 합리적으로 일치하는 분석이 될 것이라고 지적한다. 분산된 리더십의 기반이 되는 분석 단위는 협력 행동과 속성이 핵심이다. 협력(concretive) 행동은 네 가지다. 즉, 자발적인(spontaneous) 협력 관계, 직관적인(intuitive) 업무 관계, 제도화된(institutionalised) 실행, 결합 주체성(agency) 등이다. 특히 결합 주체성은 팀 리더십의 기반이 되는 앞의 세 가지의 협력 행동의 핵심으로서 작동한다. 개인은 공동의 이익을 추구하기 위해 반드시 합의를 통해 행동을 결정하지는 않지만, 동기화(synchronise)된 개인의 노력 속에서 서로 영향을 주고받으면서 그들의 이익이 증진될 수 있다는 개념이다. 속성은 두 가지로, 하나는 상호의존(interdependence)이다. 상호의존성이 발생하는 것은 조직에서 개개인의 책임은 겹칠 수 있고 상호보완적이기 때문이며, 상호의존적 협력을 통해 의사결정 오류 가능성을 줄인다. 다른 하나는 조정(coordination)으로, 이는 활동 간의 종속 관리를 의미하며 설계, 정교화, 할당, 감독 및 모니터링을 포함한다.

그론(Gronn, 2008)은 집중된 형태와 분산된 형태의 리더십을 모두 포괄하는 하이브리드 관점의 리더십이 필요하다고 하였다. 그론(Gronn, 2009)의 분산적 리더십은 분산적 리더십을 뛰어넘어 조직의 계층적 요소를 융합하거나 통합하는 하이브리드 리더십으로 발전한다. 이것은 리더십의 다양한 정도가 공존하는 집중-분산(focused-distributed)의 혼합이고, 분산의 아이디어 내에서 리더십이 다양하게 형성되는 것을 의미한다. 조직의 역동에서 한 개인의 영향력이 우세한 경우에서는 집중된 리더십이 적용되며 다수의 사람이 영향력을 행사하는 경우에서는 리더십이 분배될 수 있다. 이처럼 분산적 리더십은 개별적으로 이해되던 리더십의 한계를 드러내게 했다. 분산적 리더십은 학교 차원의 의사결정의 실제를 이해하는 데 도움을 줄 것이며, 분산적 리더십의 미래가 무엇이든 분산적 리더십은 매우 통찰력 있고 생산적인 아이디어라는 것이다.

　그론의 분산적 리더십 연구의 의미를 정리하면 다음과 같다. 첫째, 분산적 리더십이라는 리더십 연구의 새로운 패러다임을 제시하고 이론적인 체계를 마련함으로써, 분산적 리더십 이론의 개념적 계보를 마련한 측면에서 독보적인 위치를 확보한다. 둘째, 분산적 리더십 연구로부터 하이브리드 리더십의 아이디어를 제시함으로써, 모든 상황에 어떤 특정한 유형의 리더십이 잘 작동하는 것이 아니기 때문에 리더십을 발휘하는 데 있어 집중적 리더십과 분산적 리더십을 적절하게 사용하는 절충의 입장을 취한다. 그는 분산적 리더십 이론을 정립하고 분산적 리더십 이론이 현장의 이해를 돕는 유용한 도구임을 주장하지만, 현장의 복잡성은 단일 이론으로는 설명할 수 없기 때문에 상황에 따라 집중된 지도자와 분산된 지도자의 리더십을 혼합하여 문제를 해결하는 하이브리드 리더십을 선택할 것을 제안한다.

2) 제임스 P. 스필레인의 분산적 리더십

　분산적 리더십 연구에 대한 나의 의도는 리더십의 다른 관점에 대한 포괄적인 검토를 제공하거나 '최상의' 정의를 식별하는 것이 아니다. …… 분산적 리더십은 리더, 구성원 및 그들의 상황 사이에 상호작용으로부터 비롯된 리더십 실행이 중요하다. …… 리더십은 실행 시스템이다. 이 시스템은 구성 부분 또는 실행의 합보다 더 크기 때문에 상호작용하는 구성요소를 함께 이해해야 한다(Spillane, 2005).

스필레인은 분산적 리더십이 "리더들, 구성원들과 그들의 상황 속에서 분산된 실행으로서 가장 잘 이해될 수 있고, 다양한 개인 집단의 활동을 통합한다."고 하였다. 또한 리더십에 대한 관점을 한 사람에서 한 사람 이상으로 전환하는 새로운 방식의 리더십을 생각했으며 이것을 리더십 플러스(leadership plus)라 불렀다. 스필레인 등(Spillane et al., 2004)은 활동이론 및 분산인지의 관점에서 상황(situation) 요인은 리더십 활동의 외부에 있는 것이 아니라, 리더십 실행에 있어 핵심 구성요소 중 하나이므로 분산적 리더십 실행은 지도자, 구성원 및 그들의 상황에 분산된 실행으로 이해해야 한다고 주장한다.

스필레인(Spillane, 2005)은 분산적 리더십은 지도자, 역할, 기능 및 구조보다 리더십 실행이 가장 중요하며 특정한 방식으로 리더십 실행을 구성하는데, 이것은 지도자, 추종자 그리고 상황의 상호작용의 산물로 간주되며 이런 상호작용은 리더십 실행을 이해하는 데 가장 중요하다고 주장한다. 이와 같은 리더십은 몇 가지 특징을 전제로 한다. 첫째, 리더는 다른 사람의 행동으로 정의된 상황에서 행동한다. 둘째, 리더십 실행은 지도자와 구성원 간의 상호작용으로 형성된다. 셋째, 리더십 실행은 개별적이지만 상호의존적으로 일하는 두 명 이상의 지도자에게 퍼질 수 있다. 넷째, 리더십 실행이 둘 이상의 지도자들의 행동에 퍼져 있으며, 특정 순서로 실행되어야 한다.

스필레인(Spillan, 2010)은 리더십의 존재는 결과 또는 효과성의 증거가 있어야만 하는 것도 아니고 긍정적인 결과가 있어야만 리더십이 존재하는 것도 아니기 때문에 리더십에 대한 분산적 관점은 리더십을 고찰하고 분석하는 하나의 분석틀로 보는 것이 타당하다고 주장한다. 리더십을 분석할 때, 사람들 간에 리더십이 분산되어 있다는 지도자 범위확대 측면에서 더 나아가, 상황도 하나의 요인으로 상호작용 한다는 '리더십 실행 측면'으로 보아야 할 것이다. 지도자 범위확대는 지도자의 역할과 기능, 그리고 누가 책임을 지고 있는지 그 이상의 문제를 다루고 있지만 리더십 실행은 지도자, 구성원, 그리고 상황의 상호작용을 통해서 형성된다.

리더십 실행은 지도적 정례업무에 대한 책임을 맡고 있는 사람들에 걸쳐 있는데, 지도자, 구성원, 상황이라는 리더십 실행의 세 요소는 [그림 6-2]에서 보는 바와 같이 삼각형으로 표현될 수 있다. 하나의 삼각형은 특정 시점의 지도자, 구성원 그리고 상황의 상호작용을 나타내는데, 정례업무를 통하여 세 요소의 상호작용은 늘어

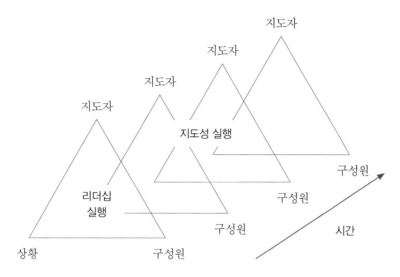

[그림 6-2] Spillane의 분산적 관점에서 본 리더십 실행

간다. 여러 개의 삼각형은 이러한 중첩된 상호작용을 표현하고자 한 것이며, 시간의 흐름에 따른 중요성 또한 강조하기 위함이다. 삼각형이 겹치는 데서 선이 끊어진 부분은 시간이 흐르면서(그것이 25분 동안의 교사 회의든지 혹은 일 년 동안 걸쳐 행해진 회의든지) 상호작용이 연결되어 가고 있다는 것을 표현하고 있다. 따라서 중요한 것은 리더십이 분산되어 있다는 점이 아니라 어떻게 분산되어 있는가다. 이러한 점에서 볼 때 분산적 리더십은 리더십 실행이 다수의 지도자들 간에 어떻게 걸쳐져 있으며, 이들이 구성원 및 상황과 더불어 어떻게 실행을 구성하는지에 초점을 맞추게 된다.

스필레인의 분산적 리더십 연구의 의미를 정리하면 다음과 같다. 첫째, 리더십을 실행하는 데 있어 상황 차원을 인적 차원과 대등한 위치에 둔다. 즉, 상황 차원과 인적 차원의 상호작용에서 리더십은 개인에게 내재된 역량이 아닌 도구이다. 둘째, 분산적 리더십은 리더십을 이해하고 리더십의 실행을 위한 도구이다. 즉, 다수의 지도자는 이 도구를 여러 상황에서 동시에 또는 시간의 흐름에 따라 사용할 수 있다. 그는 여러 연구자들과 분산적 리더십이 이루어지는 상황에 대해 다양한 경험적 연구를 수행하여 리더십 상황에서 다수의 리더십 발휘를 강조하지만, 복수의 리더십은 공식적인 지도자로부터 나오기 때문에 공식적인 지도자는 여전히 중요하다.

3) 알마 해리스의 분산적 리더십

> 분산적 리더십은 권력, 권위 및 통제의 변화를 의미한다. ······ 신중한 계획, 디자인 및 훈련(discipline)을 통해 특별한 성과를 달성할 수 있다. 그것은 조직적 조정, 상호 이해 및 유연성을 요구한다. ······ 전체 조직이 더 나은 성과를 추구하기 위해 상호의존적으로 일하는 환경을 조성해야 한다. ······ 공식적인 리더십 지위에 있는 사람들은 이를 달성하는 데 실질적인 역할을 한다(Harris, 2013).

해리스(Harris, 2005)는 분산적 리더십의 개념에 관한 연구를 검토하고 분산적 리더십과 학교 개선 사이의 의미를 탐색하고자 했다. 이는 학교 리더십과 학교 개선 사이에 관계가 존재하는 것은 분명하지만 어떻게 영향을 미치는지는 명확하지 않기 때문이다. 한편 분산적 리더십에 대한 경험적 증거는 학교 개선 및 교사 리더십 연구 분야에서 찾을 수 있는데, 특히 학교문화와 관련된 일상의 공동 실행, 학교 조직 내 모든 구성원들의 성취 능력을 극대화하는 학습공동체로서의 학교 그리고 교사 리더십이 학생 참여에 큰 영향을 미치는 것으로 보인다.

해리스(Harris, 2008b)는 분산이라는 용어의 다양한 해석으로 인해 조직의 모든 사람이 동시에 이끌어야 한다는 오해가 생겼는데, 분산적 리더십에서 중요한 것은 리더십이 촉진되고 지원되는 방식임을 주장한다. 경험적 연구를 통해 교육 분야에서 분산적 리더십의 가능성을 확인할 수 있지만 많은 학교에서 비공식적 지도자들의 리더십 잠재력이 발휘되고 있지 못하다. 공식적 지도자는 비공식적인 지도자가 적절한 시기에 리더십을 발휘할 수 있는 기회를 제공하고 리더십을 혁신하는 데 필요한 자원을 제공해야 한다. 이는 계획적으로 조정되어야 한다. 리더십의 분산은 지도자-추종자 관계를 벗어나 협력과 상호 주체성을 기반으로 하는 새로운 관계를 의미한다. 이에 학교 구성원들은 상호 신뢰와 합의를 바탕으로 리더십의 연결을 적극적으로 형성하고 공동으로 업무를 수행해야 한다.

해리스(이석열 외 공역, 2011)의 분산적 리더십은 '학교 내에서 그리고 학교 간에 공유하는 리더십'이라는 아이디어로서 전 세계 교육 관계자들에게 받아들여지고 있다. 분산적 리더십에 관한 경험적 연구들은 광범위한 리더십 분산이 조직에 긍정적인 관계와 유익한 효과를 준다는 것, 교사의 자기효능감과 학생 학습 결과 사이에 긍

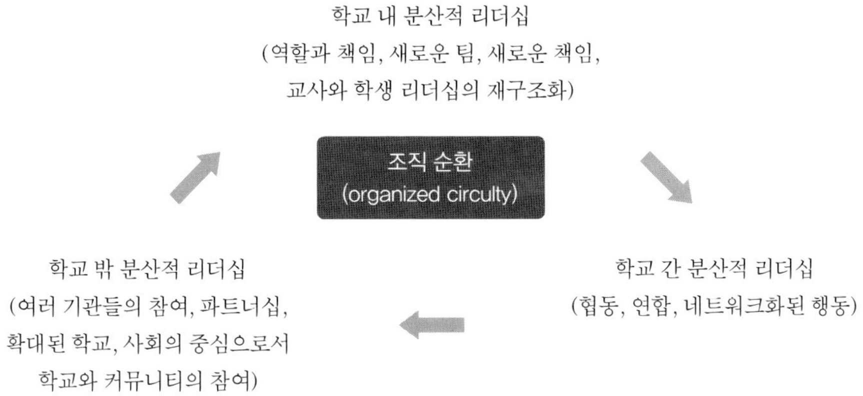

학교 내 분산적 리더십
(역할과 책임, 새로운 팀, 새로운 책임,
교사와 학생 리더십의 재구조화)

조직 순환
(organized circulty)

학교 밖 분산적 리더십
(여러 기관들의 참여, 파트너십,
확대된 학교, 사회의 중심으로서
학교와 커뮤니티의 참여)

학교 간 분산적 리더십
(협동, 연합, 네트워크화된 행동)

[그림 6-3] Harris의 분산적 리더십 모형

출처: Harris (2011). 분산적 리더십: 미래를 위한 학교 리더의 방향, p. 121.

정적인 관계가 있다는 것, 분산 방식이 조직의 개발과 변화에 긍정적인 영향을 미친다는 것, 구성원 개개인에게 더 큰 책임과 의무를 부여한다는 것을 보인다. 한편 분산적 리더십은 리더십이 분산되는 방법이 중요한데, 교장은 리더십 분산과 구축에 있어 중요한 요소이자 핵심적인 역할을 한다. 교장은 권위와 권력을 내려놓고 학교의 혁신과 변화를 주도하는 데 있어 사람들을 중재하고 촉진하며 지원하는 역할을 해야 한다. 이것은 기존의 리더십에 대한 이해와 리더십 역할을 수행하는 방식의 근본적인 변화이며, 학교가 관료적 조직에서 협력적 조직으로 이동하는 조직의 개념 변화를 의미한다.

최근 교육개혁과 정책의 방향은 의사결정의 분권화와 개별화이며, 이는 협력과 네트워크에 기초하고 있는데 네트워크의 힘은 상호연계를 통해 강화되고 이와 같은 네트워크가 나타내는 리더십의 형태는 분산적 리더십이다. 이에 해리스(이석열 외 공역, 2011)는 분산적 리더십 실행의 복잡성과 다양성의 유형을 설명하는 모델을 제시한다. 이 모델의 특징은 학교, 학교 간, 그리고 학교 밖으로 네트워크화된 조직 구조에서 분산적 리더십이 순환되는 '조직 순환'이며 학교 조직 내에, 학교조직 간에 그리고 학교 밖 조직들 간에 상호의존적으로 작동한다([그림 6-3] 참조).

해리스(Harris, 2013)는 분산적 리더십은 리더십을 근본적으로 재개념화하는 것을 의미하며 리더십과 조직 성과 간의 관계에 대한 기존의 통념에 도전하고 있다고 주장한다. 분산적 리더십은 공식 지도자가 자신의 리더십 실행을 이해하는 방식과 리더십 역할을 보는 관점에 근본적인 변화를 의미하며, 관료주의 또는 전통적인 조직의 모델에서 벗어나 상호 연결되는 역동적인 접근방식이다. 공식 지도자의 핵심 임무는 리더십을 발휘할 전문지식을 가진 사람들을 지원하고, 사회적 상호작용을 바탕으로 상호 의존적으로 일하는 환경을 조성하는 것이다. 또한 공식 지도자는 빠르게 변화하는 상황에 대응하기 위해 책임감을 가지고 학교를 정기적으로 재설계하고 재구성해야 한다. 하지만 리더십의 분산은 권력, 권위 및 통제의 변화이기 때문에, 공식적인 지도자들은 관계 신뢰 구축을 바탕으로 리더십이 성공적으로 분산되도록 해야 한다.

해리스의 분산적 리더십 연구의 의미를 정리하면 다음과 같다. 첫째, 학교 안에서 분산적 리더십을 실행하는 데 있어 학교장 역할의 중요성을 상기시킨다. 둘째, 조직 발전 및 개선의 관점에서 분산적 리더십을 고려한다. 조직의 성과를 향상시키기 위

표 6-2 분산적 리더십 이론과 연구의 비교

구분	공통점	차이점
관점	• 인지의 분산, 업무의 분업과 공유 • 기존의 집중된 리더십에 대한 도전 • 이론의 맥락적 유연성	• Gronn: 이론적 관점 • Spillane: 경험적 관점 • Harris: 규범적 관점
리더십 전개유형	• 리더십을 이해하기 위한 리더십 • 분산적 리더십은 시스템 • 구성원 상호의존적 협력이 필요	• Gronn: 상호작용적 네트워크 • Spillane: 상황적 리더십 실행 • Harris: 공유적 상호 학습
학교현장 적용	• 학교실제에 대한 이해와 분석 • 다수의 리더십이 필요 • 공식적인 지도자의 역할이 중요 • 교사 리더십이 필요	• Gronn: 하이브리드 • Spillane: 지도자 범위확대 • Harris: 제3의 학교(대안학교 등)
기여점	• 각 주체를 인지적으로 대등한 위치에 놓음 • 구성원이 참여해야 한다는 근거 제공	
한계점	• 이론의 개념이 명확하지 않음 • 다양한 경험적 연구가 더 필요함 • 리더십이 분산되어야 한다는 당위성을 설명하기 어려움	• Gronn: 분산적 리더십 이론 발전의 정체 • Spillane: 리더십을 도구로 접근 • Harris: 독자적인 이론 개발 부족

출처: 이창수(2020). Gronn, Spillane & Harris의 분산적 리더십 이론 및 연구에 관한 연구, p. 265 수정·보완.

한 리더십의 한 측면을 넘어 조직 순환의 관점에서 분산적 리더십을 통해 조직 전체를 보는 시각을 제공한다. 그는 분산적 리더십에 관한 여러 연구자들의 이론과 경험적 증거를 통합하지만, 분산적 리더십에 대해 다소 중립적이고 가치 규범적 관점에서 이론을 탐색하고 있다.

세 학자에 있어, 분산적 리더십 연구의 관점, 리더십 전개 유형, 학교현장 적용, 기여점, 한계점으로 분류하여 정리한 것을 보면 〈표 6-2〉와 같다.

이상으로, 분산적 리더십을 이론적으로 분명하게 언급한 최초의 저자인 그론의 연구, 리더십 문제에 대해 여러 연구자와 협업을 통해 광범위한 경험적 연구를 한 스필레인의 연구, 마지막으로 분산적 리더십 이론을 학교와 교육 현장에 적극적으로 적용한 해리스의 연구를 살펴보았다. 다음은 분산적 리더십에 대한 국내 연구동향과 진단도구에 대해 살펴보자.

4) 국내 연구동향 및 진단도구

분산적 리더십의 이론발달 체계는 약 20년 정도의 상대적으로 짧은 역사 속에서 성립되었으며 현재도 진행 중이라고 할 수 있다. 따라서 외국의 주요 연구물 대부분이 분산적 지도성의 개념적·분석적·이론적 탐구를 다룸은 당연한 현상이다. 우리나라의 경우, 박선형(2003)이 변혁적 리더십의 한계점을 체계적으로 극복할 수 있는 대안적 시각으로서, '분산적 리더십의 이론 체계와 발전 가능성'을 국내에 최초로 소개한 이후 이에 대한 교육행정학계의 관심이 점차로 제고되고 있는 상황이다 (김규태, 주영효, 2009; 문성윤, 2013; 박선형, 2018).

박선형(2018)이 분석한 34편의 분석 논문은 문헌연구 3편(8.8%), 양적 연구 29편(85.35), 심층적인 질적 연구 2편(5.9%)으로, 외국의 연구경향 성과와는 매우 상반되게 변인과 변인 간의 관계성 또는 영향성을 확인하는 데 몰입하고 있음을 확인할 수 있다. 향후, 해당 이론의 국내 적용 가능성을 점진적으로 확장시키기 위해서는 단위학교 수준에서 분산적 리더십이 실질적으로 누구에게, 어떻게 분산되며 최종적으로 어떠한 효과성을 파급하는지를 확인할 수 있는 질적 연구와 혼합방법연구가 필요한 상황이다. 더불어 분산적 리더십 이론개념의 정교성과 핵심개념의 체계성을 확보하기 위해서는 체계적인 문헌연구 역시 필요함을 나타내고 있다.

표 6-3 분산적 리더십 관련 학술지 게재 논문 요약

저자	연구방법	구성요인	문항 수	주요내용
박선형 (2003)	문헌연구	지도자, 추종자, 환경적 인공물, 상황	–	분산적 리더십은 지도자와 추종자, 환경적 인공물, 리더십이 발생되는 상황 간의 상호작용 속에서 발생된다고 봄
김규태, 주영효 (2009)	델파이 기법	지도자 확대, 상황, 조직문화, 조직학습	38	4가지 구성요인을 설정하여 각각 11개, 10개, 9개, 8개의 준거를 선정함
주영효, 김규태 (2009)	문헌연구	지도자확대, 상황, 조직문화, 조직학습	–	학교의 책무성이 강화됨에 따라 대두되고 있는 분산적 리더십의 개념 및 속성, 요소, 개념 구조, 유형, 접근 관점 분석함
조성구 외 (2011)	양적 연구	지도자 확대, 상황, 조직문화, 조직학습	38	학교조직의 리더십이 분산되고 있음을 교사들이 인지함, 교사경력이 많고 직급이 높을수록 분산적 리더십과 학교조직 효과성에 대해 더 높게 인식함. 조직학습과 지도자 확대가 핵심요소임을 확인함
문성윤 (2013)	양적 연구	학교상황, 학교장, 교사, 교사의 상호작용	60	학교상황(학교비전, 의사결정, 소속감, 조직운영), 학교장(책임위임, 권한부여, 신뢰감, 업무실행), 교사(리더인식, 책임, 영향력, 권한), 교사의 상호작용(협력, 연구활동, 개인적 성향, 개인비전 공유) 등 네 가지 진단척도 확정, 타당성 있는 진단도구임을 확인함
이영내, 주철안 (2015)	질적 연구 (심층 면담)	–	–	더 많이 요구되는 것, 잠재되어 있는 것, 발휘하고 싶은 것, 역할 확대를 요구하는 것, 성취감을 주는 것으로 나타남
김현, 강경석 (2016)	양적 연구	–	25	분산적 리더십은 교사학습공동체에 유의한 정적 영향을 미침, 교사학습공동체를 매개로 교사수업활동에 간접적인 영향을 미침
전상훈 외 (2016)	양적 연구	–	–	분산적 지도성은 학교풍토 변인에 유의미한 영향을 미침

다음은 34편의 논문 중 학회지에 게재된 몇 편 연구의 주요 특징을 간략하게 제시한 것으로 〈표 6-3〉과 같다.

특히, 김규태, 주영효(2009)와 문성윤(2013)은 4개 영역 총 51문항, 즉 리더십 실제 10문항, 미션과 비전 및 목표 14문항, 학교문화 16문항, 공유적 책임감 11문항과 7개 영역 총 37문항, 즉 학교조직 7문항, 학교비전 5문항, 학교문화 6문항, 교수적 프로그램 3문항, 인공도구물 4문항, 교사리더십 6문항, 교장리더십 6문항의 분산적 리더십 진단척도의 문항 등을 각각 델파이기법과 구조방정식 등을 통해 검증한 것을 제시하고 있다.

분산적 리더십 진단도구 타당화 연구는 해당 이론체계에 대한 명확한 이해와 더불어 핵심개념과 관련 변인에 대한 체계적 연구결과를 충실히 반영할 필요성이 있으며(박선형, 2018), 이러한 작업은 추후 집약적으로 시도되어야 할 후속 연구과제가 된다.

3. 지도자 범위 확대

리더십에 대한 분산적 관점은 두 측면에서 보아야 한다. 첫 번째는 지도자 범위확대 측면, 그리고 두 번째는 실행 측면이다. 우선 지도자 범위 확대 측면에 대해 살펴보자.

팀워크에 보다 많은 중점을 두도록 하는 구조의 학교에서 분산적 리더십이 필요하다는 연구에 공헌한 이해당사자들 간의 일반적인 합의가 있다. 분산적 리더십은 필연적으로 조직 내에서 강한 구조적·문화적 경계들을 가로지르거나 분해하는 것을 의미한다. 그것은 리더십에 대한 관점을 한 사람(person solo)에서 한 사람 이상 (person plus)으로 전환하는 새로운 방식의 리더십에 관해 생각하는 것을 의미한다.

만약 분산적 관점에 따라 학교 행정가들에게서만 리더십이 발휘되는 것이 아니라고 본다면, 연구자들은 사람 사이에서 리더십과 그 책임이 어떻게 분산되어 있는지에 대해 관심을 갖게 될 것이다. 스필레인(라연재 외 공역, 2010)은 지도자 범위 확대에서 다음과 같은 네 가지 문제에 대한 답을 하고 있다.

- 누가 어떤 책임을 맡게 되는가?
- 어떠한 형식으로 리더십 책임이 분담되는가?
- 어떠한 요인으로 책임 분담이 결정되는가?
- 어떻게 영향력 있는 지도자로 여겨지는가?

1) 누가 어떤 책임을 맡게 되는가

리더십은 대부분의 경우 여러 사람들을 통해 수행된다. 여러 연구에 따르면, 교장이나 교감 이외에 여타의 공식적 지위를 가진 지도자들과 교사들이 여러 지도적 정례업무(leadership routine)와 기능에 대해 책임지고 있다고 밝혔다. 100개 이상의 미국 초등학교를 대상으로 수행한 연구에서는 리더십 기능에 대한 책임이 전형적으로 각 학교마다 공식적인 지도자 지위를 가진 3~7명의 사람들에게 분산되어 있다는 사실을 보고하고 있다(Cambum et al., 2003). 그러한 지위에는 교장, 교감, 프로그램 담당자나 진행자, 각 교과 담당자나 진행자, 멘토, 수석교사, 자문가 혹은 학부모 및 학생들의 가정을 지원하는 인력과 같은 '부가적인' 전문인력 등이 있다.

몇몇 연구에서는 공식적인 지도자 지위에 있는 사람들의 범위를 더 확장하고 있다. 이러한 연구들은 교사 역시 리더십 기능과 정례업무를 수행하는 과정에서 핵심적인 역할을 담당하고 있다는 설득력 있는 증거들을 제공해 준다(Spillane et al., 2003). 공식적인 지도자 지위를 가진 사람들이 어떤 기능을 수행할 때, 공식적인 지도자 지위를 가지지 않은 사람들 역시 리더십 기능에 대해 책임을 지고 있다는 사실을 발견하였다. 교사들은 프로그램 비전을 유지해 나가고 비공식적으로 프로그램 실행과정을 확인하면서 일련의 리더십 기능에 공헌하고 있었다.

시카고에 있는 초·중학교 과정이 함께 있는 학교 13개를 대상으로 한 분산적 리더십 연구에 따르면, 학교에서 이루어지고 있는 지도적 정례업무를 분석한 결과, 많은 정례업무들이 학교를 이끌어 가기 위한 다양한 기능을 발휘하기 위해서, 혹은 앞으로의 그런 가능성을 위해서 고안되었다는 사실이다. 아담스 학교(Adams School)의 지도자들은 교사 개발을 지원하고, 교직원 간의 전문적 교사 공동체(professional community)를 만들기 위해 조찬회의(Breakfast Club)라는 정례업무를 개발하였다. 이와 유사하게, 학교 지도자들은 수업을 모니터하기 위해 5주단위평가(Five-Week

Assessment)라는 정례업무를 고안하였고, 나중에 이것은 아담스 학교에서 교사의 능력 개발에 필요한 사항을 확인하는 중요한 수단이 되었다. 하나의 지도적 정례업무가 세워지면 다양한 리더십 기능을 뒷받침할 수도 있다.

리더십이 공식적인 지도자들과 비공식적 지도자들 사이에 분산되어 있다고 할 때, 이는 학교에 있는 모든 사람들이 모든 리더십 기능이나 정례업무에 관여하고 있음을 의미하는 것은 아니다. 리더십 기능이나 정례업무에서 볼 때, 리더십의 분산은 교과목, 학교의 유형, 학교의 크기, 그리고 학교나 학교 리더십을 위한 팀의 개발단계에 따라 다르다.

- 리더십 기능에 따른 분산: 수업 리더십을 위한 책임의 분화는 특정한 기능에 따라 달라진다. 예를 들어, '종합적 학교혁신(Comprehensive School Reform: CSR) 프로그램'과 관련된 코치들은 수업 리더십에 집중하면서 교수능력 개발을 중시하는 반면, 교장은 수업목표 설정과 수업개선을 확인하는 일에 우선순위를 두며(Cambum et al., 2003), 교육구 직원들은 전형적으로 프로그램 실행과정을 확인하거나 장애가 되는 사항을 다루는 등의 기능에는 관여하지 않는다.
- 교과목에 따른 리더십 분산: 공식적 지도자들과 교사들 사이에서 리더십의 분산은 교과목에 따라 다르다. 언어과목에 대한 전문성 개발이나 교육과정 개발에는 수학이나 과학과목보다 더 많은 지도자들—공식적인 지도자들과 교사 지도자들—이 참여하였다. 과목 영역의 차이는 부분적으로 학교 지도자들이 과목에 우선순위를 두는 정도가 다르기 때문에 나타난 결과다. 초등학교든 중등학교든 양쪽 모두 교과목에 따라 업무의 양식이 달라지는데, 이는 리더십이 분산되는 양태에도 영향을 미치고 있다.
- 학교 유형에 따른 리더십 분산: 포틴과 그의 동료들(Portin et al., 2003)은 학교의 유형에 관계없이 리더십은 일곱 가지 중요한 영역, 즉 수업, 문화, 관리, 인적자원, 전략적 계획, 외부 개발, 그리고 미시정치(micropolitics)에 필수라고 주장하면서, 이러한 영역들에서의 리더십 책임은 리더십 실행이 일어나는 학교의 유형에 따라 다르게 나타난다고 하였다. 일곱 가지의 주요 리더십 영역에서 사립이나 차터 스쿨, 마그넷 스쿨과 같은 새 유형의 공립학교의 지도자들은 일반 공립학교 지도자들보다 더 리더십의 책임을 분산시키고 있는 것으로 보인다.

- 학교 규모에 따른 리더십 분산: 일반적으로 학교의 규모가 크면 클수록 리더십에 대한 책임을 분산시키는 공식적인 지도자들의 수가 더 많다(Cambum et al., 2003). 또한 규모가 큰 학교들은 리더십 업무의 양을 줄이려고 하기 때문에 작은 규모의 학교보다 훨씬 더 많은 비공식적 리더십을 가질 수 있다.
- 발전단계에 따른 리더십 분산: 하나의 학교 또는 학교 지도부의 발전단계―시작단계, 중간단계, 전문적 단계―는 공식적 지도자들과 교사들 사이의 리더십의 분산에 영향을 미치는 것으로 보인다. 시간이 핵심변수다. 시간이 지남에 따라 공식적 지도자들과 비공식적 지도자들 사이에서 리더십의 분산을 지원해 주는 새로운 구조가 나타났고, 그 과정에서 지도자의 역할들은 변화되었다. 경험은 사람들로 하여금 특정 역할에서 보다 효과적으로 수행할 수 있도록 만들어 주며, 그것은 여러 사람 사이에서 리더십의 분산이 이루어질 수 있는 기회를 만들어 주었다.

2) 어떠한 형식으로 리더십 책임이 분담되는가

연구결과는 최소한 세 가지 분담방식―분업, 공동 수행, 병행 수행―을 제안하고 있다. 한 학교에 몇 가지 유형의 분담방식이 함께 존재할 수도 있으며, 이는 리더십 기능이나 정례업무에 따라 다르다.

- 분업(division of labor): 지도자 지위에 있는 사람은 특정한 한 가지 기능만 맡고 있는 것이 아니다. 여러 지위에 있는 지도자들은 리더십 업무를 명확하게 분업하기보다는 그 지위들 사이에서 상당 부분 중첩되고 있는 다양한 리더십 기능들을 수행하고 있다. 연구자들은 특히 교사평가와 학생훈육과 관련하여 일부 분업이 이루어지고 있는 것을 발견하였다.
- 공동 수행(co-performance): 이는 둘 또는 그 이상의 지도자들이 리더십 기능이나 정례업무를 협동적인 방식으로 수행해 나가는 것이다. 분산적 리더십 연구에 따르면, 교사 개발, 교육과정 개발, 교재 선택, 학교발전 계획서 수립 과정 등 여러 지도적 정례업무에서 공동 수행이 이루어지고 있는 사실을 발견할 수 있다. 교사들 그리고 가끔은 학교 외부 사람들까지도 함께 일하면서 지도적 정

례업무를 수행하거나 리더십 기능을 실행해 나가고 있다(Gronn, 2003).

- **병행 수행**(parallel performance): 이 분담 방식은 사람들이 똑같은 기능이나 정례 업무들을 다양한 지도자들 사이에서 조정하는 일 없이 수행해 나가는 것이다. 예를 들어, 수업개선을 위한 비전을 교사들에게 알리고 설득하는 일은 한 명의 지도자가 아닌 여러 명의 지도자가 각각의 위치에서 행할 때 그 비전을 강화하 는 데 도움이 될 수 있고, 잠재적으로 반대하는 교사들에게까지 효과를 거둘 수 있다. 물론 지도자들은 서로 다르거나 심지어 혼동되는 수업 비전을 제공할 수 도 있다.

지도적 책임에 대한 세 가지 분담방식은 지도자들이 같은 목표를 향해 노력하게 할 수 있지만, 동시에 같은 리더십에 대한 책임을 맡게 함으로써 지도자들은 다른 목표, 심지어는 혼동되는 목표를 향해 노력하게 할 수도 있다. 한 학교의 지도자 또 는 지도자 그룹은 같은 학교에서 하나의 수업 비전을 추진해 나갈 수 있는 반면, 또 다른 지도자나 지도자 그룹은 다른 수업 비전을 설득하기 위해 병행해서 일을 하게 된다. 따라서 사람들은 다르거나 반대되는 목표를 증진하려는 목적에서 같은 지도 적 정례업무를 수행해 나갈 수도 있다.

3) 어떠한 요인으로 책임 분담이 결정되는가

앞에서 리더십의 책임이 어떻게 배분되는지에 대해서 살펴보았는데, 이 외의 또 중요한 문제는 리더십의 분산이 무엇으로부터 영향을 받아 달라지는가다. 첫째, 공 식적 지위의 지도자들과 비공식적 지도자들의 개인적 혹은 공동의 결정으로, 교육 구나 교육청같이 학교 울타리 밖에 있는 개인 및 기관들의 영향으로 리더십의 분산 이 달라질 수 있는데, 이는 '계획적'으로 분산에 변화가 오는 것으로 볼 수 있다. 그 러나 모든 리더십 분산이 공식적 법령이나 지도자들의 개인적 의사결정을 통해 나 타나는 것은 아니다. 둘째, 리더십 기능과 정례업무에 대한 책임의 분산은 또한 공 식적 지도자들이나 교사 지도자들이 몇몇 지도적 정례업무나 기능에 대한 책임을 개인적으로 또는 집단적으로 맡게 될 때 '비계획적'으로 달라질 수 있다. 지도자들 사이에서 리더십 분산은 사람들이 서로의 장단점을 알게 되고, 신뢰를 쌓고, 리더십을 분산하는 데 도움이 되는 업무관계를 형성해 나가면서 서서히 전개되어 간다. 셋째, 리더십의 분산은 학교가 예기치 않았던 문제들이나 도전에 직면하게 되는 '위기를 통해' 나타날 수 있으며, 공식적 지도자들과 교사들은 이를 다루기 위해 함께 일해 나가면서 발견하게 된다. 이러한 여러 가지 메커니즘은 상호 배타적이지 않고, 서로 협력하고 상호작용하면서 일해 나간다.

(1) 계획적으로 분산된 리더십

공식적인 지도자들과 교사들은 공동으로 혹은 개인적으로 계획적인 의사결정을 통하여 학교의 리더십 기능과 정례업무의 수행을 위한 책임의 분산에 영향을 줄 수 있다. 이러한 분산은 두 가지 방식 중 하나로 일어날 수 있다. 하나는 공식적인 지도자 지위를 만들거나 현재의 지위를 재구성하여 공식적인 지도자들과 교사들 사이에서 리더십의 분산이 이루어지게 할 수 있다. 다른 하나는 리더십에 대한 책임의 분산을 가능하게 하고, 교사들을 지도자로 개발할 수 있는 구조나 정례업무를 만드는 것 역시 리더십의 분산에 영향을 줄 수 있다.

학교 지도자들은 학교의 리더십 기능과 정례업무에 대한 책임을 분산시키기 위하여 새로운 지도자 지위들을 만들거나 현재의 지위에 대한 직무 기술을 다시 썼다. 자신들이 모든 지도적 정례업무를 수행해 나갈 수는 없다는 사실을 깨달으면서, 학교 지도자들은 새로운 리더십을 위한 공식적 지위들을 만들거나 현재의 지위들을 재설계함으로써 다른 사람들의 지원을 적극적으로 이끌어 냈다. 어떠한 업무를 이끌어 나가는 것을 서로 분담해서 한다고 해서 그때마다 새로운 직책을 만들어 낼 필요는 없을 것이다. 일반교사 혹은 수업시간을 감면받은 교사들이 교사라는 지위를 그대로 갖고 있으면서 지도자의 역할을 감당했다.

헬러와 파이어스톤(Heller & Firestone, 1995)은 자신들의 연구에 참여한 학교들의 일부에서 교사 리더십이 개혁의 실행을 지원하기 위해 신설된 교사위원회를 통하여 개발되었다는 사실을 밝혀냈다. 이와 유사하게, 분산적 리더십 연구에 참여한 몇몇 학교에서도 지도자들은 교사들이 몇 가지의 핵심 리더십 기능들을 위한 책임을 담당하게 하는 다양한 구조들을 고안하고 실행하였다. 예를 들면, 아담스 학교에서 윌리엄스 교장과 지도부는 교사들의 전문성 개발을 위해 조찬회의를 창안해 내었다. 조찬회의의 목적은 교사들이 서로의 의견을 교환하고 토론을 마음껏 할 수 있게 하는 것이었다.

(2) 비계획적으로 분산된 리더십

리더십이 교장, 수석교사들 또는 다른 행정가들의 거대한 계획에 따라 분산되는 것만은 아니다. 게다가 기획과 계획(planning and design)이 공식적 지도자들과 교사들 사이의 리더십 분산에서 반드시 필수적인 것은 아니다. 때로는 학교 사정에 정통한 행정가들, 전문가들, 또는 학급 교사들이 개인적으로 혹은 공동으로 활동을 하면서 리더십이 부족하거나 미치지 못하는 영역이 어디인지 알 수 있다. 이는 조직의 구성원들이 어떤 특정한 리더십 기능 혹은 정례업무가 제대로 이루어지지 않고 있다는 것을 알았거나, 리더십의 어떠한 측면들이 좀 더 강화되는 것이 학교의 성공에 중요하다고 믿기 때문에 나타날 수 있다.

캐나다와 미국의 학교개혁에 대한 연구에 기초하여, 하그리브스와 핑크 (Hargreaves & Fink, 2004)는 교장들이 특정한 영역에서 요구되는 기술이 부족할 때 나타나는 리더십 공백을 종종 교사들이 채워 주고 있다는 사실을 발견하였다. 분산적 리더십 연구에 포함된 학교인 백스터 초등학교에서, 브랜드 교감은 스턴 교장이 '사교적'이지 않다는 사실을 깨달았다. 백스터 초등학교의 스턴 교장은 교사들이 수업개선에 대한 의견을 내고 역할을 수행할 수 있는 구조와 정책들의 기반을 잘 만들어 두었지만, 교사들과 의사소통을 하는 데에는 서투른 사람이었다. 브랜든 교감은 교사들로부터 이러한 말을 듣고, 일상 업무에서 교장이 사교적이지 못하다는 것을 직접 목격하면서, 교사들과 좋은 관계를 형성하고 학교정책과 프로그램에 관하여 교사들과 이야기하는 시간을 가지면서 스스로 의사소통적이며 사교적인 사람이 되도록 만들었다. 이렇게 해서, 브랜든 교감은 교장이 알지 못하고 교장의 명령도 없었던 상황에서 지도적 책임을 수행하였다. 그러므로 지위상의 지도자, 교사, 또는 학부모와 학교운영위원회 위원 등도 다른 사람들이 이행하지 않고 있는 리더십 기능이나 정례업무에 대한 책임을 맡을 수 있다.

(3) 위기를 통한 리더십의 분산

종종 학교에 위기를 가져오거나 단순히 다루어서는 안 되는 예기치 못한 사건 때문에 리더십이 여러 사람에게 분산될 수 있다. 예를 들어, 코로나19와 같은 상황을 맞이하게 되거나, 학생들의 읽기에 대한 학업성취도 점수가 급격하게 떨어지거나, 학교에서 마약이 발견되거나, 교사들이 총을 소지한 학생을 붙잡는 것과 같은 상황들이다. 이러한 사건들은 즉각적인 주의를 요구한다. 학교 행정가들은 위기를 벗어나기 위해 즉각적으로 반응을 보이게 되는데, 그 문제들을 다루기 위한 특정한 리더십 기능을 논의하기 위해 일반적으로 함께 일하지는 않은 사람들을 불러 모아 교사들과 학교 행정가들로 구성된 특별위원회를 구성할 수도 있다. 이것이 그 학교에서의 행정가들과 교사들 간 리더십의 분산에 변화를 줄 수 있다.

그론(Gronn, 2003)은 이러한 위기 때문에 발생되는 분산을 '자발적 협동'이라고 불렀다. 이것은 임시적인 것이며, 지속적이지 않은 경우가 많다. 왜냐하면 이러한 종류의 협동들은 아주 특정한 문제 상황에 따른 것이고, 그 문제가 해결되면 이 일에 관여했던 사람들의 모임은 해산되기 때문이다.

4) 어떻게 영향력 있는 지도자로 여겨지는가

스필레인(라연재 외 공역, 2010)의 분산적 리더십 연구에 참여한 84명의 교사들 가운데 70명(83%, 이후 중복 답안)이 교장을 교사의 교수활동에 영향을 미치는 지도자로 인식하고 있었고, 24명(28.6%)이 교감을 뽑았다. 그 외에 67명(79.8%)은 다른 교사라고 응답하였다. 이를 통해 공식적 지위라는 요인은 교사들이 자신의 수업에 영향을 끼치는 지도자로 인식하는 데 관련이 있긴 하지만, 반드시 공식적 지위의 사람들을 지도자로 인식하는 것이 아닌 것을 알 수 있다. 전체 84명 가운데 7명의 교사들만이 '지위' 그 자체가 자신에게 영향력 있는 지도자가 되기에 충분하다고 대답하였다.

리더십이 어떻게 형성되는 것인지 알기 위한 좋은 방법은 지도자보다 구성원의 관점에서 리더십을 조사하고, 어떤 이들이 지도력 있는 인물로 여겨진다면 그 이유가 무엇인지 면밀히 살펴보는 것이다. 교사들은 지도자들과 직접 교류하면서, 혹은 동료 교사들이 지도자들에 대해 어떻게 생각하는지에 대해 이야기 나누는 것을 통해서 지도자들의 지도력을 판단한다. 교사들의 이러한 판단은 다음의 네 가지 사항에 기초한다.

- 인적 자본은 한 사람의 지식, 기술, 전문성 등을 포함한다.
- 문화적 자본은 한 사람이 존재하고 행동하고 상호작용하는 방식으로, 구체적인 사회적 맥락 안에서 그 가치가 평가된다.
- 사회적 자본은 한 사람의 사회적 네트워크나 관계를 말하며, 어떤 조직에 있는 개인들 사이에서의 신뢰, 협동, 의무감과 같은 규범이 얼마나 보편적인지와 관련이 있다.
- 경제적 자본은 돈과 책, 교과자료, 컴퓨터 등과 같은 물질적 자원을 포함한다.

교사들이 교장을 자신의 교수활동에 얼마나 많은 영향을 미치는 사람으로 인식하는가에 따라 교장의 전문성에 대한 교사들의 인식이나 인적 자본은 하나의 요인으로 작용하며, 교장의 상호작용 방식이나 문화적 자본 역시 교사가 변화하도록 동기화시킬 수 있다. 교사를 칭찬하면서 충고나 조언을 하는 교장들이 수업을 개선하는 데 노력하도록 교사들을 더 잘 동기화시킨다는 사실을 발견하였으며, 또한 어떤 연구는 사회적 자본이 지도자로서 교사들에게 영향력을 끼친다는 것을 확인하고 있다. 구체적으로, 가치 있는 사회적 네트워크, 상호 신뢰 및 존경, 의무감 및 책임감과 같은 형태의 사회적 자본은 특히 수업을 위한 교사 리더십에서 매우 중요하다.

여기에서는 리더십 업무에 대한 책임이 학교에서 어떻게 분산되고 있는가에 대해 중요한 시사점을 제공하고 있다. 3~7명가량의 공식적인 지도자들은 전형적으로 지도적 정례업무를 위한 책임을 맡고 있다. 일반적으로 학급 교사들과 같은 비공식적인 지도자들 역시 지도적 정례업무를 위한 책임을 맡고 있다. 공식적인 지도자들과 비공식적인 지도자들 사이에서의 리더십 분산은 지도적 정례업무, 교과목, 학교의 유형, 학교의 크기 그리고 학교나 학교 리더십 팀의 발전단계에 따라 다르다. 지도적 정례업무들에 대한 책임의 분산은 엄격한 분업, 공동 수행, 병행 수행 등 최소한 세 가지 방식으로 일어난다. 리더십에 대한 책임의 분산은 계획하거나, 자연스럽게 일어나거나, 위기를 통해 달라질 수 있다. 결국, 교사들은 공식적인 지도자들과 그렇지 않은 사람들 모두를 가치화된 유형의 인적 자본, 문화적 자본, 사회적 자본, 그리고 경제적 자본에 기초하여 영향력 있는 지도자들로 구성하게 된다.

그러나 지도자 범위 확대의 분석틀, 이것만 적용하였을 때는 불충분하다. 분산적 관점은 특정한 리더십 기능과 정례업무에 대한 책임을 누가 맡게 되는지뿐만 아니라 여러 지도자와 구성원, 그리고 상황의 상호작용 가운데 리더십이 어떻게 일어나고 있는지에 대해서도 살펴봐야 한다. 이는 다음 주제인, 분산적 리더십 실행에서 살펴보기로 한다.

4. 분산적 리더십 실행

분산적 리더십은 조직적 또는 구조적 제약들에 의해 제한되지 않은 리더십 형태이다. 오히려 분산적 리더십은 리더십 지위에 있거나 그 역할을 하는 개인의 행동이기보다는 리더십 실행과 상호작용에 일차적 관심을 갖는다. 그것은 또한 리더십의 실행에 있어서 광범위한 참여, 즉 의사결정에 있어서 교사, 다른 전문가들, 학생들, 학부모 및 지역사회 인사가 참여하는 것을 의미하는 리더십 모형이다(Harris & Lambert, 2003).

최근 코로나19 시국을 맞아 ○○중학교 등 관련 국내학교 외, 외국학교 실례를 통해 분산적 리더십이 어떻게 일어나고 있는지 분산적 리더십 실행 측면에서 다루어보고자 한다.

감염병관리위원회가 ○○중학교 회의실에서 열리고 있었다. 이 위원회는 1주마다 한 번씩 개최되고 있었는데, 모인 사람들은 약 15명 정도로, 학년별 교사들과 업무 담당교사, 담당교사를 보조하는 인턴교사 등 다수의 지도자들로 구성되어 있었다. 감염병관리 담당교사가 나와서 교사들의 협조에 감사하며, 최근 모든 학년의 학생이 마스크 착용, 손 씻기 등 개인위생 관리에 향상을 보였으나 확진자가 1명 발생했다고 언급하였다. 연이어 교장선생님이 여러 교사들의 노고를 칭찬하며 체계적이며 지속적인 관리를 부탁하였다. 교감선생님은 위기상황 진단, 정책 판단을, 보건교사는 확진자 관련 보고자료 조사 결과를, 교무부장은 학생 교직원 학부모 안내문 협의를, 안전생활부장은 학생 귀가조치 방법 협의를, 교육과정부장은 원격수업 및 등교중지 대상 학생 수업결손 대책방법을, 행정실장은 학교방역 및 방역물품 확보, 시설폐쇄조치 등 각 맡은 바 업무에 대해 보고하거나 제안하였다. 학년부장과 교사들은 자신의 교실현장 경험에서 얻은 사례와 제안을 활발하게 발표하였다. 회의가 끝날 무렵, 교사들은 모든 학생들이 매일 지속적으로 열을 재어야 하는지와 열 탐지기 이용 등 열을 효율적으로 재기 위한 방안을 논의하였다.

어떤 이들은 앞의 사례에서 리더십의 실례가 어디 있는가 하고 반문할 수도 있다. 왜냐하면 그런 사람들은 리더십을 영웅적 인물, 즉 학교를 새로운 차원으로 이끌어 올리려는 행동에서 찾기 때문이다. 대신 ○○중학교의 여러 명의 지도자는 열을 효율적으로 재기 위한 방법은 무엇이며, 학생들의 개인위생에 대한 실천율을 어떻게 향상시켜야 할지에 대해 평범해 보이는 의논들을 하고 있다. 여기서 이것이 바로 리더십이다. 더 자세히 말하자면, 리더십 실행이다.

앞의 감염병관리위원회의 사례가 어떤 영웅적 인물의 영웅적 행동이 없음에도 리더십의 예가 될 수 있는 이유는 ○○중학교의 지도자들이 교사들의 보건교육에 영향을 주기 위한 목적으로 그 위원회에 참여하고, 또 교사들은 그곳에서 배운 것을 생활지도에서 어떻게 활용할지를 토론하기 위한 시간으로 이해하고 있기 때문이다. 즉, 이들의 활동은 학교의 핵심 임무인 수업 및 생활지도에 직접적으로 연결된다. 앞의 사례는 참가자 간의 상호작용 속에서 나타나는 리더십 실행의 좋은 예가 된다.

아쉽지만 분산적 리더십의 실행 측면에 관한 구체적인 연구물은 많지 않다. 여기서는 리더십 실행에서의 상호작용에서 먼저 인적 차원, 다음으로 상황 차원을 살펴봄으로써 이 부족함을 채워 보고자 한다.

1) 인적 차원

인간은 지도자이든 구성원이든 간에, 리더십 실행의 분석에서 중심이다. 사람들이 무엇을 하는가, 즉 사람들이 어떤 역할을 하는가는 매우 중요하다. 그러나 리더십 실행에 관한 대부분의 분석들은 개인의 행위, 특히 지도자의 행위 그 이상을 다룬 것을 찾아보기 힘들다. 기껏해야 한두 명의 지도자의 행위를 모으는 데 그친다. 분산적 접근에서는 상호작용, 즉 리더십 실행이 지도자들과 구성원들 사이에서 어떻게 상호작용을 형성하는가가 중요한 문제다.

(1) 사람들 '사이에' 일어나는 상호작용에 대한 이해

분산적 관점에서 리더십 실행을 탐구하는 것은 단순한 작업이 아니다. 중요한 과제는 리더십 실행이 지도자들에게 어떻게 분산되어 있는지를 풀어내는 작업이다. 이를 위한 한 가지 방법은 지도자들의 행위 가운데 있는 상호의존성을 분석하는 것이다(Gronn, 2002, 2003; Spillane et al., 2003). 여기서 중요한 점은 개인이 아니라 집단 차원에서 지도자들이 어떻게 일하는지를 파악하는 것이다.

리더십 실행을 공동 수행하는 지도자들 간의 상호작용을 분석할 때, 집단으로서 일하는 것과 그 구성요소 모두에 주목하는 것이 필요하다. 앞의 사례에서 교장, 교감, 감염병관리(보건교육) 담당교사, 부장교사, 인턴교사 지도자가 집합체로서 어떻게 기능하는지를 이해할 필요가 있다. 이 여러 명의 지도자는 어떤 식으로 서로에게 주의를 기울이면서 공동으로 교사들을 이끌어 가고 있는가? 그들은 어떻게 지도적 정례업무를 공동으로 수행하는가?

리더십 실행의 공동 수행에 대한 지도자들의 상호작용을 분석하면서, 스필레인과 동료들(Spillane et al., 2003)은 세 가지 유형의 분산이 있다는 것을 발견하였는데, 이는 협동적 분산, 집단적 분산, 조정적 분산이었다.

- **협동적 분산**: 두 명 이상의 지도자들이 같은 시간, 같은 장소에서 동일한 정례업무를 이끌어 간다. 교사 회의를 함께 진행하는 상황을 예로 들 수 있다. 협동적 분산에는 상대적 상호 의존성을 관찰할 수 있는데, 이는 지도자들이 정례업무를 함께 수행하면서 한 지도자의 행위가 다른 지도자들의 다음 행위에 결부되어 있기 때문이다. 앞의 사례에서 지도자들 간의 상호작용에 주목해 보면, 이들은 서로 보완하고 보조하고 의미를 더 명확하게 하는 데 도움을 주고 있다. 따라서 리더십 실행이라는 것이 교장, 교감, 감염병관리 담당교사, 부장교사, 인턴교사의 지도자에게 걸쳐 있는 것이지, 이들이 따로따로 행동하는 것에 있지 않다.
- **집단적 분산**: 두 명 이상의 지도자들이 한 정례업무를 이끌어 가는 데 상호 의존적이지만 개별적으로 일한다. 엘리스 학교(Ellis School)는 집단적 분산의 사례를 보여 준다. 교장과 교감은 교사평가가 이 학교의 수업의 질을 끌어올리는 데 매우 중요한 것임에 동의하고, 교사평가라는 활동에 대해서 따로, 그러나 상

호의존적으로 서로의 행위에 주의를 기울이면서 공동 수행을 하고 있었다.

> "저는 말하자면 형성평가를 맡았다고나 할까요. 저는 교사들에게, 미리 관찰할 것이라고 말해 둡니다. 그러면 교사들은 이런 점을 위주로 봐 달라고 말하기도 하고, 저런 점들이 약하니까 도움을 달라고도 말하고요. 수업 이후에 교사와 저는 만나서 이야기를 나누죠. …… 그래서 매일 모든 교실을 한 번씩은 다 방문하려고 합니다. …… 그래서 이것이 수업의 질을 향상시키는 데 도움이 되었다고 믿어요."

교감의 역할이 형성평가라는 용어로 잘 표현될 수 있을 것 같다. 한편, 교장은 총괄평가를 맡았다고 볼 수 있다. 일 년에 두 번 수업 현장을 방문하면서 교사들의 수업을 평가하였다. 교감, 교장은 상호 의존적으로 행하면서 상대방의 행위에 주의를 기울이며 궁극적으로 두 사람의 집단적 실행을 이루어 나가고 있었다.

- **조정적 분산**: 조정적 분산에서 리더십 실행은 개별적으로 행해지면서 시간에 따라 리더십에 관련된 일이 순차적으로 이루어진다. ○○중학교의 1주단위회의라는 정례업무는 리더십 실행이 시간에 따라서 어떻게 걸쳐 있는지 보여 주는 예가 된다. 1주단위회의에서는 다음과 같은 7단계의 순서로 일이 진행되었다. ① 감염병관리 담당교사는 학생들의 열 및 개인위생을 평가할 수 있는 학생평가 도구를 개발한다. ② 교사는 학생들에게 이 도구를 이용하여 평가를 실시한다. ③ 감염병관리 담당교사와 인턴교사는 학생들의 평가결과를 점검하고 분석한다. ④ 교장과 감염병관리 담당교사는 만나서 결과에 대하여 논의하고, 학급관찰을 통해서 얻어 낸 정보를 이용해서 분석결과를 해석하고, 학교의 감염병관리에 대한 문제가 무엇인지 진단한다. ⑤ 감염병관리 담당교사는 감염병관리에 관련된 많은 자료를 모으고, 학급 관찰과 점검결과 분석을 통해서 밝혀진 문제들을 교사들이 현장에서 다룰 수 있도록 전략을 정리해 둔다. ⑥ 교감은 감염병관리 담당교사와 인턴교사를 도와, 감염병관리위원회 회의에서 교사들에게 평가결과를 발표한다. ⑦ 교장, 감염병관리 담당교사, 그리고 교사들은 평가의 결과에 대해 해석하고, 파악된 문제들을 논의하고 의견을 교환함으로써 감염병관리 전략에 대한 합의에 이른다. 다양한 상호 의존적인 과업들이

시간을 따라 배치되는 것이 이러한 리더십 활동의 수행에서 주요한 특징이다.

(2) 구성원

어떤 학자들은 사회적 영향력이 항상 쌍방향이므로 지도자와 그를 따르는 구성원을 구분하는 것은 문제가 있다고 주장한다. 그러나 지도자와 구성원 사이를 구분하지 않으면, 구성원이 리더십 실행에서 어떠한 역할을 하는지 밝혀내는 것이 더 어려워 보이기 때문에 구분할 필요는 있다고 하였다(라연재 외 공역, 2010).

구성원을 살펴보는 것은 리더십 실행에 관한 연구에서 중요한 점이다. ○○중학교의 감염병관리위원회를 살펴보면, 교사들은 적극적으로 참여하였고, 다른 다수의 지도자들과 빈번히 상호작용하면서 의견과 예를 제시하였다. 학생들이 열재기와 개인위생을 잘 지킬 수 있게 하는 전략을 검토할 때, 한 교사는 교사들이 발표한 것에 대하여 인턴교사가 학생들에게 적용하고 있는 자가격리자와 확진자의 행동요령 전략이 무엇인지 분명하게 밝혀 주는 것이 좋겠다고 말했고, 이에 대해서 교장은 방금 그 교사가 말한 것이 중요하다고 인정하였다. 동시에 성급하게 어떤 전략을 먼저 제시하기보다 먼저 예를 들어 보여 주고, 선생님과 함께해 보고, 학생들이 수행하기 힘든 부분에 디딤돌을 놓아 주고, 적용해 보는 과정의 중요성도 다시금 확인시켰다. 교장의 이러한 제안은 앞서 말한 교사가 무슨 언급을 했는지 알아야 이해할 수 있는 것이다. 교장이 이러한 말을 마치자, 또 다른 교사가 방금 교장이 말한 일련의 과정이 어떻게 교실에서 실행될 수 있는지 예(역할극)를 들어서 설명하였다. 이렇게 지도자들과 구성원들은 서로를 보완하고 또한 서로의 반응을 주의 깊게 살펴보고 있었고, 지도자들은 공동으로 구성원들과 상호작용하고, 또한 이러는 가운데 구성원들도 리더십 실행이 형성되는 데 기여하게 된다.

2) 상황 차원

대부분의 사람들은 리더십 실행을 포함한 모든 종류의 실행에서 상황이 중요하다는 것을 인정한다. 상황은 실행을 더 어렵게 하거나 덜 어렵게 할 수 있다. 그러나 상황 측면은 이미 계획된 어떤 일을 신속하고 똑똑하게 실행할 수 있게 해 주는 것 그 이상의 의미가 있다.

도구(tools), 정례업무, 구조(structures) 그리고 상황의 여러 측면은 종종 세상 안에서, 그리고 세상에 대해서 사람들의 상호작용을 중재한다. 상황 측면은 상호작용을 조정하고, 이러한 상호작용 속에서 실행은 구체화된다. 이런 방식으로, 상황은 지도자들과 구성원이 상호작용을 하면서 리더십 실행의 성격을 결정짓는다. 따라서 지도자와 구성원은 상황에 따라서 무엇에 대해 얼마나 주의를 기울여야 하는지를 결정하게 된다.

(1) 상황: 도구, 정례업무 그리고 기타 사항

여기서는 상황이 어떻게 분류되는가를 고려한 후에, 분산적 리더십 연구로부터 두 가지 사례를 제시하겠다. 이 사례들은 상황의 단 두 가지 측면—도구와 정례업무—에만 초점을 맞추고 있다. 이 외에 상황의 다른 측면—구조, 문화, 언어 등—을 고려하는 것도 유익하겠지만 여기서는 생략하기로 한다.

행정가들과 교사들은 자신들의 도구와 정례업무를 전적으로 만들어 내기도 한다. 학교 지도자들은 학교의 특정한 필요성을 채울 수 있도록 학교 자체 내에서 자신들의 도구나 정례업무를 계획하는데, ○○중학교의 부장회의, 교직원회의가 그 좋은 예다. 그러나 도구와 정례업무는 학교가 아닌 다른 곳에서 만들어질 수도 있다. 예를 들어, 학교발전계획서 수립과정과 같이, 교육지원청, 교육청, 교육부 또는 다른 외부 기관에서 만들어져 학교 지도자들이 수용하기도 한다. 또한 지도자와 구성원은 어떤 상황에서 사용되었던 도구와 정례업무를 다른 상황에 이용할 수도 있고, 새로운 목적을 위해서 변용할 수도 있다.

(2) 글쓰기 노트 검사: 정례업무와 도구의 사례

글쓰기 노트 검사라는 정례업무를 통해서 넬슨 교장은 매달 힐사이드 학교의 글쓰기 수업 시간에 어떤 일이 일어나는가를 모니터할 수 있었다. 넬슨 교장은 "단지 노트를 읽어 보고 교사들에게 피드백을 제공하는 것만으로도 교실에서 일어나는 많은 일에 대해 알 수 있었죠. 누구에게 어떤 부분의 개선이 필요한지를 파악할 수 있었습니다."라고 말하였다. 넬슨 교장은 각 교실에서 일어나는 글쓰기 교수학습에 대해 학생과 교사 모두에게 글로 피드백을 제공하면서, 글쓰기 교육에서 어떤 부분은 더 배워야 하고 어떤 부분은 잘하고 있는 것인지에 대해서 파악할 수 있었다. 이를 통해 글쓰기 수업에서 교사와 학생 모두에게 동기를 부여하게 되었다.

글쓰기 노트는 여러 가지 면에서 리더십 실행을 형성하였는데, 첫째, 교장, 학생, 교사 간의 상호작용은 학생들이 글쓰기에 대해 실제로 학생들이 작성한 글쓰기를 토대로 서로 간의 상호작용에 깊은 주의를 기울였다. 둘째, 글쓰기 노트 검사는 이들의 상호작용에 일정한 틀, 즉 교장이 학생과 교사에게 동시에 피드백을 제공하는 형식을 갖게 해 주었다. 이로써 교사와 학생 모두에게 글쓰기 수업을 위한 향상을 위해서 동기를 부여하고 격려하는 것이 가능하였다.

이는 학생을 무시하고 교사에게만 초점을 맞추는 종래의 것과는 사뭇 다른 형태였다. 학생은 글쓰기에 대한 동기부여와 그들 스스로의 의지 덕분에 교실에서 일어나는 수업의 기반에 변화를 가져왔다. 만약 다른 도구들을 사용했다면, 리더십 실행과 그 상호작용은 지금과 달라졌을 것이다. 예를 들어, 교사의 수업계획에 대한 월간 검사와 같은 정례업무는 교사가 어떤 내용을 가르치고 있는지에 대한 상호작용에 훨씬 더 초점을 맞추었을 것이다. 지금처럼 학생들과 직접적으로 연결되거나 학생들이 실제로 배운 것에 초점을 맞추지는 못했을 것이다. 어떤 도구를 선택하고 개발하는가의 문제는 리더십에서 매우 중요하다. 이처럼 도구에 따라서 어떤 리더십 실행이 가능하게 되기도 하고 제약되기도 한다. 글쓰기 노트와 같은 도구를 통해서 수집되는 데이터는 수업 지도안이나 다른 도구를 통한 데이터와는 다르고 독특한 성격을 갖는다. 이를 통해서 사람들은 자신의 상호작용에 더 주의를 기울이게 된다.

(3) 학생 시험 자료: 리더십 도구의 사례

표준화된 시험으로 산출된 학업성취도 자료 또한 하나의 도구다. 성취도 자료는 많은 학교에서 사용되는 도구이다. 백스터 초등학교의 공식적·비공식적 지도자들은 시험점수 자료의 세부항목들을 참조하여 학교가 계속 발전하고 있는지에 대한 지표로 삼았고, 수업 향상을 돕기 위한 수단으로 사용하였다. 랜스 스턴 교장은 자타가 공인하는 '데이터 수집가'로서, 백스터 초등학교 학생들의 ITBS 성취도에 대해 정기적으로 장기간 분석하였다. 분석 시 학년과 언어, 인종, 남녀 등 각 주요 집단이 시간의 흐름에 따라 어떻게 변화되는지에 따른 경향을 밝혔다. 랜스 스턴은 이러한 경향을 그래프로 표현했으며, 지도자들과 교사들이 이 그래프를 보면서 문제점의 해결책을 찾을 뿐 아니라, 그 문제의 본질에 대해 토론하며 분석틀을 짜는 데도 이 그래프들을 사용하였다. 스턴과 그의 리더십 연구 팀은 이러한 과정에 교사들을 참여시키기 위해 표준화된 시험자료의 장점을 재구성하는 데 많은 노력을 기울였다.

교육구가 전달하는 테이터만 사용했다면, 지금의 스턴 교장이 학교의 사정에 맞추어 시험 데이터를 사용하는 것과는 다른 상호작용이 일어났을 것이다. 백스터 초등학교에서 학생평가 자료―교육구에서 받은 도구―는 리더십 실행 안에서와 리더십 실행을 통해서 변형되었는데, 리더십 실행은 학생 평가 자료를 새롭게 구성하고 수정하였다. 이러한 변형된 도구들은 지도자들 간의 상호작용과 지도자와 구성원 간의 상호작용의 틀을 새롭게 만들었고, 상호작용은 리더십 연구 팀 회의와 학년 회의 같은 지도적 정례업무의 수행에서 변화를 가져왔다. 간단히 말하자면, 이러한 도구들은 단순히 성공을 인정하는 것에 대한 상호작용보다는 백스터 초등학교의 수업 프로그램에 관련된 문제를 짚어 내고 해결하는 것에 관한 상호작용에 초점을 맞추었다. 이렇게 하여 학생 평가 자료는 하나의 도구로서 백스터 초등학교의 리더십 실행이 빚어낸 결과물이면서, 동시에 지도자들과 구성원들의 상호작용을 좌우하는 요소가 되었다.

학업성취도 자료는 어떤 리더십 실행을 할 것인가를 결정지을 수 있는 요소다. 몇몇 학교에서는 리더십 실행에 따라서 이 도구가 새롭게 정의되기도 했고, 이러한 변화의 결과를 토대로 다시 리더십 실행이 영향을 받아 새로운 모습으로 변화되기도 하였다.

분산적 관점으로 리더십을 본다는 것은 리더십 실행을 중심에 둔다는 것이다. 리더십 역할, 기능, 구조 모두 중요하겠지만 리더십 실행이 가장 중요하다. 분산적 관점은 리더십 실행을 들여다보는 데 특정한 렌즈를 제공한다. 분산적 관점은 리더십 실행과 개인 지도자들의 행동을 동일시하지 않는다. 학교 지도자들의 행위는 중요하지만 여전히 리더십 실행을 정의하는 데 기여하는 요소 중 하나일 뿐이다. 지도자 범위 확대 측면을 넘어서야 하는 것이다.

낱낱의 행위를 모아 둔 것과 상호작용은 다른 것이다. 상호작용은 분산적 관점으로 리더십 실행을 푸는 열쇠라고 할 수 있다. 리더십 실행은 지도자, 구성원 그리고 상황의 상호작용 속에서 형성되기 때문이다. 또한 리더십 실행에 대한 분산적 관점에서 상황은 매우 중요하다. 도구와 정례업무는 지도자들이 다른 지도자 및 구성원

들과 상호작용하는 매개체다. 그러나 실제 실행을 통해서 정례업무나 도구의 사용
은 수정되고 변경된다.

　학교 리더십 이해를 위해 분산적 분석틀의 실행 측면을 사용하는 연구는 많지 않
다. 많은 연구들이 여전히 이론을 세우고, 신빙성 있는 가설을 세우고, 가설을 검증
하는 데 머물러 있다. 이러한 연구들이 앞으로 풀어 나갈 문제는 다음과 같다. 첫째,
학교에서의 리더십 실행이 무엇인지 밝혀야 할 것이다. 또한 단순히 공식적 지위의
지도자들이 무엇을 하는지에만 의존하는 것은 적절치 않다. 왜냐하면 리더십 실행
은 상황만이 아니라, 공식적·비공식적 지도자와 구성원 간의 상호작용 속에서 일
어나기 때문이다. 둘째, 일단 밝혀진 리더십 실행을 증명하기 위한 타당하고 믿을
수 있는 방법의 개발이 필요하다. 이제 연구자들과 학교 현장의 사람들이 지도자의
행위에 대해서만 초점을 맞추는 것이 아니라 리더십 실행 내의 상호작용을 보고자
해야 할 것이다.

참고문헌

강경석, 박찬(2003). 학교조직에서의 분산적 리더십과 교사효능감 및 학습조직화 간의 관계. 중
　등교육연구, 61(2), 309-337.
김규태, 주영효(2009). 분산적 지도성 실행의 평가영역 및 준거 개발. 교육행정학연구, 27(3),
　351-374.
김남현 역(2021). 리더십 이론과 실제(7판). 피터 G. 노트하우스 저. 서울: 경문사.
김현, 강경석(2016). 초등학교 교사가 인식한 분산적 리더십, 교사학습공동체, 교사수업활동 간
　의 구조적 관계. 학습자중심교과교육연구, 16(7), 137-162.
김희규, 주영효(2012). 학교단위 전문가학습공동체 형성 및 활성화를 위한 분산적 리더십 실행:
　그 과제와 시사점. 교육문제연구, 43(5), 1-26.
라연재(2009). 디자인순환분석모델을 통한 리더십 실행에 대한 이해. 교육행정학연구, 27(1),
　303-326.
라연재, 엄준용, 정우진, 최상민 공역(2010). 분산적 지도성: 리더를 뛰어넘는 리더십. 제임스 P.
　스필레인 저. 서울: 학지사.
문성윤(2013). 분산적 리더십 진단 도구 개발 연구: 학교조직을 중심으로. 교육행정학연구,
　31(1), 159-181.
박선형(2003). 변혁적 지도성에 대한 비판적 고찰: 분산적 지도성을 중심으로. 교육행정학연구,

21(4), 179-196.

박선형(2018). 분산적 지도성: 학문토대와 개념정의 및 국내 연구동향 분석. 교육행정학연구, 36(3), 1-35.

박희경, 이성은(2014). 초등학교의 분산적 지도성, 교사 임파워먼트, 학교조직 효과성 간의 구조 관계. 열린교육연구, 22(2), 145-163.

이건효, 김성일, 박태진(2003). 사회적 분산 인지 시스템으로서의 공동체 학습 모형 제안. 교육 방법연구, 15(1), 1-21.

이석열(2013). 대학 학장의 직무수행 및 분산적 지도성 실행 설계 및 분석에 관한 연구. 교육행정 학연구, 31(1), 1-29.

이석열, 김규태, 주영효, 손보라, 공역(2011). 분산적 리더십: 미래를 위한 학교 리더의 방향. 알마 해리스 저. 서울: 시그마프레스.

이영내, 주철안(2015). 보건교사의 분산적 지도성 경험과 의미 탐색. 교육행정학연구, 33(4), 103-124.

이창수(2020). Gronn, Spillane & Harris의 분산적 지도성 이론 및 연구에 관한 연구. 교육행정학 연구, 36(4), 249-273.

전상훈, 이일권, 조흥순(2016). 수업지도성, 분산적 지도성, 학교풍토가 교사전문공동체에 미 치는 영향에 관한 연구. 한국교원교육연구, 33(1), 29-50.

조성구, 한유경, 민윤정, 김애신, 주철안(2011). 분산적 지도성이 학교조직 효과성에 미치는 영 향. 교사교육연구, 50(3), 13-28.

주영효, 김규태(2009). 분산적 지도성의 이론적 탐색. 교육행정학연구, 27(2), 25-54.

Cambum, E., Rowan, B., & Taylor, J. (2003). Distributed leadership in schools: The case of elementary schools adopting comprehensive school reform models. *Education Evaluation and Policy Analysis*, *25*(4), 347-373.

Christy, K. M. J. (2008). *A comparison of distributed leadership readiness in elementary and middle schools*. University of Missouri. EdD Thesis.

Davis, M. W. (2009). *Distributed leadership and school performance*. The Geovge Washington University. EdD Thesis.

Gibb, C. A. (1954). Leadership. In F. Lindzey (Ed.), *Handbook of social psychology*, vol. 2. (pp. 877-917). Reading, MA: Addison-Wetey.

Gronn, P. (2000). Distributed properties: A new architecture for leadership. *Education Management and Administration*, *28*(3), 317-338.

Gronn, P. (2002). Distributed leadership as a unit of analysis. *The Leadership Quarterly*, *13*,

423-451.

Gronn, P. (2003). *The new work of educational leaders: Changing leadership practice in an era of school reform.* London: Paul Chapman.

Gronn, P. (2008). The future of distributed leadership. *The Journal of Educational Administration, 46*(2), 141-158.

Gronn, P. (2009). From distributed to hybrid leadership practice. *Studies in Education Leadership book series,* Vol 7. 197-217.

Hargreaves, A., & Fink, D. (2004). The seven principles of sustainable leadership. *Educational leadership, 61*(7), 8-13.

Harris, A. (2005). Leading or misleading? Distributed leadership and school improvement. *Journal of Curriculum Studies, 37*(3), 25-265.

Harris, A. (2008a). Distributed leadership: According to the evidence. *The Journal of Educational Administration, 46*(2), 172-188.

Harris, A. (2008b). *Distributed school leadership: Developing tomorrow's leaders.* London: Routledge Falmer Press.

Harris, A. (2013). Distributed leadership friend or foe? *Education Management Administration & Leadership, 41*(5), 545-554.

Harris, A., & Lambert, L. (2003). *Building leadership capacity for school improvement.* Milton Keynes, UK: Open University Press.

Heller, M. F., & Firestone, W. A. (1995). Who's in charge here? Sources of leadership for change in eight schools. *Elementary School Journal, 96*(1), 65-86.

Hutchins, E. (1995). *Cognition in the wild.* Cambridge, MA: MIT Press.

Portin, B., Schneider, P., DeArmond, M., & Gundlach, L. (2003). *Making sense of leading schools: A study of the school principalship. Seattle:* Center for Reinventing Public Education, University of Washington.

Senge, P., Scharmer, C.O., Jawroski, J., & Flowers, B. (2005). *Presence exploring profound change in people, organisations and society.* London: Nicholas Brealey Publishing.

Spillane, J. P. (2005). Distributed leadership. *The Educational Forum, 69*(2), 143-150.

Spillane, J. P. (2006). *Distributed leadership.* San Francisco: Jossey-Bass.

Spillane, J. P., Halverson, R., & Diamond, J. B. (2004). Towards A theory of leadership practice: A distributed perspective. *Journal of Curriculum Studies, 36*(1), 3-34.

Spillane, J. P., Diamond, J. B., & Jita, L. (2003). Leading instruction: The distribution of leadership for instruction. *Journal of Curriculum Studies, 35*(5), 533-543.

제 2 부

리더십과 경영

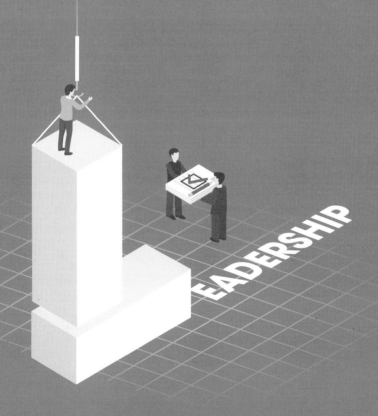

리더나 관리자들이 조직을 효과적으로 경영할 수 있도록 경영실제를 분석하고 처방하는 조직이론은 20세기 초에 고전이론으로 시작하여, 인간관계론, 행동과학론, 체제론, 대안적 관점 등으로 발전해 왔다. 이러한 경영 및 관리이론의 지적 역사에 기초하여 볼만과 딜(Bolman & Deal, 1984)은 『조직을 이해하고 관리하는 현대적인 접근방법(Modern Approaches to Understanding and Managing Organizations)』이란 책에서 조직경영을 이해하기 위해서는 조직의 구조, 인간자원, 정치, 문화를 아우르는 통합적 관점의 필요성을 제기하였다. 이후 조직 경영에 대한 연구뿐만 아니라 컨설팅 등 경영실제에서 통합적인 관점은 폭넓게 활용되고 있다.

리더십의 개념은 20세기 초의 경영에서 그다지 적용되지 않았지만 암묵적으로 활용된 리더십 모델은 구조적인 관점이었다. 이후 1960~1970년대에는 조직 구성원의 동기를 유발시키는 인간자원 리더십이 강조되었다. 당시의 리더십에 대한 문헌에서는 개방, 감수성, 참여 등의 주제가 활발하게 다루어졌다. 1980년대 이후 문화상징적인 리더십이 무대 중심에 등장했으며 조직 연구자들과 경영 관리자들이 조직문화를 변화시키는 이상을 지닌 리더에 관심을 기울였다. 이와 함께 사회가 민주화되고, 시민의 정치 참여 수준이 높아짐에 따라 조직의 현실적이고 역동적인 실제를 기술하고, 권력과 집단 간 갈등 등의 주제를 다루는 정치적인 리더십이 부각되었다.

조직의 경영자는 조직을 관리할 때 특정한 관점을 강조하는 경우 비효과적인 리더십이 발휘될 수 있다. 즉, 조직의 공식적 구조와 절차를 지나치게 강조하는 독재적 리더십, 느슨한 인간관계를 강조하는 유약한 리더십, 조작과 기만을 통해 구성원을 통제하는 폭력적인 리더십, 신기루 같은 판타지를 통해 유인하는 환상적인 리더십이 나타날 수 있다. 따라서, 경영자는 이러한 개별적인 관점에 따른 리더십의 강점과 그 한계를 이해할 필요가 있다.

경영실제에서는 문제해결을 위해서 개별적인 리더십 관점이 아니라 다양한 관점을 활용하는 통합적 안목을 가질 필요가 있다. 즉, 조직의 구조를 조직의 목표, 환경, 구성원, 고객 등에 적합하게 설계할 수 있는 구조적 리더십, 조직의 구성원들을 지원하고 권한을 강화시킬 수 있는 인간자원 리더십, 조직 내외의 역동적인 권력을 이해하고 집단 간 갈등을 관리하는 정치적 리더십, 조직 구성원들에게 영감을 부여하고 구성원들이 공유하는 경험을 재해석함으로써 건강한 조직문화를 형성하는 문화상징적인 리더십의 발휘이다. 그러나 모든 경영자들이 네 가지 관점을 모두 다 능숙하게 사용하는 리더가 될 것으로 기대하는 것은 비현실적이다. 리더에게 있어서 중요한 것은 자신의 한계를 인정하고 조직 내에 리더를 보완할 수 있는 사람들을 충원할 수 있는 능력이다.

리더는 통합적인 네 가지 분석 관점으로 사건이나 문제들을 관조함으로써 경영실제를 다루어 나갈 수 있다. 경영자들은 때로는 경직성과 나약함의 양극단에 치우칠 수 있다. 경영자가 지나치게 경직될 때 좋은 아이디어가 성급하게 추진될 수 있다. 이와 대조적으로 나약하게 반응하는 경영자들은 조직이 움직이지 않을 때 좌절감을 느낄 수 있다. 성공적인 경영자는 양극단 사이에서 균형을 유지하면서 일을 처리해 나갈 수 있다. 이들은 조직에서 발생되는 일을 창의적으로 생각할 수 있고 경영실제에 대응할 수 있는 적합한 전략을 개발할 수 있다.

오늘날 경영자는 리더로서 적극적으로 성찰하여 자신의 핵심적 가치와 신념을 분명히 제시해야 한다. 가치에 대한 헌신은 조직의 비전으로 기여할 수 있지만, 때로는 경직성으로 통할 수 있어 비전을 위협할 수 있다. 경영자들은 조직에 대해 유연하게 생각하고, 조직을 다각적인 측면에서 성찰해서 발생되는 문제점들에 적합한 관리 스타일을 조정할 수 있어야 한다. 경영자의 사고에 있어서 신축성은 행동에서의 유연성과 핵심가치를 희생시키지 않고 특정 상황에서 적합한 역할을 수행할 수 있는 역량을 길러 준다. 오늘날 사회에서 발생되는 다양한 도전을 관리할 수 있는 리더는 인간의 기본가치를 중시하며, 기술과 능력을 겸비하고, 다양한 관점을 통해 조직 경영을 이해하고, 조직의 임무에 적합한 유연한 전략을 수립할 수 있어야 한다.

제2부에서는 역사적으로 발달해 온 조직이론에서 도출된 네 가지 관점에 비추어 경영자가 발휘하는 통합적인 리더십을 조명한다. 즉, 구조적 리더십, 인간자원 리더십, 정치적 리더십, 문화상징적 리더십의 주요 개념과 가정, 구체적인 내용, 효과적인 리더십 발휘 사례 등을 살펴본다.

제7장

구조적 리더십

이 장에서는 조직을 이해하는 구조적 리더십의 개념과 주요 관점을 살펴본다. 조직의 구조적 리더십을 효과적으로 발휘하기 위해서 요청되는 기술과 과정을 검토하고, 구조적 리더십을 성공적으로 사용한 사례를 살펴본다.

1. 구조적인 관점

조직을 경영하는 리더는 우선적으로 '공식 조직을 어떻게 설계할 것인가?'라는 문제에 직면한다. 조직 설계에서 중요한 과제는 조직의 목표를 효과적으로 달성하는 조직을 어떻게 설계하는가이다. 조직을 설계하기 위해서는 조직이 달성해야 하는 임무 및 목표, 조직 구성원의 특성, 조직 구성원이 사용하는 기술의 수준 및 특징, 조직을 둘러싼 환경의 안정성 또는 변동성 등을 종합적으로 고려해야 한다.

예컨대, 대학교 조직은 요즘에는 멀티캠퍼스를 가진 경우도 있지만 일반적으로 한 곳에 집중된 캠퍼스를 운영하면서 대학교 조직의 중요한 교육 및 연구 활동은 각

학과 단위에서 자율적으로 이루어진다. 각 학과에서는 매 학기에 제공되는 교과목, 담당교수, 각 교수의 수업시수 등을 자율적으로 결정해 나간다. 즉, 대학교 조직은 지역적으로 집중되어 있지만 중요한 교육 및 연구활동은 하부 단위인 학과조직에 위임되어 있는 분권적인 조직형태를 지니고 있다.

반면에, 스타벅스와 같은 글로벌 체인점은 수많은 분점을 설치하고 있지만, 분점에서 제공되는 메뉴, 메뉴에 제시된 커피의 종류와 맛과 향, 실내 분위기 등은 상당히 유사하다. 즉, 체인점의 분점은 많은 곳에 산재하여 운영되고 있지만, 분점의 운영과 관련하여 일어나는 주요한 의사결정은 조직 전체의 상층부에 집중되어 있는 집권화의 특성을 지니고 있다.

이와 같이 많은 조직이 유사하거나 또는 상이한 구조를 가지고 있는 이유, 조직의 구조 설계에 영향을 미치는 변수 등은 조직을 이해하는 구조적 관점에서 중요한 연구과제이다. 조직을 이해하고 관리하는 구조적 관점은 다음과 같은 기본 가정에 따라 조직을 이해한다(Bolman & Deal, 1997).

첫째, 조직은 목표를 달성하기 위해 존재한다.

둘째, 조직은 합리성에 의해 개인적인 선호나 외부 압력을 억제할 때 효과적으로 운영된다.

셋째, 구조는 조직의 상황(목표, 테크놀로지, 구성원, 고객, 환경 등)에 적합하게 설계되어야 한다.

넷째, 조직은 분업과 전문화를 통해서 성과를 향상시킨다.

다섯째, 조직의 목표 달성을 위해 개인 및 부서 간 조정과 통제는 필수적이다.

여섯째, 조직의 문제는 구조상의 결함으로 발생하며, 이는 조직의 재구조화를 통해서 해결될 수 있다.

2. 구조적 리더십의 내용

조직을 이해하는 구조적 관점에 대해서 사람들은 일반적으로 인기 없는 법, 규율을 무시하는 독재자, 공식적인 법에 대한 준수를 강조하는 경직된 관료의 이미지를 연상한다. 조직의 구조를 잘 다루는 많은 지도자들이 있었지만, 조직 구조를 다루는 리더십에 대한 문헌은 찾아보기 어렵다. 이런 이유로 조직 구조를 연구하는 학자들은 리더십에 대한 개념을 소홀히 다룬다. 조직의 구조를 능숙하게 다루는 리더십은 그 효과는 뚜렷하게 파악되기 어려울 수 있지만, 실제로는 강력하고 지속적으로 영향을 미칠 수 있다. 리더가 조직 구조를 잘 다루어야 한다는 관점은 그렇게 주목받지 못했지만 여전히 중요하다. 구조적 리더십을 발휘하는 리더는 카리스마나 영감보다는 분석이나 계획을 사용하여 조직 목표와 전략과 구조의 관계에 대한 올바른 청사진을 개발한다. 구조적 리더십을 발휘하는 리더는 위대한 사회 건축가이다.

미국 자동차 산업의 초창기 역사는 거의 대부분 헨리 포드(Henry Ford)의 전설로 이루어졌다. 뛰어난 발명가이자 기업가였던 포드는 T-모델 자동차를 고안해 냈다. 값싸고 실용적인 이 차는 1900년대 초에 경쟁사들의 차보다 훨씬 많이 팔렸다. 그러나 1920년대 말경 포드자동차의 시장 지배력은 약화되기 시작했다. 제2차 세계대전 당시 포드의 시장 점유율은 60%에서 20%로 줄어든 반면에 경쟁사인 GM사의 점유율은 12%에서 50%로 폭등했다. 1950년대에 GM은 세계에서 가장 규모가 크고 부유한 기업이 되었다. 이러한 포드사와 GM사 간의 급격한 변화의 중심에는 알프레드 슬로안(Alfred P. Sloan)이 있었다(송기동 역, 2007).

알프레드 슬로안은 1923년에 제너럴 모터스(General Motors: GM)의 회장이 되었고, 그가 1956년에 은퇴할 때까지 33년 동안 GM사를 강력하게 이끌었다. 위대한 사회 건축가인 슬로안이 도입한 조직 구조와 전략은 GM사를 세계 최대 자동차기업으로 이끌었다. 슬로안의 천부적 능력은 영감이 풍부한 리더십이 아니라, 조직의 구조를 잘 다루는 데 있었다. 헨리 포드는 모든 사람이 살 수 있는 차를 생산하려는 철학이 있었다. 반면에, 슬로안은 1923년부터 1946년까지 GM사를 총지휘하면서 GM사가 좋은 차를 팔 뿐 아니라 적합한 구조를 가져야 한다고 믿었다. 당시에 다른 많은 미국 기업들처럼, GM사는 본질적으로 이전의 독자적인 회사들을 느슨하게 조합한 구조를 가지고 있었다.

제1차 세계대전의 여파 속에서 GM은 확장일변도 정책으로 거의 도산 위기에 처해 있었다. 이러한 상황을 타개하기 위해서 슬로안은 중앙집권적인 통제와 분권화를 적절히 조화시키는 필요성을 인식하였다. 이러한 문제의식으로 개별 업체의 사장들에게 회사 운영의 자율권을 부여하면서, 동시에 경영진과 사내 전문가들로 구성된 중앙본부를 설치하였다.

왜 슬로안 회장이 주도한 GM사의 조직은 이후에도 오랫동안 효과적으로 지속되었는가? 이에 대한 해답은 리더가 조직 구조를 얼마나 잘 이해하고 이를 합리적으로 설계하고 적용했는가에 달려있다. 리더가 구조적인 관점에서 조직을 개편할 때 조직의 성공과 실패는 리더가 조직 문제에 대한 올바른 해답을 갖고 있는지, 이런 해답을 조직에 실제로 적용하고 실천했는지에 달려 있다.

구조적 리더십을 효과적으로 발휘하는 리더는 다음과 같은 리더십 원칙을 활용한다(Bolman & Deal, 1991).

---

1. 조직 문제를 연구한다.
2. 조직의 구조, 전략, 환경의 관계에 대한 적합한 모형을 개발한다.
3. 개발된 모형을 조직에 적용한다.
4. 개발된 모형을 지속적으로 실험하고, 평가하고, 수정한다.

[그림 7-1] 구조적 리더십

1) 조직 문제를 연구한다

슬로안 회장의 기본 아이디어는 기획과 자원의 배분을 중앙에서 담당하되 운영 결정은 분권화하는 것이었다. 최고경영진은 장기 전략을 구상하고 결정된 전략을 실천하기 위한 자원의 배분에 초점을 두는 반면에, 계열회사들이 운영에 대한 대부분의 결정을 내리는 것이었다. 중앙본부의 참모진은 최고경영진의 전략적 결정에 필요한 정보와 통제력을 갖도록 돕는 것이었다. 1920년대 말에 GM사는 다양한 계열사에서 다른 가격으로 공급하는 차종을 전문적으로 생산하게 되었다. 포드사는 중앙집권적인 조직으로서 GM사와 경쟁할 수 없었다. 슬로안의 구조적 리더십으로 인해 GM사는 대규모 회사에서 지배적인 형태로 채택된 구조를 도입한 최초의 주요 회사들 중 하나가 되었다.

슬로안은 GM사 경영 책임을 맡을 때 몇 가지 장점을 갖고 있었다. 뛰어난 기술자로서 자동차 산업에서 많은 일을 담당하면서 성장하였다. 그는 이때 자동차 장식회사의 최고경영자로서 계열사 조직을 실시한 경험이 있었다. GM사가 슬로안의 회사를 인수했을 때 그는 이 기업 부회장과 이사회 임원이 되었다. 1916년 듀란(Durant) 회장과 함께 일하면서 그는 GM사의 구조적인 문제들을 열심히 연구하였다. 슬로안은 또한 정보와 연구의 중요성을 인식하고 정보체제 개발과 시장 개척을 위한 연구를 하였다. 더욱이 슬로안은 집단 의사결정을 신봉하여 GM사의 주요한 의사결정을 위해 위원회제도를 도입하였다.

임진왜란이 벌어진 1952년은 세계 무기체계사에 있어서 획기적인 변화의 시기였다. 활과 칼로 대표되는 재래식 무기에서 화약 무기로 주력 무기체계가 전환되는 시기였기 때문이다. 해전의 경우에도 접근전이라 불리는 재래식 해전 전술에서 함포를 이용한 함포 포격 전술로 변화되고 있었다. 개인 병기의 경우 조선군이 활이나 칼 중심인데 비해 일본군은 화약무기인 조총 중심으로 변화되어 있었다. 수군 전술의 경우 일본 수군은 적선에 올라가 백병전을 벌이는 반면에, 조선 수군은 화약무기인 천자, 지자 등 총통 중심의 함포 체계로 전환하고 포격전 중심의 전술을 운용하고 있었다(임원빈, 2008).

충무공 이순신은 임진왜란이 발발하기 1년 2개월 전인 1591년 2월 13일에 전라좌수사로 부임하였다. 그는 부임 이후 눈코 뜰 사이 없이 전비 태세 확립에 동분서주하였다. 『난중일기』의 기록에 의하면 이순신은 전쟁이 발발한 해인 임진년 1월부터 전투 준비 태세를 점검하기 위해 관할 부대인 순천, 보성, 낙안, 광양, 흥양 등의 5관과 사도, 방답, 여도, 녹도, 발포 등 5포를 차례로 순시하여 업무에 충실한 부하에게는 포상을 내리고, 불성실한 병사들은 엄하게 처벌하였다. 그러나 1년 2개월 동안 일본의 침략을 예견하면서 준비한 조치 중 가장 중요한 것은 '거북선'의 건조였다.

이순신은 군 병사들에게 원거리 함포 포격 전술을 익히게 하는 한편, 함포의 명중률을 높이고 공격의 효과를 극대화하기 위해서 개전 초기에 적의 지휘선을 향해 돌격할 수 있는 새로운 함선을 구상하였다. 거북선은 백병전을 특기로 삼는 일본 병사들이 배로 뛰어드는 것을 막기 위해 거북 모양의 덮개를 씌우고 그 위에 쇠못을 꽂은 특수 돌격선이었다. 이순신은 일본 수군의 해전 전술로서 등선육박술, 즉 상대 군선에 올라가서 백병전을 전개하는 방식을 정확하게 파악하고 있었다. 또한 함포 포격을 위주로 하는 조선 수군의 강점과 약점을 잘 알고 있었다. 해전에서는 근거리까지 접근하여 화포를 쏠 수 있기 때문에 지상전에 비해 화포의 명중률이 높다고 하지만 일정한 거리를 두고 공격을 해야 하기 때문에 한계가 있었다. 이를 보완하기 위해 개발된 것이 바로 거북선이었다(임원빈, 2008).

한편, 일본 수군은 전쟁이 끝날 때까지 함포 중심의 화약무기체계로 전환하지 못했다. 첨단 화약무기체계와 신예 돌격선인 거북선으로 무장된 조선 수군 앞에 일본 수군은 무력하게 무너질 수밖에 없었다. 이것은 새로운 무기체계의 혁신과 일본 수군의 해전 전술을 정확이 파악하고 이에 대비한 조선 수군의 이순신이 있었기 때문이다. 이순신이 거북선을 만들어 돛을 달고, 화포를 설치하여 사격훈련 등을 실시하고 전투세력으로 합류시킨 날이 임진년(1592)년 4월 12일이었으니, 정확히 임진왜란 발발 하루 전이었다.

2) 조직의 구조, 전략, 환경의 관계에 대한 적합한 모형을 개발한다

슬로안회장은 자동차 시장을 주도면밀하게 조사·예측하고, 이러한 연구에 따라 GM사의 구조 전략을 수립하였다. GM사는 자동차 시장의 확대, 자동차의 지속적인 개량과 점증하는 고객의 차등화를 예견했다. 헨리 포드는 완고하게 경제성의 철학에 따라 매년 똑같은 모델의 차를 생산하였다. 그러나, GM사는 '가격의 피라미드식 차등'의 개념을 도입해서 매년 자동차 모델을 바꿨다. 가격의 피라미드식 차등으로 고객의 가계 사정에 맞는 여러 종류의 차를 생산하였다. 쉐보레는 제일 싼 가격이고, 뷰익과 올즈모빌은 중간 가격, 캐딜락은 가장 비싼 가격으로 차등을 두었다. 더욱이, 계열사별로 매년 차종에 따라 새로운 모델을 개발하여 고객의 구매 욕구를 촉진하였다. 또한, 슬로안은 GM사 경영을 분권화시켰다. 쉐보레를 생산하는 계열사는 대중적인 고객을 위해 싼 가격의 차를 대량 생산하는 데 주력하였다. 반면에 캐딜락을 생산하는 계열사는 부자들을 위해 호화로운 자동차를 개발하였다.

1960년대에 들어서 GM사는 슬로안이 주도했던 구조에서 벗어나기 시작했다. 이는 회사 그룹을 분리하려는 정부의 방침을 감안해서 자동차 계열사의 경영권을 감축하는 반면, 계획과 기술을 중앙에 집중하기 시작했다. 점차로 각 계열사들은 어떤 차종도 판매하는 영업 전략을 갖게 되었다. 80년대에 GM의 각 계열사들이 '외관상 비슷한 차'를 생산하게 되었다. 결과적으로 차종 간의 차이가 구별하기 힘들어졌고,

소비자들은 불만족을 느끼게 되었다. 슬로안의 후임인 스미스(smith) 회장은 GM사를 대형차와 소형차로 개편하였고, 비용과 기술에 초점을 두어 생산직 근로자의 고임금 비용을 줄이기 위해 생산설비의 로봇화를 추구했지만 성공하지 못했다.

1597년 9월 16일 명량해전이 일어났다. 명량(울돌목)은 해남군 화원반도와 진도군 군내면 사이에 있는 좁은 수로로서 남해에서 서해로 연결되는 요충이다. 명량해전은 이순신이 지형의 이점을 활용하여 1대 30의 전력 열세를 반전시켜 승리로 이끈 전투이다. 정유년(1597년) 7월 통제사 원균 지휘하의 조선 수준이 칠천량 해전에서 대패하고 통제사 원균도 일본군에 살해되자 조정에서는 이순신을 다시 통제사에 임명하였다.

이순신은 8월 3일 통제사 임명 교지를 받고, 8월 17일 장흥에 도착하여 회령포에서 전선 12척을 수습하여 8월 24일 어란포에 도착하였다. 이순신은 일본 수군의 추격을 피하기 위해 8월 29일 진도의 벽파진으로 진을 이동하였다. 9월 14일 육지로 정찰을 나간 임준영으로부터 "일본 함선 200여 척 가운데 55척이 벌써 어란포에 도착했다."는 보고를 받은 이순신은 명량해전 하루 전인 9월 15일 벽파진에서 전라 우수영으로 진을 옮겼다. 진을 옮긴 이순신은 장수들을 모아서 다음과 같이 훈시하였다.

> 병법에 이르기를 "죽기를 각오하고 싸우면 살고, 살려고 꾀를 내고 싸우면 죽는다."하였고, 또 "한 사람이 길목을 지키면 천명이라도 두렵게 할 수 있다."는 말이 있는데 모두 오늘 우리를 두고 이른 말이다(『충무공전서』, 8권, 『난중일기』4. 정유년 9월 15일; 임원빈, 2008).

이순신이 명량의 물목을 해전 장소로 택한 것은 우세한 일본 수군 함대를 좁은 수로에 가두어 놓고 조선 수군이 명량해협 입구에서 기다리고 있다가 해협을 빠져나오는 일본 선두 함선을 집중 공격하기 위한 것이었다. 명량의 지형적 여건을 이용하여 수적 절대 열세를 만회해 보고자 하는 것이 이순신의 계책이었다. 일본 수군은 전체 300여 척의 함선 가운데 좁은 수로에서 기동이 원활하지 않은 대선을 제외하고 판옥선보다 작은 함선 133척을 주력으로 해전에 투입하였다. 실제 전투에서는 133척 가운데 31척이 조선 수군 13척을 에웠고 공격하는 양상으로 전개되었다. 결국 이순신은 명량의 좁은 수로를 이용하여 1대 30의 열세 상황을 1대 3으로 완화시키는 데 성공하였다. 결국, 치열한 해전 결과 수로가 좁고 물살이 빠른 울돌목에 선발대로 파견된 31척의 왜선은 모두 격침되고 불태워졌다. 결국 후방에 포진한 왜선 200여 척은 황급히 후퇴하였다.

> 이른 아침에 별망군이 와서 보고하기를, "적선들이 헤아릴 수 없을 정도로 많이 명량을 거쳐 곧장 진을 친 우수영으로 향해 온다."고 했다. 곧바로 여러 배에 명령하여 닻을 올리고 바다로 나가게 하니 적선 130여 척이 우리의 배들을 에워쌌다. 여러 장수들은 적은 군사로 많은 적을 대하는 형세라서 회피할 꾀만 내고 있었다. 나는 노를 재촉해서 앞으로 돌진하여 지자, 현자 등의 총통을 이리저리 쏘니 탄환이 나가는 것이 바람과 우레 같았다. 그러나 적에게 몇 겹으로 포위되어 형세가 장차 어찌될지 헤아릴 수 없으니, 온 배 위에 앉은 사람들이 서로 돌아보아 얼굴빛이 질려있었다. 나는 "적선이 비록 많아도 우리 배를 바로 침범하기가 어려울 것이니 조금도 마음 흔들리지 말고 더욱 심력을 다해 적을 쏘라."고 했다. 적선 3척이 거의 뒤집혔을 때 아군의 배가 잇달아 와서 협력하여 왜적이 한 놈도 살아남지 못했다. 아군의 여러 배들은 적이 침범하지 못할 것을 알고 일시에 북을 치고 함성을 지르며 일제히 나아가 지자, 현자총통을 발사하니 소리가 산천을 진동하였고 화살을 빗발처럼 쏘아 적선 31척을 격파하자 적선들은 후퇴하여 다시는 가까이 오지 못했다(『난중일기』, 1597년 9월 16일; 김동철, 2018).

3) 개발된 모형을 조직에 적용한다

옳은 해답도 그것이 실제로 시행될 수 있을 때만이 쓸모가 있다. 경영자들이 조직개편을 시도할 때 집행상의 어려움을 고려하지 못하는 경우에 실패하게 된다. 경영자들은 자주 구조적인 개혁에 대한 저항을 과소평가하고, 조직 개혁의 지지 기반을 세우는데 소홀히 한다. 슬로안은 인적 자원에 관련된 문제들을 잘 이해하지 못했다. 그러나 그는 중요한 정책 결정에 대해서는 GM사 경영진들의 이해와 인정을 얻는 것이 필요함을 직관적으로 알았다. 슬로안은 끊임없이 조언을 얻음으로써, 그리고 모든 중요한 문제들을 다루는 위원회와 작업반을 설치함으로써 관리진들의 이해와 인정을 얻고자 했다. 새로운 문제가 발생했을 때마다 슬로안은 관례적으로 고급관리자들에게 메모를 써서 그들의 생각을 구하고, 대책 마련을 위해 위원회를 새로 만들었다.

이순신이 만든 거북선은 판옥선만을 이용한 총통 중심의 단조로운 함포 포격전을 보완하여 개전 초기에 적의 지휘선을 향해 총통을 쏘면서 돌격하다가, 적선에 근접하여 거북선 머리 아래에 있는 현자총통으로 일본 수군 장수가 위치해 있는 지휘소를 타격하여 장수들을 살상하였다. 이어서 좌우현에 있는 천자, 지자총통으로 대장군전 및 장군전을 쏘아서 일본 함선을 격파하였다. 거북선은 적선에 근접하여 함포를 쏘기 때문에 원거리에서 발사하는 판옥선에 비해 명중률이 현저히 증가하였다. 거북선의 활용으로 이순신은 임진왜란 초기 해전에서 크게 승리할 수 있었다. 특히, 거북선에 의해 적의 지휘부가 해전 초기에 무력화되어 지휘계통이 마비되었을 뿐만 아니라 지휘부를 상실한 일본군은 사기가 크게 저하되어 싸울 의욕을 상실하였기 때문이다(임원빈, 2008).

> "신이 일찍이 왜적들의 침입이 있을 것을 염려하여 특별히 거북선을 만들었습니다. (거북선의) 앞에는 용머리를 붙여 그 입으로 대포를 쏘게 하고, 등에는 쇠못을 꽂았으며 안에서는 밖을 내다볼 수 있지만 밖에서는 안을 들여다볼 수 없도록 만들어 비록 수백 척의 적선이 있더라도 쉽게 돌진하여 포를 쏠 수 있으므로 이번 출전 때에 돌격장이 그것을 타고 나왔습니다."(『충무공전서』, 8권, 『난중일기』 4, 정유년 12월 1일)

> "우리의 여러 전선은 사면으로 포위하면서 재빠르게 협력 공격을 하고 돌격장이 탄 거북선이 또 일본 지휘선 밑으로 달려가서 총통을 쏘아 지휘선을 부수었습니다. 또 여러 함선이 비단 장막과 베로 된 돛을 쏘아 맞추자 불길이 일고 지휘선 위에 앉았던 왜장이 화살에 맞아 바다로 떨어졌습니다."(『충무공전서』, 6권, 『난중일기』 2, 갑오년 8월 30일)

4) 개발된 모형을 지속적으로 실험하고, 평가하고, 수정한다

슬로안은 지속적으로 GM사의 구조와 전략을 수정해 나갔으며 그리고 다른 경영자들도 그와 같이 해 나가도록 격려했다. 경제 침체로 인해 GM사의 판매가 1929년과 1932년 사이에 72%의 손실을 입었지만, 회사는 이에 잘 적응함으로써 시장의 점유량을 늘리고 매년 흑자를 보았다. 슬로안은 경제 침체 당시 생존을 위해 짧은 기간 동안 집권화 체제를 도입했지만 일단 산업이 회복되면서 다시 분권화로 바꾸었다. 슬로안을 뒤이은 스미스 회장은 1980년대에 GM사를 현대화하고 경비를 감축시키기 위한 운동 전개에 수십억 달러를 소비했지만, GM사는 매년 시장 점유율을 잃었으며 자동차 산업계에서 계속해서 가장 경비를 많이 지출하는 기업으로 전락하였다.

임진년(1592년) 일본 수군과 10여 회의 해전을 치르면서 이순신은 일본군의 조총에 대해 많은 관심을 갖게 되었다. 조선의 승자 총통이나 쌍혈 총통보다 파괴력이 컸기 때문이다. 그 이치를 규명해보니 총신이 길기 때문인 것으로 판명이 났다. 이순신은 일본군의 조총과 동일한 위력을 지닌 조총을 만들고자 연구를 거듭하였다.

> "신이 여러 번 큰 싸움을 겪으면서 왜인의 조총을 얻은 것이 매우 많으므로 항상 눈앞에 두고 그 이치를 실험한, 즉 총신이 길고 그 총구가 매우 깊기 때문에 쏘는 힘이 맹렬하여 맞기만 하면 반드시 부서집니다. 그런데 우리나라의 승자나 쌍혈 총통은 총신이 짧고 총구멍이 얕아서 그 힘이 왜의 총통과 같지 못합니다."(『충무공전서』, 3권, 장계2)

결국 일본 조총의 성능을 능가하는 새로운 조총을 구상하던 이순신은 군관 정사준에게 맡겨서 드디어 계사년(1593년) 9월 정철로 만든 조총을 제작할 수 있었다. 이순신은 정철조총이 만들어지자 수군 소속의 고을과 포구에서 제작하도록 지시하고, 전 순찰사 권율과 조정에 보내어 전국의 조선군에서 활용하도록 하였다(임원빈, 2008).

3. 구조적 리더십 발휘 사례

이 절에서는 구조적 리더십을 발휘하여 학교조직과 학급운영 방식을 개편한 사례를 검토한다. 먼저, 국내의 D 고등학교에서 교원 조직을 기존의 사무분장부서 중심으로 운영되었던 것을 학생의 교과지도, 생활지도, 연구활동 등의 교육활동을 위주로 개편하여 운영한 사례를 살펴본다. 이어서, 초등학교에서 2학년 담임 P 교사가 학생들의 자리 배치에 대한 재설계를 통해서 학생들의 학습에 대한 집중도, 친구

관계 등에 미치는 효과 등을 분석한 사례를 검토한다.

1) D 고등학교의 교원 조직 개편

(1) 조직 개편 과정과 내용

D 고등학교의 조직 혁신은 1994년 대재벌 S 그룹에서 학교를 인수하면서 시작되었다. 학교를 인수한 직후 '학교혁신을 위한 신교육개발 테스크포스'가 S기업에서 파견된 사람과 교사들로 구성되었다. 학교혁신 테스크포스에서는 작업을 통하여 'D학원 5개년발전계획'을 수립하였다. 동 발전계획에는 기업경영의 모토인 고객만족이 도입되어 "교육의 고객은 학생으로 학교는 학생중심의 교육을 제공하여야 한다."고 표명하였다. 발전계획에는 여러 영역에 걸쳐서 학교 혁신과제들이 포함되어 있었다. 혁신과제에는 의식개혁을 포함되어 있었으며, 교직원의 의식개혁을 위해서 의식개혁 연수, 타 학교 장점 따라 배우기 운동, 교사공개채용, 신인사제도(공립 대비 130% 수준의 처우, 능력과 업적 중심의 차등보수, 직급의 다단계화-평교사, 선임교사, 수석교사) 등을 실시하였다(성일제 외, 1998).

D 학원 5개년 발전계획을 구체화하기 위하여 1995년 12월 조직된 '신교육실천위원회'에서는 교사들의 직무를 분석한 후에 교원조직 개편 작업에 착수하였다. 종래 교사들의 직무가 학생을 위한 업무보다 행정처리 업무에 편중되어 있어 교과운영의 혁신과 새로운 교육방법의 도입이 어렵다는 진단이 내렸다. 이에 따라 교원조직을 교과지도 중심으로 개편하였다. 1995년 12월 종래의 6부(교무, 연구, 학생, 교도, 과학, 체육) 50계 체제를 9과(국어, 수학, 외국어, 과학실업, 사회, 예체련, 교학, 생활지도,

표 7-1 D 고등학교의 개혁 이전(1994학년도) 교원 조직

교무부 주임	기획1 외 21
연구부 주임	기획1 외 15
학생부 주임	기획1 외 19
교도부 주임	기획1 외 10
과학부 주임	기획1 외 13
체육부 주임	기획1 외 9

진로지도)체제로 개편하였다. 이를 통해 종래 전체 교사가 교무분장 업무를 담당하던 것을 43%만이 담당하도록 하였다.

그러나 개편안을 시행한 결과 다음과 같은 문제가 발생되었다.
첫째, 6개 학과의 조직 활동이 기대에 미치지 못했다.
둘째, 생활지도과의 업무가 과다하였다.
셋째, 진로지도과와 교학과의 업무가 중복되었다.
넷째, 학과장과 학년과장이 담임을 겸직하여 업무가 과중하였다.

이상의 문제점을 개선하기 위하여 1996년에는 다시 5부(교과, 연구, 교무, 생활, 학년), 9과(국어, 사회, 외국어, 수학, 과학기술, 예체련, 1학년, 2학년, 3학년), 1실(상담실)로 재개편하였다. 이 결과 전체 교사의 47%가 교무분장 업무를 담당하게 되었다. 업무의 분담과 전문화를 위해 보직자(부장, 과장, 학과장, 실장)는 비담임화하였다.

표 7-2 D 고등학교의 개편 이후(1997학년도) 교원 조직

교과부 부장	국어과 과장	기획2 외 4
	사회과 과장	기획2 외 5
	외국어과 과장	기획2 외 5
	수학과 과장	기획2 외 5
	과학기술과 과장	기획2 외 4
	예체련과 과장	기획2 외 5
연구부 부장	부속(진학실 과장 외 5)	교육기획 외 16
교무부 부장		11
생활부 부장	부속(상담실장외 3)	12
학년	1학년 과장	기획1
	2학년 과장	기획1
	3학년 과장	기획1

(2) 조직 개편의 효과

교원 조직을 개편함으로써 발생한 효과는 다음과 같다(성일제 외, 1998).

첫째, 교과부와 학과의 설치로 교과연구 분위기를 조성하고 행정중심의 업무에서 벗어나 교사 본연의 교과지도, 생활지도, 연구에 전념할 수 있게 되었다. 교과부의 주요 업무는 교과업무, 수업연구, 평가개선, 행사업무 등으로 다음과 같이 구분되었다.

교과연구: 교재개발, 공동교안 제작, 교수–학습방법 개선 관련 연수, 소 세미나 등

수업연구: 토론식 수업, 팀티칭, 시청각 기자재 활용 등 새로운 수업 방식의 도입 및 활용, 수업연구, 시범 수업, 공개 수업

평가개선: 평가의 관리, 학습과정 인정 점수제 등 평가방법 개선

행사업무: 기타 교과와 관련된 행사 등

둘째, 기존의 과학부, 윤리부, 체육부를 학과에 포함시킴으로써 교과 간 보직체계의 불균형을 시정하고 행정업무가 아닌 교과 본연의 임무를 수행하도록 하였다.

셋째, 생활부와 상담실의 명칭과 기능을 개선하여 학생에 봉사하는 생활지도의 기틀을 마련하고 학생들의 거부감을 완화하였다.

넷째, 각 부서의 기본 업무를 협의제로 운영함으로써 교사 상호간의 협력 증진과 교육 경험을 공유할 수 있는 토대를 마련하였다.

다섯째, 종래 형식적 지위에 불과하였던 교과 주임을 학과장으로 보임하고 보직수당을 지급함으로써 위상과 역할을 강화하였다.

여섯째, 보직교사의 임기제 운영을 통하여 교사들의 승진 욕구를 충족시키고 인사의 경직성을 완화하였다.

반면에 새로 개편된 교원조직은 축적된 경험이 없고, 미비한 여건으로 인해 다음과 같은 문제들이 발생되었다.

첫째, 학과 중심 조직의 운영 경험이 없어 다소간의 혼란이 발생되고 기대한 업무의 효율성과 연구 풍토가 미흡하게 나타났다.

둘째, 행정 사무를 전담할 행정실 직원이 부족하여 조직 운영의 효율성을 극대화하기 어려웠다.

셋째, 보직교사의 임기제 운영으로 리더십 발휘가 어렵고 단기적 성과에 치중하

는 경향이 나타났다.

넷째, 과학기술이나 사회과와 같은 통합학과의 경우 학과장의 통솔과 학과 운영에 어려움이 발생되었다.

다섯째, 업무 부담의 균형을 기하고자 했음에도 불구하고 여전히 교과부 소속 교사들과 교무분장 업무부서 교사들 간에 업무 불균형으로 인한 불만이 나타났다.

그러나 사립인 D 고등학교는 비교적 재단의 재정적 지원이 풍부했기 때문에 수석 및 선임교사의 도입, 교과별 학년전담제 실시, 교과협의회 활성화, 교과별 강의계획서 제작 및 공동 교안 작성, 수업연구의 활성화, 수업평가제 도입, 학과별 독립연구실 설치 등을 통해 드러난 문제점을 최소화하고 개편의 본래 목적인 교과 중심의 학교 운영을 정착시킬 수 있었다.

많은 교사가 행정 사무 업무 처리에서 발생되었던 행정적 부담에서는 벗어났지만, 반면에 이전에 소홀히 되었던 교과연구, 수업연구 등과 관련된 부담은 훨씬 증가되었다. 학교의 주요 업무를 체계화하기 위한 여러 가지 사업이 추진되었다. 예컨대, 문제은행을 만들고 진학자료를 데이터 베이스화하고, 학생지도와 관련된 일 등이 체계화되었다. 수학여행을 추진하는 경우에도 장소와 일정을 정하는 것 외에도 장소에 관련된 교육자료를 개발하여 일정과 교육활동을 포함한 책자를 작성하여 학생들에게 제공하였다. 보충수업의 교재도 기존의 참고서나 문제집을 선정하는 것이 아니라 교사들이 여러 자료를 참조하여 자체 제작하게 되었다.

교원조직 개편을 포함한 학교혁신은 일부 교사들의 불만을 사기도 하였다. 개혁에 동의해도 급격한 추진에 따라 한꺼번에 담당해야 할 업무가 증가되었다. 학교혁신 초기에는 새로운 아이디어를 내고 기획하여 추진하는 일이 주된 업무이었지만, 혁신 이후 3~4년이 지난 후에는 혁신한 것들을 수정, 보완하는 일로 전환됨으로써 교사들의 업무 부담이 다소 줄게 되었다.

(3) 성공요인과 조건

D 고등학교의 혁신이 성공하게 된 요인과 조건은 다음과 같이 지적되었다(성일제 외, 1998).

첫째, 교원의식 개혁을 추진하였다. 학교교육에서도 고객 만족의 개념을 도입해야 하고 경쟁력을 제고해야 한다는 의식 개혁을 추진하였다.

둘째, 능력에 따른 인사제도를 도입하였다. 조직 개편을 통하여 보직교사의 수를 늘리고 교원의 직급을 다단계화하여 교사들의 근무 의욕을 고취하였다.

셋째, 급여 수준을 향상시켜서 교사들이 안정된 조건에서 근무할 수 있도록 하였다.

넷째, 혁신적인 성향이 강한 대학교수를 교장으로 초빙하여 학교혁신 과정에서 리더십과 추진력을 발휘하도록 하였다.

다섯째, 지속적인 학교혁신 추진기구로 신교육실천위원회를 조직하였다. 이 기구에 교사들을 참여시킴으로써 혁신적인 교사들의 의견이 적극 반영될 수 있도록 하였다.

2) P 교사의 구조적 리더십

(1) 학급 운영의 일환으로서 학급학생의 자리배치

8년째 초등학교 담임을 담당한 나는 아동의 수업시간 중 집중도를 높이기 위해 어떻게 자리를 배치하는 것이 좋을지 항상 고민해 왔다. 8년간 동성 짝지로도 자리배치를 해보고, 앉고 싶은 자리에 마음 맞는 친구끼리 앉게도 해 보고, 제비뽑기와 같은 방식으로 자리배치를 시도하였다. 그 결과 학생들의 수업집중도를 높이기 위해서는 교사의 개입이 어느 정도 필요하며 동성 짝지보다는 남—여로 짝지를 하는 것이 수업집중도가 높다고 생각하게 되었다.

(2) 조직의 구조와 전략 및 환경의 관계에 대한 적합한 모형 개발

그동안 경험을 통해서 자리배치에 관해서 개발된 모형은 키 순서대로 앉고, 남—여 짝지로 자리를 배치한다는 원칙이었다. '자리배치 시 남녀 짝지를 원칙으로 한다.'라는 관점에서 내가 맡고 있는 아이들을 살펴보니, 지금 맡고 있는 2학년은 처음 대했을 때부터, 남자아이의 수가 여자아이의 수보다 5명이 더 많아 학급 전체적으로 산만한 분위기였다. 이는 주의집중 시간이 상대적으로 짧은 2학년의 특성에서도 기인하였다. 성비의 불균형으로 인해 자리배치가 상당히 어려운 상황이었다. 담임

교사로서 현재 담당하고 있는 학급의 구조와 상황적 특색을 고려할 때, 남자아이의 수가 더 많고, 전체적으로 산만하며, 주의집중 시간이 짧다는 문제 양상을 보여 주고 있었다.

(3) 개발된 모형 조직 적용

3월 한 달 동안 자리배치 모형을 적용한 결과는 자리에 가만히 앉아 있지 못하는 아이 5명, 수업 시간에 계속 말을 걸고 장난을 쳐서 주변 전체 아이들의 집중을 방해하는 아이 2명이 있어서 기존의 자리배치 모형에 수정이 필요함을 인식하였다. 우선 3월 한 달은 학생들의 특성파악 차원에서 키 순서대로 남녀 짝지를 원칙으로 자리를 배치하였다. 물론 두 쌍의 남남 짝지와 남자아이 혼자 앉게 되는 상황도 발생하였다. 한 달간 아이들을 관찰한 결과 심각한 수준의 아이들만 집계할 때, 자리에 제대로 앉아 있지 못하는 남자아이가 5명, 수업 시간에 계속 말을 걸고 장난을 쳐서 주변 전체 아이들의 집중을 방해하는 아이가 2명이었다.

(4) 모형의 지속적 실험, 평가, 수정

1학기의 4월부터 1개월을 주기로 자리배치 방법을 10월까지 다음과 같이 수정 적용하였다. 월별로 구체적인 내용은 다음과 같다.

첫째, 4월부터 산만한 아이를 맨 앞으로 배치하고, 그 옆에 수업에 열심히 참여하고 차분한 성격의 여자아이들을 배치하였다. 그 결과 교사의 시선을 인식해서인지 수업집중도가 어느 정도 증가하였으나, 뒤를 돌아보고 말을 걸거나 장난을 치는 아이가 생겨났다. 예컨대, 옆에 앉은 짝지가 받아 주지 않으니까 자기 뒤쪽의 남자아이와 이야기를 주고받게 되었다.

둘째, 위의 문제를 해결하고자 5월부터는 첫째 줄이 '남-여'이면 둘째 줄은 '여-남'식으로 서로 엇갈려 앉게 하였다. 하지만 이미 이 시기에 남녀를 불문하고 서로 어울려 놀기 시작하면서 수업집중도를 높이고자 했던 나의 노력이 효과를 거의 거두지 못했다.

셋째, 6월 자리배치부터는 5월 자리배치 방법에 한 가지를 덧붙여 서로 친한 아이들을 상대적으로 멀리 떨어진 자리로 분산 배치하였다. 그 결과 수업시간 중에 이야기 하는 횟수가 어느 정도 줄어들었으나, 수업집중도가 상대적으로 낮은 7명의 아이들에게 있어서는 그 효과가 미비하였다.

넷째, 앞의 문제를 보완하고자 7월에는 자리 배치할 때 수업집중도가 상대적으로 낮은 7명의 아이들을 수업집중도가 상대적으로 높은 아이들이 사방으로 둘러싸도록 배치하였으며, 수업집중도가 떨어지는 아이들이 말을 걸거나 뒤돌아볼 때 반응하지 않을 것을 거듭 당부하였다. 이 방법은 어느 정도 효과를 거두었으나, 수업집중도가 그중에서도 심각하게 떨어지는 2명의 아이들을 막진 못하였다. 더욱이 이 아이들이 말을 걸면 거기에 응하지 않아야 할 학생들도 아이다 보니 쉽게 유혹에 빠졌고, 수업에 집중하고자 하는 의욕이 강한 아이들에게 스트레스로 작용하였다.

다섯째, 2학기를 맞아 9월의 자리배치는 남녀 짝지를 원칙으로 하되 엇갈려 앉게 하였으며, 상대적으로 산만한 아동 옆에는 수업집중도가 높은 아동을 배치하고, 친한 친구들을 멀리 떨어지도록 배치하는 데서 나아가 수업집중도가 높은 모둠에 '별스티커'를 주는 '모둠 스티커판'을 활용하여 급식우선권을 지급하였다. 그 결과, 수업집중도가 떨어지는 아동도 주변 친구들의 자극을 받아 수업에 집중하는 시간이 길어졌으며, 수업집중도가 떨어지는 아동에게는 두 배의 칭찬과 보상으로 자기만족감을 주어 수업에 집중하기 위해 더욱더 노력하는 모습을 보였다.

여섯째, 10월 이후 여자아이가 3명 전입해 오면서 남남 짝지는 한 쌍에 불과하고 (남 : 여 = 16 : 14) 어느 정도 성비의 균형이 맞춰지기 시작하였다. 모둠 스티커판도 어느 정도 정착되어 수업집중시간이 1학기에 비해 상당히 증가하였다. 이는 학생들의 성숙과도 어느 정도 연관되나, 자리배치가 산만해질 위험 요인을 어느 정도 제거함으로써 가능해진 결과로 생각된다.

참고문헌

김동철(2018). 우리가 꼭 만나야하는 이순신, 이순신리더십특강. 경기: 도서출판 선.

성일제, 이종태, 강태중, 류방란(1998). 학교개혁의 실현을 위한 전략 탐색. 서울: 한국교육개발원.

송기동 역(2007). 통찰과 포용. 하워드 가드너 저. 경기: 북스넛.

임원빈(2008). 이순신 승리의 리더십. 한국경제신문.

충무공 전서 6권 난중일기 2.

충무공 전서 8권 난중일기 4.

Bolman, L. G., & Deal, T. E.(1984). *Modern approaches to understanding and managing organizations*. San Francisco: Jossey-Bass Publishers.

Bolman, L. G., & Deal, T. E. (1991). *Reframing organizations*. San Francisco: Jossey-Bass Publishers.

Bolman, L. G., & Deal, T. E. (1997). *Reframing organizations* (2nd ed.). San Francisco: Jossey-Bass Publishers.

제**8**장

인간자원 리더십

조 직의 구조적 리더십을 다루는 문헌들은 희소하지만, 인간자원 리더십을 다루는 문헌은 대단히 많다. 인간자원 리더십은 일반적으로 리더와 구성원 간의 인간관계에 초점을 두고 구성원의 동기를 유발하기 위해 개방, 협력, 경청, 참여, 능력 강화 등과 같은 방법을 제안한다. 리더는 집단이나 조직 구성원들이 최선을 다해 일을 할 수 있도록 동기를 부여하고 능력을 증진시키는 촉진자의 역할을 담당한다. 리더의 힘은 지위나 강제력이 아니라 개인의 대인 관계 및 감성적 능력에 달려 있다고 본다. 더 나아가 리더는 섬기는 사람(servant)으로서 섬김을 받는 집단이나 조직 구성원들이 인간으로서 성장하도록 돕는 역할을 담당한다. 즉, 구성원들이 더 건강해지고, 슬기롭고 자율적으로 일을 처리할 수 있고, 결국 그들이 섬길 수 있는 리더가 되도록 도움을 제공한다(Greenleaf, 1970).

사람들은 일반적으로 개인의 이익을 추구하거나 감정이 냉혹한 사람보다는 봉사 정신이 있고 다른 사람을 배려하는 지도자를 따른다. 그러나 많은 사람들은 이러한 리더십 모델을 신봉하는 관리자들이 진정한 리더십을 발휘할 것인지, 아니면 유약한 관리자로 전락할 것인지 주목한다. 그들이 일을 제대로 수행하는 존경받는 리더가 될 수도 있고, 아니면 다른 사람들의 주장에 따라 흔들리는 갈대 같은 사람이 될 수도 있다. 이러한 위험을 염려하여 구성원의 참여나 배려를 경시하는 관리자들도 있다. 그러나, 인간자원을 잘 활용하는 리더들 중에는 숙련된 대인관계 기술을 발휘하여 뛰어난 성과를 거두는 경우도 있다.

1. 인간자원 관점

조직을 경영하는 리더는 조직의 공식조직을 효과적으로 설계할 뿐만 아니라, 조직 구성원들의 동기를 유발하는 임무를 효과적으로 수행해야 한다. 즉, 조직을 경영하는 리더는 조직의 필요와 구성원의 욕구를 동시에 충족하는 방안을 강구해야 한다. 조직을 이해하는 구조적인 관점에서는 조직의 목표, 업무, 환경 등의 주요 변수에 적합하게 대응할 수 있도록 조직의 구조를 합리적으로 설계하는 데 초점을 둔다. 반면에, 인간자원 관점에서는 조직과 인간의 상호작용이라는 측면을 중시한다. 인간의 재능, 통찰력, 아이디어, 에너지가 조직의 가장 중요한 자원이라는 전제에서 출발한다.

조직과 구성원인 인간이 상호 협력할 때 조직 구성원의 사기가 높아져서 조직에도 장기적으로 이득이 될 것이다. 반면에, 리더가 조직의 목표와 필요만을 우선시하고 구성원의 필요를 소홀히 할 때 구성원은 소외당하게 되어 자신이 속한 조직에서 가능하면 탈퇴하고자 할 것이다. 즉, 구성원을 소외시키는 조직에서는 구성원의 불만이 커지게 되어 결국 조직에도 손해를 가져오게 될 것이다. 조직의 요소로서 인간자원을 중시하는 관점에서는 다음과 같은 기본 가정을 가지고 있다(Bolman & Deal, 1991).

첫째, 조직은 인간의 필요를 채우기 위해 존재한다.

둘째, 조직과 인간은 서로 필요로 한다. 조직은 사람들의 아이디어, 에너지와 재능을 필요로 한다. 반면에, 사람들은 조직이 제공하는 경력, 봉급, 직장을 필요로 한다.

셋째, 조직과 개인이 서로 잘 맞지 않을 때 한쪽이나 양쪽이 서로 손해를 보게 된다. 개인이 조직으로부터 착취를 당하거나, 또는 개인이 조직을 이용하려고 할 것이다. 또는 이상의 두 가지가 다 발생될 수 있다.

넷째, 개인과 조직이 서로 잘 맞을 때 양쪽이 함께 이득을 보게 된다. 개인은 의미 있고 만족하는 직장을 갖게 되며, 조직은 필요로 하는 사람의 재능과 에너지를 얻게 된다.

동기에 대한 대부분의 이론들은 인간의 행동을 결정하는 주된 요인으로 개인의 신념, 욕구, 목표 등을 지적하고 있다. 인간자원 리더십에서는 이러한 개인들의 필요와 조직 간의 필요를 통합시키는 방안을 강구하는 데 초점을 둔다.

2. 인간자원 리더십의 내용

인간자원 리더십을 효과적으로 발휘하는 리더는 다음과 같은 리더십 원칙을 활용한다(Bolman & Deal, 1991).

1. 사람을 신뢰하고, 이 신념을 전달한다.
2. 사람들이 쉽게 볼 수 있고 가까이 할 수 있게 한다.
3. 구성원의 능력을 강화시키고, 정보를 공유한다.

[그림 8-1] 인간자원 리더십

1) 사람을 신뢰하고, 이 신념을 전달한다

인간자원을 잘 다루는 리더는 '사람을 통한 생산성'에 대해 정열적이다(Peters & Waterman, 1982). 이들은 사람을 신뢰하고, 이러한 신념을 조직경영 철학이나 신조로 만든다. 성공적인 회사인 HP(Hewlett-Packard)를 공동으로 창설했던 빌 휴렛(Bill Hewlett)은 다음과 같이 진술하였다.

개인의 존엄성과 가치는 우리 회사의 매우 중요한 부분이다. 이러한 가치에 따라 우리는 여러 해 동안 출근부를 사용하지 않았다. 최근에는 근무시간을 신축적으로 운영하기로 하였다. 이것은 직원들이 각자의 삶에 따라 근무 계획을 조정할 수 있는 기회를 제공하고, 우리가 사람들을 믿고 신뢰한다는 것을 가리킨다. 우리 회사를 방문하는 사람들뿐 아니라 신입사원들도 우리 회사에서는 서로 이름을 부르고 격식을 차리지 않는 관계를 주시한다. 모든 사람이 HP라는 팀의 일원이라는 감정을 갖고 있다. 이러한 구성원 간의 감정과 의식으로 오늘날 우리 회사가 있게 되었다(Peters & Waterman, 1982).

HP에서의 사람에 대한 철학(the people philosophy)은 회사의 창설 때 시작되었지만 또한 새롭게 갱신되고 있다. 회사 철학에 대한 재진술을 포함해서 회사 목표는 다시 작성되고 제시되었다. 회사 목표의 첫 문장은 이렇게 시작한다. "조직의 성취는 각 사람의 노력이 결집된 결과이다." 그리고 몇 문장 뒤에 HP는 조직의 성공을 이끄는 동력으로서 혁신적인 사람들에 대한 헌신을 강조한다. "첫째, 조직 전반에 고도로 역량 있고, 혁신적인 사람들이 있어야 한다. 둘째, 조직은 모든 단계에서 열정을 가져오는 목표와 리더십을 지녀야 한다. 중요한 관리직에 있는 사람들은 자신이 열정적일 뿐 아니라 부하 직원들의 열정을 고취시킬 수 있는 능력으로 선발되어야 한다."(Peters & Waterman, 1982)

충무공 이순신은 부하들을 신뢰하고 이러한 신념에 따라 리더십을 발휘하였다. 왜병의 침입으로 인한 전란에서 부하들의 어려움을 자신의 고충처럼 공감하였다. 계사년(1593년) 여름에 진을 한산도로 옮긴 후 겨울을 지내는 병사들이 추운 겨울날 군선 안에서 입을 옷이 변변히 지급되지 못하여 추위에 떨면서 신음하는 것을 보고 괴로워하였다. 또한, 전란 중에 큰 비가 내려 통제사인 자신이 거처하는 집에도 비가 새어 불편을 느끼면서 부하 장수나 병사들이 겪게 될 고통이 어떠하겠는가를 염려하였다.

"살을 에듯 추워 여러 배에 옷 없는 사람들이 목을 움츠리고 덜덜 떠는 소리는 차마 듣기 어려웠다."(『이충무공전서』, 6권, 『난중일기』 2, 갑오년 8월 27일; 임원빈, 2008).

"흐리고 가는 비가 오더니 저녁에 큰 비가 시작하여 밤새도록 내려 집이 새어 마른 데가 없었다. 여러 사람들의 거처가 괴로울 것이 무척 염려스러웠다"(『이충무공전서』, 6권, 『난중일기』 2, 갑오년 5월 16일; 임원빈, 2008).

이순신은 부하들이 겪는 고통을 괴로워하고 염려하였을 뿐만 아니라 부하들의 애로 사항이었던 의복, 식량문제를 해결하고, 전염병에 걸린 병사들을 구호하기 위해 동분서주하였다. 전쟁에 지친 병사들을 위무하기 위해 교대로 휴가를 보내기도 하였다. 심지어 이순신은 일본인이 투항해 올 때마다 그들이 마음 놓고 살 수 있도록 환대하였다. 이순신은 가족을 떠나 타국에서 살아가야 하는 그들의 처량하고 안타까운 심정을 배려하였기 때문에 그들은 성을 쌓거나 노를 젓는 격군으로 보충되는 등 조선 수군의 전투력 증강에 기여하였다. 이순신의 전승 무패 승리 신화의 배후에는 이처럼 부하 장병들을 신뢰하고 사랑할 뿐만 아니라 투항한 일본인들의 가련한 처지를 배려하는 따뜻한 인간에 대한 사랑이 있었다(임원빈, 2008).

2) 사람들이 쉽게 볼 수 있고 가까이 할 수 있게 한다

피터스와 워터만(Peters & Waterman, 1982)은 '주변을 배회하면서 관리하기'라는 경영 방법을 보급시켰다. 이 경영 방법은 관리자들이 사무실 밖에서 직원 및 고객들과 만나야 한다는 생각을 담고 있다. 이 경영 방법을 현장에 실천한 사람으로 패트리샤 카리간(Patricia Carrigan)을 들 수 있다. 패트리샤 카리간은 GM사 초유의 현장 관리자 여성이었다. 임상심리학자로서 카리간 여사는 GM사에서 인사관리 참모의 역할을 맡기 전에 여러 해 초등학교에서 근무했다. 1970년대에 GM사는 세계에서 가장 크고 방대한 직장생활의 질에 대한 프로그램을 개발했다. 인적 자원 관리의 전문 상담자로서의 경험을 살려 카리간 여사는 공장의 현장 관리자가 되기를 원했다. 이 기회를 이용해 카리간 여사는 노사갈등의 긴 역사를 갖고 있던 두 개의 GM사 공장을 성공적으로 운영하였다.

카리간 여사가 관리자로서 우선적으로 취한 일은 공장의 현장으로 찾아가서 자신을 생산 근로자들에게 소개하고 그들에게 공장이 개선될 수 있는 방안을 질문한 것이었다. 현장 근로자들은 카리간 여사가 오기 전에는, "나는 공장 관리자가 누구인지 몰랐다. 관리자를 보았어도 알아보지 못했을 것이다."라고 평가했다. 3년 후에 카리간 여사가 이 공장을 떠났을 때 지역 노조에서 여사에게 기념패를 주었다. 이 기념패는 다음과 같은 내용으로 끝을 맺었다. "패트리샤 카리간 씨는 사람들을 존중해 주는 인격의 소유자로서 이러한 특성을 발휘함으로써 레이크우드 공장에서 새로운 삶의 방식을 창조하는 데 필수적인 역할을 수행하였음을 결의한다. 34 지역 노조원들은 항상 카리간 여사를 우리의 한 사람으로서 따뜻하게 기억할 것을 결의한다."(Kouzes & Posner, 1987, p. 36) 현장 근로자들로부터 이러한 송별을 받는 공장 경영자들은 별로 많지 않다.

충무공 이순신은 부하 장수들과 만나 함께 이야기하는 것을 매우 즐겼다. 장수들과 어울리면서 바둑이나 장기를 같이 두고 음식을 나누어 먹기도 하였다. 이순신은 부하 장수나 군관들과 함께 활을 쏘면서 전투를 위한 전력을 증강시켰다. 또한, 휘하에 있는 지휘 군관들과 빈번하게 술을 대작하고 격의 없이 소통함으로써 장병들의 높은 사기를 유지할 수 있었다. 특히, 명절에는 술을 빚어서 모든 군사들이 마실 수 있도록 조치하였으며, 가끔 씨름판을 벌여 장병들이 마음껏 놀도록 하였다. 이러한 조치는 고생하는 부하 장병들의 마음을 위로해 주기 위해서였다.

> "늦게 우수사, 순천, 광양, 낙안과 함께 모여 앉아 술을 마시면서 이야기했으며, 군관들을 시켜 편을 갈라 활을 쏘게 했다."(『이충무공전서』, 5권, 『난중일기』 1, 계사년 5월 5일; 임원빈, 2008)

> "삼도 군사들에게 술 1천 80동이를 먹였다. 우수사, 충청수사가 함께 앉아 먹었다."(『이충무공전서』, 6권, 『난중일기』 2, 갑오년 4월 3일; 임원빈, 2008)

> "여러 장수들이 모여 회의를 하고, 위로하는 술잔을 네 순배 돌렸다. 몇 순배 돌아간 뒤 경상수사가 씨름을 붙인 결과 낙안 임계형이 일등이었다. 밤이 깊도록 즐거이 뛰놀게 했는데 그것은 오랫동안 고생하는 장수들의 노고를 풀어 주자는 생각에서였다."(『이충무공전서』, 7권, 『난중일기』 3, 병신년 5월 5일; 임원빈, 2008)

3) 구성원의 능력을 강화시키고, 정보를 공유한다

인간자원을 효과적으로 구사하는 리더는 조직 구성원들의 능력을 강화시킨다. 즉, 구성원들을 조직 운영에 참여시키고, 지원하고, 정보를 공유하고, 조직 내 의사결정을 하부로 위임한다. 인간자원 리더십을 발휘하는 리더는 조직 구성원을 '동반자' '소유자' 또는 '동료'라고 부르기를 좋아한다. 그들은 구성원들이 조직의 성공에 이익을 같이하며 의사결정에 참여할 권리를 갖고 있음을 분명히 했다.

카리간 여사는 공장에서의 성공의 비결을 '사람들과 동반자적인 관계'와 그들을 의사결정에 참여할 수 있었던 점으로 돌렸다. 렌 맥퍼슨(Ren Mcpherson)은 각 개인의 전문성과 헌신을 강조했다. 인간자원 리더십을 발휘하는 리더는 개개인이 책임 맡기를 원하며, 그들에게 필요한 권위와 정보가 주어진다면 책임질 것이라는 생각을 신봉한다. 다른 많은 인간자원을 효과적으로 다루는 경영자들과 같이 카리간 씨는 생산 작업팀이 자율적으로 관리하도록 했다. 렌 맥퍼슨은 계열회사의 관리자들이 계열사의 모든 사람을 매달 만나 회사의 실적을 자세히 논의하도록 했다(Peters & Waterman, 1982).

인간자원을 잘 다루었던 도널드 버(Donald Burr)와 피플익스프레스(People Express)사를 살펴볼 수 있다(Bolman & Deal, 1991). 이 회사는 항공회사에서 가장 빠르게 성장해 온 회사로서, 이 회사의 최고경영자인 버는 열광적으로 인간자원 관리를 신봉했다. 그는 업무 집단에 따라 회사를 조직했으며, 이 업무 집단에서 직원들은 책임을 맡았다. 비행기 조종사들이 비행기 표 받는 곳에서 일을 했으며, 부사장들도 화물 짐을 분류했다. 봉급은 낮았지만 피플 익스프레스의 종업원들은 책임과 자율성, 흥미 있는 일을 담당했으며, 종업원들이 주식을 소유하는 계획도 세웠다. 회사가 커나가면서 주가가 오르게 되었고, 많은 종업원이 서류상으로 상당한 부자가 되었다.

그러나 회사는 급격히 변화되어가면서 경쟁이 심해졌다. 피플익스프레스가 성장하면서 구조적인 혼란과 몇 가지 중요한 전략상의 실수를 범했다. 회사는 몇 달 동안에 고도성장에서 파산 상태로 몰락하였다. 인적 자원 활용에서 버는 대단히 성공했다. 어떤 항공회사보다도 헌신적이고, 열심히 일하고, 혁신적이며 생산적인 종업원들이 있었지만, 이것만으로는 충분하지 않았다. 세상에서 가장 헌신적인 종업원이 있을지라도 조직이 잘못된 구조와 전략을 갖고 있다면 실패할 것이다.

이순신은 1593년 7월 15일 한산도 진영에 운주당이란 작전통제소를 지었다. 운주당은 '장막 안에서 작전을 계획한다.'는 뜻에서 따온 이름이었다. 당시에 통제사로서 조선 수군을 지휘했던 이순신은 운주당의 문을 활짝 열어 휘하 장병들과 원활한 의사소통을 추구했다. 설사 수군의 하급 병사 신분이라도 군사에 대해서 의견을 자유롭게 개진할 수 있도록 조치했다. 이와 같이 전투에 임하기 전에 반드시 부하 장수들과 충분히 토론하고 작전을 수립했기 때문에 장수들이 '한마음, 한뜻'으로 해전에 임할 수 있었다.

동일한 판옥선과 총통으로 무장한 조선 수군을 지휘했음에도 불구하고, 이순신은 모든 해전을 승리로 이끌었던 반면에 원균은 칠천량 전투에서 전멸에 가깝게 대패하였다. 이러한 패전의 주된 요인은 무엇이었을까? 이순신과 달리 원균은 부하 장수들과 소통이 없이 독선적으로 일을 처리하였기 때문에 부하 장병들의 마음을 얻을 수 없었다는 점이다.

> "이순신이 진영에 있을 때 운주당을 짓고 여러 장수와 더불어 그 안에 모여서 일을 의논하였다. 그러나 원균은 기생첩을 두고 울타리를 둘러치고 술에 취하여 일을 살피지 않으니 모든 군심이 이반되어 모두들 '만일 적이 오면 달아날 따름이다.' 하였다."(『충무공전서』, 14권, 부록 6; 임원빈, 2008)

이런 상황에서 칠천량해전에서 조선 수군의 패배는 이미 예견된 결과였다. 상하가 분열된 조선 수군은 일본 수군의 야간 기습이 시작되면서 통제사 원균을 포함해 모든 장병이 도망가게 되었다. 결과적으로 임진왜란 발발 이후 가장 막강한 전투력을 자랑하던 조선 수군은 대패하여 궤멸되었다.

반면에, 이순신은 부하 장병들과 격의없이 소통하고, 동고동락하였다. 더욱이, 총탄과 화살이 빗발치는 격전에서도 자신의 안위를 돌보지 않고 전투를 지휘하고, 병사들과 함께 나란히 서서 활을 쏘았기 때문에 이를 지켜본 장병들은 죽기를 각오하고 싸우게 되었다. 그리고 승리한 후에 전리품을 아낌없이 나누어 주는 모습에서 장병들은 감동되어 사기가 충천할 수 있었다.

> "(이순신은) 밤이면 병사들을 쉬게 하고 자신은 반드시 화살을 다듬었다. 또 몸소 적의 칼날을 무릅쓰고 총탄이 좌우에 떨어져도 동요하지 않았으며 장병들이 붙잡고 만류하여도 '내 목숨은 하늘에 달렸는데 너희들만 수고하게 하겠는가?'라고 말하였다. 승전하여 상품을 얻으

면 곧 여러 장수들에게 골고루 나눠 주고 하나도 아끼지 않으므로 장병들이 두려워하고도 사랑하여 각기 제 힘을 다하여 전후 수십 번 싸움에 한 번도 곤욕을 당한 일이 없다."(『이충무공전서』, 13권, 부록 5, 선묘중흥지; 임원빈, 2008).

"왜선에 실렸던 물건은 모두 찾아내 다섯 칸 창고에 가득히 채우고도 남았으며, 왜선에 실려 있던 물건 중에 우리가 먹을 만한 쌀 300여 석은 여러 전선의 굶주린 격군과 사부들의 양식으로 나누어 주고, 의복과 목면 등의 물건도 군사들에게 나누어 주어서 적을 무찔러 이익을 얻으려는 마음을 일으키게 할까 하오나, 먼저 조정의 조치를 기다립니다."(『이충무공전서』, 2권, 장계 1; 임원빈, 2008).

3. 인간자원 리더십 발휘 사례

이 절에서는 인간자원 리더십 발휘 사례로서 K 교장의 리더십 사례, 초등학교 1학년 담임 J 교사의 리더십 사례를 살펴본다. K 교장은 개교 역사가 오래되지 않은 비교적 신설 초등학교 교장으로서 학생에 대한 사랑, 교직원에 대한 신뢰와 지원을 바탕으로 리더십을 효과적으로 발휘하였다. 초등학교 1학년 담임 J 교사는 학급 운영의 방안으로 청소반장제도를 활용함으로써 학생들의 동기를 유발하였다.

1) K 교장의 인간자원 리더십

(1) 학교의 특성

M 초등학교는 개교한 지 10여 년이 된 비교적 신설학교로서 교직원은 50여 명이다. M 초등학교는 전임 교장인 2대 교장이 근무 3년째에 신병 치료로 1년여 동안 학교장이 공석되어 교직원의 복무기강이 느슨해지고, 학교에 대한 학부모의 불신으로 감독기관에 많은 민원이 제기되었다. 학교장 부재중에 교감이 직무를 대행했으나 교감의 성품이 거칠고 관리자로서의 능력과 자질이 부족하여 전체 교직원의 단합이 잘 되지 않고 학교 과업이 비효율적으로 추진되어 학교 경영의 정상적인 운영에 지장을 초래하였다. 학부모들은 개교 초기에는 신설학교 교육환경 구축을 위하

여 적극 참여하여 학교발전을 위해 많은 지원과 애교심을 발휘하였다. 그러나 학교
장이 신병으로 역할을 정상적으로 수행하지 못하면서 학교에 대한 열의가 감소되
었다. 이런 상황에서 유능하다고 알려진 최연소 교장으로서 전문직 출신인 K 교장
이 부임하게 되었다.

(2) K 교장의 리더십

① 사랑의 실천

K 교장은 전 교직원들 중에서 가장 먼저 출근하여 학교 전체 관리사항을 일단 둘
러보았다. 교장실에 하루의 일과를 계획하여 학교장의 지시사항을 컴퓨터에 입력
하면 각 교사는 출근과 동시에 컴퓨터의 입력 자료를 토대로 각 반별 일과를 계획하
여 업무를 시작하였다.

K 교장은 수업 시작 전에 '아침 달리기'를 솔선수범하여 학생들과 함께 운동장을
달리면서 학생들과 자연스러운 대화를 함으로써 어린이들을 파악하고 학교장에 대
한 친근감을 느끼게 하였다. 어린이들은 어디서든지 교장선생님만 보이면 앞으로
달려와서 즐겁게 인사하였다. 어린이들이 방과후에 축구시합을 할 때에 교장실로
찾아와 교장선생님께 축구 심판을 보아달라고 요청하면 K 교장은 체육복을 갈아입
고 쾌히 응낙하였다.

K 교장은 "어린이들은 항상 사랑을 먹고 살아야 한다. 사랑을 먹어야 기쁨이 솟
고, 활기가 넘치고 삶의 보람을 느낀다."고 말하곤 하였다. K 교장은 어린이에 대한
따뜻한 사랑을 몸소 실천하여 보여 줌으로써 교사들이 K 교장의 본을 받아 어린이
를 아껴 주고 사랑할 때 교육의 성과를 기대할 수 있다는 신념을 갖게 했다.

② 인화단결

K 교장은 교사들을 존중하고 신뢰하며, 각자 맡은 일에 대하여 소신을 가지고 적
극 추진할 수 있도록 지원하였다. 학교장으로서 인화단결을 위해 매사에 모범을 보
임으로써 다른 많은 교사로부터 공감을 얻고 학교 과업을 능률적으로 추진하였다.

첫째, 교사들에 대한 신뢰

○○시범학교 발표가 있었다. 발표를 앞두고 일반적인 학교장의 경우 대부분 작
은 것부터 시작하여 하나씩 확인하고 지시한다. 반면에, K 교장은 "여러 선생님을

믿습니다."라는 말 한마디로 교사 스스로 창의적이고 능률적으로 일을 할 수 있도록 유도하였다.

둘째, 교직원들에 대한 적극적인 지원

○○시범학교 발표회 일주일을 앞두고 교사들이 친목회 간사를 통하여 교직원의 단합을 위해 방과후 등반 계획을 건의하였다. 다른 학교장의 경우는 중요한 행사를 일주일 앞두고 있기 때문에 승낙하기가 힘들 것인데도 교사들이 원한다면 다녀오라고 허락하였다. 그 밖에 교사들이 원하는 것에는 항상 긍정적이고 협조적이었다.

셋째, 교직원 개개인에 대한 관심 표명

교직원들의 사소한 대소사에 모두 참여하고, 교사들의 작은 신상 문제에도 주의를 기울였다. 교직원이 부친상을 당했을 때 K 교장은 교직원들과 함께 밤샘을 같이 하며 교장으로서 깊은 관심을 보여 주었다.

넷째, 교직원들의 능력 발휘 기회 제공

특별한 경우 외에는 직접적으로 지시하거나 전달하는 경우가 거의 없고, 교감이나 교무부장을 통해서 하였다. 그리고 전 교사의 능력을 균형적으로 개발할 수 있도록 개별적인 연수를 위해 시간이 필요하다고 할 때 적극 지원하였다.

다섯째, 원로 교사들에 대한 배려

K 교장은 60대 원로교사들이 담임하는 저학년 2개 학급을 맡아서 일주일에 1시간씩 음악 수업을 해 줌으로써 어린이들과 학부모들이 매우 좋아하였다. 학교장이 솔선수범하여 원로교사들을 예우함으로써 젊은 교사들에게 귀감이 되었다.

③ 민주적인 학교 운영

K 교장은 학교의 중요한 업무에 대한 의사결정은 기획위원회, 운영위원회, 인사자문협의회, 공적심사위원회 등 각종 위원회를 통하여 결정하였다. 학교 회계사항은 분기별로 공개하고 학교의 교칙, 국외연수 대상자 추천, 학급담임 선정기준, 포상 대상자 추천, 학교 중요행사 결정 등을 각 위원회에 의뢰하여 심의·결정하였다. 가장 민주적이고 교육적인 조직 활동을 통하여 하의상달 형식으로 의사결정을 내렸다.

④ 비공식 조직과 지역사회와의 관계

교직원 친목회, 동호회, 동문회 등 교내 비공식 조직의 활동에 대하여 지원하였다. 비공식 조직의 활동이 공식적인 조직 활동과 상충되지 않도록 조정함으로써 교직원들과 원만한 인간관계를 갖게 되었다. 지역사회의 유관기관 및 단체와 협조적인 관계를 유지함으로써 지역 주민들이 학교의 교육활동에 협조할 수 있도록 하였다.

⑤ 행복추구 신념

어린이들을 위한 매주 학습예고제, 학교생활의 수시 가정통신, 학교 구석에 있는 위험요소의 제거와 어린이를 위한 학습장으로 활용, 매주 전교 어린이회 참석을 통한 어린이들의 의견 수렴 등에 관심을 나타냈다. 동시에 교사들의 복지에 대한 요청에도 귀를 기울여 직원 휴게실, 냉난방 시설, 차, 음료수 등을 배려하였다.

(3) K 교장의 리더십 효과성

첫째, 전 교사가 교장의 어린이에 대한 사랑을 본받아 아동교육에 대한 소명감과 긍지를 지니고 열심히 근무하는 풍토를 조성하였다.

둘째, 업무 추진을 원칙적이고 철저하게 수행하면서도 학교장이라는 신분을 떠나서 교사들과 격의 없는 대화의 자리를 마련하였다. 교사들의 불만을 사전에 해소하고 사기를 진작시킴으로써 교사들은 퇴근 시간이 지나도록 교실에서 교육을 위한 자료제작에 몰두하는 경향이 확산되었다.

셋째, 학교 운영에 관한 중요한 일들이 교육적이고 민주적인 과정을 통하여 결정됨으로써 교사들이 주인의식을 가지고 자율적으로 책임을 지고 업무를 수행하였다.

넷째, 매사에 솔선수범하고 교사들의 교육활동을 위해 신속하게 적극 지원함으로써 조직 전체가 상호 신뢰하는 분위기가 조성되고, 친목회가 활발해져 전 교직원의 화합이 이루어져 친목회 행사에 많은 교직원이 참여하게 되었다.

다섯째, 탁월하고 소신 있는 업무 추진으로 교사들이 학생지도를 열심히 수행하였고, 학교생활에 대해 가정통신을 통해 소통함으로써 학부모들의 학교에 대한 신뢰도가 향상되었다. 이런 결과로 ○○시 경시대회에서 2년간 최우수상 획득, 어린이 기능대회, 전국소년체전 등 각종 대회에서 많은 우수한 성과를 나타내었다.

2) J 교사의 인간자원 리더십

초등학교 교실은 전인교육이라는 교육목표를 가지고 교사와 학생의 인간적인 만남이 이루어지는 장이다. 그리고 3월 2일의 제비뽑기를 통해 결정되는 운명적 만남 공동체라고 할 수 있다. 교실에서 가장 중요한 일은 아이들과 인간적 유대를 형성하는 것이고 이를 통해서 심리적 안정감과 신뢰를 형성하여 하나 되고, 서로 다른 능력을 키워 나가는 것이다. 따라서 교사는 인간자원 리더십을 발휘하여 아이들이 서로 다른 능력을 키울 수 있도록 촉진자, 안내자가 되어야 한다.

(1) 개인에 대한 관심 표명

아이들과 함께 생활하는 교사가 아이들 개개인에 대해서 관심을 보이는 것은 바쁜 학교생활에서 하기 어려운 일이다. 빡빡한 교육과정, 많은 아이들, 이런 저런 이유로 해서 아이들이 학교 밖에서는 어떻게 지내는지 제대로 알지 못할 때도 있다. 그런데 점심시간이나 자투리 시간을 이용해서 아이들과 개인적인 이야기(예: 동생에 대해서, 방과후 활동에 대해서, 친구에 대해서, 부모님에 대해서, 어제 지냈던 일 등)를 나누다 보면 아이들이 나를 대하는 것이 달라짐을 느낄 수 있다. 앞으로도 아이들에게 개인적으로 관심을 더 보임으로써 아이들과 나 사이의 보이지 않는 벽을 허물고 아이들을 이해해야 할 것이다.

(2) 청소반장

대부분 학교에서 1학년은 학부모가 학교에 방문하여 교실청소를 한다. 우리 학급역시 1학기에는 어머니들의 협조를 통해서 청소가 실시되었다. 그런데 작년 동학년 선생님께서 1학년 2학기에는 아이들 스스로 청소가 가능하며, 청소하는 것을 즐거워한다고 경험담을 이야기해 주셨다. 그래서 실제로 우리 반 아이들에게 2학기에는 자기 자리 청소를 시작하게 하였다. 1주일 내내 아이들이 자리 청소하는 것은 무리인 것 같아서 2일에 한 번, 3일에 한 번, 매일의 순으로 점차적으로 청소 일을 늘려가 보았다. 그랬더니 예상과는 달리 아이들이 자기 자리만은 깨끗이 청소하였고 지금은 일주일에 한 번 학부모님들이 와서 대청소를 한다.

이렇게 선배교사의 조언을 통해 아이들 청소를 실시하면서 몇 가지 문제가 생겼는데, 제일 큰 문제점은 청소 검사였다. 시간차가 많이 나는 20여 명의 청소 상태를 교사 혼자 검사하기가 무리여서 생각해 낸 방법이 청소대장을 뽑는 것이었다. 하지만 청소대장을 누구로 정할 것인가가 쉽지 않았다. 처음에는 청소대장을 성실하고 청소를 잘하는 아이로 정하려고 했는데, 이런 아이들은 대부분 학급에서 모범생으로 인정을 받고 있었다.

그래서 평소 아이들에게나 담임교사인 나에게 인정을 받지 못하지만 청소를 열심히 하는 아이 혹은 문제를 자주 일으키는 아이에게 청소대장을 임명하기로 결정하고 각 분단에 1명씩 청소대장을 임명하였다. 예상외로 청소대장을 맡은 아이들의 자부심은 대단해졌고 청소대장은 뒷정리까지 열심히 해 주는 모습을 보였다. 아이들 사이에서는 청소대장으로서 인정을 받고 싶어서 차기 청소대장을 노리며(?) 열심히 청소를 하는 결과를 낳았다.

물론 이러한 방법에도 문제가 있었는데, 자기와 친한 아이의 청소상태가 불량해도 눈감아 주기, 반대로 싫은 친구는 통과를 잘 안 시켜 주기, 학원 시간에 쫓겨 맡은 역할을 하지 않고 가는 일, 성격적 특성으로 청소를 대충 검사해 주는 일 등의 작은 문제들이 발생하였다. 하지만 이와 같은 방법을 통해 교실의 청소상태가 좋아지고 인정의 욕구가 충족되어 생활태도도 좋아지는 것을 발견할 수 있었다.

(3) 사랑으로 감싸기

닐(A. S. Neil)의 『문제의 아동』이라는 책에서 보면 문제 아동의 뒤에는 항상 문제의 가정, 문제의 교사가 있다고 하였다. 우리 반에서 크고 작은 문제를 일으키는 아이들을 살펴보면, 외동아들, 딸부잣집 막내, 맞벌이 부모, 별거 부부 등 아이들에 대한 애정과잉이거나 애정결핍을 겪고 있다. 애정을 과다하게 받고 있는 아이의 경우에는 사회성에 문제가 나타나고 있는데, 이것은 교실에서 단체 생활을 하면서 많이 다듬어져 나가고 있다.

문제는 애정결핍을 받고 있는 아이의 경우인데, 처음에는 문제행동을 일으킬 때 꾸짖거나 경고를 주거나 그래도 안 되면 체벌을 하여 행동을 고치려고 하였다. 그랬더니 나의 눈치를 보기 시작하였다. 그래서 한동안 사이가 나빴는데, 급식실에서의 일을 통해 나는 크게 깨닫게 되었다. 그 아이는 여느 때처럼 옆 친구의 허벅지를 젓가락으로 꾹꾹 찌르면서 괴롭히고 있었다. 그런 모습을 보면서 처음에는 그냥 모르는 척 넘어가 주었다.

　서로 밥을 다 먹은 뒤에 그 아이 곁으로 다가가서 아무 말 없이 안아 주며 이런저런 이야기를 했더니 처음에는 자기가 저지른 행동 때문에 나의 눈치를 보다가 후에는 이것저것 이야기도 하였다. 그런 일이 있은 뒤로 평소 내가 잘못된 지도를 한 것을 깨닫고, 행동에 대해서 다그치고 혼내기보다는 사랑으로 감싸 주는 것이 더 효과적이라는 것을 알았다. 하지만 아직 인내심이 부족하여 모든 상황, 모든 문제에 대해서 그렇게 하지는 못하지만 앞으로 좀 더 스스로를 다스려서 사랑으로 아이들을 감싸도록 노력해야 할 것이다.

　(4) 예시 보여 주기

　우리 반에서는 월, 수, 금요일에는 일기를, 화, 목, 토요일에는 독서감상문을 쓰고 있다. 매일 하는 활동이기 때문에 아이들의 실력이 부쩍부쩍 자라리라고 기대를 했는데, 생각 외로 처음 그 수준을 벗어나지 못하였다. 그래서 쓰는 방법을 달리한다든지, 적는 요령을 설명해 주었는데 그 효과는 미미하였다. 그런데, 아이들의 일기장에 리플을 달아 주면서 친구의 잘된 글을 붙여 주었더니 의외로 아이들의 글 쓰는 수준이 예전과 사뭇 달라져 있었다. 그것을 보면서 평소에 내가 아이들에게 자료 제공을 제대로 하지 못한 점을 반성하였고, 매주 잘된 작품을 친구들에게 예시로 보여 주고 있다.

　'모든 사람이 너의 장점을 가지고 있다고 생각하지 마라.'는『위대한 개츠비』의 한 구절이다. 다른 사람들이 자신과 같은 행동양식을 보이리라고 기대하는 사람들에게 사람들의 성격, 욕구는 다양하고 그 다양성을 인정해야 함을 의미한다. 따라서 다양성을 가지고 있는 사람들이 이루고 있는 조직은 하나로 정의 내릴 만한 특성이 없다. 그래서 조직에서 효과적인 지도성은 조직의 특성마다 달라져야 한다. 20여 명의 초롱초롱한 아이들로 구성된 1학년 3반 교실이라는 공간에서 나는 어떤 존재인가, 그리고 나는 이들을 어떻게 이끌어 가고 있는 것인가에 대해서 의문을 던져 본다.

참 고문헌

임원빈 (2008). 이순신 승리의 리더십. 한국경제신문사.

이충무공전서, 2권 2, 장계 1.

이충무공전서, 6권, 난중일기 2, 갑오년 5월 16일.

이충무공전서, 6권, 난중일기 2, 갑오년 8월 27일.

이충무공전서, 14권, 부록 6.

Bolman, L. G., & Deal, T. E. (1991) *Reframing organizations.* San Francisco, CA: Jossey-Bass Publishers.

Greenleaf, R. F. (1970). *The servant as leader.* Westfield, IN: The Greenleaf Center for servant leadership.

Kouzes, J. M., & Posner, B. Z. (1987). *The Leadership Challenge: How to get extraordinary things done in organizations.* San Francisco, CA: Jossey-Bass Publishers.

Peters, T. J., & Waterman, R. H. (1982). *In search of excellence.* New York, NY: Warner Books Inc.

제9장

정치적 리더십

1. 정치적 관점

조직을 이해하는 전통적인 방식은 구조적 관점이나 인간자원 관점이다. 학교조직을 이해하는 방식도 예외는 아니다. 전통적인 관점은 비교적 체계적이고 안정적인 환경을 지닌 조직에 적합하다. 그러나 오늘날 학교조직을 둘러싼 환경은 과거와는 달리 인구, 과학기술, 경제, 의료 분야 등 사회 각 영역에서 변화가 매우 빠르게 이루어지고 있다. 더욱이 학교 내외에서 개인, 집단, 조직 간에 발생되는 갈등도 보다 빈번해지고 있으며, 이를 다루는 방법도 보다 다양해지고 정교하게 발전되고 있다.

우리나라의 교직사회에서도 1980년대 중반 이후 민주화 운동이 일어나면서 교육 관련 당사자들 간 관점의 대립, 갈등, 타협 등 정치적인 현상이 매우 빈번하게 발생되었다. 교원단체와 정부, 학교 행정가, 학부모, 학생 간의 갈등 양상의 폭과 빈도는 이전보다 훨씬 증가되었다. 이런 상황에서 단위학교 조직 내에서도 권력, 갈등관리 등과 같은 정치적인 리더십의 발휘가 중요한 과제가 되고 있다.

오늘날의 학교는 더 이상 교육목표를 달성하기 위해 교직원, 학부모, 학생이 함께 협력하고 헌신하는 이상적인 조직이 아니다. 구조적 관점과 인간자원 관점은 학교를 구성하고 있는 개인과 집단 간의 역동적이고 현실적인 조직현상을 설명하기에 부적합하다. 구조적 관점은 질서정연하고 합리적인 이미지로서 조직은 상위 계층에서 설정된 목표와 방침에 의해서 운영된다고 본다. 조직목표를 실현하는 수단으로서 공식적인 권위를 강조한다. 반면에, 인간자원 관점에서는 조직을 협동적인 이미지로서 조직의 필요와 구성원의 욕구 간의 불일치를 주목하고 이를 통합시키는 조직의 전략 개발을 강조한다. 이러한 관점에 비해서 정치적 관점에서는 조직이 서로 다른 이해관계를 지닌 개인과 집단의 연합체로서 이해된다. 정치적인 관점에서 지니고 있는 조직의 주요 가정은 다음과 같다(Bolman & Deal, 1991).

첫째, 조직은 다양한 개인이나 하위집단으로 구성된 연합체이다. 이러한 연합체는 성별, 연령별, 부서별, 세대별, 지역별, 출신 학교별 등 다양한 방식으로 이루어진다.

둘째, 조직 내 개인과 하위집단은 이해관계, 가치관, 선호 등에서 서로 다르며, 이러한 차이는 비교적 오래 지속된다.

셋째, 조직 내에는 구성원들이 가치 있게 여기며 필요로 하는 자원이 희소하다. 이러한 희소자원으로는 권력, 명예, 지위, 돈 등을 들 수 있다.

넷째, 조직 내 구성원 간의 차이점과 희소자원으로 인해서 조직 내, 개인 간, 집단 간의 갈등은 자연스럽게 발생된다. 이러한 갈등 상황에서 권력은 핵심적인 자원이다.

다섯째, 조직 내에서 목표설정이나 중요한 의사결정은 객관적이고 합리적인 근거에 의해 이루어지는 것이 아니다. 여러 집단 간의 상호작용과 같은 동태적인 역학관계 속에서 이루어진다.

요약하면, 정치적 관점에서는 조직 내 갈등과 같은 정치적 현상은 개인의 이기심이나 무능력 때문이 아니라 조직 내 구성원과 집단의 상호의존성, 지속적인 차이, 자원의 희소성, 권력관계 등에 의해 발생된다고 이해한다. 이러한 정치적인 현상은 조직 내에서 구성원 간에 상호 이질성이 크고, 조직 구성원이 필요로 하는 자원이 적을수록 더 두드러지게 나타난다. 또한, 조직 내에서 공식적이고 제도적인 권한을 지닌 집단의 통제력이 약화될수록, 그리고 조직 내 집단 간 상호의존성이 증가될 때 보다 많이 발생된다.

2. 정치적 리더십의 내용

정치적 리더십을 효과적으로 발휘하는 리더는 다음과 같은 리더십 원칙을 활용한다(Bolman & Deal, 1991).

1. 희망하는 목표와 가능한 목표를 명확하게 구분한다.
2. 권력과 이해관계의 분포를 파악한다.
3. 이해당사자들과 대인관계를 맺는다.
4. 먼저 설득하고, 둘째로 협상하고, 필요할 때만 강제력을 사용한다.

[그림 9-1] 정치적 리더십

1967년 대한민국에는 희망이 솟고 있었다. 한국이 세계수출무역기구에 가입하면서 수출의 길이 보다 넓어졌기 때문이었다. 박정희 대통령은 섬유와 신발과 같은 경공업 중심의 산업으로는 경제성장을 이루는 데 한계가 있기 때문에 조선이나 기계, 전자 같은 중공업 중심으로 산업을 전환하려고 구상하였다. 이러한 구상을 실현하기 위한 첫 번째 사업이 조선 산업이었다. 조선 산업은 일자리를 많이 창출할 수 있는 업종이면서 자주국방을 위해 반드시 필요한 산업이었다. 더욱이 기계와 운송, 항만을 동시에 발달시킬 수 있는 핵심사업으로서 선진국들은 조선 산업을 통해서 고부가가치를 창출할 수 있었다. 경제발전을 위한 국가적 필요에 따른 핵심사업이 조선소 건설이었기 때문에 박 대통령은 정주영 회장에게 조선소 건설 추진을 당부했다(홍하상, 2015).

1) 희망하는 목표와 가능한 목표를 명확하게 구분한다

1960년대 후반에 한국은 조선 산업을 일으키기 위해 필요한 기술과 자금이 없었다. 이 때문에 조선 산업을 일으키기 위해서는 선진국의 조선업체와 기술제휴를 맺고, 조선소 건설을 위한 해외차관을 도입하는 것이 필수적이었다. 정주영은 조선 산업의 선진국인 일본, 캐나다, 미국을 방문하여 세계 굴지의 조선업체와 접촉했지만 냉담한 반응이었다. 특히, 미국 기업들은 거의 문전박대하며 아예 만날 기회를 주지 않았다. 정주영은 이런 상황에 낙담하여 박 대통령에게 조선소 건설이 여의치 않다고 포기할 의사를 비칠 때 대통령으로부터 일침을 받았다.

정주영은 다시 조선소 건설에 필요한 차관 도입을 위해서 영국의 버클레이 은행을 방문하였다. 은행장에게 차관을 요청하면서, 우리나라 500원 지폐에 그려진 거북선을 보여 주고, 500년 전에 이러한 거북선으로 일본의 함선 수백 척을 격파했다고 설명하였다. 영국 은행이 외국에 차관을 주려면 '영국수출신용보증국'의 보증을 받아야 되는 절차가 놓여 있었다. 신용보증국의 담당 국장이 "영국의 일류 기술회사가 기술적으로 가능하다고 했고, 버클레이 은행에서도 충분하게 검토를 했으니 이의가 없다. 그러나 큰 도크를 파고 큰 배를 만들어서 그 이익금으로 원리금을 상환한다는데, 배를 주문할 선주가 없으면 어떻게 하느냐. 내가 선주라면 선박 건조 경험이 없는 나라에 배를 주문하지 않겠다. 주문 없이 배를 만든다 하더라도 그 배를 살 사람이 어디 있겠느냐? 그럴 경우에 우리는 어디서 돈을 받느냐? 배를 살 사람이 있다는 확신이 없는 한 승인할 수 없다."고 거절하였다(김교식, 1986).

차관 승인의 선행조건으로 선박 수주계약서를 요구받은 정주영은 수주계약을 얻기 위해 동분서주하였다. 미포만 백사장 사진과 리스로우 사에서 빌린 26만 톤짜리 유조선 도면을 들고 다니면서 선주를 찾아 나섰다. '당신이 이런 배를 산다면 영국 차관으로 이 백사장에 조선소를 세워 그 배를 건조해 주겠다. 또 배를 싸게 건조해 주고, 납기를 어기거나 하자가 있으면 배를 인수하지 않아도 좋다. 계약금의 원리금과 이자를 보상하는 은행 지불보증을 해 준다.' 등의 조건을 내걸고 그리스 최대의 리바노스(Livanos) 해운재벌을 접촉하였다.

정주영은 스위스에 있는 리바노스 별장으로 찾아가서 선박 수주 계약 체결을 요청하였다. 리바노스는 정주영에게 "회장님, 조선소는 있습니까?"라고 질문하였다. 이에 대한 답변으로 정주영은 사진 한 장을 꺼내어 보여 주었다. 이 사진 속에는 초가집이 드문드문 있는 울산의 황량한 바닷가 모래사장 풍경이 담겨 있었다. 리바노스는 "아직 조선소도 없는 회사에서 어떻게 배를 만들 수 있습니까? 내가 수주 계약서를 작성해 주면, 그 계약서를 가지고 런던의 버클레이 은행에서 돈을 빌려 조선소

를 만들고, 그 후에 이 조선소에서 배를 만들겠다는 발상이 아닙니까?" 리바노스는
정주영과 대화 후에 계약을 체결하겠다는 의사표시를 하였다. "정 회장님, 배를 한
척이 아니라 두 척 만들어 주세요." 결국 리바노스는 30만 톤급 유조선 두 척을 건조
하는 수주 계약서를 작성하였다. 리바노스 그룹의 선박 건조 수주 계약서를 건네받
은 버클레이 은행은 리바노스 측에 확인한 후 4,300만 달러의 차관을 제공하였다(김
교식, 1986; 박상하, 2011; 홍하상, 2015).

이제 공사는 초특급으로 진행되었다. 주문받은 유조선을 기한 내에 건조하기 위
해 조선소 건설 공사를 시작하고, 조선소 건설과 동시에 선박을 건조하였다. 버클레
이 은행으로부터 차관이 들어오고, 유조선 건설을 위한 도크를 파고, 안벽을 만드는
등 14만평 규모의 공장이 빠르게 지어졌다. 한편에서는 5,000여 명이 살 수 있는 숙
소가 지어졌다. 정주영은 공사현장에서 직원들과 함께 불철주야 건설에 매진함으
로써 2년 3개월만인 1974년 6월 24일 조선소를 준공하였다. 조선소 준공식장에서
수주받은 배 두 척의 명명식을 거행하였다. 조선소 건설과 동시에 초대형 유조선이
건조되었다. 세계에서 유래가 없는 조선소 건설과 선박 건조가 동시에 이루어짐으
로써 조선소 건설 및 선박 건조 기간을 획기적으로 단축하고 회사의 명성을 크게 떨
쳤다. 이는 세계 조선사에 전무후무한 업적이 되었다(박정웅, 2002; 정주영, 1998). 황
량한 어촌이었던 울산의 미포만에 세계 최대 조선소를 건설하겠다는 목표가 성취
될 수 있었던 것은 정주영의 수많은 건설 공사 경험, 강한 신념, 독창적인 발상, 희
망하는 목표를 가능한 목표로 만들어 하나씩 추진해 나갈 수 있었던 정치적인 리더
십과 관련된다.

1978년에 미국의 자동차 회사인 크라이슬러(Chrysler)사는 새로운 리더를 절망적
으로 찾은 끝에 포드사의 회장에서 해고되었던 아이아코카(L. Iacocca)를 최고경영
자로 영입할 수 있었다. 아이아코카는 크라이슬러사의 경영을 맡으면서 자신이 할
일에 대해 연구하였지만, 회사는 그가 예상했던 이상의 큰 문제에 직면해 있었다.
크라이슬러사는 적자폭이 커서 도산이 거의 불가피했다. 유일하게 남은 길은 미연
방정부로부터 거액의 신용대출을 보증받는 것이었다. 그러나 대부분의 의회 의원,
언론기관, 국민들은 연방정부의 신용대출 보증에 반대했기 때문에 대단히 힘든 일
이었다. 아이아코카는 연방정부가 개입하는 것이 크라이슬러사의 이익일 뿐 아니

라 국민 전체의 이익이 된다는 점을 반대하는 사람들에게 설득해야 했다. 결국, 그는 정치적인 재능을 발휘해서 이 일을 성공적으로 완수했다.

정치적 리더십을 발휘하는 사람들은 현실주의자이다. 결코 그들이 원하는 것으로 가능한 일에 대한 판단을 흐리게 하지 않는다. 크라이슬러사의 문제는 어떻게 회사를 살리느냐는 것이었다. 아이아코카는 이에 대처해 어려운 몇 년 동안 도산 위기를 넘기는 현실적인 목표를 세우고, 이를 달성하는 데 능력을 발휘했다. 크라이슬러사는 정부의 대출 지원 대신에 대출 신용보증을 요청했다. 아이아코카는 크라이슬러사가 대출한 금액을 갚을 것이기 때문에 신용보증이 납세자들에게 아무런 영향을 미치지 않는다고 줄기차게 주장했다. 반면에, 크라이슬러사가 붕괴되면 일시적인 실직으로 인해 실직보험과 복지금액의 지급으로 첫해에 모두 27억 달러가 국고에서 지출되어야 한다는 사실을 강조하였다.

"의원들께서는 양자선택을 해야 합니다. 여러분은 지금 27억 달러가 지출되기를 원하십니까? 아니면 되돌려 받을 수 있는 좋은 조건으로 그 절반의 액수에 대한 대출보증을 원하십니까?"(박일중 역, 1985; 이용희 역, 1985).

"대출보증이 위험한 선례인가? 여러분이 잘 아시겠지만, 정부는 이미 4천 9십억 달러의 대출보증을 한 적이 있었고, 지금도 그치지 않고 있습니다. 크라이슬러사를 위해 10억 달러를 대출해 주십시오. 우리는 미국에서 열 번째로 큰 회사로서 60만 명의 종업원이 근무하고 있습니다. 크라이슬러사는 대출한 금액을 반드시 갚을 것입니다."라고 거듭해서 말했다(박일중 역, 1985; 이용희 역, 1985).

2) 권력과 이해관계의 분포를 파악한다

정치적 리더십을 발휘하는 사람들은 관련된 당사자, 당사자 간의 이해관계, 권력을 주의 깊게 관찰한다. 이는 지리적인 지형을 묘사하는 지도처럼 정치적인 지형을 파악하는 중요한 과정이다. 정치적 리더들은 다음과 같은 질문을 던진다. 누구의 지원을 필요로 하는가? 어떻게 이것을 얻을 수 있는가? 이에 대한 반대가 있다면, 어떻게 이를 극복할 수 있는가? 이 싸움에 승산이 있는가? 크라이슬러사의 아이아코카 회장은 자신이 회사 직원들과 노조의 지원을 필요로 한다는 것을 간파했다. 더욱이, 의회와 국민의 지지가 중요했다. 신용보증을 승인하는 의회의 지원을 필요로 했으며, 이를 얻기 위해서는 국민 여론의 지지가 필수적이었다.

　정주영 회장이 조선업을 일으킬 수 있었던 계기는 젊은 시절부터 품었던 조선 사업에 대한 개인적인 열정도 있었지만 박정희 정부의 제3차 경제발전 5개년 계획 중 최대 핵심 사업이 조선소 건설이었던 사실과 관련된다. 당시에 정부에서는 조선 산업을 주도적으로 담당해 나갈 민간업자로 누구를 선정하느냐 하는 것은 매우 중요한 문제였다. 정부의 경제정책 최고 결정권자인 대통령과 경제기획원 장관이 적합한 인사로 낙점한 인물이 현대건설 정주영 사장이었다.
　당시 박정희 정부는 급속한 경제발전을 위해 조선 산업의 육성이 필요하였다. 국내 최대 건설기업인 현대건설은 조선업에 진출하고자 하였기 때문에 양자의 필요가 서로 일치되었다. 더욱이, 박 대통령은 평소에 소탈하고 저돌적인 정주영을 신뢰하였다. 정주영은 경부고속도로 건설 사업 등을 통해서 대통령과 친밀한 인간관계를 형성하였다. 이러한 정치권력과 기업 간 이해관계 일치, 정치지도자와 기업인 간의 네트워킹으로 인해 조선 사업에 대한 정부의 전폭적인 지원이 가능하게 되었다. 이러한 정부 지원의 토대위에서 정주영은 한국 조선 산업의 발전과 더불어 조국 근대화의 사명의식을 직원들과 공유할 수 있었다(홍하상, 2015).

3) 이해 당사자들과 대인관계를 맺는다

　정주영 회장이 바클레이 은행으로부터 조선소 건설을 위한 차관을 지원받을 수 있었던 결정적 계기는 선주로부터 선박 수주의 계약서를 체결한 것이었다. 선박 건조 경험도 없고, 선박을 건조할 조선소가 없는 기업이 수주 계약서를 받아온 상식적으로 이해할 수 없었던 사건이었다. 실제로, 일면식도 없었던 한국의 기업인이 방문하여 선박 수주 계약서를 요청받아 당황했던 리바노스는 사업가 집안의 자손답게 정주영이 뛰어난 사업가라는 것을 알아볼 수 있는 안목을 갖고 있었다(홍하상, 2015). 그리고 자체 조사를 통해서 정주영의 회사가 한국에서는 대단위 토목공사를 하는 제1의 건설회사라는 것을 알고 있었다. 결과적으로 조선소도 없는 회사가 초대형 선박 건조의 수주를 받아 왔을 뿐만 아니라, 수주 계약을 체결한 당사자가 세계적인 선박왕인 리바노스라는 사실이었다. 버클레이 은행으로서는 더 이상 차관 제공을 거절할 명분을 잃게 되었다. 정주영은 개발도상국 제1의 건설회사, 세계적인 은행, 세계적인 재벌기업 간의 비공식 또는 공식적 네트워킹을 절묘하게 활용한 셈이다.

정치적 리더는 대인관계 형성을 중요시한다. 개인적인 접촉, 즉 직접 만나서 대화하는 방법이 중요하다. 아이아코카는 의회, 언론기관, 국민들과 관계 정립의 필요성을 느끼고 이를 위해 노력하였다. 그는 많은 시간을 들여 의회 의원들과의 회합에 참석하였고 의회 분과위원회에서 증언을 하였다. 특히, 그는 의회 내 이태리계 출신의원들과 접촉함으로써, 이 중 한 사람을 제외한 전원이 신용대출 보증 제안에 찬성투표를 하게 되었다. 이 결과에 대해 아이아코카는 "공화당 의원이건 민주당 의원이건 이태리계 표였고, 이를 얻기 위해 필사적으로 노력하였다."고 말하였다. 아이아코카는 인터뷰하기를 원하는 모든 사람을 만났다. 크라이슬러사가 신문, 잡지에 광고를 낼 때 직접 서명을 하였고, TV 광고에 출연하기도 하였다. 시간이 지나면서, 그는 미국에서 가장 잘 알려지고 존경받는 최고경영자로 인정받게 되었다(박일충 역, 1985; 이용희 역, 1985).

4) 먼저 설득하고, 둘째로 협상하고, 필요할 때만 강제력을 사용한다

정치적 리더는 목표를 효과적으로 달성하기 위해 권력이 필수적이지만 이를 슬기롭게 사용해야 함을 알고 있다. 60년대 말에 미 직업훈련단(US Job Corps)의 책임자였던 윌리엄 캘리(William Kelly)는 "권력이란 우리 안에 들어있는 호랑이와 같은 것이다. 호랑이는 밖에 내놓을 수 없고, 단지 사람들이 호랑이의 표효 소리를 듣도록 해야 한다. 권력의 수명은 짧기 때문에 신중하게 사용해야 한다. 당신이 권력을 가지고 있다는 것은 사람들에게 알려야 하지만, 권력을 사용할 필요가 없게 되기를 희망해야 한다."고 말했다(Ridout & Fenn, 1974).

정치적 리더십을 능숙하게 발휘하는 사람들은 타인의 관심과 이해관계를 파악하는 것이 영향력 행사의 기초임을 알고 있다. 그들의 관심이 어떤 것인가? 그들이 문제를 해결하도록 어떻게 도울 것인가? 아이아코카는 연방정부의 크라이슬러사에 대한 신용대출을 밑 빠진 독에 물을 붓는 것처럼 납세자의 수백만 달러를 낭비하는 것일지 모른다는 일반인들의 인식을 시정해야 함을 알았다. 아이아코카는 광고 운동을 통해서 일반인들의 우려를 직선적으로 지적하고 반박했다.

아이아코카는 법안 통과에 결정적인 열쇠를 갖고 있는 의원들의 관심사를 직시하고 이들을 우군으로 만들기 위해 노력하였다. 이를 위해서 크라이슬러사가 도산하는 경우 각 의회 지역구의 많은 주민이 직장을 잃게 될 것을 자료를 통하여 설명했다. 더 나아가, 크라이슬러사 판매 대리업자들을 워싱턴으로 집결시켜 이들로 하여금 해당 지역구 의원들에게 로비활동을 벌이게 하였다.

"우리는 각 의원들에게 우리와 사업관계를 맺고 있는 그들의 선거구에 속하는 모든 납품업자들과 판매 대리업자들의 명단을 적은 컴퓨터 인쇄물을 우송했다. 우리는 만일 크라이슬러사가 도산한다면 그 선거구에 어떤 결과를 가져올 것인지에 대해서 정확하게 말했다. 내가 돌이켜 볼 때 납품업자나 크라이슬러 판매 대리업자가 없는 선거구는 전체 5백 35개 중에서 단지 2개구뿐이라는 것이었다. 이러한 명단은 우리 회사의 문제가 치명타를 가할 수 있는 중대한 영향력을 가지고 있다는 것이었다"(박일충 역, 1985; 이용희 역, 1985).

의회에서 투표를 하게 될 당시 많은 의원들이 지원하였다. 그중에서 하원의장인 팁 오닐(Tip O'Neill)의 연설은 커다란 영향을 미쳤다. 그는 신용대출보증에 대한 변호에서 실직한 근로자들이 제설하는 일자리도 구걸했던 보스턴 대공황의 영향을 상기시켜 주었다. 하원에서는 크라이슬러사가 회복하도록 도움을 주어야 한다는 것을 2 대 1의 비율로 동의했으며, 상원에서의 투표는 53대 44로 통과되었다(박일충 역, 1985; 이용희 역, 1985).

결국 크라이슬러사는 15억 달러의 정부 대출보증을 받아 냈으며, 1984년에 24억 달러의 순이익을 기록했다. 1987년에는 지프(Jeep), 람보르기니(Lamborghini) 등을 인수하여 크라이슬러를 미국 톱3 자동차 기업으로 만들면서 미국 자동차 산업의 전설을 만들었다.

3. 정치적 리더십 발휘 사례

P 고등학교에서 학교 발전 목표를 설정하고 이 목표를 달성하기 위해 정치적인 리더십을 발휘한 K 교장의 사례를 살펴본다. 구체적으로 P 고등학교는 실업계 고교이지만 학교의 실험실습 기자재가 낙후되어 있었고, 교육실습장의 공간과 시설이 전문적인 실습을 위해서는 매우 부족한 실정이었다. 이러한 학교 실정을 파악하고 K 교장은 실험실습 기자재의 확충, 전자계열 공동 실습소 건립, 공업 상징탑 건립, 전문기능인 양성 등 학교발전 목표를 설정하고, 이를 달성하기 위해 교육부, 경제인연합회, 지역구 국회의원, 동창회, 유관 기업체 등과의 네트워킹을 통해서 필요한 재정 및 기자재를 확보하여 전국기능경시대회에서 종합 우승 등의 획기적인 성과를 달성했다.

1) 학교의 특성

P 고등학교는 실업계 고등학교로서 총 60개 학급으로 구성된 대규모 학교이다. 동 고교는 5개과(전자, 전산, 통신, 기계, 자동차)로 구성되어 있으며 이 중 전자과가 27개 학급으로 학교의 특성학과로 운영되고 있다. 그러나 학교의 시설은 학교 교육 목표 달성에 미흡하여 보완되어야 하나 교육청의 획기적인 지원을 기대하기 어렵기 때문에 학생들의 실험실습에 지장을 초래하였다. 학교의 교육실습장도 전문적인 실습을 할 수 있는 공간과 시설에 미달하였다.

P 고등학교는 총145명의 교사 중에 일반과목 교사가 62명이고 전문과목 교사가 83명으로서 교무실에서는 주로 일반과목 교사들이 생활하고, 전문과목 교사는 각 교과전담실에서 생활을 하는 이원적인 체제를 갖추고 있다. 이로 인하여 교사들의 의사소통의 기회가 적다. 학교의 성격상 전문교과 중심으로 운영되고 있으며 학생들의 관심과 기대도 전문교과에 치중하였다.

2) K 교장의 정치적 리더십

K 교장은 미술을 전공하였으나 공업계 고교의 실과부장과 교감을 역임하고 정치적 리더십을 발휘하였다. 즉, K 교장은 전자계열과 기계계열에 대한 전문성이 높으면서도 학교 경영에서도 뛰어난 리더십을 발휘하였다. P 고등학교에 부임한 후에 학교 발전을 위한 목표로서 실험실습 기자재의 확충, 전자계열 공동 실습소 설립, 공업 상징탑 건립, 전문기능인 양성 등을 설정하였다. 또한, 발전 목표를 달성할 수 있는 구체적인 계획을 수립하고 이를 달성하는 과정에서 정치적 리더십을 발휘하였다. 구체적인 리더십의 내용은 다음과 같다.

(1) 실험실습 기자재 확충

K 교장은 동교에 부임하여 학교 전체의 실습기자재를 둘러보고 기자재가 노후화되고 그마저 부족하다는 것을 파악하였다. 이를 개선하기 위해 먼저 5개 전문교과 부장교사 회의를 개최하여 각 과에서 학생지도상의 문제점을 파악하고 이를 개선하기 위한 방법을 제시하도록 하였다. 실습 기자재의 확보에는 막대한 10억 정도의 시설자금이 필요한 것을 파악하였다. 시설자금을 확보하기 위해서는 교육청 차원에서는 불가능하다는 판단을 내리고 각계에 지원을 요청하기로 하였다. K 교장이 구사한 전략은 다음과 같다.

첫째, 전국 규모의 실험실습 연구보고회 개최이다. 전자계열의 교육부 연구 시범학교로 선정받기 위해 학교장이 교육부와 수차례 왕래하면서 당위성과 필요성을 강조하여 결국 2개년간의 연구시범학교로서 선정받게 되었다. 교육부 연구시범학교로서 지정받아 교육부에서 상당한 정도의 재정지원을 받아 기자재를 확충할 수 있었다. 그러나 교육부의 지원으로 부족한 부분이 많아 이를 해결하기 위해 다른 방법을 강구하였다.

둘째, 경제인 연합회의 지원 요청이다. K 교장은 경제인 연합회에 참석하여 학교의 선진화가 경제에 끼치는 영향에 대해서 역설하였다. 경제인들에게 우수한 기능공을 양성하는 동교에 재정 지원해 줄 것을 요청하였다. 이와 동시에 지역구 국회의원과 동창회 간부 등의 협력을 받아서 수개월간 끈질기게 요구하여 경제인 연합회로부터 막대한 지원을 약속받았다. 이러한 노력의 결과로 많은 기자재를 확충하고 시설자금을 지원받아서 학교의 실험실습 환경이 비약적으로 개선되었다.

셋째, 유관 기업체의 무상 기자재 지원 요청이다. P 고등학교 출신 학생들이 많은 근무하고 있는 기업체들에 무상 기자재를 지원해달라고 요청했다. 예컨대, P 고등학교 출신이 많이 근무하는 삼성, 현대, 대우 등 대기업체에서 사용하는 기자재와 현재 학생들이 실습하고 있는 기자재가 달라 현장에서 근무할 때 또 다시 교육받아야 하는 문제점을 지적하였다. 이러한 실업고 실습 기자재와 기업 현장의 기자재 불일치의 문제점을 해소하기 위해 회사에서의 기자재 지원의 필요성을 호소하였다.

당시에 고급 기능인을 양성하기 위해서 P 고등학교에서 전국의 실업계 학교장과 담당교사들을 모아 연구시범 발표를 하고 있었다. 이러한 연구시범 활동에서 최신 기자재가 필요함을 지적하고, 회사에서 기자재를 지원해 주면 각 회사의 홍보 효과가 크게 나타나는 등의 장점도 부각시켰다. 더 나아가서, 학교장과 담당교사가 기업체 현장을 직접 방문하여 회사 간부들을 설득하여 학교에 무상으로 최신 기자재를 지원해 줄 것을 약속받게 되었다.

(2) 공동 실습소 건립

K 교장은 학교 실습 기자재 확충을 위한 1단계 전략이 성공적으로 실시됨에 따라 다음 전략으로 공동 실습소 건립을 위한 전략을 세우고 추진하였다. P 지역의 공업계 고교가 전자계열의 실습실이 열악한 것을 개선하기 위해 공동 실습소가 필요함을 홍보하였다. 이런 홍보를 통해 많은 공업계 고등학교 학교장들의 동의를 얻어 교육부, 경제인 연합회, 전자계열 회사에 공동 실습소 건립에 협조를 의뢰하였다. 그 결과 P 고등학교 내에 공동 실습소를 세워 독립체제로 운영하도록 하여 P 지역의 각 공업고등학교 학생들이 1주일씩 이곳에서 최첨단의 장비로 실습을 하게 되었다. 이곳에서 실습을 마친 학생들은 실습에 대해 매우 큰 만족감을 표시하였다.

(3) 공업 상징탑 건립

교육부 시범연구 발표를 앞두고 학교의 위상이나 공업계 학교의 상징이 될 만한 상징탑을 세우기 위해 교육청, 동창회의 지원금을 확보하였다. 미술을 전공한 학교장의 전문성을 발휘하여 디자인과 조형을 직접 맡아 학교의 상징탑을 철구조물로 만들어 학생들의 눈에 가장 잘 띄는 곳에 설치하였다. 학교의 상징탑을 건립하여 학생들의 자긍심을 고취시킬 수 있었다.

3) K 교장의 리더십 효과성

K 교장의 정치적 리더십이 학교에 미친 효과를 요약하면 다음과 같다.

첫째, 전국기능경시대회에서의 종합우승이다. 전국 전자계열 연구시범 발표와 첨단 기자재 확보로 충분한 기술 연마를 한 학생들이 전국기능경시대회에서 종합우승을 차지할 정도로 기능이 향상되었다.

둘째, 실습 공간의 확보이다. 공동 실습소의 건립으로 첨단 기자재를 이용한 충분한 실험 실습을 할 수 있게 되어 기능 숙련에 도움이 되었다. 이 결과로 각종 자격증 취득률이 향상되는 효과를 얻게 되었다.

셋째, 기능인으로서의 자긍심 고취이다. 공업계 학생들이 일반계 학생들에 대해 느끼는 열등감이 없어지고 기능인으로서의 자긍심을 갖게 되었다.

넷째, 산학협동체제의 구축이다. 학교와 산업체의 긴밀한 협조가 이루어져 실험·실습 기자재의 계속적인 지원이 이루어졌다. 이러한 지원을 통해 학교에서 산업현장에서 필요한 기술인을 육성하는 데 필요한 교과과정을 유연하게 적용할 수 있게 되었다.

다섯째, 문화상징적인 가치 고양이다. 학생들은 등하교 시에 학교 상징탑 앞을 지나가면서 공업 입국의 의지를 함양할 수 있는 효과를 얻을 수 있었다.

참고문헌

김교식(1986). 현대그룹 정주영. 부산: 삼성문화사.

박일충 역(1985). 아이아코카. 리 아이아코카, 윌리엄 노바크 공저. 서울: 행림출판.

박상하(2011). 정주영 집념의 승부사 정몽구 결단의 승부사. 서울: 도서출판 무한.

박정웅(2002). 이봐, 해봤어? 서울: FKI미디어.

이용희 역(1985). 아이아코카. 서울: 경영문화원.

홍하상(2015). 정주영처럼 생각하고 정주영처럼 행동하라. 서울: (주)북랩.

정주영(1998). 이 땅에 태어나서: 나의 살아온 이야기. 서울: 솔출판사.

Bolman, L. G., & Deal, T. E. (1991) Reframing organizations. San Francisco, CA: Jossey–Bass
    Publishers.
Ridout, C. F., & Fenn, D. H. (1974) "Job Corps." Boston: Harvard Business School Case
    Services.

제**10**장
문화상징적 리더십

모든 조직은 상징적인 의미에서 보면 행위 주체들이 담당한 배역을 연기함으로써 관객들에게 스토리를 통해 메시지를 전달하는 무대나 극장이다. 사람들은 조직 내외에서 애매한 일이나 어려운 일을 이성이나 분석을 통해서 해결할 수 없을 때, 혼란과 불확실성 속에서 질서, 의미를 찾고 예측하기 위해 신화, 의식, 의례와 같은 상징물을 많이 활용한다.

상징적인 면에서 리더는 구성원들이 겪는 경험을 해석하는 임무를 담당한다. 과거의 역사에서 배울 교훈은 무엇인가? 세계에서 어떤 일이 발생하고 있는가? 미래는 어떻게 다가올 것인가? 조직 내외에서 구할 수 있는 자료에 대한 합리적인 분석을 통해서는 이러한 의문들에 대한 적절한 해답을 얻을 수 없다. 리더는 이러한 체험을 예술적이고 열정적으로 해석함으로써 구성원들에게 새로운 의미와 목표를 제시한다. 프랭클린 루스벨트(Franklin D. Roosevelt)는 미국이 대공황에 처했을 때, "우리가 두려워해야 할 유일한 것이 있다면 그것은 두려움 그 자체입니다."라고 말함으로써 국민들을 격려했다.

번스(Burns, 1978)는 루스벨트, 간디, 마틴 루터 킹(Martin Luther King Jr.)과 같은 리더를 염두에 두고서 변혁적 리더십과 거래적 리더십을 구별하였다. 번스는 거래적 리더는 "따르는 자들을 보상해 줌으로써 교환한다."고 정의하며, 이는 지지를 얻기 위해 직장을 알선해 주고, 캠페인의 기부금을 얻기 위해 보조금을 지불하는 것에서 볼 수 있다. 번스에 따르면 변혁적인 리더는 매우 드물고 따르는 자들이 최선의 것을 산출하도록 이끌며, 보다 고차원적이고 보편적인 목적을 추구하도록 이끈다. 과거에 경영자들은 구성원의 참여를 유도하는 방법을 배우려고 노력하였지만, 이제는 변혁적인 리더가 되어야 한다는 말을 종종 듣게 되었다.

1. 문화상징적 관점

조직은 설립된 후 시간이 경과하면서 구성원들이 공유하는 특유한 행동양식을 발전시켜 나간다. 이러한 행동양식은 문화라고 불리며 이는 구성원들이 공유하는 규범, 가치, 가정들에 의해 담긴다. 조직의 이러한 가치체계는 구성원들에게 대부분 무의식적으로 당연하게 받아들인다. 조직에 새로 입문하는 구성원들은 그들이 인식하든 그렇지 않은 조직문화의 영향을 받게 된다. 문화는 구성원들의 생각, 감정, 인식에 영향을 미친다. 조직은 입문식과 같은 의식을 통해서 새로운 구성원들에게 문화를 전달하고, 각종 상징체계를 통해서 구성원들에게 조직의 가치와 규범을 전달하고 강화시킨다.

문화상징적 관점에서는 조직 내 구성원들이 공유하는 문화적인 요소에 대한 이해를 중시한다. 조직을 이해하고 관리하기 위해서 조직의 리더는 조직 내 구성원들이 갖고 있는 행동양식과 이의 근거가 되는 구성원의 규범, 가치, 가정과 같은 문화적인 요소와 이를 전달하는 상징체계에 대한 이해가 필수적이다. 문화상징적 관점이 지니고 있는 기본 가정은 다음과 같다(Bolman & Deal, 1991).

첫째, 조직 내외에서 발생되는 사건에서 가장 중요한 것은 사건의 의미이다.

둘째, 사건과 의미가 항상 일치하는 것은 아니다. 사람들이 경험을 해석할 때 사용하는 도식의 차이로 인하여 동일한 사건들이 서로 다른 의미를 가질 수 있다.

셋째, 조직에서 발생되는 수많은 중요한 사건과 과정은 모호하고 불확실하다. 무엇이 일어났는지, 왜 일어났는지, 또는 다음에 무슨 일이 일어날지 알기가 어렵거나 알 수 없는 경우가 빈번하다.

넷째, 모호성과 불확실성이 클수록 합리적인 방법으로 문제를 분석하고 해결하며 의사결정하기가 더 어려워진다.

다섯째, 불확실성과 모호성에 직면할 때 사람들은 혼란을 해소하고 예측가능성을 높이며 행동방향을 제시해 주기 위해서 상징을 창조한다.

여섯째, 조직의 많은 사건과 과정들은 무엇을 산출하는가보다는 무엇을 나타내는가라는 점 때문에 중요하다.

요컨대, 문화상징적 관점에서는 조직에서 발생되는 사건의 객관적인 현상보다는 발생된 사건에 대해 구성원들이 부여하는 의미를 해석하고 설명하는 데 초점을 둔다.

2. 문화상징적 리더십의 내용

변혁적인 리더는 이상을 제시하는데, 이러한 이상은 예외 없이 상징을 활용한다. 문화상징적 리더십을 효과적으로 발휘하는 리더는 다음과 같은 리더십 원칙을 활용한다(Bolman & Deal, 1991).

> 1. 상징을 활용해서 주목하게 한다.
> 2. 체험을 해석한다.
> 3. 이상을 발견하여 전달한다.
> 4. 이야기를 한다.

[그림 10-1] 문화상징적 리더십

1) 상징을 활용해서 주목하게 한다

1995년 3월 9일 오전 10시께 삼성전자 구미사업장 운동장에 흐린 날씨 속에서 2,000여 명의 직원들이 사업부별로 줄지어 서 있었다. '품질 확보'라고 쓴 머리띠를 두른 비장한 모습이다. 직원들 앞쪽으로는 '품질은 나의 인격이요, 자존심!'이라는 현수막이 걸려 있고, 앞에는 현장 근로자 10여 명이 망치를 들고 있었다. 무려 500억 원 어치에 해당하는 무선전화기, 팩시밀리, 휴대폰 등 15만 대의 제품들이 운동장 한복판에 산더미처럼 쌓여 있었다. 진행자의 신호에 따라 망치질이 시작되어 제품들은 산산이 부서져 나갔다. 이어서 제품 조각들은 시뻘건 불구덩이 속으로 던져졌다. 수십 번의 공정을 통해 땀과 정성이 깃든 제품들이 순식간에 잿더미로 변했다. '불량제품 화형식'이 치루어진 것이다(김성홍, 우인호, 2003).

불량제품 화형식은 삼성 이건희 회장의 품질 경영에 대한 의지를 보여 주는 중대한 사건이었다. 삼성은 이 회장의 품질 경영 선언 이후 제품의 품질 개선을 위해 소비자문화원을 설립하고, 평가지표로 품질지수를 도입하는 등 강력한 드라이브를 걸었지만 쉽지 않았다. 그러던 차에 회사에서 명절 선물로 휴대폰 2,000여 대를 임직원에게 제공했는데, 이를 사용한 임직원들이 '통화가 제대로 이뤄지지 않는다.' '속았다.'는 이야기를 하게 되었다. 더욱이 삼성에서 만든 불량 휴대폰이 시중에 유통된다는 보고가 회장에게 전해졌다. 이 회장은 휴대폰을 반도체에 이어 삼성의 미래를 책임질 사업으로 생각하고 있었기 때문에 이러한 문제를 해결하기 위해서 극약 처방이 필요하게 되었다.

결국 "시중에 나간 제품을 모조리 회수해서 공장 사람들이 전부 보는 앞에서 태워 버리세요."라는 회장의 특별 지시로 이미 판매된 제품이 서비스 센터를 통해 전량 회수되고, 수거된 제품에 대한 화형식이 이루어졌다. 이 화형식은 하나의 상징적인 사건으로서 불량제품과는 결별하고, 새로운 역사를 시작한다는 것을 알리는 선언이었다. 설계에서부터 휴대폰 업그레이드 작업은 잿더미에서 다시 시작되었다. 이를 위해 해외 기술자들을 영입하고, 공장에서는 기술자들이 밤새 공부하고 토의하고, 주말에는 대학 교수들을 초빙해서 강의를 듣는 등 연구에 연구를 거듭했다. 이러한 노력의 결실로 불량제품 화형식 후 7년 반이 지난 2002년, 휴대폰 판매 대수는 4,300여만 대로 세계 3위를 차지했다. 잿더미 속에 버려진 총 500여억 원은 당시 삼성전자 총이익의 5.3%에 해당하는 엄청난 손실이었지만, 7년 반 만에 3조원이라는 이익으로 다시 돌아오는 결과를 얻게 되었다(김성홍, 우인호, 2003).

크라이슬러사에 대한 대부보증법안이 의회에서 통과됨으로써 아이아코카는 위기에 직면한 회사를 회생시킬 수 있는 전기를 맞이하게 되었다. 이러한 생존을 위한 전쟁에서 아이아코카는 총사령관으로서 자신의 연봉을 1달러로 삭감하는 파격적인 조치를 취했다.

> "나는 내 연봉을 삭감해서 단 1달러로 줄이는 일부터 시작했다. 리더십이란 부하들에게 모범을 보여 주는 것이다. 누구나 리더의 지위에 오르면 부하들이 리더의 일거일동을 주시한다. 내가 연봉 1달러를 받은 것은 내가 큰 고통을 겪어야 했기 때문이다. 내가 이렇게 했기 때문에 노조회장에게 큰소리칠 수 있었다. 나는 냉정하고 실리적인 정당한 이유로 연봉 1달러를 받았다. 나는 직원들과 납품업자들이 그런 모범을 보여 주는 친구를 따를 수 있다고 생각하기를 바랐다."(박일충 역, 1985; 이용희 역, 1985)

이러한 연봉 1달러 사건은 크라이슬러사의 직원들이 한데 뭉쳤다는 것을 보여 주었고, 사원들 모두가 허리띠를 졸라야만 회사를 구할 수 있다는 극적인 표시였다. 이러한 상징적인 스토리가 삽시간에 회사 내외에 퍼져 나갔다.

> "내가 먼저 희생을 감수했을 때 다른 사람들도 그런 고통을 견디는 것을 보았다. 이것이 바로 크라이슬러사가 재기하게 된 동력이다. 비록 신용대출이 절실히 필요했지만, 우리 회사를 살린 것은 신용대출이 아니었다. 오히려 우리 모든 사람이 포기한 수억 달러가 살려준 것이다."(박일충 역, 1985; 이용희 역, 1985)

아이아코카는 자신의 봉급을 삭감하고 나서 회장직을 맡았다. 직원들은 봉급을 10%까지 삭감했는데, 이것은 자동차 산업계에서 전례가 없었던 일이다. 최저의 봉급 수준인 비서급들을 제외하고는 모두 봉급을 삭감했다. 회사의 직원들은 적게 받으면서도 열심히 일을 했다. 회사의 모든 직원이 생존을 위한 싸움에 접어들었다고 인식했다. 모두가 함께 난관을 뚫고 가야 한다는 공동체의식으로 크라이슬러 노동자들은 회사와의 임금 협상에서 엄청난 양보를 하게 되었다.

2) 체험을 해석한다

불확실성의 시대에서 사람들은 현재 어떤 일이 일어나고 있으며 앞으로 어떤 일이 일어날 것인가에 대해 궁금하게 생각한다. 이러한 상황 속에서 문화상징적인 리더는 집단이나 조직의 구성원들이 함께 공유하는 체험의 의미를 적절하게 재해석한다.

1963년 미국에서 흑인들의 자유에 대한 함성은 미국 전역에 울려 퍼졌다. 사람들은 전국 각지에서 갖가지 운송수단을 이용해서 8월 28일에 워싱턴으로 총집결하였다. 워싱턴 행진에 참여하기 위해서 하루 혹은 사흘간의 임금과 교통비용을 포기해야 했는데, 이것은 대부분의 사람들에게 상당한 경제적 부담이었다. 이날 서로 다른 신조와 다양한 생활조건 속에서 살고 있는 흑인과 백인들이 에이브러햄 링컨(Abraham Lincoln) 동상 앞에 모였다. 이날 모인 군중의 수는 무려 20여만 명에 달하였다. 한편, 인종적 정의의 실현을 저지하려는 세력들은 대중폭동이 일어날 것이며 남부지역에서는 보복적 폭력 행위의 조짐이 있다는 이야기를 퍼뜨리면서 워싱턴 집회를 막으려고 기를 썼다(이순희 역, 2015).

이러한 어려운 상황을 뚫고 각처에서 모인 군중 앞에서 킹 목사는 행진을 시작하기에 앞서 자신의 뛰어난 "나는 꿈을 가지고 있다."는 연설을 시작했다. 그가 연설을 시작할 때 첫 일성은 "미국 역사상 가장 위대한 자유 시위로 기록될 오늘 이 시간, 여러분과 함께 있으니 가슴이 벅차오릅니다."라고 외쳤다. 마틴 루터 킹은 어떻게 이 행진이 미국 역사상 가장 위대한 자유를 위한 시위가 될 것인지 알았겠는가?

이들이 함께 모여 정치적인 의사를 표명하기 위해 행진하는 워싱턴 시위의 의미는 사람에 따라서 다양하게 해석할 수 있다. '우리는 그동안의 진전이 없었기 때문에 여기에 모였습니다.' '다른 방법이 통하지 않기 때문에 여기 모였습니다.' 이러한 말들은 정확한 이야기일지는 모르나 정확성이 유일한 관심사는 아니다. 그 대신에 킹은 그날 함께 모여 행진하는 시위를 대담하고 열정적으로 재해석함으로써, 단순한 시민의 시위를 역사에 길이 남겨질 위대한 사건으로 의미를 부여하였다. 즉, 시위 현장에서 함께하고 있는 수많은 군중이 역사의 중요한 현장에 참여함으로써 새로운 역사를 만들어 가고 있는 주역이라고 선언하였다.

이것은 문화상징적인 리더십이 지니고 있는 확신과 용기의 예를 보여 준다. 문화상징적인 지도자는 모든 상황을 여러 가지로 해석할 수 있다는 것을 알고 있다. 이들은 조직 내외에서 어떤 일이 일어나고 있는지, 앞으로 일어날 수 있는 일이 무엇인지 이해하며, 보다 건설적이고 희망찬 길을 보여 준다.

3) 이상을 발견하여 전달한다

리더가 체험을 새롭게 구성할 수 있는 중요한 방법은 구성원들 속에 내재해 있는 이상을 발견하고 이를 생동감 있게 전달하는 것이다. 이상은 본질적으로 집단이나 조직의 구성원들이 품고 있는 현재의 위기와 희망, 가치에 부응하여 새롭게 구상된, 설득력 있고 희망찬 미래에 대한 설계이다. 그러한 이상은 특히 위기와 불확실성의 시대에 중요하다. 사람들이 고통에 처해 있을 때, 무력감과 절망감을 느끼고 있을 때, 필사적으로 사람들은 의미와 희망을 추구한다.

집단이나 조직의 구성원들이 새롭게 필요로 하는 이상은 어디서 오는가? 한 가지 견해는 리더가 구성원들에게 이상을 제시하고, 구성원들이 이를 따르도록 설득한다는 것이다(Bass, 1985; Bennis & Nanus, 1985). 다른 견해는 리더가 이상을 제시하지만, 리더는 집단이나 조직의 구성원들 간에 불완전하고 드러나지 않은 것에서 이상을 발견한다는 것이다(Cleveland, 1985). 리더는 조직을 경영하면서 고객의 불만, 집단이나 조직 구성원들 가운데서 드러나지 않지만 사소한 이야기 등에서 조직이 지향해야 할 신호를 찾아내어 이를 이상으로 만들어 갈 수 있다. 즉, 훌륭한 리더는 최선의 따르는 사람으로서, 조직 내외에서 전달되는 미약한 신호를 포착하여 조직의 방향을 빠르게 조정해 나갈 수 있다.

리더십은 양쪽으로 통하는 도로와 같다. 어떤 카리스마적인 그리고 수사학적인 재능이 있어도 리더의 가치와 필요만을 충족시키는 이상은 기능을 발휘할 수 없다. 리더와 구성원들이 함께 공유한 뿌리 깊은 가치와 당면한 관심사를 충분히 이해하고, 이러한 내용들이 이상으로 구체화되고 생동감이 부여될 때 리더십이 효과적으로 발휘된다. 이러한 과정 속에서 리더는 핵심적인 역할을 담당한다. 리더는 시와 정열, 확신과 용기를 독특하고 개성 있게 조화시킬 수 있다. 리더는 구성원들이 추구해야 할 이상을 구체화하고, 생동감 있는 활력을 불어넣는 중요한 역할을 담당한다. 리더는 무엇보다도 가능한 여러 가지 이야기 중에서 선택할 수 있다.

킹 목사는 흑인노예해방운동을 전개하면서 자신이 오래전에 발견하고 품고 있었던 이상을 대중에게 전달하였다. 그는 이러한 이상을 전달하면서 '나에게는 사명이 있습니다.' '나에게는 이상이 있습니다.'라고 하지 않고, 그 대신에 '나에게는 꿈이 있습니다.'라고 소리 높이 외쳤다(이순희 역, 2015).

친애하는 여러분께 이 말씀을 드리고 싶습니다. 우리는 지금 역경에 시달리고 있지만 나에게는 꿈이 있습니다. 나의 꿈은 아메리칸 드림에 깊이 뿌리내리고 있는 꿈입니다.

나에게는 꿈이 있습니다. 조지아 주의 붉은 언덕에서 노예의 후손들과 노예 주인의 후손들이 형제처럼 손을 맞잡고 나란히 앉게 되는 꿈입니다.

나에게는 꿈이 있습니다. 이글거리는 불의와 억압이 존재하는 미시시피주가 자유와 정의의 오아시스가 되는 꿈입니다.

나에게는 꿈이 있습니다. 내 아이들이 피부색을 기준으로 사람을 평가하지 않고 인격을 기준으로 사람을 평가하는 나라에서 살게 되는 꿈입니다. …… (중략) ……

뉴햄프셔의 높은 산꼭대기에서 자유의 노래가 울리게 합시다.

펜실베이니아의 웅장한 앨러게니산맥에서 자유의 노래가 울리게 합시다.

콜로라도의 눈 덮인 로키산맥에서 자유의 노래가 울리게 합시다.

캘리포니아의 구불구불한 산비탈에서 자유의 노래가 울리게 합시다.

조지아의 스톤산에서 자유의 노래가 울리게 합시다.

테네시의 룩아웃산에서 자유의 노래가 울리게 합시다.

미시시피의 수많은 언덕에서 자유의 노래가 울리게 합시다.

전국의 모든 산허리에서 자유의 노래가 울리게 합시다.

'꿈'이라는 말은 단순하면서도 극적인 상징적인 효과가 있다. 꿈은 미래에 대한 희망을 의미하며, 그 자체로서 변화를 상징한다. 사람들은 누구나 자녀를 위해 혹은 자신을 위해 더 나은 삶을 만들거나, 경제적 평등이나 사회적 평등을 이루고자 하는 꿈을 가지고 있기 때문에 모든 사람은 꿈에 대해 이야기할 수 있다. 또한 모든 미국인들은 독립선언서에 명시된 것처럼 아메리칸 드림을 믿었는데, 킹은 그 미국인들 중에서 20여만 명의 사람들 앞에서 연설하였고, 전국에서 수백만 명 이상의 사람들이 TV를 통해 그의 연설을 들을 수 있었다. 자신의 꿈을 이야기하고, 그 꿈을 미국인의 꿈과 동일시함으로써 킹은 그가 대표하는 사람들의 가치, 소망, 요구, 갈망과 기대를 효과적으로 결집시킬 수 있었다(김광수 역, 2001).

4) 이야기를 한다

　문화상징적인 리더는 추구할 이상을 이야기를 통해 전달한다. 조직 구성원들을 대상으로 우리의 과거, 현재, 미래에 대한 이야기를 들려 준다. 여기서 우리는 가족, 학교, 회사, 국민, 또는 리더가 영향을 미치고자 하는 어떤 청중이 될 수 있다. 과거는 보통 고귀한 목표, 위대한 공적, 영웅들이 있던 황금시대이다. 현재는 도전과 위기가 있는 난국의 시대로서 앞으로 어떻게 하느냐가 대단히 중요한 운명적인 시기이다. 미래는 자주 위대한 과거에 연결된 꿈, 즉 희망과 위대한 것을 담고 있는 이상이 있다.

　미국의 레이건(R. W. Reagan) 전 대통령은 국민들에게 미국에 대한 이야기를 만들어 냈다. 미국의 황금시대는 과거 위대한 국가를 건설했고 거대한 연방정부가 없어도 자신들을 지키고 이웃을 보호했던, 거칠지만 튼튼한 자립정신을 소유했던 개척시대이다. 그것은 조그만 타운과 의용소방대가 있는 시대이다. 그러나 미국은 '자유주의자'들이 연방정부라는 괴물을 만들어 위기의 시대에 들어서게 되었다. 연방정부는 가혹한 세금을 징수할 뿐 아니라 규제와 정부관료제로서 시민의 자유를 침식하고 있다. 레이건 대통령은 '미국인의 등에서 정부의 짐을 벗어내게 함으로써' 그리고 전통적인 국민의 자유와 자립정신을 회복시킴으로써 위대한 미국으로 되돌아가자는 이상을 세웠다.

　마틴 루터 킹 목사는 1963년 워싱턴시의 에이브러햄 링컨 동상 앞에 마련된 연단에 서서 연설문을 낭독하기 시작했다. 놀랄 만큼 정숙한 태도로 연설에 귀를 기울이는 청중들의 반응을 보고 준비해 둔 연설문과는 다른 내용의 연설을 해야겠다는 생각이 들었다. 킹은 애써 준비한 원고 대신 '나에게는 꿈이 있습니다.'라는 연설을 시작했다(이순희 역, 2015).

　　미국 역사상 가장 위대한 자유 시위로 기록될 오늘 이 시간, 여러분과 함께 있으니 가슴이 벅차오릅니다. 100년 전, 지금 우리 위에 그림자를 드리우는 동상의 주인공인 에이브러햄 링컨이 노예해방선언에 서명했습니다. 노예해방선언은 사그라지는 불의의 불꽃 속에서 고통받아 온 수백만 흑인 노예들에게 희망의 봉화였으며, 기나긴 속박의 밤을 걷어 내는 찬란한 기쁨의 새벽이었습니다.

그로부터 100년의 세월이 흘렀지만 흑인들은 자유를 누리지 못하고 있습니다. 100년의 세월이 흘렀지만 흑인들은 차별의 족쇄를 차고 절름거리고 있습니다. (중략)

오늘 우리는 치욕스런 상황을 극적으로 전환하기 위해서 이곳에 모였습니다. 미국의 건국에 참여한 사람들이 서명한 헌법과 독립선언서의 문구들은 흑인과 백인을 가리지 않고 모든 사람들에게 양도할 수 없는 '생명권, 자유권, 행복추구권'이 있다는 수표에 서명을 했습니다. 우리는 이 수표가 명시하는 자유와 정의를 되돌려 받기 위해 이곳에 모였습니다. (중략)

1963년은 끝이 아니라 시작입니다. 흑인들의 시민권을 보장하지 않는 한 미국은 평화로울 수 없습니다. 정의의 새벽이 밝아오는 그 날까지 폭동의 소용돌이가 계속되어 미국의 토대를 뒤흔들 것입니다. (중략)

정의가 강물처럼 흐르고 평등이 개울처럼 흐르는 그 날까지 우리는 결코 만족할 수 없습니다.

킹 목사가 연설을 마치자 대규모의 군중은 고함과 박수갈채와 환호와 눈물을 흘리면서 열광하였다. 킹 목사가 지난 몇 년간 자신의 꿈에 대해 이야기했지만, 그토록 열정적인 연설은 그때가 처음이었다. 그의 연설을 통해서 한 이야기는 현장에 있던 수십만의 군중, 그리고 TV를 통해 시청한 수백만 명의 시청자들에게 전달되고 공감이 되었다.

이러한 이야기들의 성공은 역사적인 타당성 또는 경험적인 근거와는 단지 부분적으로 관련된다. 중요한 문제는 이러한 이야기를 청중들이 믿도록 설득하는가에 달려있다. 심지어 사실이 아닌 이야기일지라도 어떤 이야기는 청중들의 체험, 가치, 열망에 맞게 설득력 있게 호소할 때 큰 영향을 미치게 된다. 독일에서 히틀러(A. Hitler)의 이야기로 인해 발생된 파괴적인 힘은 전 유럽과 인류에 커다란 재앙을 초래하였다. 독일은 1930년대에 제1차 세계대전과 대공황으로 인해 희망에 굶주려 있었다. 이러한 어려운 상황에서 히틀러의 카리스마와 열정으로 인해 만들어진 이야기가 독일 정치 무대의 중심에 올랐고, 그 결과 유럽은 전쟁과 대학살의 장으로 변모되었다. 간디, 마틴 루터 킹, 히틀러 등의 사례에서 볼 수 있는 것처럼 리더가 전달하는 이야기가 사회 전체에 커다란 힘을 발휘한다. 이러한 것이 문화상징적인 리더십의 힘과 위험이다.

3. 문화상징적 리더십 발휘 사례

이 절에서는 문화상징적인 리더십을 발휘한 실업계 고등학교의 P 교장, 초등학교의 K 교장의 리더십 사례를 살펴본다. 먼저 학생과 교사의 침체된 분위기, 열악한 학습환경, 학생지도 문제 등 여러 요인으로 인해 많은 어려움을 겪고 있던 A 고등학교를 획기적으로 바꾸었던 P 교장의 사례를 분석한다. 구체적으로 P 교장은 부임 이후 학내 문제를 파악하고 이를 해결하는 방안의 하나로 배구부를 창단하고, 교기로 육성하여 예산을 투자한 결과 전국 배구대회에서 우승하는 쾌거를 달성함으로써 학교의 분위기를 획기적으로 쇄신한 사례이다. 그리고 전임 교장의 독선적인 경영으로 학교 구성원 간의 불신이 팽배해진 B 초등학교에 새로 부임한 K 교장이 학교 경영의 쇄신을 통해서 학내 분위기를 일신한 사례를 살펴본다. 구체적으로 K 교장은 직원 체육의 활성화, 아침 등교지도, 도서 확충, 교원의 복지 개선을 위한 투자 확대 등의 사업을 추진하여 성과를 거두었다.

1) P 교장의 문화상징적 리더십

(1) 학교의 특징

A 고등학교는 한 학년 15학급씩 전체 45개 학급으로 구성되어 있으며 전체 학생 수는 2,300여 명이다. 교원은 91명이고 서무직원은 9명이다. A 고등학교는 상업계 학교로 학생들의 취업 위주로 교과를 운영하고 있으며 상업과 교사들이 수적으로 많다. 상업과 교사들 간 유대감은 인문과 교사들보다 더 우호적이다. 임용 이후 같은 학교에서 함께 근무하는 관계로 호칭도 편하게 부르고 동과 교사끼리 단결력도 강하다. 반면에, 인문과 교사는 계속 머무르지 않고 인사이동에 의해 전출입이 잦아 인간관계가 형식적이고 단편적이다.

학생들은 학습 열의가 미흡하고 기초 학습능력이 부족하다. 실업고 진학이 순수한 취업 목적이 아니라 인문고 진학이 어려운 학생이 대부분이라 패배의식이 강하고 매사에 소극적인 특성이 많다. 학교가 위치한 지역사회는 상업지역이기 때문에 주변에 음식점, 여관, 오락실 등 청소년 유해환경 요소가 많다.

P 교장이 학교장으로 부임할 당시에 A 고등학교는 다른 실업고와 마찬가지로 교사나 학생 모두 침체된 분위기에서 학습환경이 열악하였다. 입학한 학생 중에서도 한 학급당 3~4명이 학교에 나오지 않아 담임교사가 학생의 집을 방문하여 반강제로 학교로 데려오기도 하였다. 학생들의 무단결석 등 문제가 있어도 학교에서는 교칙을 엄격하게 적용하지 않는다. 왜냐하면 학생 수에 비례하여 교육청의 국고지원이 있기 때문에 가능한 한 학생의 퇴학 등의 조치는 억제하였다. 그러나 보니 선의의 학생들이 피해를 보게 되고, 문제학생들은 학교를 겁내지 않게 되어 학생지도가 제대로 이루어질 수 없었다.

(2) 배구부 창단 및 우승

P 교장은 체육교사로 출발하여 교직경력 30여 년, 교장경력 7년을 소유하고 있었다. 다른 중등학교에서 학생주임, 체육주임만 10여 년 담당하는 등 체육에 관심을 많이 가지고 있다. 만능 스포츠맨으로서 술, 담배 등을 잘하며 사교적이었다. 동료교사들과 어울리기를 좋아하고 젊은 교사들과 자주 회식 모임을 갖고자 하였다.

P 교장은 학교에 부임하고서 우선적으로 학교의 실태를 파악하였다. 그 후에 P 교장은 배구부를 창단함과 동시에 배구를 교기로 정하고, 학교 예산의 최우선 순위를 배구부 지원에 두고 상당한 비용을 투자하였다. 우수한 코치를 초빙하여 스파르타식 강훈련을 실시함으로써 배구선수들의 기량이 날로 발전하였다. 또한 응원단을 창단하여 학업에 취미가 없는 학생들을 1개 반당 5명씩 차출하여 응원연습을 시켰다. 응원단의 산뜻한 유니폼과 몸 동작에 매료된 많은 학생이 응원단에 입단하고자 애를 썼다. P 교장은 가출 등 무단결석 학생을 우선적으로 응원단에 입단시켰다.

91년 전국배구대회에서 A 고등학교는 우승하였고 이 경기 장면이 TV로 중계되어 학교가 전국으로 전파를 타게 되었다. 결과적으로 학생, 교직원, 학부모들은 배구 명문고로서 자부심을 갖게 되었다. 응원단과 함께 목이 쉬도록 부른 교가는 교사와 학생 간의 인간관계를 유지하여 학교 분위기를 일신하였다.

(3) P 교장의 리더십 효과성

배구부의 전국 제패는 우리도 열심히 하면 할 수 있다는 자신감을 학생들에게 심어 주었다. 또한 A 고등학교가 언론에 알려진 덕택으로 졸업생에 대한 취업의뢰서

가 전년도보다 많이 접수되었다. 특히 학교에 등록만 하고 결석하는 문제학생들의 수가 크게 감소되었다. 배구선수 중에서도 3명이 청소년 대표로 발탁되어 학교의 홍보에 커다란 자원이 되었다.

2) K 교장의 문화상징적 리더십

(1) 학교의 특징

B 학교는 2005년도 3월에 P 교장이 부임해 오면서 여러 가지 문제에 직면했다. 이는 별안간 학교 담장이 허물어지는 것으로 시작되었다. P 교장은 교사와 학생, 학부모에게 설문도 안한 상태에서 운동장 인조잔디 공사를 시행하였는데, 이에 교사들의 반발이 심해지자 C 교감이 교사들을 1대 1로 면담하여 '인조잔디 공사 찬성란'에 동그라미표를 강제로 표시하게 하였다. 이러한 방식으로 공사가 진행되면서 여러 가지 문제가 발생하였는데, 우선 공사가 기간 내에 완공되지 않아 학생들의 체육 수업에 많은 지장을 초래하였으며, 그 과정에서 강당 밑 주차 공간에 물이 찬다든지, 조회대와 게시판이 철거되었는데 다시 설치해 주지 않는다든지 등 문제가 발생하였다.

이뿐 아니라, 학교 조경도 바꾸면서 교사들이 제안하였던 들꽃 야생학습장이 아니라, 한 그루에 1,300여만 원을 호가하는 소나무가 심어졌다. 학부모들은 또한 화단을 둘러싼 조경석이 뾰족하여 안전사고 위험이 발생할 수 있다는 문제를 제기하였다. 공사가 완료된 후 학교에 담장이 없어지고 운동장이 개방되면서 문제는 더욱 심각해졌다. 인근 중학생들과 성인들이 교문이 아니라 화단으로 드나들면서 화단에 길 아닌 길이 생기기 시작했고, 운동장은 쓰레기로 넘쳐났다. 교사들이 관할구청에 사전에 약속한 환경정화 용역을 요청하였으나, 관할구청은 방관만 하였으며, 교장은 오히려 교사들이 너무 설친다고 나무라면서 교장과 교사 사이의 감정의 골은 나날이 깊어졌다.

당시 8월 말에 퇴임하기까지 P 교장의 독단적인 행동은 계속되었고, 심지어 도서 구입비로 책정된 예산도 교문 공사하는 데 사용함으로써 교사와 학부모의 실망은 극에 다다랐다. 더욱이 교문도 조각상을 이용해 낮게 만들어지면서 학생들이 조각상에 올라 디딤돌 삼아 건너뛰거나 조각상을 누가 잘 뛰어넘는지 게임을 하게 되어 안전사고의 위험도 커졌다. 이처럼 P 교장의 재임 기간 동안 교사와 관리자 간의 신뢰관계가 허물어졌고, 학부모들도 학교 재정이 투명하지 않다 등의 이유로 P 교장에 대해 실망하면서 학교와 전체교사에 대한 불신으로 이어져, 학교 일에 비협조적으로 변하였다. 2007년 9월부로 K 교장과 P 교감이 새로 부임할 때만 해도 교사들은 관리자의 말에 쉽게 귀를 열지 않았으며, 학부모들은 '두고 보자'는 심리가 팽배한 상황이었다.

(2) K 교장의 리더십

① 직원 체육의 활성화

K 교장은 부임 이후 교사들과의 인화를 위해 매주 수요일에 실시된 '직원 체육'을 활성화하였다. 이전에는 직원 체육이 '교사 배구 동호회'를 중심으로 이루어져 일부 교사만 참가하였다면, K 교장은 탱탱볼을 이용한 간이 배구로 3개 코트를 이용해 학년별 리그전 형식으로 경기를 진행하도록 하여, 전 교사가 참여하는 형태로 변화시켰다. 그리고 체육대회를 마친 후 교무실에서 간단한 음식을 먹으면서 교사들과 이야기할 기회를 많이 가졌으며, 학년 단결을 위해 적은 돈이지만 학년별로 상금도 수여하였다. 이와 같은 활동을 통해서 K 교장은 교사들과 원만한 인간관계를 정립할 수 있었다.

② 아침 등교지도

K 교장은 부임한 날부터 하루도 빠지지 않고 학부모가 교통봉사를 하는 교문 밖으로 나갔다. 처음에 교사들은 학교장의 이러한 행동을 교사의 출근 시간을 체크하기 위한 방편이 아닐까 의심하면서 곱지 않게 보았다. 하지만 K 교장이 매일 학부모들과 이야기를 나누고, 학생들과 인사를 주고받는 모습을 보면서, 그리고 교사가 조금 늦으면 민망해할까 봐 살짝 뒤돌아서는 모습을 대하면서 불신의 그림자는 사라졌다. K 교장이 매일 아침 등교지도를 하면서 교통봉사에 참여하는 학부모의 수도 날로 증가되었으며, 학생들도 새로운 교장에 대해 친숙해지고 존경심도 늘었다. 학부모들도 K 교장이 학부모와 긍정적인 인간관계를 맺고자 노력하는 모습을 계속 접하면서 학교에 대한 불신감이 조금씩 해소되기 시작하였다. 이러한 활동을 통해서

K 교장은 학생, 학부모들과 친밀한 인간관계를 정립할 수 있었다.

③ 학생지원 행정: 도서 확충, 학교신문 컬러화, 동절기 난방

전임 P 교장은 말로는 '학생을 위한다.'면서 정작 모두가 반대한 교문 공사에 예산을 집행하였다. 반면에, 새로 부임한 K 교장은 예산이 부족함에도 불구하고, 제일 먼저 학생들을 위한 도서 구입에 예산을 배당하였다. 학교신문도 학교에서 이루어진 활동들과 학생 작품을 다루기 때문에 더 많은 예산을 집행하였다. 또한 P 교장은 냉난방기 가동 온도가 정해져 있다는 이유로, 전기요금이 너무 많이 나온다는 이유로, 학교 예산이 없다는 이유 등으로 아무리 덥고 추워도 냉난방기를 거의 틀어 주지 않았다. 그러나, K 교장은 날씨가 추워지자 학생들을 위하여 한 차례씩 난방기를 가동해 주어 학생들이 '학교가 우리를 위해 준다.'는 마음을 가지게 만들었다.

④ 경청과 복지 투자

전임 P 교장은 교사의 말을 무조건 배척하고 자신의 의견에 이의를 제기한다는 이유로 교사들과의 회식을 회피했다. 그러나 K 교장은 교사들의 말을 경청하고, 타당하다고 생각하면 뒤로 물러서기도 하였다. 또한 교사와의 회식 자리는 사전 약속을 취소하고 참석하려고 노력하였으며, 학교일로 수고한 교사는 따로 저녁을 함께 하면서 대화하는 시간을 가졌다. 학교 일로 늦게까지 남아 일하는 교사들에게 '시간 외 수당'을 청구하도록 하였으며, 학예회 행사에 '계단식 단'이 필요하다고 하자, 인근 학교에 연락하여 그 다음날 바로 준비해 주었다.

어느 날 동 학년 연구실에 '온풍기'가 배달되도록 조치하는 등의 일로 교사들의 복지에 신경을 쓰고 있다는 학교장의 마음이 전달되는 일이 발생하면서 교사들의 사기도 높아졌다. 또한, '즐거운 학교, 오고 싶은 학교'가 되도록 학교 환경에도 많은 관심을 기울였다. 늦게까지 교실에 남아서 일을 하는 교사에게는 들러서 "수고한다, 고생이 많다."라고 격려하고, 담당한 행사가 마무리 되면 "정말 수고 많았다! 선생님 덕택에 학교가 빛을 발한다!"라고 칭찬하여 담당교사의 사기와 의욕을 높여 주었다. 결과적으로 교사들은 학교를 신뢰하게 되어 학교의 일에 대해서 적극적으로 협력하게 되었다.

(3) K 교장의 리더십 효과성

K 교장은 학교에 부임한 후 교사, 학부모와 원만한 인간관계 정립을 위해 우선적으로 필요한 사항을 파악한 후에 직접 교사와 학부모에게 다가가기 위하여 노력하였다. 이를 위해서 전 직원의 화합을 도모하고, 대화의 창구가 되는 '직원 체육의 활성화'라든지, '학부모와 함께 하는 학생 등교지도'에 심혈을 기울였다.

또한 K 교장은 기획회의를 통해 부장교사들과 웃음이 넘치는 회의를 진행하였으며, 업무적으로 만나는 교사들에게 따뜻한 말과 환한 인사를 하였다. 그리고 어떤 일의 추진에 있어 의견이 일치하지 않을 때에도 우선 경청하고자 노력하였으며, 자신의 주장만을 고집하지 않고 적정선에서 물러나거나 타협하기도 하면서 서로의 기분이 상하지 않도록 조정하였다.

이처럼 K 교장이 '학생을 위한다.'는 원칙하에 교사, 학부모와 원만한 인간관계를 맺고자 노력한 결과로 교사들은 학교를 위한 일에 보다 적극적으로 참여하고, 학교장을 믿고 따르게 되었다. 학부모들도 학교를 신뢰하여 학교 일에 보다 적극적으로 협조하고, 학생들도 새로 부임한 학교장을 매일 아침 마주치고 인사를 나누면서 보다 친밀하게 느끼며 존경심을 갖게 되었다. 부임한 지 수개월밖에 되지 않았음에도, K 교장은 학교의 환경정비라든지 학생과 교사들의 복지 개선이라는 측면에서 많은 변화를 가져왔으며, 교사·학생·학부모와의 원만한 인간관계 정립에도 많은 효과를 거두었다.

참고문헌

김광수 역(2001). 마틴 루터 킹의 리더십. 도널드 T. 저. 대전: 시아출판.

김성홍, 우인호(2003). 이건희 개혁 10년. 경기: 김영사.

박일충 역(1985). 아이아코카. 서울: 행림출판.

이순희 역(2015). 마틴 루터 킹 자서전 나에게는 꿈이 있습니다. 클레이본 카슨 편저. 서울: 바다출판사.

이용희 역(1985). 아이아코카. 서울: 경영문화원.

Bass, B. M. (1985). *Leadership and performance beyond expectations*. New York, NY: Free Press

Bennis, W. G., & Nanus, B. (1985). *Leaders: Strategies for taking charge*. New York, NY: Harper & Row.

Bolman, L. G., & Deal, T. E. (1991). *Reframing organization: Artistry, choice and leadership* (2nd ed.). San Francisco, CA: Jossey-Bass.

Burns, J. M. (1978). *Leadership*. New York, NY: Harper & Row.

Cleveland, H. (1985). *The knowledge executive: Leadership in an information society*. New York, NY: Dutton.

제3부

교육 리더십 실제

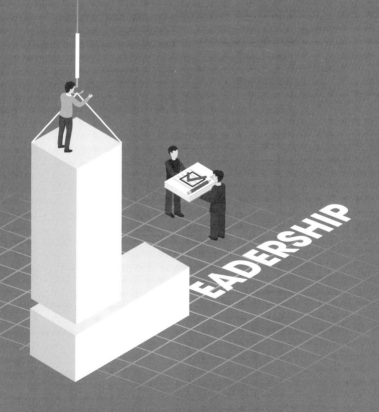

제3부에서는 교육 리더십을 발휘하는 주체들을 대상으로 하여 학교장, 부장교사, 교사, 교육행정가 등으로 구분하여 각 주제별로 개념, 이론, 연구 동향, 개발 및 측정 등을 살펴본다.

전통적으로 교육 리더십은 영웅적인 리더십 관점에서 학교장을 중심으로 연구되고 실천되어 왔다. 그러나 사회 구성원의 민주주의 의식이 향상되면서 리더십은 구성원의 참여를 강조하는 비영웅적인 관점으로 변화되고 있다. 실제로 단위학교에서 부장교사를 비롯한 중간관리자 리더십의 중요성이 부각되고 있다. 그리고 학급에서 학생들을 일상적으로 접촉하면서 교과 학습 및 학생 생활을 지도하는 교사의 리더십 발휘가 필수적이다. 구체적으로 학교장 리더십에서는 학교장 리더십의 개념과 유형, 연구동향, 리더십 역량 개발을 다룬다. 부장교사 리더십에서는 부장교사의 지위와 역할, 개념과 특성, 측정 및 연구동향을 검토한다. 교사 리더십에서는 교사 리더십의 개념과 역량 개발, 실행 등을 다룬다.

한편, 지방자치의 확대와 단위학교의 효과적인 경영을 위해 이를 지원하는 교육전문직, 교육장, 교육감의 리더십은 교육 리더십의 중요한 주제임에도 불구하고 학문적 논의와 연구가 아직은 빈약한 실정이다. 이러한 문제의식에 따라 교육전문직, 교육장, 교육감의 리더십을 살펴본다. 또한, 교직의 여성화와 더불어 지식정보화 사회에서 대두되고 있는 여성 리더십에 대한 학문적 논의와 연구가 꾸준히 지속되고 있다. 이러한 학문적 · 실제적인 필요에 부응하여 여성 리더십의 개념, 성과 리더십, 여성 리더십 이론의 변화, 학교에서의 여성 리더십 등을 깊이 있게 다룬다.

제**11**장

학교장 리더십

이 장에서는 학교장 리더십의 개념, 학교장 리더십의 변화과정, 학교장 리더십의 유형, 우수 학교장의 리더십과 학교장 리더십의 어두운 면, 국내외 학교장 리더십 연구동향, 학교장 리더십 역량 개발에 대한 최신의 내용을 소개한다.

1. 학교장 리더십의 개념

1) 학교장의 역할과 직무

우리나라 교육행정 체계상 학교장은 학교조직의 최고 결정권자로서 학교에서 발생하는 모든 사안에 관하여 교육적 책임을 부여받는다. 학교장은 학교 운영과정에서 영향력이 큰 중요한 지위를 차지하고 있는 인사(人士)이다(김성열, 2018). 「초·중등교육법」 제20조 제1항에 명시된 것처럼 법규상 학교장의 임무는 교무를 통할(統轄)하고, 소속 교직원을 지도·감독하며, 학생을 교육하는 것이다. 종합하면, 학교장은 국가로부터 단위학교의 소속 직원, 학교교육, 학교시설, 학사 사무 등에 관한 관리권과 직무상, 신분상 감독권을 위임받은 학교의 최고경영자라고 볼 수 있다(김이경 외, 2006). 다음에서는 학교장의 역할과 직무에 대한 세부적인 내용을 살펴보고자 한다.

(1) 학교장의 역할

우선, 역할과 직무의 용어상 차이를 이해할 필요가 있다. 김도기(2018)는 직무는 결과적 측면이 강조되는 용어로 책임을 지고 담당하여 맡은 사무를 의미하며, 역할은 보다 상위의 개념으로 그 직책에 기대되는 행위까지를 포함하는 목적지향적인 용어라고 그 차이를 밝힌 바 있다. 직무는 일을 중심으로 하여 사회적, 제도적, 권한, 의무, 책임 등이 강조된 개념이며, 역할은 사람이 중심이 되는 것으로, 개인적, 인성적, 행동적, 지도적, 인간관계 등이 강조되는 용어로 보았다. 이처럼 교장의 역할은 교장이라는 지위를 가지고 있는 사람에게 기대되는 행동 또는 행위를 의미한다(채정관, 2015). 우리나라에서 학교장의 역할을 시대적으로 구분하기는 어려우나, 1990년대 중반 수요자 중심 교육개혁이 추진되면서 교장의 역할은 점차 다원화되어 왔다(박상완, 2018). 전통적으로 교장은 교육자와 행정가, 즉 교육자·교육 전문가로서의 역할과 학교 행정가·경영자로서의 역할이라는 이중의 역할을 담당해 왔다.

- 교육자·교육 전문가로서의 역할: 학교의 핵심기술인 교수-학습을 개선하는 것. 교육과정 개발 관리, 수업 전문성 신장, 교수-학습 지원, 그리고 학생 생활지도와 같은 직무를 수행하는 데 초점을 두는 입장
- 학교 행정가·경영자로서의 역할: 학교 교육목표 달성, 다양한 자원(인력, 시설, 재정 등)의 확보, 학교와 지역사회 간 관계 개발에 초점을 두는 입장

서정화 등(2003)은 교장이 일반적으로 해야 할 일을 중심으로 교장의 역할을 교육자로서의 역할, 학교 경영 전문가로서의 역할, 교육개혁 선도자로서의 역할, 교육기관 통합자로서의 역할 등 네 가지로 구분함과 동시에 학교환경 변화, 미래사회 변화에 근거하여 21세기 학교장의 역할로 일곱 가지를 추가로 정의하여 제안하였다(박상완, 2018).

⟨ **학교장의 일반적 역할** ⟩

- 교육자로서의 역할: 교사의 교사, 선배교사, 지도자로서 교육에 관한 전문성과 도덕성을 갖추어야 함
- 학교 경영 전문가로서의 역할: 학교에서 전문가 조직을 관리·경영하는 책임자로서 전문성을 가지고 지도성을 발휘해야 함
- 교육 개혁 선도자로서의 역할: 교장은 교육환경 및 사회환경 변화를 인식하고 자기를 혁신하며 교사의 변화를 유도하는 선도자로서의 역할을 수행함
- 교육기관 통합자로서의 역할: 학교교육에 관한 여러 집단의 다양한 요구를 조정, 중재하는 지식과 기술이 요구되며, 학교공동체를 만드는 지도성을 발휘해야 함

⟨ **21세기 학교장의 역할** ⟩

- 미래 세계 창출의 민주적 변혁 지향자: 교장은 미래 세계를 설계하고 이를 실현할 수 있는 공간을 마련해 주는 역할을 함
- 교육 프로그램의 조직, 관리, 평가의 전문가: 학교 경영자는 교육이론과 실제에 밝은 교육 전문가임
- 교육조직의 화합을 지향하는 갈등해소의 협상가: 학교 경영자는 다양한 구성원의 이해와 협동적 행위를 유도, 지원하고, 교육관점과 해석의 합의를 유도해 주는 조정자, 갈등해소의 협상가, 중재로서의 역할을 함
- 교육 고객의 만족도를 지향하는 교육서비스 제공자: 학교 경영자는 교육 고객인 학습자의 만족도를 높이기 위한 교육서비스를 지원하는 봉사자로서의 역할을 함
- 학부모, 지역사회, 관계 기관과의 상호 협력체제로서의 학교 대변자: 학교 경영자는 교직원과 학생들로 구성되는 학교 조직체를 대표할 뿐 아니라 학부모, 지역사회, 동창회와 교류하고 학교의 통합기능을 수행함
- 교육 전문조직의 민주적인 리더십의 경영자: 학교 경영자는 관료주의, 권위주의 사고방식과 행동 패턴을 지양하고 수평적 사고방식의 민주적 리더십을 발휘함
- 장학의 새 지평을 여는 컨설턴트: 교장은 장학의 민주화, 전문화, 효율화를 위하여 장학 컨설팅제를 운용하는 전문가로서 역할을 함

최근에는 2000년대의 지식 기반 사회를 넘어서서 인공지능을 기반으로 한 4차 산

업혁명과 지능정보사회의 발달로 학교를 둘러싼 교육환경이 급변할 것으로 예상됨에 따라, 박상완(2018)은 이러한 사회환경 변화에 부응하는 새로운 교장의 역할을 〈표 11-1〉과 같이 제시하였다.

표 11-1 학교 내외 환경 변화에 따른 학교장의 역할

학교 내적 환경 변화	학교 외적 환경 변화	학교장의 역할
단위 학교의 자율경영 요구 증대	세계화와 교육체제의 개방	역동적인 사실 변화에 대응, 이에 적절한 학교 경영 능력
단위 학교 책무성 증대	지식 기반 사회로의 이행과 학습사회의 대두	지식경영자로서의 역할
수요자 및 다양한 구성원의 요구 반영	정보통신기술, 인공지능의 발달과 제4차 산업혁명	구성원 의견 수렴 및 학교의 민주적, 전문적 관리 · 자원
학부모 및 지역사회 관계의 중요성 증대	평생학습사회의 발달	학교조직의 지도자로서의 역할

출처: 박상완(2018). 교장론: 교장의 리더십과 학교 발전.

일반적으로 학교장은 교육 전문가로서의 역할과 학교 경영 전문가로서의 역할이라는 이중의 역할을 수행해야 할 뿐만 아니라, 학교를 둘러싼 환경의 변화, 4차 산업혁명, 교육자치 및 학교자치와 같은 미래사회의 변화에 부응하는 새로운 역할 기대 속에 놓여 있다.

(2) 학교장의 직무

우리나라 학교장의 직무는 「초 · 중등교육법」 제20조 제1항의 법 규정에 근거하여 교무의 통할, 소속 교직원의 지도 · 감독, 학생 교육 등 세 가지로 구분할 수 있다(서정화 외, 2003).

- **교무 통할**: 교무는 학교 경영에 필요한 일체의 직무를 말하며, 교무와 사무로 크게 구분할 수 있음. 교무에는 학교교육 계획의 수립, 지도, 집행 및 학습지도 활동 등과 직 · 간접적으로 관련된 모든 직무가 포함됨. 사무는 학교의 시설, 설비, 교재, 교구에 관련되는 직무와 문서처리, 인사관리업무, 학교의 재무 및 예

산 등 회계 사무 등이 포함됨

- **교직원의 지도·감독**: 교장의 직무는 직무상 감독과 신분상 감독으로 구분됨. 직무상 감독은 교직원의 품위유지, 신의성실, 정치운동 금지, 집단행위 금지, 연수 및 근무성적 평정 등이 포함되며, 신분상 감독에는 근무성적의 인사관리 반영, 승진, 강임, 전보 포상 등이 포함됨. 아울러 근무조건 개선, 건강, 보건 등에 대한 관리·지도 역시 이 직무에 포함됨
- **학생교육**: 우리나라 초·중등학교는 국가 교육과정의 범위 내에서 학생을 교육·지도하며, 학생평가의 내용과 방법은 국가 및 시도교육청의 지침으로 규정됨. 학생교육에 관한 교장의 직무는 매우 광범위한데, 학생의 입학, 졸업, 퇴학, 전학, 편입학, 휴학 등에 관한 사항, 학생징계, 훈화, 생활지도, 학생평가, 신체검사, 보건교육 등이 포함됨

법 규정에 근거한 학교장 직무 분석은 비교적 객관적이며 체계적으로 정리할 수 있다는 데에 이점이 있다. 안길훈(2008) 역시 법적 접근을 통해 교장의 직무를 규정할 필요가 있으며, 이는 교장의 직무에 대한 공감대 형성과 연구자 간 이견을 최소화할 수 있다는 점에서 장점이 있다고 지적하고 〈표 11-2〉와 같이 학교장의 직무영역 및 직무 내용을 체계화하였다.

표 11-2 법적 접근을 통한 교장의 직무

대영역	중영역	직무 내용
교무의 통할	학교교육 계획의 수립·집행·관리	-학교교육 계획의 수립 및 관리 -학교 경영에 대한 새로운 비전과 전략을 제시 -교직원에게 동기부여하고 지도성을 발휘
	학교 단위 전체 교육과정 편성 및 운영 관리	-교육목표, 교과편제 및 수업시간(이수단위), 학년목표, 교육내용, 교육방법, 학습매체, 학습시간, 학습시기, 평가계획의 제정 및 관리
	시설·재무·문서 관리	-학교시설·설비, 교재·교구 등의 제 규칙에 의한 수선 및 관리 -예산 편성 및 회계·경리 관리 -학교 내부의 사무관리로서 문서작성 관리 등

소속 교직원의 지도 감독	교내장학	−교내장학 활동의 총괄 −교수−학습의 질 향상을 위한 환경 및 분위기 조성 −현직 교육을 통한 교수-학습 활동 개선 −업무부서 조직 및 교직원 업무분장 −각종 위원회 구성 및 운영: 교육과정 편성·운영위원회, 성적관리위원회, 학생지도위원회, 학교자율장학위원회, 교육정보화 추진위원회 등
	교직원의 법적 의무 사항에 대한 관리·감독	−교직원의 복무 의무 이행 여부 지도·감독, 선서의 의무, 성실의 의무, 복종의 의무, 친절 공정의 의무, 비밀엄수의 의무, 청렴의 의무, 품위유지의 의무 −교직원의 금지사항 지도·감독: 직장이탈 금지, 영리업무 및 겸직 금지, 정치운동 금지, 집단행위 금지 −교직원의 연수·근무성적 평정 −보직교사의 임용, 기간제 교사·강사의 임용, 고용원 임용 −학교조직 구성원들의 갈등 처리 및 학교 경영조직의 안전성 유지
학생의 교육	학칙의 제정 및 관리	−입·퇴학, 전학, 편입학, 휴학, 수료 및 졸업 관리 −학교수업의 개시와 종료 관리 −비상 재해 시 임시 휴교 조치 −재학생의 생활기록부 작성 관리 −표창 및 징계 −전염병 환자의 출석정지 또는 등교정지 명령, 신체검사 실시 및 학생의 보건 관리 −학급편성 및 담임 배정
	교과 교육활동의 계획과 운영 관리	−교과교육 활동의 운영 관리 −교수−학습 기반 조성 −교수−학습 활동 및 교육평가 관리
	교과 외 교육활동의 계획과 운영 관리	−특별활동 관리 −창의적 재량활동 관리 −인성교육 및 생활지도 관리 −진로·상담활동 지도 관리 −방과 후 교육활동 관리

출처: 안길훈(2008). 학교장 평가제도 운영 방안 탐색: 초중등교육법 제20조(교직원의 임무)를 중심으로, pp. 164-165.

2) 학교장 리더십의 개념

학교장 리더십은 학교장의 직무 수행과정에서 '어떤' 영향력을 '어떻게' 수행하느냐와 관련된다. 학교장 리더십은 교무를 통할하는 과정, 소속 교직원을 지도·감독하는 과정, 학생을 교육하는 과정에서 발휘되는데, 학교장이 이들 직무를 수행하는 과정에서 행사하는 특정의 영향력과 그 발휘 방법을 리더십이라고 할 수 있다(김성열, 2018). 즉, 학교장 리더십은 학교의 목표 달성, 교사 전문성 신장, 학생의 학업성취 향상, 학교 교육성과 신장을 위해 학교 내외의 구성원에게 영향을 미치는 행위를 포괄적으로 포함하고 있다(김민수, 장환영, 2018).

한편, 학교장 리더십은 '교장 리더십(Principal leadership)' 또는 '교육 리더십(educational leadership)'으로 혼용하여 사용되고 있는데, 모두 학교 경영의 책임자인 학교장이 학교의 목표 달성과 성과 향상을 위해 조직에 미치는 영향력이라는 개념을 포함하고 있다는 점에서 공통적이라고 할 수 있다(김병찬, 2007). 학교장은 단위학교의 경영을 책임지는 행정가인 동시에 학교 구성원의 바람직한 성장을 도모해야 하는 교육자이다. 이는 학교장이 교육목표의 설정과 달성에 이르는 전 과정에서 교육 리더십을 갖추고 있어야 함을 의미한다(주현준, 2007).

학교장 리더십이 교육학 분야에서 가장 많이 연구되고 있는 주제임에도 불구하고 각급 학교에 따라 리더십이 발휘되는 상황이 다르고 리더십을 접근하는 관점이 다르기 때문에, 그에 대한 분명한 정의가 어려운 것이 사실이나(김미정, 신상명, 2012), 일반적으로 학교장 리더십은 다음과 같이 정의할 수 있다(김민수, 장환영, 2018; 한국교육개발원, 2010).

> "학교장이 학교 교육목표를 달성하고 학교의 성과를 향상하기 위하여 학교 구성원의 사고와 행동에 변화를 주는 영향력이자 사회적 작용으로서, 그 실제 양상은 학교 운영과정에서 학교장이 수행하여야 할 역할과 학교장의 개인적 특성에 기반을 두고 있으며, 그 효과성은 학교장의 학교 내 행동 유형과 상황 요인 등에 밀접히 연관되어 있다."

2. 학교장 리더십의 변화과정

1) 학교장 리더십 양상의 변화

　박상완(2018)은 미국과 우리나라의 교장직 발달과정을 통해 학교장 리더십의 변화과정을 설명하였다. 미국의 맥락에서 교장직의 역사적 발달과정은 시대별로 여섯 단계를 거쳐 왔는데 대체로 관리자로서의 교장의 역할이 강조되었다가, 수업 지도자로서의 역할, 학교 책무성 및 학습환경 개선, 학교문화와 풍토 조성 등의 역할이 강조되는 방향으로 변화되어 왔다. 각 시대별 구체적인 내용을 살펴보면 다음과 같다.

- 교장직의 출현(1840~1900년): 교장은 대표교사로서 관리ㆍ감독자이자 행정적 리더
- 교장직의 전문화 시대(1900~1940년): 학교 운영에 있어 과학적 관리의 원리와 관료조직의 구성 원리 등이 널리 수용되던 때로, 학생은 원재료, 학교는 공장에 비유되었으며 교장은 조직관리자, 행정가, 감독자로 받아들여졌음. 교장 리더십이 관리적 측면이 확대되는 반면 교육과정 관리, 수업장학 등 교육적 측면의 역할은 축소되어 수업 지도성의 역할은 관료의 역할에 가려짐
- 반주지주의 시대(1940~1960년): 과학적 관리의 원리가 퇴색되고, 학교교육의 민주적 가치가 중시되고 인간관계론적 관점이 확산됨. 이에 따라 교사들의 감독자로서의 교장이기보다는 지원자, 촉진자, 상담자로서 민주적 지도성을 발휘하는 교장에 대한 요구가 커졌음
- 교장직의 변화와 항상성의 시대(1960~1980년): 학교에 대한 사회적 요구가 확대되면서 학교의 책무성에 대한 문제가 제기됨. 사회문제해결을 위해 교장은 지역사회의 지도자이자 학교관리자일 뿐만 아니라 학생 성취도를 개선할 수 있도록 전문적인 수업 지도성을 발휘할 것을 요구받게 되었음
- 교장직의 개혁과 재구조화 시대(1980~2000년): 학교교육의 책무성, 자율, 경쟁이 강조되었고 교육체제를 재형성하게 되었음. 이에 교사는 전문가 자원으로 인

식되고 권한을 부여받게 되었으며 교장은 변혁적 지도성을 발휘할 것으로 기
대됨. 90년대 이후 사회 변화가 가속화되면서 교장의 역할은 윤리적 지도자, 정
치적 지도자, 거대 행정팀의 조정자 등 다양한 지도성으로 개념화되었음

- 교장직의 도전과 전망(2000년~): 21세기는 학교교육에 대한 요구와 기대가 변화
  함에 따라 교장의 책임과 역할이 다원화되었음. 교장은 수업 지도자이면서, 인
  적 자원 관리자, 협상가, 문제해결자가 되어야 하기 때문에 변혁적 지도성, 협
  력적 지도성, 봉사 지도성, 분산적 지도성, 도덕적 지도성, 비전을 제시하는 지
  도성, 문화 지도성까지 발휘할 것으로 기대 받고 있음. 시대에 따른 교장 리더
  십의 변화를 요약하면 다음의 〈표 11-3〉과 같다.

표 11-3 시대별 학교장 리더십의 변화

구분	환경	교장의 리더십
1840~1900년	교장직의 출현	관리 · 감독자이자 행정적 리더
1900~1940년	교장직 전문화 시대	조직 관리자, 행정가, 감독자
1940~1960년	반주지주의시대	학교교육의 민주적 가치, 지원자, 촉진자, 상담자
1960~1980년	교장직 변화와 항상성의 시대	학교 책무성 강조, 지역사회의 지도자, 수업 지도성 발휘
1980~2000년	교장직의 개혁과 재구조화	학교교육의 책무성, 자율, 경쟁이 강조, 변혁적 지도성
2000년대 이후	교장의 책임과 역할 다원화	수업 지도자, 인적 자원 관리자, 협상가, 문제해결자

출처: 박상완(2018). 교장론: 교장의 리더십과 학교 발전.

우리나라 맥락에서 교장직은 해방 이후 미군정기(1945~1948년)에 공립학교 체제
와 함께 도입되었다. 당시의 교장은 교사 경력이 있는 사람 중에서 임명되었고, 미
국의 교장직 모델을 받아들여 장학 담당자와 학교 관리자, 경영자로서의 역할을 수
행하게 된다. 이후 1995년 5월 31일 '신교육체제 수립을 위한 교육개혁방안'을 발표
하였는데, 규제와 통제 중심의 교육 운영으로부터 벗어나 자율성과 책무성에 바탕
을 둔 개별 학교 중심의 학교 운영으로 전환을 언급하였으며, 1998년 12월에는 '교
육비전 2002'를 통하여 위로부터 지시되는 개혁이 아니라 학교공동체 구성원이 자

발적으로 참여·협조하는 아래로부터의 현장개혁을 요구함으로써 책무성과 효율성을 추구하고자 하였다(안병환, 2005). 이와 같은 단위학교 책임경영제 중심의 교육개혁 흐름 속에서 학교장 리더십에 대한 논의가 증대되었으며, 구체적으로는 학교장에게 수업 리더십, 변혁적 리더십, 미래사회에 대한 비전을 제시할 수 있는 지도성 발휘가 요구되는 양상을 보였다.

종합하면 학교장 리더십에 대한 논의가 과거에는 관리자 및 행정가로서의 자질과 역할을 규명하려고 하였다면, 최근에는 주로 학교 조직 내에서의 리더십과 외부 환경 변화에 적극적으로 대처하는 변화 지향 리더십에 초점을 맞추는 추세이다(김이경, 김도기, 김갑성, 2008).

2) 학교장 리더십 연구의 변화

교육행정학자들은 교육행정 현상을 탐구하면서 기존의 인식론에 대한 문제제기를 통해 새로운 인식론을 갖기 위해 지속적으로 노력해 왔으며, 유사한 맥락에서 학교장 리더십 연구자들도 '교장의 리더십'이라는 현상을 탐구하기 위해 선택한 인식론에 기반하여 실증주의, 주관주의, 비판주의, 포스트모더니즘, 자연주의 등 다양한 이론체계를 활용하였다(주현준, 2020).

- 1950년대 이전: 교장 리더십 연구는 객관성이 결여된 개인적인 경험, 전임자의 선례 등에 기초한 처방적인 방식에 의존하였음. 이에 학자들은 사상적 믿음, 개인적 경험, 처방적인 방식을 비판하고 실증주의에 토대를 둔 과학적 원리를 적용한 연구의 필요성을 주장함
- 1950년대 초반의 '교육행정의 이론화 운동': 이론화 운동(theory movement in educational administration) 이후 교장 리더십 연구는 실증적인 증거, 논리적 관계, 수학적 검증과 통계 방법에 기초한 실증주의 인식론으로 수행되었음. 대표적으로 양적 데이터를 사용한 통계기법으로 교장 리더십의 효과를 분석하는 연구가 주를 이룸
- 1970년대 이후: 실증주의 인식론에 집중했던 교장 리더십 연구에 대한 비판이 제기되었음. 비판적 주장의 핵심은 능률성, 효과성, 합리성, 만족도 등과 같은

수단적 가치를 앞세운 계량적 실증주의 방식이 교장 리더십의 본질적인 실제를 밝히는 데 한계가 있다는 것임. 즉, 현상학, 해석학 등 주관주의 인식론을 가지고 있던 학자들은 이론화 운동의 지적 토대, 탐구 방법, 연구 결과의 유용성 등을 비판하였음. 이에 인식론에 관한 논쟁이 발생했고 그 이후에는 비판주의, 포스트모더니즘, 자연주의 등 다양한 방법이 등장함

1970년대 이후 인식론을 둘러싼 논쟁 이후에도 교장 리더십 연구자들은 기존 실증주의에 기반한 연구방법의 전 과정을 체계적으로 성찰하고 개선 방안을 제시하고 있다(주현준, 2020).

3. 학교장 리더십의 유형

이 절에서는 우리나라 학교 교육의 맥락에서 학문적·실천적으로 최근에 자주 거론되고 있는 대표적인 학교장 리더십 유형을 소개하고, 관련 연구를 통해 밝혀진 학교장 리더십의 효과를 살펴본다. 구체적으로 학교장의 변혁적 리더십, 수업 리더십, 민주적 리더십, 서번트 리더십, 진정성 리더십의 다섯 가지 유형에 대해 살펴본다.

1) 학교장의 변혁적 리더십

사회 환경의 급격한 변화, 학부모들의 기대와 요구의 증가, 교육민주화로 인한 자율성 증대, 지역교육청 및 단위학교로의 권한 이양 확대 및 책무성 강화 등 교육 내외적 환경 변화는 학교장에게 변화를 선도하고 주도할 수 있는 변혁적 리더십(transformative leadership)을 요구한다(이상철, 김혜영, 2018). 학교장의 변혁적 지도성이란 '학교 조직목표 달성을 위해 구성원들에게 자신의 가치와 신념 및 비전을 표출하고, 변화를 선도하는 학교 경영 행위에 솔선수범하고, 구성원들이 자신의 직무 성과를 고양시킬 수 있도록 다양한 관심과 배려를 수행하는 학교장의 행동 특성'을 말한다(성낙돈, 2008). 김성열(2018)은 좋은 학교를 만들기 위해서는 학교장이 학교

구성주체들이 자신들에게 부여된 역할을 수행할 수 있는 역량을 개발할 수 있도록 변혁적 리더십을 발휘하는 것은 매우 중요하고 필요한 일이라고 보았다. 더불어 우리나라 학교 현장에서 학교장의 변혁적 리더십에 주목해야 하는 이유를 다음과 같이 설명한다.

> 우리나라 교사들은 세계적으로 교수 전문성의 수준에서 탁월하다고 할 수 있다. 그러나 전문성이 교실에서 교수 행동(teaching behavior)으로 나타나고 있다고 자신 있게 말하기는 어렵다. 학교장은 바로 이 부분에 주목해야 한다. 학교장은 교사들이 탁월한 전문성을 헌신적으로 발휘하여 학생들을 가르치도록 해야 한다. 교사들에게 헌신성을 불러일으키는 것은 그들이 학생 성장이라는 교육적 가치에 공감하며 학생들을 가르치는 데서 즐거움과 더불어 자신들이 성장하고 있음을 느낄 때 가능하다. 학교장은 바로 이 일을 해야 하며, 이 일을 하는 것이 바로 변혁적 지도성을 발휘하는 것이라고 할 수 있다. 변혁적 지도성은 구성원의 정서, 가치관, 윤리 행동규범 그리고 장기적 목표 등을 바꾸어 줌으로써 구성원을 변화시키는 과정이다. 변혁적 지도성은 구성원의 기대와 동기를 지속적으로 자극하여 그들이 조직 목적에 헌신하고 높은 수행과 발전을 이루도록 유도한다.
>
> 출처: 김성열(2018). 교장의 직무수행과 리더십: 지향과 현실, 그리고 과제. p. 142.

학교장의 변혁적 지도성이 학교 현장에서 발휘되는 양상은 다양하게 나타나고 있다(김성열, 2018). 우선 변혁적 리더십은 리더가 구성원들에게 역할 모델이 되어 이상적인 영향력을 미치는 것을 한 요소로 하는데, 학교장의 리더십에 대한 질적 연구들은 솔선수범 리더십이 존재하고 있음을 보고하고 있다. 다음으로 변혁적 리더십은 학교장이 구성원들에게 높은 기대를 표시하며, 학교 구성원들이 공유하고 있는 비전을 실현하는 데 최선을 다하도록 끊임없이 의욕을 불러일으키고 동기부여를 하는 것을 의미한다. 학교장이 다양한 방식으로 학생들에게 높은 기대를 전달하는 것이 여기에 해당할 수 있으나, 오늘날 학교장이 학생들을 대상으로 훈화 등의 방식으로 기대를 전달하는 모습은 거의 찾아보기 어렵다. 변혁적 지도성은 학교 구성원들의 창의성과 혁신을 자극하는 것을 포함하는데, 학교장이 새로운 교수방법을 도입하는 것을 고무하고 격려하는 것이 여기에 해당한다. 끝으로 변혁적 리더십은 학교 구성원들의 개인적 욕구에도 세심하게 관심을 기울이고 지원적 분위기를 조성하는 것도 포함하는데, 학교장이 신규교사에 대하여 멘토나 조언자로 역할을 하는 것이 여기에 해당한다고 볼 수 있다(김성열, 2018).

문제는 학교 현장에서 학교장이 변혁적 리더십을 어느 정도로 행사하고 있는지는 분명하지 않다는 것이다. 다만, 김도기의 연구(2016)에서 초등학교장의 전문역량 요구도 분석에서 학교 구성원들의 동기부여 능력이 24개 역량 요소 중 7위로 나타났다는 점에서 학교장의 변혁적 지도성에 대한 요구가 높은 편이라고 할 수 있다. 그런데 학교장이 학교 구성주체들의 역량을 개발하는 데 요구되는 다양한 지원 활동을 하는 것을 변혁적 지도성이라는 단일 범주와 개념으로만 포착할 수 없다는 점에 유의해야 할 것이다(김성열, 2018에서 재인용).

이처럼 학교장의 변혁적 리더십의 실천은 학교 구성원의 헌신과 역량을 개발하는 데 있어서 효과적이며, 변혁적 리더십을 갖춘 학교 리더들의 여섯 가지 특성은 다음과 같다(Morrison, 2002).

- 학교의 비전과 목적을 설계
- 지적 자극을 제공
- 개별화된 지원을 제공
- 전문적 실천과 가치를 상징화
- 높은 성과 기대
- 학교 의사결정에서 참여를 촉진하는 구조를 발전시킴

이상에서 살펴본 학교장의 변혁적 리더십은 교사의 직무만족도, 직무성과, 조직 헌신도, 교사 사기, 조직문화, 학교조직의 건강, 교사 집단의 응집성 등에 긍정적인 영향을 미친다고 다수의 연구를 통해 검증되어 왔다. 특히, 레이스우드 등(Leithwood et al., 1996)이 수행한 학교에 대한 연구결과는 변혁적 리더십이 다섯 가지 주요 영역에서 긍정적인 효과를 가진다는 점을 제시하였다(Morrison, 2002에서 재인용).

- 교사들의 인식에 대한 효과(리더의 효과성과 참여자들의 리더에 대한 만족도)
- 추종자 행동에 대한 효과(조직에서 증가된 노력과 헌신이 이들로부터 나옴)

- 추종자들의 심리적 상황(추종자들의 헌신, 전문성 개발과 행동 변화에 대한 관심 그리고 행동, 사기, 직무만족도)
- 조직수준의 효과(조직학습, 개선, 효과성, 풍토와 문화)
- 학생에 대한 효과(학생효과에 대한 교사들의 인식, 학생들의 참여와 공감)

2) 학교장의 수업 리더십

학교장의 수업 리더십(instructional leadership)에 대한 관심은 전통적으로 학교장의 역할을 교육자 · 교육 전문가로 규정한 데에서 기인한 것으로 보인다. 우리나라 학교장들은 수업 지도성 발휘에 중점을 두고 있는데, 김성열(2018)은 학교 현장에서 수업 리더십에 주목해야 하는 이유를 다음과 같이 설명한다.

> 좋은 학교를 만드는 데 중요한 것은 학교가 학생들의 특성에 적합한 다양한 프로그램을 운영하고, 교사가 전문성을 가지고 교육활동에 헌신하는 것이다. 학생들의 특성에 적합한 프로그램을 운영하는 것도 교사이기 때문에 "교육의 질은 교사의 수준을 넘어설 수 없다."라는 말은 진부하기는 하지만 언제나 진리이다. 이 말은 좋은 학교를 만드는 데 핵심적 관건이 교사임을 강조하는 것이라고 할 수 있다. 그렇기 때문에 학교장은 교사들의 전문적 역량을 강화하는 데 리더십 행사의 중점을 두어야 한다. 학교장이 교사에게 수업에 대해 늘 반성하며 개선해 나갈 수 있도록 다양한 활동을 통해 영향력을 발휘하는 게 바로 교수 지도성이다.
>
> 출처: 김성열(2018). 교장의 직무수행과 리더십: 지향과 현실, 그리고 과제. p. 140.

김성열(2018)은 학교장 리더십과 관련된 선행 연구를 분석하여 학교장의 수업 리더십에 대한 교원 인식의 전반적인 경향을 파악하였다. 이 연구에서 밝힌 학교장의 수업 리더십에 대한 주요 특징은 다음과 같다. 첫째, 학교장들은 교사를 대상으로 수업 지도성을 실질적으로 발휘하고 있는 것으로 나타났다. 학교장들은 교사가 하고자 하는 교육활동이나 학교개선 활동에 대해 학교장으로서 적극적으로 지지하고 지원해 주는 교사 지원 리더십을 발휘하고 있었으며, 교사들 역시 학교장들이 교수 · 학습에 집중하고 있음을 경험하고 있었다. 둘째, 학교장들은 '교육과정 운영과 장학 등 수업과 관련된 지도성'으로 대표되는 수업 리더십을 중점적으로 실천하고

자 하였으나 이와는 달리, 학교경영 환경이 변화됨에 따라 학교장에게 새롭게 요구되는 역할로서의 수업 리더십에 대한 중요도 수준은 상대적으로 낮은 경향을 보였다. 미래교육의 변화 속에서 교사의 교육과정 운영 및 수업에 대한 자율권이 강화되고 있는 점을 고려해 볼 때, 학교장의 수업 리더십에 대한 기대와 요구는 점차 낮아질 것으로 예측된다. 셋째, 학교장이 행사하는 수업 리더십은 학교급별로 차이를 보였다. 중등학교장의 경우, 수업 리더십에 대한 역량 수준이 12개 역량 지표에서 6위를 차지하여 중간 정도의 수준을 보이고 있었다. 반면, 초등학교장의 직무 역량에 대한 요구 분석에서는 학교장이 갖추어야 할 전문 역량 24개 중에서 수업 리더십과 관련된 역량은 21위와 23위를 차지하고 있어 중학교에 비해 상대적으로 낮은 요구 수준을 보였다.

이러한 연구결과들은 학교장이 갖추어야 할 역량으로 수업 지도성 역량이 어느 정도 중요하다는 것을 시사해 주고 있다. 그리고 학교장들은 단위학교 수준에서 교사들의 교수활동 개선을 지원하고 있음을 보여 주었다. 하지만 미래의 교사들은 그러한 역할과 지도성 발휘에 대하여 크게 기대하거나 요구하고 있지 않다. 이는 교사들이 수업에 대한 학교장의 지원의 의미를 간섭이라고 보고 있거나 수업은 전적으로 교사 자신의 독립적이며 자율적인 영역으로 여기고 있음을 보여 주는 것이라고 할 수 있다. 따라서 학교장은 교사들에 대하여 수업 리더십을 행사할 때 이러한 인식을 고려해야 한다(김성열, 2018)

3) 학교장의 민주적 리더십

민주적 리더십(democratic leadership)은 집단의 목표설정과 의사결정 및 활동이 다수 구성원의 의견 종합과 자발적인 참여 방법에 따라 이행되는 과정 또는 행위라고 정의할 수 있다(김달효, 2020). 따라서 민주적 리더십은 참여적 리더십, 협의적 리더십, 집단 중심적 리더십이기도 하다. 민주적 리더십에서는 집단의 목표설정과 달성에 대한 책임을 집단 전체가 발휘시키고자 노력하며 집단 구성원 간의 건설적인 관계를 장려하며 구성원 간의 마찰과 긴장을 완화함으로써 집단관계를 공고히 한다. 민주적 리더십을 통해 구성원들의 창의성(자발성), 참여도(협력심), 책임감, 단결심, 우호적 정신, 공동체의식, 집단의 효능성을 기대할 수 있다(김한걸, 1984: 김달효,

2020에서 재인용).

학교 교육 현장에서는 1990년대 중반 이후 학교운영위원회가 도입됨으로 인해 단위학교 수준에서 이루어지고 있는 의사결정 과정에 학교의 구성주체들을 참여시킴으로써 학교장 중심의 '개방적' 의사결정체계가 단위학교 구성주체 중심인 '개방적' 의사결정체계로 바뀌면서(김성열, 2018) 민주적 리더십의 필요성이 대두되었다. 김성열(2018)은 학교 현장에서 민주적 리더십에 주목해야 하는 이유를 다음과 같이 설명한다.

> 학교장은 학교운영위원회가 학교 구성원들의 참여를 통한 공동의 의사결정으로 좋은 학교를 만드는 데 의견을 모으는 기구로서 작동하도록 구성원들의 실질적 참여를 촉진시켜야 한다. 이것이 바로 학교 운영에서 민주주의를 실현하는 것으로 학교장이 민주적 리더십을 행사하는 것이라고 할 수 있다. 민주적 리더십이란 한 기관의 구성원들이 자신의 일상에 영향을 미치는 의사결정과정에서 목소리를 낼 수 있는 기회를 제도화하고 실제로 목소리를 내도록 촉진하는 것이다. 민주적 리더십은 학교의 발전과 구성원의 성장에도 매우 중요하다. 자유롭게 의견을 개진하는 가운데서 무엇이 잘못된 의견인지 어떤 오류가 있는지가 드러나고 최선의 결정을 할 수 있게 하기 때문이다.
>
> 출처: 김성열(2018). 교장의 직무수행과 리더십: 지향과 현실, 그리고 과제. p. 150

오늘날 학교장은 학교운영위원회를 비롯하여 교직원회의, 학생회, 학부모회 등 다양한 참여민주주의 제도를 적극 활용하여 행정과정을 공개하고 교사, 학부모, 학생들과 충분히 의견을 교환하고 그들의 의견을 수렴하고, 타당한 결정을 이끌어 내는 민주적 리더십을 행사해야 한다. 학교장이 행사하는 민주적 리더십은 교사나 학부모에게 충분한 정보를 제공하여 이들이 효과적인 학교 경영 방안을 찾아내고, 합의를 이끌어 낼 수 있도록 지원해 주는 것으로 나타난다(김성열, 2018). 학교장의 직무 역량에 대한 연구(김도기 외, 2016)에서 학교장들에게 앞으로 의사결정능력이 더욱 요구되고 있음이 밝혀졌다는 점에서, 학교장의 민주적 리더십이 더욱 요구될 것으로 기대된다(김성열, 2008에서 재인용).

이상에서 살펴본 학교장의 민주적 리더십은 학교풍토와 교사협력, 교사사기에 긍정적인 영향을 미침과 동시에 교사소진을 낮춰 주는 역할을 하는 것으로 밝혀졌다(김달효, 2020).

4) 학교장의 서번트 리더십

서번트 리더십(servant leadership)은 서로 상반된 개념인 'servant'와 'leader'가 합쳐진 것으로 부하의 성장을 도우며 팀워크와 공동체를 형성하는 리더십으로 경영 관련 교육과 연구를 담당하던 그린리프(Greenleaf, 1970)의 『The Servant as Leader』에서 소개된 이후 이론적으로 정립되기 시작하였으며, 그동안 경영학계의 별다른 주목을 받지 못하다가 그린리프(Greenleaf, 1996)의 저서 『서번트 리더 되기』를 출간한 것을 계기로 다수의 경영학자들에게 새롭게 주목을 끌게 되었다. 다수의 학자들은 서번트 리더십을 다음과 같이 정의한다(신재흡, 2010).

- Greenleaf(1970): 부하를 존중하고, 그들에게 창의성을 발휘할 기회를 제공함으로써 성장을 돕고, 부서 혹은 조직이 진정한 공동체를 이루도록 이끌어 가는 리더십
- Covey(1991): 자연의 법칙이며, 사회의 가치 시스템을 만들어 가는 리더십
- Senge(1995): 모든 사람의 존엄성과 가치에 대한 믿음, 리더의 권력은 부하들로부터 기인한다는 민주적인 원칙에 입각한 리더십
- Boyer(1999): 섬세하며 경청하는 리더, 부하들과 동료들의 발전을 장려하고 권한을 위임하는 리더로 제시하고, 아울러 서번트 지도자를 구분해 내기 위한 기준으로 "질문하여 이해하려고 노력하는 사람, 격려하고 보살피며 편안한 분위기를 만들려고 노력하는 사람, 부하를 존중하는 사람, 도덕성을 갖추고 신뢰할 만한 사람, 권한을 위임하고 학습을 장려하는 사람, 관계와 공동체를 형성하는 사람, 부하의 가능성을 신뢰하는 사람"이라는 일곱 가지 특성을 제시함

그린리프(Greenleaf, 1995)는 섬김의 리더십을 실천하는 리더들은 스스로에게 다음과 같은 질문을 해야 한다고 강조한다(Morrison, 2002, 재인용).

- 당신이 발휘하는 리더십 결과로 구성원들은 성장하고 있는가?

• 섬김을 받음으로써 구성원들은 더욱 건강해지고 있는가?
• 구성원들은 훨씬 더 자율적이고, 열정적이며, 현명해지고 훨씬 더 유능해지고 있는가?
• 나 자신은 훨씬 더 섬김의 리더가 될 수 있는가?
• 사회에서 가장 특권이 없는 사람들에게 미치는 영향은 무엇이고, 그들은 나의 리더십으로 인해 이익을 얻을 수 있는가?

유사한 맥락에서 학교장의 서번트 리더십은 광범위하고 효과적인 의사소통을 전제로 하며, 개인의 권력 강화를 추구하지 않는다. 서번트 리더십을 수행하는 학교장은 교사들에게 다음과 같은 질문을 하게 된다(Morrison, 2002).

• 학생들이 배우고, 보다 효과적이면서 성공적으로 성취할 수 있도록 어떻게 당신을 도울 수 있을까?
• 진정한 교사로 성장할 수 있도록 어떻게 당신을 도울 수 있을까?
• 다른 교사들과 함께 일하는 당신이 업무를 통해 어떤 혜택을 받을 수 있도록 도울 수 있을까?
• 당신이 학생들과 함께하는 일을 어떻게 즐기면서도 교훈을 얻을 수 있도록 할 것인가?

이상에서 살펴본 학교장의 서번트 리더십은 학교조직 효과성, 학교조직문화, 교사의 교직헌신, 교사의 직무만족, 교사효능감 등에 직·간접적으로 긍정적인 영향을 미친다고 다수의 연구를 통해 검증되고 있다.

5) 학교장의 진정성 리더십

근래 학교장의 진정성 리더십(authentic leadership)에 대한 논의가 활발하다. 진정성 리더십은 학자별로 진성 리더십, 진실 리더십 또는 원어 발음을 그대로 옮겨 오센틱 리더십 등으로 불리고 있다(주영효, 2019). 진정성 리더십의 핵심 개념인 진정성은 고대 그리스 철학에 근원을 두고 "너 자신을 알라."라는 철학적 언명에서 출

발하여(Harter, 2002) 인본주의 심리학, 실존주의 철학, 현상학 등을 거쳐 긍정심리
학(Seligman, 2000)으로 연결되어 왔다(김지현, 2020 재인용). 진정성 있는 리더에 관
한 연구는 2004년 네브라스카-링컨 대학교의 갤럽 리더십 연구소에서 진정성 리더
십 이론 개발을 목표로 '2004 Gallop Leadership Summit'을 개최하고, 2005년 'The
Leadership Quarterly'에 진정성 리더십에 관한 특별호를 발표하면서 한층 고조되
었다(김지현, 2020). 비윤리적인 미국 기업의 회계 부정사건 등에 대한 반성으로 진
정성 리더십이 주목받기 시작하면서 먼저 경영학 분야에서 경험적 및 개념적 연구
가 활발하게 수행되었고, 국내에서도 처음에는 구조 기업을 대상으로 실증적·이
론적 연구가 이루어지다가 점차 공공기관, 군·경찰조직, 의료기관, 교육기관 등으
로 확대·논의되고 있다(김지현, 이정언, 2019).

　　루선스와 아볼리오(Luthans & Avoilio, 2003)는 '진정성 리더십 개발 모형(authentic
leadership developement model)'에 기초하여 진정성 리더십을 '긍정적 심리 능력
(positive psychological capacities)과 고도로 발달된 조직 맥락에서 파생되는 과정'으
로 보면서 '리더와 구성원의 자아 인식과 자아 통제적 긍정 행동을 야기하여 긍정적
자기개발을 촉진하는 리더십'으로 정의하고 있다(주영효, 2019에서 재인용). 이에 덧
붙여 이들은 '진정성을 갖춘 리더' 또는 '진정성 리더(authentic leader)'는 자신감, 희
망, 낙관성, 회복력, 투명성, 도덕성, 윤리성을 가지고, 가치와 신념에 터해 합리적
인 동료 설득에 우선순위를 둔다고 하였다(주영효, 2019에서 재인용). 즉, 진정성 리
더십은 급격한 학교 현장에서의 각종 어려움에 대처하기 위한 리더 자신의 긍정적
인 자기개발에 영향을 미치는 리더십이며, 리더 자신의 자아인식, 자아존중, 성실,
타인에 대한 신뢰 및 타인존중 등을 함양하여 추종자들과의 지속적인 상호작용을
위한 리더십이라 볼 수 있다(이기용, 2017).

　　진정성 리더십은 일반적으로 리더의 자기인식, 내면화된 도덕성, 균형 잡힌 정보
처리, 관계적 투명성 등 다음의 네 가지 요소로 구성되며(이기용, 2017), 연구자가 설
정한 연구모형에 따라 적절하게 수정·보완하여 측정하고 있다.

- 리더의 자기인식은 리더의 자기 자신에 대한 통찰을 의미하며, 주요 내용은 자
  신이 말하고자 하는 바를 정확히 표현하기, 자신이 느끼는 대로 정확히 표현하
  기, 상호관계 향상 피드백 요청하기임

- 내면화된 도덕적 시각은 자기조절 및 자기통제의 과정을 가르치는 것을 의미하며, 주요 내용은 자신이 실수를 했을 때 이를 솔직히 인정하기, 자신의 행동과 신념 있음을 보여 주기, 다른 사람이 자신의 능력을 어떻게 생각하는지 정확히 알기임
- 균형 잡힌 정보처리는 결정을 내리기 전에 정보를 객관적으로 분석하는 능력 및 의견 검토 능력을 의미하며, 주요 내용은 자신의 생각을 솔직히 드러내도록 격려하기, 자신의 핵심가치에 따라 결정 내리기, 자기결정을 내리기 전에 관련 자료 분석하기임
- 관계적 투명성은 자신의 참된 모습을 타인에게 공개적으로 정직하게 나타내는 능력이며, 주요 내용은 자신이 어렵더라도 진실을 밝힐 수 있기, 자기결정 전에 다양한 의견에 귀를 기울이기, 자신의 행동이 다른 사람들에게 영향을 주는지 이해하기임

이상에서 살펴본 학교장의 진정성 리더십은 학교조직 효과성, 학교조직문화, 학교장 신뢰, 교사 임파워먼트, 교사의 심리적 웰빙, 교사효능감 등에 긍정적인 영향을 미친다고 다수의 연구를 통해 검증되고 있어, 학교장의 진정성 리더십에 대한 교육 현장의 필요와 관심이 증대될 것으로 보인다.

4. 우수 학교장의 리더십과 학교장 리더십의 어두운 면

1) 우수 학교장의 리더십 특성

김이경 등(2008)은 16개 시·도 교육 인사담당자의 추천을 통해 초·중·고의 우수 학교장 45명을 선정하고, 면담 가능자 39명을 대상으로 1차 심층면담을 실시하고, 그중에서 리더십을 발휘하는 장면이 비교적 구체적으로 드러나는 대상자 15명을 대상으로 우수 학교장 리더십의 특성을 밝혔다. 학교의 변화와 발전을 이룩한 우수 학교장들의 공통적 특성은 다음과 같다.

- 우수 학교장의 리더십 행위의 특성으로는 학교 구성원의 특성에 대한 정확한 진단을 토대로 구성원의 참여를 독려하는 아래로부터의 의사결정 방식을 보였으며, 업무를 공정하게 배분하되, 믿고 맡기며, 솔선수범, 인간적 유대, 칭찬과 격려, 공정하고 적절한 보상 등의 기제를 활용하여 과업을 추진하였음. 또한, 조직 내외의 갈등을 오히려 생산적으로 인식하고 있었고, 설득, 이해하기, 다수결 등의 방식으로 갈등을 해결하고자 노력했으며, 이때 '교육'과 '학생'을 갈등 해결 판단 기준으로 삼았음

- 우수 학교장들이 경영하는 학교조직은 외부 환경, 내부 문제, 이로 인한 학생들의 성취도와 학부모의 신뢰 등의 특성에 따라 위기직면형, 내부갈등형, 여건열악형, 현실안주형 등 네 가지로 분류되었으며, 각 유형에 따라 학교가 당면한 문제를 해결하기 위한 과업의 우선순위는 달랐으나 우수 학교장들은 부임한 학교의 조직 특성을 진단하는 데 뛰어난 능력을 보였고, 조직의 상황과 특성에 부합하는 리더십 발휘로 결국 학교 개선과 학업성취도 향상을 이끌어 내고 있음을 알 수 있었음

- 대다수의 우수 학교장들은 자신과 타인에 대한 강한 긍정적 믿음을 토대로, 인내심, 도덕성, 겸손함 등의 인성적 특징을 보였으며, 타인에 대해서는 배려, 포용력 등이 두드러졌음. 한편, 우수 학교장들은 학교의 핵심 기능, 학교장의 역할, 교사들의 역할과 사명에 대한 뚜렷한 관점에 터해 확고한 경영관을 형성하고 있었으며, 인화 경영, 투명 경영, 믿음 경영, 학생중심 경영 등으로 요약될 수 있는 이러한 경영관은 학교 경영의 원칙으로 활용되고 있었음

2) 학교장 리더십의 어두운 면

학교장의 부정적 리더십이란 '학교장이 리더십을 발휘하는 과정에서 의도적으로 드러내거나 비의도적으로 드러난 바람직하지 않은 생각, 태도, 행동 또는 부족한 능력과 그로 인해 학교 구성원의 신체적·정신적 피해를 유발하고 학교조직 효과성에 부정적인 결과를 초래하는 것'으로 정의된다(주현준, 2014a). 국외 연구자들은 리더십의 어두운 면을 비열한 폭군(petty tyranny), 허구의 거래적 리더십(psedo transactional leadership), 사유화된 카리스마(personalized charisma), 나쁜 리더십(bad leadership), 독성의 리더십(toxic leadership), 파괴적 리더십(destructive leadership), 난폭한 감독(abusive supervision), 전략적 괴롭힘(strategic bullying) 등으로 다양하게 묘사하였다(주현준, 2014a).

학교장의 부정적 리더십 연구를 대표하는 블레이즈와 블레이즈(Blase & Blase, 2002)의 연구는 교사가 지각한 학교장의 '잘못된 처사(mistreatment)'로서 리더십의 어두운 면(dark side)을 종합적으로 분석하고 이로 인해 발생된 문제를 도출하고, 학교장 리더십의 어두운 면을 공격성 정도에 따라 3단계로 구분하여 각 단계의 세부

표 11-4 학교장의 잘못된 처사의 단계별 특성(Blase & Blase, 2002)

단계	세부 특성
1단계 간접적, 보통의 공격성	• 교사의 생각, 욕구, 감정을 무시하기
	• 교사를 고립시키고 방치하기
	• 교사에게 필요한 자원 회수, 결재 거부, 전문성 개발 기회 박탈하기
	• 편애
	• 공격적인 행동
2단계 직접적, 강도가 높은 공격성	• 교사를 밀탐하기(몰래 감시)
	• 교사의 업무 수행을 방해하기
	• 교사의 수업 지원을 파괴하기
	• 비합리적인 지시하기
	• 비난하기(2단계에서 가장 자주 발생하는 행동)
	• 공적인 자리 또는 장소에서 비난하기
3단계 직접적, 매우 심한 공격성	• 거짓말하기
	• 폭력적인 행동
	• 위협
	• −부당한 질책
	• 불공정한 평가
	• 담당 학생 학대
	• 이직 강요(사직, 전근, 파면 등)
	• 교사의 이동과 승진 방해
	• 성추행
	• 인종 차별

내용을 정리하였다(주현준, 2014a 재인용). 또한 이 연구는 학교장의 '잘못된 처사'가
교사에게 미치는 역효과를 제시하였다. 초기 심리적·감정적 반응으로는 충격과
혼란스러움, 수치심, 외로움, 자신감과 자존감 상처, 타락함과 죄책감이, 장기간(만
성적인) 심리적·감정적 문제로는 공포심과 불안감, 분노, 우울증이, 신체적·생리

표 11-5 우리나라 학교장의 어두운 면과 교사에게 미치는 역효과(주현준, 2014b)

어두운 면 유형			역효과 분석		
구분	영역	세부 특성	구분	영역	세부 특성
인성	행동	비윤리적	교사	심리/감정	실망 / 충격
		비도덕적			당황
		비합리적			굴욕(창피)
		신뢰할 수 없음			소외(고립) / 외로움
		일관성이 없음			불안
		편파적 / 불공정			화 / 분노
		무시 / 하대			무기력 / 사기 저하
		흠잡기 / 단점 지적			의심
		비난			자신감 및 자존감 상실
		강압적 / (거칠고) 공격적			두려움
		방관		신체	가벼운 신체 이상(소화불량, 두통 등)
	성격	(감정적으로) 흥분을 잘하는			심각한 신체 이상(위염, 신경 쇠약 등)
		(자신감 없이) 소심한	학교	문화/풍토	경직된 분위기 / 폐쇄적
		(속마음을 드러내지 않는) 내성적인			불신 관계
		(지나치게) 느긋한		활동/성과	활동 감소
		(모든 상황에) 회의적			만족도 저하
		순종적인			전보 희망 증가
		둔감한			
		고집이 강한			
직무수행	기술	(과거 경험과 지식을) 고수			
	지식	(교수-학습 / 업무 관련) 무지			

적 문제, 학교 피해 문제로는 구성원 간 관계에 피해, 학급에 피해, 의사결정의 기능 상실이, 그리고 이직의 문제로 구분하였다.

한편, 주현준(2014b)은 우리나라 교사를 대상으로 설문조사와 심층면담을 실시하고, 학교장 리더십의 어두운 면의 실태, 유형, 역효과를 실증적으로 분석하였으며 주요한 결과는 다음과 같다(〈표 11-5〉 참고).

- 첫째, 학교장 리더십의 어두운 면이 학교 현장에 실재하는 것으로 확인됨. 설문조사 결과, 학교장의 어두운 리더십을 경험한 교사의 비율이 74.1%로 나타나 다수의 교사들이 학교장 리더십의 어두운 면을 경험하고 있었음
- 둘째, 학교장 리더십의 어두운 면은 교사 개인의 심리, 정서, 신체뿐만 아니라 학교조직의 풍토와 활동에도 부정적 영향을 주는 것으로 확인됨. 학교장 리더십의 어두운 면은 인성(행동과 성격)과 직무 수행(기술과 지식)에서 다양한 형태로 나타나고, 이에 따라 개인적 차원에서 교사의 심리/감정과 신체에, 조직 차원에서 학교의 문화/풍토, 활동/성과에 역효과를 주었음

5. 국내외 학교장 리더십 연구동향

1) 국내 연구동향

국내 학교장 리더십의 연구동향을 살펴보기 위해 최근 30년의 연구를 분석한 결과를 보면 주요 연구의 주제는 지도성의 유형, 그중에서도 수업 지도성과 변혁적 지도성의 효과성 연구에 치중되어 있다는 것을 알 수 있다(김병찬, 2007; 박상완, 2009; 김민수, 장환영, 2018; 문영주, 2021).

우선, 김병찬(2007)은 국회도서관의 종합학술검색을 활용하여 1996년부터 2006년까지 10년간 수행된 교원 지도성 연구 38편을 분석한 결과, 우리나라 교장의 지도성 연구주제는 수업 리더십, 변혁적 리더십, 도덕적 리더십, 참여적 리더십, 관리적 리더십, 상황적 리더십, 일반적 지도성의 일곱 가지로 구분되며, 실제 지도성 연구는, 수업 리더십과 변혁적 리더십에 집중되어 있음을 보여 주었다. 연구의 관점 면에서

실증주의 접근에 편중되어 있으며, 주제 영역별로도 연구가 세분화되지 않음을 지적하였다.

박상완(2009) 역시 1988년부터 2008년까지 20년간 수행된 학교장 지도성에 관한 국내 주요 학술논문 83편을 분석한 결과, 학교장 지도성에 관한 연구가 수업 리더십과 변혁적 리더십에 집중되어 있었으며, 연구주제는 리더십 효과성 연구가 전체 연구의 절반 이상을 차지하고 있음을 밝혔다.

김민수와 장환영(2018)은 2010년부터 2017년까지 8년간 국내 주요 학술지에 게재된 교장 리더십 관련 논문 88편을 분석한 결과, 학교장 리더십은 변혁적 리더십이 가장 많이 연구되었고, 연구주제는 리더십 효과성 분석이 가장 많이 연구되었음을 보여 주었다.

문영주(2021)는 토픽 모델링 분석 방법을 활용하여 2001년부터 2020년까지 20년간 국내 주요 학술지에 게재된 교장 리더십 관련 논문 104편을 분석하여 교장 리더십 연구를 7개의 토픽, ① 교사협력에 기반을 둔 전문적 학습공동체, ② 여성 리더십, 여성주의 리더십에 기반을 둔 여교장의 리더십 유형과 특성, ③ 학교 구성원의 긍정적 조직행동 함양을 위한 교장 리더십, ④ 교장 공모제 학교의 조직 효과성과 리더십 영향요인에 관한 연구동향, ⑤ 교장과 교감의 역할수행과 교육 리더십 함양을 위한 프로그램 개발, ⑥ 조직몰입·조직효과성 향상을 위한 교사 리더십, 학생의 학업성취도 향상을 위한 수업 리더십과 도덕적 리더십으로 분류하였다. 이 가운데 최근에는 '교사협력에 기반을 둔 전문적 학습공동체'와 '교장공모제 학교의 조직 효과성과 리더십 영향 요인에 관한 연구동향' 토픽의 연구비중이 높아지고 있음을 보여 주었다.

2) 국외 연구동향

청펑(Cheng Peng)과 박수정(2015)은 미국의 대표적인 교육행정학 전문 학술지인 『Educational Administration Quarterly』(이하 EAQ)에서 2009년부터 2013년까지 발표된 교육 리더십 관련 연구물을 리더십 실행주체, 유형, 연구주제, 연구방법을 준거로 연구동향을 분석하였다. 이 중에서 리더십을 실행하는 주체가 학교장으로 언급된 비율은 전체의 50.6%로 교사(20.2%)와 학교리더(10.1%)에 비해 상당히 높았다. 이 연구에서 드러난 미국의 학교장 리더십 연구의 구체적인 특징은 다음과 같다.

첫째, 학교장 리더십은 주로 학교개혁 및 경영, 수업 변화, 학생의 학습 및 학업성취, 교사 전문성 확보 등 다양한 측면에서 직·간접적으로 영향을 미치고 있었다.

둘째, 핵심적으로 다루고 있는 학교장 리더십 유형은 수업 리더십(13회), 변혁적 리더십(7회), 분산적 리더십(1회), 사회정의 리더십(3회) 등이었다. 미국의 경우, 학교장의 수업 리더십에 대한 기대는 여전하며, 변혁적 리더십에 대한 관심이 확산되고 있는 것을 알 수 있다.

셋째, 한국의 학교장 리더십은 주로 학교조직의 효과성에 미치는 영향에 한정하여 연구되는 데 반해, 미국은 학교장 리더십이 학교 경영 및 성과, 학교 변화 및 개혁은 물론 학생의 학업성취와의 관계에도 관심을 가지고 있었다.

6. 학교장 리더십 역량 개발

오늘날 학교장은 개인 수준의 문제해결 능력뿐만 아니라 사회적·정치적 압력에 적절하게 대응하기 위해서 복잡하고 역동적인 교육환경을 이해해야 한다. 특히 학교장의 직무는 학교를 둘러싼 주변 환경의 복잡성, 유동적인 상황, 그리고 지속적인 교육적 요구의 증가로 보다 높은 전문성이 요구된다. 즉, 과거 교육 행정가의 전문성은 지식 위주의 준비가 전부였으나 최근에는 학교 개선, 민주적 사회, 사회적 정의 실현으로 확대되고 있다(Murphy, 2002: 주현준, 2007 재인용). 이런 점에서 볼 때 학교장 리더십 역량을 강화하기 위한 접근은 이전과는 달라야 한다. 이에 이 절에서는 학교장 리더십 역량 개발의 전통적인 방식인 교장자격연수 프로그램의 현황과 문제점을 살펴보고, 대안적 접근으로 지역교육청에서 주관하는 미래교육 교원 리더십 아카데미를 소개하고자 한다.

1) 현행 교장자격연수 프로그램 현황 및 문제점

학교장의 리더십 역량을 개발하는 방법으로는 교장자격연수 프로그램이 대표적이다. '교원 등의 연수에 관한 규정'에 따르면, 교장자격연수는 25일 이상의 연수 기간 및 180시간 이상의 이수 시간을 자격 취득 기준으로 제시하고 있다. 교육부에서 제시한 교장자격연수의 기본 방향은 '자율적 · 혁신적 학교 운영을 통해 모두를 위한 교육 실현'이라는 비전 아래, ① 학교 운영의 혁신, ② 교육 · 행정 관리 역량 제고, ③ 미래지향적 가치관 및 책무성 함양 등을 제시한다. 여기서 교장자격연수의 기본 역량은 '성찰'과 '교장 리더십'의 두 가지 역량이 포함되어 있다([그림 11-1] 참고).

　현행 교장자격연수는 한국교원대학교 종합교원연수원, 서울대학교 사범대학 교육행정연수원, 서울교육대학교 부설 교육연수원에서 전국단위 연수를 실시하고 있다. 연수기관마다 매년 교장자격연수 운영계획을 세우고, 미흡한 부분을 보완하면서 자격연수를 추진해 가고 있으나, 공통적으로 학교 현장과 밀접한 교육 관련 이슈를 주제로 문제해결 과제와 해결 방법을 찾고 실천과 성찰의 기회를 제공하는 데에는 한계가 있다고 지적하고 있다. 학교장이 실제 학교 현장에서 나타나는 다양한 문제상황을 인지하고, 이를 해결하기 위해 어떤 리더십을 발휘해야 하는지를 성찰해 보는 것이 교장자격연수의 핵심적인 내용이라는 점에서 볼 때, 현행 학교장 자격연수의 질 제고에 대한 논의가 시급해 보인다.

자율적 · 혁신적 학교 운영을 통해 모두를 위한 교육 실현

1. 학교 운영의 혁신(기획과 경영)
- 민주적이고 자율적인 학교 운영 능력 배양
- 조직의 동기부여, 성과 관리 등 교장 리더십 역량 함양
- 합리적 의사소통 능력 및 갈등 조정 · 해결 능력 배양

2. 교육 · 행정 관리 역량 제고(교육 · 행정관리)
- 수업혁신 및 구성원 전문 역량 제고를 통한 교육 역량 강화
- 조직 · 인사관리, 재무 · 회계 등 행정관리 역량 배양
- 교원 · 학생 · 학부모 · 지역사회 간 협력을 통한 학교 운영 능력 배양

3. 미래지향적 가치관 및 책무성 함양(성찰 · 리더십)
- 미래사회에 대한 교육철학과 교육 비전 등 성찰 능력 함양
- 교직윤리, 민주시민, 공동체의식 등 미래지향적 가치관 정립
- 전략적 사고, 변화와 혁신을 통한 관리자 책무성 함양

[그림 11-1] 교장 자격연수 기본 방향

2) 경기도교육청의 '미래교육 교원 리더십 아카데미' 운영 사례

앞 절에서 제시한 학교장 자격연수가 지닌 한계를 보완하고, 미래학교의 학교지도자로서 역량을 갖춘 학교장을 양성하는 것을 목표로 2019년에 경기도혁신교육연수원에서는 '미래교육 교원 리더십 아카데미(이하 리더십 아카데미)'를 도입·운영하고 있다. 경기도교육청의 리더십 아카데미는 교육 경력 20년 이상의 교사와 교감을 대상으로 구분하여 각각의 과정을 운영하고 있다(〈표 11-6〉 참고).

리더십 아카데미의 목적은 미래교육 현장에 필요한 교원의 전문성 강화, 새로운 교원 역량 강화 연수 시스템 구축, 협력과 나눔의 학교 및 공동체 문화를 만들기 위

표 11-6 경기도교육청 '미래교육 교원 리더십 아카데미' 운영 현황

구분	교감 리더십 아카데미 과정	교사 리더십 아카데미 과정
연수종별	직무연수	특별연수, 직무연수
모집인원	교감 40명	교사 40명
운영시수	360시간 내외 학기중(월 2회 4일-금, 토 운영) /방학 중(여름, 겨울)	920시간 내외 집합연수(6개월), 실행학습(6개월)
복무	출장	연수파견(6개월), 출장(6개월)
지원자격	• 경기도교육청 소속 국·공·사립 초·중·고 교감 • 현임교 실 근무 1년 이상인 자 • 교감 경력 2년 이상인 자 • 정년 잔여기간 5년 이상인 자	• 경기도교육청 소속 국·공·사립 초·중·고 교사(교육 경력 20년 이상) • 현임교 실 근무 1년 이상인 자 • 담임 경력 7년 이상인 자, 부장 경력 5년 이상인 자 (*담임, 부장경력 기간 중복 시 택1) • 정년 잔여기간 5년 이상인 자
의무사항	연수 종료 후 2년 의무 복무	
선발방법	서류심사(40점) → 2배수 선발 → 면접심사(60점)	
연수 이수자 역할	• 학생중심, 현장중심의 경기혁신교육의 가치를 구현하기 위한 학교 및 지역리더 네트워크 적극 참여 • 연수 후 장학 활동 인력풀 등 교육리더로서 지역의 문제를 공동으로 해결하기 위한 지원 활동에 적극 참여 • 교육 혁신과 교원 역량 강화 시스템 구축을 위한 적극적 노력 등	

표준 교장자격연수 교육과정 영역 및 역량군		미래교육 교원 리더십 아카데미 영역 및 역량군	
영역	역량군	영역	역량군
기본역량 (3)	성찰	교육철학(1)	교육철학
	교장 리더십	태도(2)	인간존중
	시도자율		리더십
전문역량 (4)	교육기획	전문성 (5)	비전
	조직인사관리		학교문화
	학교경영		교육과정
	시도자율		학교시스템
			교육생태계

한 교원의 리더십 강화이다. 교육과정은 총 8개 역량군 및 20개 하위역량을 규정하였으며, 각 역량군에 대한 정의가 비교적 명확하여 역량군별로 중복되지 않는 특징을 보이고 있다.

　경기도의 리더십 아카데미는 경기도교육청이 추구하는 미래 변화 대응에 필요한 교장의 역량 향상을 위해 핵심역량을 세분화하고 이를 함양할 수 있는 교과목을 선정하여 프로그램을 운영하고 있다. 나아가, 아카데미를 중심으로 학교 현장에 관심 있는 대학(교수 및 코치그룹)과 아카데미 코치 연술를 받은 학교, 미래 역량 교육을 적극적으로 실천하고 있는 학교를 하나로 연결한 협력적 시스템을 구축함으로써, 개인의 역량 강화를 넘어 지역 및 공동체가 함께 발전해 나가는 형태를 취하고 있다. 이는 현재 경기도교육청이 진행하고 있는 '마을교육공동체'의 방향, 즉 학생과 학부모, 교원 및 지역사회를 실질적으로 엮어 낼 수 있는 미래 교육의 지향점과도 그 맥을 같이한다. 이는 미래의 학교장 리더십이 새로운 형태로 확산되고 있는 특징과 닮았다. 특히, 리더십 아카데미 이수 후에는 학생중심, 현장중심의 경기혁신교육의 가치를 구현하기 위한 학교 및 지역리더 네트워크에 적극 참여하고, 장학 활동 인력풀 등 교육리더로서 지역의 문제를 공동으로 해결하기 위한 지원 활동에 적극 참여한다. 이런 점에서 볼 때, 경기도교육청의 '미래교육 교원 리더십 아카데미'는 미래의 교육환경 변화에 대응하는 학교장 리더십을 함양한다는 점에서 의의가 있으므로 전국적으로 확대·운영할 필요가 있다.

참고문헌

김달효(2020). 학교장의 민주적 리더십이 학교풍토, 교사협력, 교사사기, 교사소진에 미치는 영
향. 교육문화연구. 26(4), 79-92.

김도기(2018). "학교장의 한국형 직무표준에 대한 토론". 2018년 한국교육행정학회 연차학술대회
자료집. 학교행정가의 전문성과 리더십. 107-110.

김미정, 신상명(2012). 마에스트로 리더십: 교장 역할에의 함의. 초등교육연구, 25(1), 53-70.

김민수, 장환영(2018). 학교장 리더십 연구경향 분석. 한국교원교육연구, 35(1), 261-288.

김이경, 김도기, 김갑성(2008), 우수 교장의 리더십 특성에 관한 질적 사례 연구. 교육행정학연
구, 26(3), 325-350.

김병찬(2007). 한국에서 교원의 지도성 연구 최근 동향 분석. 한국교원교육연구, 24(3), 343-369.

김성열(2018). "학교장의 직무수행과 리더십 : 지향과 현실, 그리고 과제". 2018년 한국교육행정
학회 연차학술대회 자료집. 학교행정가의 전문성과 리더십. 113-156.

김준수(2018). 교장 리더십에 대한 교장과 교사의 인식 연구: 이상적인 교장상을 중심으로. 서울
대학교 대학원 석사학위논문.

김지현(2020). 학교장의 진정성 리더십 영향 요인에 관한 통합적 문헌고찰. 교육행정학연구,
38(3), 101-133.

김지현, 고장완, 이정언(2018). 진정성 리더십 척도 타당화 연구. 한국교원교육연구, 35(4), 143-
164.

김지현, 고장완(2016). 학교장의 진정성 리더십이 교사효능감을 매개로 학교조직효과성에 미치
는 영향. 한국교원교육연구, 33(4), 275-296.

김지현, 이정언(2019). 진정성 리더십과 조직효과성에 관한 메타분석. 리더십연구, 11(1), 195-
220.

문영주(2021). 토픽모델링을 적용한 교장리더십의 연구동향 분석. 학습자중심교과교육연구,
21(1), 1555-1577.

박상완(2018). 교장론: 교장의 리더십과 학교 발전. 서울: 학지사.

박상완(2009). 학교장의 지도성에 관한 국내 연구동향 분석(1988~2008). 교육행정학연구, 27(1),
349-378.

서정화(2003). 교장론. 서울: 한국교육행정학회.

성낙돈(2008). 학교장의 변혁적 리더십과 교사의 참여적 의사결정이 학생, 수업, 학교조직에 대
한 교사 헌신에 미치는 영향. 한국교원교육연구, 25(1), 137-158.

신재흡(2010). 학교장의 서번트 리더십과 임파워먼트가 조직시민행동에 미치는 영향 분석. 한국
교육학연구, 19(1), 275-298.

안길훈(2008). 학교장 평가제도 운영 방안 탐색-초중등교육법 제20조(교직원의 임무)를 중심으로-. 교육행정학연구, 26(3), 151-179.

안병환(2005). 교장의 역할과 리더십에 관한 연구. 교육실천연구, 79-92.

이기용(2017). 초등학교장의 오센틱 리더십이 학교조직효과성에 미치는 영향: 학교조직문화의 매개효과를 중심으로. 한국교원교육연구, 34(4), 1-22.

이상철, 김혜영(2018). 학교장의 변혁적 지도성과 교사의 민주적 의사결정참여가 교사의 학교 만족도에 미치는 영향. 교육혁신연구, 28(3), 403-429.

주영효(2019). 질적 연구방법을 활용한 교장의 진정성 리더십 의미 구조 분석. 교육행정학연구, 37(1), 31-62.

진동섭, 홍창남(2006). 학교조직의 특성에 비추어 본 학교 컨설팅의 가능성 탐색. 한국교원교육연구, 23(1), 373-396.

주현준(2020). 교장리더십에 관한 양적연구의 문제와 과제: 연구방법을 중심으로. 교육행정학연구, 38(2), 113-136.

주현준(2017). 사회변화와 혁신을 선도하는 미래의 교육리더십에 관한 시론적 고찰. 교육정치학연구, 23(1), 373-396.

주현준(2014a). 학교장의 부정적 리더십 연구에 관한 탐색적 고찰. 한국교원교육연구, 31(2), 29-52.

주현준(2014b). 학교장 리더십의 어두운 면(Dark Side)에 관한 연구. 교육정치학연구, 21(4), 97-120.

주현준(2007). 학교장 리더십 역량의 상대적 중요도 분석. 교육행정학연구, 25(3), 85-105.

채정관(2015). 교원의 석·박사 학위 취득과 교장 전문성과의 관계. 교육문제연구, 28(3), 49-85.

한국교육개발원(2010). 학교 선진화를 위한 교장 리더십 강화 방안 연구. 한국교육개발원.

홍창남, 김대현, 김은주, 이상수, 박일관, 오재길, 김은정, 김혜영, 최류미, 권다남, 김동선(2018). 교(원)장 자격연수 교육과정 개발연구. 한국교원대학교 종합교육연수원.

CHEN PENG, 박수정(2015). 미국 교육리더십의 연구경향 분석: EAQ를 중심으로(2009~2013). 한국교원교육연구, 32(1), 171-199.

Morrison, K. (2020). 학교 리더십과 복잡계 이론(School Leadership and Complexity Theory). (신현석, 주영효, 엄준용, 이경호, 홍세영 공역). 서울: 학지사(원서 출판 2002).

제**12**장

부장교사 리더십

이 장에서는 부장교사의 지위 · 유형 · 역할, 부장교사 리더십의 개념과 특성, 부장교사 리더십의 측정, 국내외 부장교사 리더십의 연구동향 및 시사점에 관한 주요 최신 내용을 제시한다.

1. 부장교사의 지위, 유형, 역할

1) 부장교사의 지위

(1) 도입 및 변천

부장교사제도는 학교조직체제의 개선을 통한 교육 효과의 제고와 승진 기회의 확대를 통한 교사 사기 진작의 두 가지 측면에서 도입되어(남정걸, 1998), 1970년 입법되고 1971년부터 시행되었다(「교육법시행령」 제5427호). 1970년대 이후 폭발적 경제 성장과 더불어 교육이 양적 · 질적으로 급격히 성장 · 발전하면서 학교의 업무가 더욱 분화되었고 관리 기능이 증가하였다. 또 교장−교감−교사로 이어지는 단층적인 학교조직구조는 교사들의 승진 욕구를 충족시키지 못하는 문제점이 제기되었다. 이에 학교조직체제에 대한 전문적·행정적 보완 요구와 학교장 단독에 의한 학교경영의 한계점이 지적되면서 보조적 관리기능의 필요성이 제기되었다. 이러한 필요성에서 학교조직구조의 개편으로 도입된 것이 주임교사제도이다(신현석, 1998).

이러한 부장교사제도는 「교육법」의 변화[1]를 기준으로 주임교사의 시기(1970. 12. 26.~1998. 2. 23.)와 보직교사의 시기(1998. 2. 24.~현재)로 구분된다(강석봉 외, 2013). 첫째, 주임교사의 시기는 「교육법시행령」에 따라 부장교사를 '주임교사'라는 용어로 사용하였고, 교무·연구·학생주임 등 특정 부장교사의 유형을 확정하여 운영하는 결정형 보직제도의 특징을 가지며, 총 15회 개정되었다. 이후 주임교사의 유형이 체육·과학·국민윤리·새마을주임교사로 보직 유형이 다양해졌고 보직 수도 증가하였다. 이후 1996년 「교육법시행령」(대통령령 제15141호)에 따라 결정형 주임교사 배치기준이 학급 수에 따른 자율형 주임교사 배치기준으로 개정되었다. 그 이유는 학교장이 주임교사의 보직 유형을 학교 상황에 맞게 자율적으로 결정하여 단위학교의 자율성을 높이기 위함이었다. 둘째, 보직교사의 시기는 「초·중등교육법시행령」에 따라 부장교사의 법적 용어를 '보직교사'로 사용하고, 그 명칭을 교육감이 결정하게 되었다. 이 시기의 보직교사는 일반적으로 '부장교사'라는 용어로 사용되었고, 총 8회 개정되었다.

(2) 교육법적 지위

부장교사의 지위는 「초·중등교육법」 제19조 제3항 "학교에서 원활한 학교 운영을 위하여 교사 중 교무(校務)를 분담하는 보직교사를 둘 수 있다."의 규정과 제4항 "학교에 두는 교원과 직원의 정원에 필요한 사항은 대통령령으로 정하고, 학교급별 구체적인 배치기준은 제6조 따른 지도·감독기관(이하 '관할청')이 정하며……"에 근거를 가진다. 이러한 부장교사는 교장, 교감, 1급 정교사, 2급 정교사와 같은 「교육공무원법」 및 「교육공무원임용령」의 적용을 받는 「교육공무원법」상의 직위나 자격이 아니라, 단위학교에서 교장·교감과 교사의 중간 위치에서 일정한 업무를 수행

---

1) 1949년 12월에 제정되었던 「교육법」이 1997년 12월 13일에 「교육기본법」, 「초·중등교육법」, 「고등교육법」으로 분리 제정된 시점을 의미한다.

하기 위하여 마련된 일종의 보직이다. 따라서 부장교사는 교육법률상으로 규정된 직위나 자격이 아니라, 실무적으로 학년과 부서를 총괄하는 팀장 또는 부서장의 지위를 가진다.

(3) 임용과 배치

보직교사의 명칭은 시·도 교육감이, 보직교사의 임용 권한은 학교장에게 위임되어 보직교사의 종류 및 업무분장은 학교장이 결정한다. 부장교사의 임용 기준은 "보직교사는 해당 업무에 대한 전문성과 능력을 갖춘 자로서 교과교육 또는 행정관리 업무를 성실히 수행할 수 있는 자이어야 한다."의 규정으로, 학교장은 보직교사의 임용 기준에 적합한 자를 합리적인 절차(학교 내부 규정)에 따라 임용·배치한다(보직교사 임용 업무 처리 지침, 2021). 보직교사의 임용 기간은 1년이고, 현재 보직교사를 '부장교사'라는 명칭으로 사용하며, 학교장은 업무의 효율과 책무성을 제고하기 위하여 보직교사에게 전결권을 부여할 수 있다. 또 1급 정교사가 보직교사로 근무한 경력에 대해서는 교육공무원승진규정 제41조 제5항 제3호에 의거 승진 가산점을 부여하며, 교사가 교감으로 승진하기 위해서는 부장교사 경력 7년이 요구된다.

현재 보직교사 배치기준은 「초·중등교육법시행령」(대통령령 제23303호, 2013. 2. 15.)에서 제시된 기준을 준용하여 시행하고 있고, 부장교사의 보직 수는 학급 수에 따라 결정되며, 교육감이 상황에 따라 증치할 수 있다.

표 12-1 부장교사의 배치기준　　　　　　　　　　　　　　　　　　　(인원: 명)

구분	초등학교									중학교									고등학교											
학급수	6~11	12~17	18~23	24~29	30~35	36 이상	5학급 이하	분교장	연구학교	3~5	6~8	9~11	12~17	18 이상	2학급 이하 분교장	연구학교	체육중	방송 통신중	3~5	6~8	9~17	18 이상	특성화고	체육고	연구학교	공동실습소	마이스트고	방송통신고	기숙사운영고
인원	2	4	6	8	10	12	1		1(+)	2	3	5	8	11	1	1(+)		1~3(+)	2	3	8	11	1(+)						

출처: 부산시 보직교사 임용 업무 처리 지침(2021), '+'는 1명을 증치할 수 있다는 의미임.

2) 부장교사의 유형

부장교사의 보직 유형은 학년부장, 업무부장, 교과부장으로 구분되고, 학교급별 부장교사의 보직 유형과 특성은 다음과 같다.

초등학교 부장교사는 학년부장, 업무부장으로 구분된다. 초등학교 학년부장교사는 1~6학년 중 하나의 학년 운영을 총괄하고, 업무부장교사는 교무, 교육과정, 학습지도·평가, 생활·인성, 정보·과학, 방과후·돌봄, 체육·문화예술부서 등 중에서 하나의 업무부서를 담당한다. 초등학교 부장교사의 보직 수는 학급 수로 보직 유형은 학교장이 결정하기 때문에, 초등학교 부장교사는 학년부장 또는 업무부장 중 하나의 부장교사를 맡거나 두 가지를 겸직하여 담당하게 된다. 예를 들어, 18학급에서 23학급의 초등학교의 경우 6명의 부장교사가 임용되기 때문에, 6명의 부장교사는 1~6학년 중 하나의 학년부장과 교무, 교육과정, 학습지도, 생활지도, 정보·과학, 체육, 방과후·돌봄 중 하나의 업무부장을 겸직하게 된다.

중학교 부장교사는 학년부장과 업무부장으로 구분된다. 중학교는 교무, 교육연구, 생활안전, 교육정보, 진로상담부, 방교후교육(증치)의 6명의 업무부장과 1~3학년의 3명의 학년부장으로 구성된다.

고등학교 부장교사는 학년부장, 업무부장, 교과부장으로 구분된다. 고등학교는 1~3학년의 3명 학년부장, 교무기획, 교육연구, 안전생활, 정보화교육, 진로진학, 방과후·예술교육(증치)의 6명 업무부장, 인문사회, 외국어, 자연과학의 3명 교과부장으로 총 12명으로 구성된다.

표 12-2 부장교사의 보직 유형

구분	초등학교	중학교	고등학교
학년부장	1, 2, 3, 4, 5, 6학년 부장	1, 2, 3학년 부장	1, 2, 3학년 부장
업무부장	교무, 교육과정, 학습지도·평가, 생활·인성, 정보·과학, 방과후·돌봄	교무, 교육연구, 생활안전, 교육정보, 진로상담, 방과후교육(증치)	교무기획, 교육연구, 안전생활, 정보화교육, 진로진학, 방과후·예술교육(증치)
교과부장			인문사회, 외국어, 자연과학

3) 부장교사의 역할

(1) 조직구조 관점

학교의 조직구조 관점에서, 미국의 부장교사는 [그림 12-1]과 같이 하나의 부서를 책임지고 운영하는 중간관리자인 팀장의 역할이 강조되고 있다.

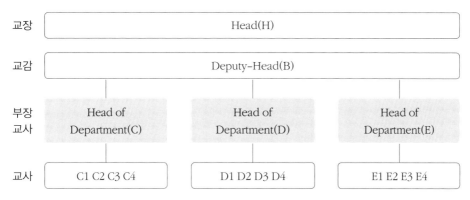

[그림 12-1] 미국 부장교사의 역할 구조

출처: Alan Paisey (1983). Organization and Management in schools, p. 80: 정태범(2000). 학교경영론, p. 338 에서 재인용.

[그림 12-2] 우리나라 초등학교 부장교사의 역할 구조

우리나라의 초등학교 부장교사는 학년을 총괄하는 학년부장의 역할, 하나의 업무부서를 책임지는 업무부장의 역할, 한 학급의 담임교사의 역할 등 세 가지 역할을 동시에 수행한다.

우리나라 중 · 고등학교의 부장교사는 3명의 학년부장교사와 6명의 업무부장교사, 3명의 교과부장교사로 구성된다. 따라서 우리나라의 고등학교의 부장교사는 자신이 담당하는 학년 또는 업무부장의 역할과 담당 교과를 가르치는 교사 역할의 이

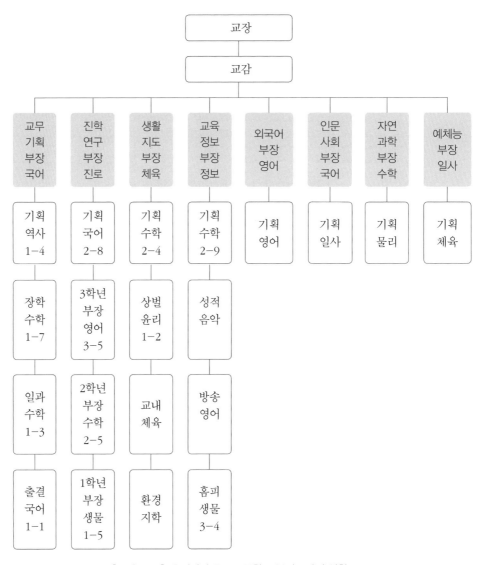

[그림 12-3] 우리나라 중 · 고등학교 부장교사의 역할 구조

중적인 역할을 수행한다.

(2) 조직 구성원의 행위 관점

학교조직 구성원의 행위 관점에서, 부장교사는 학교 구성원들 간의 의사소통과 의사결정의 전달자, 매개자 및 조정자의 역할을 수행하고 있다. 먼저 부장교사는 교직원회의, 기획위원회(부장회의), 학교운영위원회, 학교폭력위원회, 인사위원회 등 단위학교의 각종 의사결정 기구의 핵심 구성원으로 참여한다. 이러한 과정에서 부장교사는 각종 위원회의 회의 내용을 학생, 학부모, 동료교사들에게 안내, 전달, 설명하는 의사소통 전달자의 역할을 수행한다. 또 부장교사는 학교 교육 활동에 대한 교장·교감의 지시, 명령, 요구 등을 동료교사들에게 전달하고, 반대로 동료교사들의 의견을 교장·교감의 관리자에게 전달한다. 이러한 과정에서 부장교사는 교장·교감과 동료교사 사이에서 발생하는 의견 차이와 갈등을 합리적으로 판단해서 해결하는 의사소통 매개자와 갈등 조정자의 역할을 수행한다.

(3) 학교문화와 교사문화의 관점

학교문화와 교사문화의 관점에서, 부장교사는 학교문화, 학년 및 부서문화, 교사문화에 영향을 미치는 핵심 구성원으로 작용한다. 먼저 부장교사는 학년, 교과, 업무부서의 대표자로, 각 학년과 부서를 총괄하는 책임자의 역할을 수행한다. 따라서 부장교사는 학교 교육활동에 대한 의사결정 과정에서 각 학년을 대표하여 자신의 학년과 업무부서의 의견을 제시하게 되는데, 이러한 과정에서 학교문화에 영향을 미치게 된다. 또 부장교사는 학년, 교과, 부서의 총괄 책임자이기 때문에, 부장교사의 의사소통과 의사결정 방식에 따라서 학년과 부서 문화에 영향을 미치고 있다. 그리고 교사문화의 관점에서, 부장교사는 교사 집단의 문화(황기우, 1992; 홍재호, 1995; 김용정, 2009), 교직문화(이인효, 1990), 교원문화를 이끄는 리더 교사로서 영향을 미치고 있었다. 이상과 같이 단위학교에서 부장교사는 학년·교과·부서의 팀장으로서, 서열주의 문화가 강조되는 학교조직의 선배교사로서 학교문화, 학년·부서문화, 교사문화에 영향을 미치는 주요 구성원의 역할을 수행하게 된다.

2. 부장교사 리더십의 개념과 특성

1) 부장교사 리더십의 개념

부장교사는 중간 리더로서 교육체제 및 학교의 변화와 재구조화에 중추적인 역할을 담당하고, 학교 조직구조 내에서 실제적으로 큰 영향력을 발휘한다(Weller & David, 2001). 선행연구에서 제시된 부장교사 리더십의 개념 정의는 다음과 같다.

- 김강문(2006): 학교조직 내에서 다른 사람을 이끌기 위해 지녀야 할 생활기술의 하나인 리더십 생활기술(leadership life skills)
- 정현수(2007): 학교조직에서 부장교사들이 실제 생활 속에서 구성원들과의 상호 영향과정을 통해 상황에 따른 문제를 해결하며 학교라는 집단에서 역할을 키워나가기 위해 획득해야 할 리더십의 실천적 영역
- 김현수(2014): 부장교사가 교육활동을 하는 과정에서 관계 구성원으로 하여금 자발적이고 즐거운 마음으로 목표를 달성해 갈 수 있도록 작용하는 통합적인 영향력
- 남해진(2015): 초등학교 학년부장교사의 학교 경영과 학년 경영의 목표를 효과적으로 달성하기 위하여 동 학년 교사들로 하여금 자발적으로 협조하도록 하는 기술과 영향력
- 강석봉(2017): 부장교사가 학년과 부서의 목표 달성을 위해 동료교사에게 발휘하는 영향력
- 고삼곤(2020): 학년부장교사가 학년 담임교사와 학년 학생, 학부모들을 대상으로 주어진 목표 달성을 위해 발휘하는 영향력
- 윤지원(2017): 부장교사가 주어진 상황에서 조직목표를 달성하기 위한 활동에 자발적으로 참여하고 노력하도록 교사에게 행하는 기술 및 영향력
- 황선필(2020): 초등학교 업무부장교사가 학교에서 학교의 교육목표 달성을 위해 동료교사 관계, 행정업무 등의 영역에서 동료교사에게 발휘하는 목표지향적·공동체적·과업주도적·전문적 영향력

- 블랜포드(Blandford, 2006): 교사로서, 팀 리더로서, 팀 멤버로서 학교 상황의 일상 업무 속에서 다양한 역할을 충실히 수행하는 것
- 리드우드(Leithwood, 2016): 교장의 대리인, 교장 보좌, 학교의 대표, 연구주임 등과 같은 역할

이상의 선행연구에서 부장교사 리더십을 다양한 관점으로 정의하고 있다. 즉, 부장교사 리더십을 학교급별로, 보직 유형별 특성에 따라 다르게 정의하고 있고, 그 역할 특성을 다르게 정의하고 있었다. 일반적으로 리더십은 '공동목표를 달성하기 위하여 한 개인이 집단의 구성원에게 영향을 미치는 과정'으로 정의된다(Northouse, 2007). 이상의 논의를 종합하여 부장교사 리더십을 '학년·부서의 목표를 달성하기 위해서 부장교사가 학년, 업무부서, 교과부서의 구성원들과 영향력을 상호작용하는 일련의 과정'으로 정의한다.

2) 부장교사 리더십의 특성

부장교사가 리더십을 발휘하여 달성하려는 목표, 범위와 대상, 영역, 과정, 학교급별 특성은 다음과 같다.

(1) 리더십의 목표

부장교사가 리더십을 발휘해서 달성하려고 하는 목표가 무엇인지에 관한 것으로, 부장교사의 리더십 목표는 학년부장교사, 업무부장교사, 교과부장교사로 구분된다. 즉, 부장교사 리더십의 목표는 자신이 담당하고 있는 학년, 업무부서, 교과부서를 효과적으로 운영하여, 그 과업을 달성하는 것을 의미한다. 이를 위해 담당 학년, 업무부서, 교과부서의 동료교사들을 효과적으로 이끌어 해당 과업을 계획, 조직, 실행, 평가하는 일련의 활동을 의미한다. 구체적으로 학년부장교사의 리더십 목표는 학년 교육과정을 효과적으로 계획, 실행하여 동료교사를 포함한 학생·학부모의 모든 구성원들의 교육적 성취를 포함한 만족도를 높이는 것이다. 업무부장교사의 리더십 목표는 해당 부서의 동료교사들과 부서 과업을 안내, 조정, 협조, 협력하여 부서 과업을 효과적으로 추진하는 것이다. 교과부장교사의 리더십 목표는 담

당 교과부서의 교육활동을 동료 교과담당 교사들과 협조하여 그 교육활동의 효과
성을 높이는 것을 의미한다.

강석봉(2013, 2017)은 초등학교 부장교사 리더십의 사례 연구에서 리더십 목표로
'같이하는 동 학년 만들기'와 '행복한 동 학년 만들기'로 제시하고 있다. '같이하는 동
학년 만들기'란 부장교사와 동료교사들이 1년 동안 동 학년 교육활동에 관한 계획,
준비, 실행, 반성하는 과정을 같이 모여 상의하고, 협력하는 일련의 과정으로 동 학
년 교사들과 함께하는 모습을 의미한다. '행복한 동 학년 만들기'란 부장교사가 동
학년이 이루어지는 1년 동안 각종 교육활동에 대한 과업을 효과적으로 추진하고,
동료교사와의 관계를 긍정적으로 만들기 위해 노력 · 봉사하며, 동료교사 간에 치
밀하고 인간적인 공유를 이끌어내어 긍정적이고 즐거운 동 학년 문화를 이끌어야
한다는 기대와 책임의 요구를 의미한다. '같이하는 동 학년 만들기'를 통해 '행복한
동 학년 만들기'를 이룰 수 있다. 초등학교 부장교사에게 요구되는 리더십 목표의
'행복한 동 학년 만들기'의 의미는 다음과 같다.

초등학교 업무부장교사의 리더십 목표를 '협력하는 부서 만들기'로 명명하였다.
'협력하는 부서'란 부장교사의 담당 업무를 업무 담당자들과 정보를 공유하고, 서로
안내하며, 협조하는 과정을 통해서 해당 업무를 효율적으로 처리하는 부서 만들기
를 의미한다. 즉, '협력하는 부서'란 서로의 협력을 통해서 '일 잘하는 부서'를 만드
는 것을 의미한다(강석봉, 2017).

초등학교 부장교사의 학교 전체 수준의 목표를 '화합하며 지내기'로 명명하였다.
'화합하며 지내기'란 1년 동안 같은 학교에 근무하는 동료직원으로서 공식적 업무상

표 12-3 학년부장교사 리더십의 목표

학년부장교사의 과업	리더십 목표
① 학년 교육과정 계획, 실행, 평가	
② 주요 교육행사 추진(체험활동, 수학여행, 각종 발표회 등)	효과적인 학년 경영
③ 동 학년 회의 운영, 각종 위원회 참가(기획위원회, 학운위 등)	↓
④ 학생 지도(학교폭력, 진로교육, 인성교육, 부진아 지도 등)	'행복한 동 학년
⑤ 동료교사 코칭(공개수업, 복무, 학급 경영 등)	만들기'
⑥ 학부모 관계(학부모 상담, 학부모회 조직 등)	

으로는 서로 존중하고 협조해 주는 관계로, 그 외 학교생활에서는 서로 즐겁고 행복하게 지내는 직장동료 관계의 긍정적 인간관계 모습을 의미한다(강석봉, 2017).

(2) 리더십의 범위와 대상

부장교사가 리더십 영향력을 발휘하는 범위는 학교 수준, 업무부서 수준, 학교 전체 수준의 3가지 범위로 구분되고, 리더십 영향력이 발휘되는 대상은 학생, 학부모와 교직원인 동 학년 교사, 업무부서 동료교사, 일반직원으로 구분된다. 부장교사가 리더십을 발휘하는 주체로 볼 때, 동료교사는 리더와 상호작용하는 팔로워가 되며, 부장교사 리더십의 핵심 대상은 동 학년 교사 또는 동료교사가 된다.

① 학년 수준

학년부장교사는 부장교사가 근무하는 동 학년 범위에 가장 강력한 영향력을 발휘한다. 학년부장교사의 리더십 대상으로 동 학년 교육활동의 구성원인 학생, 학부모, 동료교사들이 포함된다.

먼저, 부장교사는 동 학년 학생·학부모에게 비교적 간접적이고 종합적인 영향력을 발휘한다. 이러한 이유는 학교가 담임교사를 중심으로 학생 교육, 상담, 진로, 생활지도 등의 교육활동을 운영하기 때문에 담임교사가 일차적이고 직접적인 영향력을 학생과 학부모에게 발휘한다. 학년부장교사는 학년의 동료교사들과 협의하여 학년 교육과정을 계획하고, 계획된 학년 교육과정을 실행하는 과정에서 담임교사를 매개로 학생과 학부모에게 간접적인 영향력을 발휘하게 된다. 즉, 부장교사는 직접적으로 다른 학반의 학생과 학부모에게 직접적인 영향력을 발휘하기 어렵고, 상대적으로 부장교사는 학년 교육활동을 안내하는 가정통신문 등의 간접적인 방법으로 학생, 학부모에게 영향력을 행사하게 된다.

학년부장교사가 리더십을 발휘하는 핵심 대상은 동 학년의 동료교사들이다. 부장교사와 동 학년 교사들과의 리더십 관계는 동료 담임교사와 평교사로서의 수평적·평등한 관계 구조와 학급·학년·학교로 이어지고 교사·부장교사·교감·교장으로 이어지는 수직적·계선적 관계 구조를 동시에 가지는 이중적이고 애매한 특성을 가진다. 또 학년부장교사는 동 학년의 동료교사들과 학년 교육과정, 공개수업, 학생 지도, 학부모 관계, 행정업무 지원 등을 협의, 안내, 지도, 코칭하는 과정에

서 부장교사와 동료교사 1명의 1대1 구조 또는 부장교사와 동 학년 교사 전체의 1대
다 구조로 강력한 영향력을 발휘하게 된다. 이런 맥락에서 동 학년의 교사들은 학년
의 교육활동을 지시하는 부장교사보다 앞에서 이끌어 주고 도와주는 부장교사, 학
년 업무부담을 줄여 주며 업무 소화력과 추진력이 높은 일 잘하는 부장교사를 선호
한다.

특히, 초등학교 부장교사는 동 학년의 동료교사들에게 강력한 리더십 영향력을
발휘하는데 그 이유는, 초등학교 조직이 1년 단위로 구성되어 운영된다는 점, 학년
의 교육활동을 학년부장교사가 중심이 되어 계획 수립 · 결정한다는 점, 학교의 주
요 의사결정 사항을 부장교사가 중심이 되어 동 학년 교사들에게 이해 · 전달 · 설
득 · 조정한다는 점, 부장교사가 동 학년 교사들에게 공개수업 · 학생지도 · 학부모
관계 등에서 조력자의 역할을 담당한다는 점, 선배교사로서 승진 준비 및 교직 생활
등 상담자 · 멘토의 역할을 담당한다는 점 때문이다.

② 부서 수준
업무부장교사는 자신이 담당하는 업무부서 범위에 영향력을 발휘한다. 그 대상
으로 같은 부서의 동료교사, 일반 행정직원, 교육 실무직원 등이 포함된다. 업무부
서의 영향력은 부서 업무의 과업을 효과적으로 추진하기 위해서 동료교사와 일반
행정직들과 상의하기, 안내하기, 협조 요청하기 등으로 업무추진 과정에서 담당자
들과의 상호작용 과정에서 발행하며, 부장교사의 보직 유형과 업무 특성에 따라서
그 대상과 과정이 달라진다. 특히 업무부장교사의 리더십 영향력은 부장교사의 보
직 유형에 따라 그 업무 대상자가 달라지고, 영향력에 차이를 보이는 특징을 가진
다. 예를 들어, 교무부장교사는 학교 전반의 교육활동을 안내하는 측면에서 학교 모
든 교직원들에게 영향력을 발휘하지만, 진로교육부장은 학생들과 진로 담당 선생
님들에게 영향력을 미치게 된다.

③ 학교 수준
부장교사는 학교의 공식적 모임과 비공식적 모임에 참여하는 과정에서 학교 모
든 교직원에게 영향력을 발휘한다. 부장교사는 학교운영위원회, 부장회의(기획위원
회), 인사위원회 등 학교 운영의 주요 과제를 결정하는 공식적 모임에 참가하고, 그

결과를 동료교사들에게 안내, 협조, 조정하는 역할을 담당한다. 또 부장교사는 교직원 모임(친목회) 등의 비공식적 모임에서 선배교사로 후배교사에게 영향력을 발휘하게 된다. 학교 수준에서 부장교사가 리더십 영향력을 발휘하는 대상에는 동료교사, 행정실 직원, 교육실무원, 급식실 직원 등 모든 교직원이 포함된다.

(3) 리더십의 영역

부장교사가 리더십을 발휘하는 영역은 교육활동, 행정업무, 인간관계의 세 가지 영역으로 구분된다.

첫째, 부장교사의 교육활동 리더십은 부장교사가 학년, 업무부서의 교육활동을 실행하면서 동료교사에게 영향력을 발휘하는 영역으로 학년 교육과정 운영, 동료교사의 교육활동 지원, 공개수업 및 장학 지원, 학교폭력 · 진학지도 · 인성지도 등의 학생 지도, 학부모 관계 등의 내용이 포함된다. 정태범(1997)은 부장교사 리더십을 교육적 리더십, 장학적 리더십으로 부장교사는 교육목표를 달성하는 과정에서 교육행정가, 동료교사, 학생 및 학부모들에게 납득할 수 있는 교육적 리더십을 발휘해야 하고, 동료교사들의 사명감을 고취하고 효과적으로 일할 수 있는 능력을 촉진하며 직능개발과 임상장학 등에도 관심을 가지는 장학적 리더십을 강조하였다. 이병진(2003)은 부장교사에게 요구되는 리더십으로 교수학습, 장학, 지원, 인화, 전문성의 리더십과 중간관리자로서 부장교사 리더십의 장학 리더십으로 권위주의적 지시나 행사지향적 장학 지도보다 실질적이고 현실적인 동료적 차원의 장학 리더십을 발휘와 교사들이 교수 · 학습에 집중할 수 있도록 많은 노력과 시간을 바치는 리더십을 발휘를 강조하였다. 블랜포드(Blandford, 2006)는 교육활동 리더십으로 부장교사가 동료 교사의 학습 활동을 지원하는 리더십을 강조하였다.

- 정태범(1997): 교육 지도성, 장학 지도성
- 이병진(2003): 교수학습, 장학, 지원, 인화, 전문성의 리더십
- 소니아(Sonia, 2006): 동료교사의 학습활동을 지원하는 리더십
- 써지오바니(Sergiovanni, 1984): 교육 리더십, 장학 리더십

둘째, 부장교사의 행정업무 리더십은 부장교사가 동료교사에게 교육활동을 실

행하기 위해 필요한 각종 행정업무를 안내하고 지원하는 리더십, 의사소통하고 조정하는 리더십, 동료교사와의 칭찬과 격려 등의 관계적 리더십이 포함된다. 정태범(1997)은 행정 리더십과 조직 리더십을, 이병진(2003)은 교장·교감의 학교 관리자와 동료교사 사이에서 역할을 조정해 주는 완충적 리더십을 강조하였다. 소니아(Sonia, 2006)는 행정활동 리더십으로 교장과 동료교사 사이에서 부장교사의 의사소통과 조정 리더십, 조화와 협력의 리더십, 행정 업무의 효율성을 위한 분산 또는 공유 리더십을 강조하였다. 카젠메이어와 몰러(Katzenmeyer & Moller, 2001)는 동료교사들을 지원하는 촉진자, 지원자, 코치, 멘토의 리더십을 제시하였다.

- 정태범(1997): 행정 지도성, 조직 지도성
- 이병진(2003): 완충적 리더십
- 소니아(Sonia, 2006): 행정 업무를 효율적으로 분산 또는 공유하는 리더십
- 카젠메이어와 몰러(Katzenmeyer & Moller, 2001): 교장과 동료교사 사이에서 의사소통 및 조정의 리더십, 동료교사들을 지원하는 촉진자, 지원자, 코치, 멘토의 리더십
- 서지오바니(Sergiovanni, 1984): 조직 리더십, 행정 리더십, 팀 리더십

셋째, 부장교사의 인간관계 리더십은 부장교사와 학교의 모든 구성원 사이에서 공식적인 교육활동 및 행정업무와 비공식적 교직원 모임, 개인적인 관계를 포함한다. 구체적으로 데이(Day, 2003)는 동료 교사에 관한 리더십으로 동료교사와의 관계적 리더십을 강조하였다.

- 데이(Day, 2000): 동료교사와의 관계적 리더십

(4) 리더십의 과정

부장교사가 동 학년 교사들에게 발휘하는 리더십은 자율적·민주적, 효율적·합리적인 쌍방향 의사소통 과정을 선호한다.

첫째, 동료교사들은 부장교사와의 상호작용 과정에서 자율적, 민주적인 의사소통 방식을 선호한다. 부장교사와 동료교사의 리더십 과정은 학년 업무에 관한 의사

소통과 의사결정 과정에서 이루어지는데, 이러한 과정에서 부장교사가 일방적으로 지시, 강압하는 방식보다 스스로 학년 업무를 선택해고 자율적으로 처리하는 방식을 선호한다. 왜냐하면 학교의 업무는 매년 반복되는 특성을 가지고 있기 때문에 그 과업의 종류와 처리 방식 등을 이미 경험했고, 그 자료를 가지고 있기 때문에 지시하는 방식보다 의견을 물어보고 자율적으로 처리할 수 있도록 재량권을 주는 방식을 선호하게 된다. 특히 동료교사들은 부장교사와 상호 수평적이고, 민주적으로 의사소통하는 과정을 통해 협의하고 조정하는 쌍방향 리더십 과정을 선호하고, 이런 유형의 리더십 과정이 이루어질 때 보다 수용적, 적극적 자세를 나타내게 된다. 따라서 부장교사와 동료교사 사이의 리더십 상호작용 과정이 평등하고 자유스러운 분위기 속에서 자연스럽게 대화하는 과정이기를 동료교사들은 기대한다.

둘째, 부장교사와 동료교사 사이의 리더십 과정은 효율적이고 합리적인 의사결정 과정을 선호한다. 교사들은 각자 담당해야 할 수업과 업무가 있기 때문에 추진해야 할 업무에 대해 짧은 시간에 방향과 과제를 명확히 제시해 주는 부장교사를 선호한다. 초등학교는 10~20분 정도의 동 학년 협의회(일명 티타임)에서 그 날의 주요 과업을 안내하고 협의하고, 중·고등학교도 학년협의회, 교과협의회 등에서 핵심 과업을 협의하고 있다. 이런 맥락에서 주요 안건과 내용을 비교적 짧은 시간에 핵심적인 내용을 전달·협의하고, 동료교사들의 의견을 최대한 반영하여 결정하는 합리적인 의사소통 과정을 선호한다.

(5) 학교급별 부장교사 리더십

강석봉(2013)은 초등학교 부장교사에게 요구되는 리더십으로 '행복한 동 학년 만들기' '동 학년 가족−교사·학생·학부모' '왕주임에서 일부장으로' '공감·배려·희생의 쌍방향 의사소통'의 네 가지 특성을 제시하였다. 이러한 부장교사 리더십의 영향요인으로 학교요인은 학교장의 리더십을, 학년·부서요인으로 동 학년 교사의 팔로우십과 부장교사의 보직 유형을, 개인요인으로 승진욕구와 경험과 전문성으로 제시하였다.

황선필(2020)은 A 초등학교 업무부장교사들의 리더십을 '홀로' 리더십, '적당히' 리더십, '맞추기' 리더십, '일방향' 리더십, '전달자' 리더십의 다섯 가지 특성으로 제시하였다. 연구에서 '홀로' 리더십은 부장교사가 학교의 업무에서 상당 부분을 혼자

떠안아 처리한다는 의미이며, '적당히' 리더십은 자신이 처리해야 할 업무를 기존에 하는 업무 형태 그대로 이어서 하고 업무의 경중에 따라서 적당히 업무를 처리하는 모습을 보인다는 것이다. '맞추기' 리더십은 부장교사가 동료교사와의 관계에서 부탁을 하거나 다른 사람의 일을 도와줄 때, 부장교사로서의 책임감이나 위치에서 오는 부담감에 눈치를 보는 경향을 보이고, 업무를 처리할 때 튀지 않으려는 특성을 보이는 것을 의미한다. '일방향' 리더십은 부장교사가 업무를 추진할 때, 업무적으로 논의나 협의를 거치기보다는 일방향으로 업무를 추진하는 모습을 보여 주는 특성을, '전달자' 리더십은 업무처리의 내용이나 결정사항을 전달하는 데 그치는 모습을 보여 주는 특성을 의미하였다. 이러한 부장교사 리더십의 배경요인으로는 제도요인으로 '승진가산점이 기초가 되는 교원승진제도'와 '보직으로서의 부장교사의 성격과 그 한정된 수'를, 학교요인으로 '평등적 학교문화와 개인주의' '관리자 중심의 학교 운영'을, 개인요인으로 '타고난 성격 및 교직 경험' '교사로서의 목표와 철학'을 제시하였다.

고삼곤(2020)은 A 고등학교 학년부장교사의 리더십을 '독박'의 리더십으로 제시하였다. '독박' 리더십은 학년부장교사가 목표 달성을 위해 학년 담임교사들과 함께 하기보다는 혼자 수행하며, 지시하기보다 본인이 스스로 희생하며 학년을 이끄는 모습을 의미하였다. '독박' 리더십 현상의 인과적 조건으로 '누군가는 해야 할 일이라는 인식' '지시하기 부담스러움'을, 맥락적 조건으로 '부장교사의 역할 모호' '협력하기 힘든 구조' '평등주의'를, 중재적 조건으로 '기독교 학교 정신' '고연령층 교사' '부장교사 개인 성향'을 제시하였다.

서지오바니(Sergiovanni, 1984)는 부장교사의 리더십을 교육 리더십, 장학 리더십, 조직 리더십, 행정리더십, 팀 리더십의 다섯 종류의 리더십이 단계적으로 발휘되는 과정으로 제시하였다. 효과적인 부장교사의 리더십을 학교와 부서의 교육 목표 달성을 위해서 동료교사들의 헌신을 이끌어 내고, 부장교사는 동료교사의 활동을 지원하고 돕는 역할을 하며, 동료 교사들의 과업을 수행할 수 있는 충분한 시간과 여건을 제공하며, 교장 · 교감 및 다른 부장교사들과 협력하는 과정이라고 주장하였다.

- 강석봉(2013): '행복한 동 학년 만들기' '동 학년 가족―교사 · 학생 · 학부모' '왕 주임에서 일부장으로' '공감 · 배려 · 희생의 쌍방향 의사소통'

- 황선필(2020): '홀로' 리더십, '적당히' 리더십, '맞추기' 리더십, '일방향' 리더십, '전달자' 리더십
- 고삼곤(2020): '독박' 리더십
- 서지오바니(Sergiovanni, 1984): 교육 리더십, 장학 리더십, 조직 리더십, 행정 리더십, 팀 리더십의 다섯 종류의 리더십이 단계적으로 발휘되는 과정

(6) 효과적인 부장교사 리더십

효과적인 부장교사 리더십으로 '챙김'의 리더십, '같이하기'의 리더십을 제시한다. 부장교사는 동 학년 교사부터 업무 담당 교사, 행정실 직원, 교육실무원, 급식실 직원 등 학교의 모든 구성원에게 영향력을 발휘하고 있다. 이 중에서 부장교사는 동료교사와 가장 강력하고 직접적으로 리더십 영향력을 상호작용하는 관계를 가지는데, 동료교사와의 교육활동 및 업무추진 과정에서 지시, 강요의 방식을 선호하지 않는다. 이런 맥락에서 '챙김'의 리더십이란 부장교사와 동료교사가 효율적으로 업무를 처리하기 위해서 업무 알려 주기, 도와주기의 '챙김'과 1년 동안 같은 학년과 부서에서 어울려 지내야 하는 동료애 또는 가족애로서의 '챙김'의 의미로, 서로 도와주고 신경 쓰며 배려하는 인간관계 중심의 리더십 또 화합하고 협력하는 친화 중심의 리더십을 의미한다. 따라서 부장교사는 동 학년 교사부터 학교전체까지 '챙김'의 리더십을 발휘해야 한다. 또 '같이하기'의 리더십이란 부장교사는 동료교사들과 1년 동안 같은 학년, 업무부서의 구성원으로 학년과 부서의 교육활동을 계획, 준비, 실천하는 팀으로서의 관계를 가지는데, 이러한 관계를 바탕으로 부장교사가 교육활동을 실천하는 과정에서 동료교사와 서로 친해지고, 상의하고 협력하며, 앞장서서 실천하는 모습, 모든 구성원과 함께하는 과정의 리더십을 의미한다.

표 12-4 부장교사 리더십의 특성

구분	학년 수준	업무 부서 수준	학교 전체 수준
리더십 목표	'행복한 동 학년 만들기' '같이하기'	'협력하는 부서 만들기' '협력하기'	'화합하는 학교 만들기' '화합하기'
영향력 대상	학생, 학부모, 학년 교사	업무 부서 내 동료교사 행정직	다른 학년 교사 다른 업무 부서 교사 모든 교직원
영향력의 세기	◎ 직접적, 강력함, 끈끈함	○ 개별적, 약함, 느슨함	△ 간접적, 약함, 느슨함
리더십 관계	teaching	management	relation
영향력 영역	학년 교육과정 교사 교육활동	담당 업무 분장	인간관계 비공식 모임(친목회 등)
리더십 역할	지원자, 촉진자, 멘토	안내자, 조정자, 협력자	배려자, 희생자
리더십 유형	교육과정 리더십 동 학년 리더십 티타임 리더십	조정 리더십 협력 리더십	화합 리더십 배려 리더십
리더십 과정	수평적·민주적 과정, 효율적·합리적 결정과정 '공감·배려·희생의 쌍방향 의사소통'		
효과적인 부장교사 리더십	'챙김'의 리더십, '같이하기'의 리더십		

비고: 리더십 영향력의 세기 강함(◎), 보통(○), 약함(△)

3. 부장교사 리더십의 측정

2000년대 이전 부장교사 리더십의 측정 도구는 주로 할핀(Halpin, 1966)이 개발한 '지도자 행동기술 질문지(Leader Behavior Description Questionnaire: LBDQ)'를 활용하여 '구조 중심(initiating structure)' 행동과 '배려 중심(consideration)'의 맥락에서 인식조사를 하였다. 2000년대 이후에는 부장교사 리더십을 교사 리더십의 관점을 적용한 측정도구와 부장교사 리더십의 개념을 개발·적용한 측정도구를 활용하고 있다.

1) 교사 리더십의 관점

부장교사는 학생을 지도하는 점과 동료교사의 리더로서 활동한다는 점에서 부장
교사 리더십은 교사 리더십의 개념에 포함된다는 연구 관점이다. 즉, 교사 리더십이
부장교사 리더십을 포괄하기 때문에, 교사 리더십에서 개발된 측정도구를 부장교
사 리더십 연구에 적용하는 연구 접근이다. 대표적으로 교사 리더십의 구성요인을
목표지향성, 공동체성, 과업지향성, 전문성의 네 가지 영역으로 제시한 정광희 등
(2008)의 측정도구와 교사 리더십을 발휘 대상, 발휘 영역, 속성의 세 가지 영역으로
제시한 김병찬(2007)의 측정도구가 주로 활용되고 있다(고병면, 2017; 김현수, 2014;
남해진, 2015; 윤지원, 2017).

김현수(2014)는 정광희 등(2008)이 제시한 교사 리더십 측정도구를 재구성하여,
초등학교 학년부장교사의 리더십 측정을 목표지향성, 공동체성, 과업주도성, 전문
성의 네 가지 구성요인, 31문항으로 제시하였다. 하지만 교사 리더십의 측정도구는
교사와 학생과의 관계, 리더교사와 동료교사 사이의 역할 특성은 측정할 수는 있지

표 12-5 초등학교 부장교사 리더십 측정도구(김현수, 2014)

구성요인	하위요인(문항 구성)	문항수
목표지향성	① 학교 교육목표에 대한 공유 노력 ② 학교 교육목표에 대한 실천 노력 ③ 학교 교육목표에 대한 달성 노력	6
공동체성	① 구성원과의 원활한 의사소통 ② 구성원의 자발성과 협력 이끌기 ③ 상호존중을 바탕으로 한 관계	9
과업주도성	① 과업 수행계획에 대한 체계적인 자세 ② 과업에 집중하며 열정적으로 수행하는 자세 ③ 과업에 대한 책임감과 애착 ④ 과업 수행을 위한 개선과 도전적 시도	8
전문성	① 업무수행, 학년 경영의 지식, 아이디어의 이해 ② 업무수행, 학년 경영의 지식, 아이디어의 방법 ③ 구성원에 대한 이해(능력, 특성, 역할 등)	8
계		31

만, 중간관리자인 팀장으로서 관리자와 부장교사 사이, 부장교사와 전체 학교 교직원 사이에서 발생하는 영향력 상호작용 과정을 측정하기 어려운 한계점을 가지고 있다.

2) 부장교사 리더십의 관점

부장교사의 역할은 교사의 교육활동과 구분되는 리더십 상황을 가지고, 학교급별 다양한 보직 유형과 업무를 담당하기 때문에 부장교사 리더십을 측정하기 위한 독자적인 도구가 필요하다는 관점이다. 하지만 아직까지 부장교사 리더십을 측정하기 위한 도구개발 연구는 아직 없는 실정으로, 학교급별 학년부장교사 리더십, 업무부장교사별 리더십 등 측정도구 개발 연구가 후속 과제로 남아 있다.

다만 현재 개발된 부장교사의 리더십 생활기술 측정도구는 다음과 같다. 김강문(2006)은 부장교사의 리더십 생활기술을 업무처리기술, 자기계발기술, 대인관계기술, 팀워크구축기술, 문제해결기술, 의사소통기술의 여섯 가지 영역, 24문항으로 제시하였다. 하지만 이 연구는 부장교사의 리더십을 부장교사 개인에게 요구되는 특성, 역량, 기술 중심으로 개념화하였기 때문에 리더십 개념의 속성 중의 하나인 리더와 부하의 영향력 상호작용 과정에 대한 속성을 포함하지 못하는 한계점을 가지고 있다.

표 12-6 부장교사의 리더십 생활기술 측정도구

구성요인	하위요인(문항 구성)	문항수
업무처리기술	전문성, 융통성, 분담과 위임, 마무리	4
자기개발기술	자기연찬, 실천하는 자세, 성실한 태도, 긍정적 자아의식	4
대인관계기술	신뢰, 격려와 배려, 정직과 공정, 친밀감 조성	4
팀워크구축기술	분위기 조성, 비전 공유, 개인능력의 파악, 조율 및 통합	4
문제해결기술	문제의 구조화, 문제의 객관화, 정보와 지식의 활용, 근본적 대안의 강구	4
의사소통기술	의사표현, 경청기술, 긍정적 의사전달, 설명적 화법	4

4. 부장교사 리더십의 연구동향 및 시사점

1) 국내 연구동향

부장교사 리더십에 관한 연구 주제는 1970년대 이후 경영학과 행정학의 고전적 조직이론에 기초한 중간관리자의 지위와 역할에 관한 연구에서 중간관리자의 리더십에 관한 연구로 발전하여 왔다. 그리고 교육행정학에서는 1990년대부터 중간관리자인 부장교사의 직무와 역할에 관한 연구가 시작되었고, 교육 리더십에서 학교장 리더십과 교사 리더십의 연구주제 중심에서 2010년대 이후 부장교사 리더십의 연구주제가 도입되어 연구되기 시작하였다.

우리나라의 중간관리자 리더십 연구는 2000년대 이후 일반 사기업을 중심으로 중간관리자인 팀장의 리더십이 강조되었고, 이후 2010년대부터 공공조직에서 중간관리자의 역할을 담당하는 팀장의 리더십에 관한 연구로 확대되었다. 사기업과 공공기업 중간관리자의 리더십은 조직 목표 달성을 위한 상위계층과 하위계층 사이에서 전략적 행위가 강조되는 목표지향적 리더십(goal-oriented leadership)과 하층계층 구성원의 계발과 발달을 지지하는 지원적 리더십(supportive leadership)이 강조되고 있었다(송윤현, 2011).

우리나라의 교육 리더십 연구의 주요 연구동향은 다음과 같다.

첫째, 부장교사 리더십에 관한 선행연구의 연구 편 수 또는 연구 논문 수가 매우 적었다. 2021년 8월, RISS 검색 기준으로 부장교사 리더십에 관한 박사학위논문은 8편, 등재학술지는 8편으로 연구 편 수가 매우 적었고, 대부분 교육대학원 수준의 연구들이었다. 따라서 부장교사 리더십에 관한 폭넓고 활발한 연구가 요구된다.

둘째, 연구방법의 관점에서, 부장교사 리더십에 관한 연구는 양적 연구 10편, 질적 연구 6편이었다. 양적 연구로는 교사 인식 조사를 통한 t-test, F-test, 변량분석(ANOVA) 연구(김강문, 2006; 정현수, 2007)와 중다회귀분석(multiple regression analysis), 확인적 요인분석(confirmatory factor analsis), 구조방정식모형(structural euqation modeling)을 사용하여 부장교사 리더십과 관련 변인과의 영향 및 구조 관계 분석 연구(고병면, 2017; 김현수, 2014; 남해진, 2015; 윤지원, 2017)가 있었고, 질적 연구로는 질적 사례연구(강석봉, 2017; 황선필, 2020), 근거이론적 연구(고삼곤, 2020)가, 혼합 연구방법으로 행위사건면접조사(BEI) 결과 분석에 질적 내용분석의 주요 기법인 테마분석(thematic analysis)과 초점집단면접조사(focus group interview)를, 양적 분석으로 확인적 요인분석(confirmatory factor analsis)과 중요도와 실생도 차이 분석(IPA matrix)을 적용한 부장교사 리더십 역량 모형 개발 연구(장희선, 2017)가 있었다.

셋째, 연구대상이 학교급별로 초등학교 부장교사에, 업무부장교사보다 학년부장교사의 리더십 연구의 비중이 매우 높았다(강석봉, 2017; 남해진; 2015; 추승희, 고재천, 2013; 황선필, 2020). 이러한 이유는 초등학교는 학년조직을 중심으로 운영되고, 학년부장교사의 중요성을 교사들이 인식하고 있기 때문이었다.

넷째, 초등학교 부장교사의 리더십은 동료교사들의 직무만족도(박미나, 2007; 추승희, 고재천, 2013), 조직몰입과 헌신(이종숙, 2002), 동 학년 팀워크(장현진, 2014)에, 집단 응집성(박열애, 2012; 임종수, 2008), 동 학년 문화(이정미, 김병찬, 2010), 학교문화(Siskin, 1997), 학생 참여와 교사 효과성(Leithwood, 2006)에 긍정적인 영향을 미치고 있었다.

2) 국외 연구동향

첫째, 부장교사 리더십에 관한 외국의 선행연구는 1980년대 이후 교사 리더십 연구와 부장교사 리더십 연구로 구분되어 발전하였다. 먼저 교사 리더십 연구에서 부장교사의 역할을 리더 교사(lead teacher), 교사 리더(Teacher leader), 중간 리더(middle leader)로 보는 연구들로, 리더 교사의 역할을 수행하는 부장교사의 리더십으로 촉진자, 지원자, 코치, 멘토, 동료교사에 대한 리더십, 과업에 대한 리더십, 의사소통과 결정의 리더십, 관계적 리더십, 조정의 리더십이 강조되었다(Sergiovanni, 1984; Smylie & Denny, 1990). 구체적으로 스마일리와 데니(Smylie & Denny, 1990)는 K-8 초·중등학교 교사들의 리더십을 분석한 결과 리더 교사는 촉진자, 조력자, 촉매자, 정서적 지원자, 지식 제공자로 제시하였고, 헤리스와 동료 연구자들(Harris et al., 2019)은 리더 교사의 핵심 역할을 수업 및 경영능력, 관계적 리더십, 중재자 역할, 열린 관계로 제시하였다.

다음으로 부장교사에 관한 연구에서, 1980년대 이후에 교육리더십 영역에서 부장교사의 리더십은 교육 리더십, 장학 리더십, 조직 리더십, 관리 리더십, 행정 리더십, 팀 리더십, 소통과 조정의 리더십이 강조되었다(Aronow, 2006; Siskin, 1997; Sonia, 2006). 위버와 고든(Weaver & Gordon, 1979)은 부장교사의 직무를 교육·장학·조직·관리의 네 가지 리더십으로, 서지오바니(Sergiovanni, 1997)는 효과적인 부장교사 리더십을 교육·장학·조직·행정·팀 리더십이 단계적으로 발휘되는 것이라고 주장하였다. 골드(Gold, 1998)는 부장교사가 교장과 동료교사 사이에서 중간관리자로서 모호한 지위와 역할을 가지고 있으며, 부장교사의 조력자, 변화 촉진자, 정보 제공자, 동기부여자 역할을 강조하였다. 카민스키(Kaminski, 1991)는 중학교 부장교사의 핵심 역량을 교사로서의 역량과 행정가로서의 역량으로 구분하여 제시하였고, 특히 교장과 교사 사이에서 소통과 조정 역할을 강조하였다. 시스킨(Siskin, 1997)은 5년간의 종합고등학교의 참여관찰 연구에서, 부장교사의 직무를 교사로서의 역할과 행정가로서의 역할로 제시하였다. 특히 부장교사 리더십이 부서문화에 강력한 영향을 미치며, 학교 효과성을 높이고 성공적인 학교 운영을 위해서는 강력한 부장교사 리더십이 필요하다고 주장하였다. 웰러와 데이비드(Weller & David, 2001)는 부장교사들은 부장교사가 되기 위한 공식적 교육 훈련을 받지 못하였고, 직무에 대한 이해가 부족한 상황에서 부장교사를 시작한다고 지적하였다. 오버가드(Overgard, 2006)는 '중등학교 부장교사의 리더십 발달' 연구에서 중학교 부장교사는 교사로서의 기능과 중간관리자로서의 기능을 수행하였고, 이들이 공식적 권한보다 비공식적 권한을 가지고 발휘하고 있는 점을 제시하였다. 블랜포드(Blandford)는 『Middle Leadership in School』에서 중간 리더의 리더십을 학습활동에 중심이 되는 리더십과 분산적·공유된 리더십으로 제시하였다. 즉, 부장교사의 핵심 리더십 역할을 교사로서 가르치는 활동과 동료교사들의 리더로서의 활동으로 제시하였다.

둘째, 연구방법 관점에서 양적 연구보다 질적 연구의 방법이 더욱 많이 활용되고 있었다. 부장교사 리더십에 관한 연구는 질적 사례연구(Aronow, 2006), 실행연구(Adams, 2016), 네러티브 연구(Siskin, 1997) 등이 강조되고 있었다. 아로노(Aronow, 2006)는 28명의 고등학교 부장교사를 대상으로 한 질적 사례연구에서, 부장교사가 학교에서 근무하는 하루 일과에서 나타나는 리더십 특성을 학습 영역에서 다양한 역할 수행, 교과부장과 동료교사 사이의 역할 모호성과 갈등, 새로운 역할 수행을 위한 직원 개발 노력과 시간의 부족을 제시하였다. 아담즈(Adams, 2016)는 중학교 교과부장교사의 리더십을 교과부장교사로서의 역할과 중간 관리자로서의 역할로 구분하고, 동료교사에게 보다 협력적이고 멘토의 역할을 수행할 때, 학생들의 교육과정 이수율이 높게 나타난다고 제시하였다. 시스킨(Siskin, 1997)은 5년 동안의 종합고등학교 부장교사 리더십에 관한 내러티브 연구에서, 강력한 부장교사 리더십은 동료교사의 헌신, 직무, 학교문화에 영향을 미치며, 특히 부서문화에 강력한 영향을 미친다고 주장하였다. 또한 성공적인 학교 운영을 위해서는 강력한 부장교사의 리더십이 필요하다고 강조하였다.

3) 연구의 시사점

첫째, 부장교사 리더십의 명확한 개념 정립과 측정도구 개발이 필요하다. 학문 연구의 시작은 현상을 개념화하고 이를 객관적인 측정도구로 개발하여 적용하는 것이다. 또 측정이란 연구대상의 속성을 나타내는 개념을 좀 더 관찰 가능한 형태로 정의하는 작업으로, 측정대상이 지니고 있는 속성에 수치를 부여하는 것이다(남궁근, 2010: 438-439). 따라서 측정도구는 측정하려는 개념의 속성을 정확하게 반영하여 측정하는 타당성을 확보하는 것이 연구에서 매우 중요한 과제이다. 이러한 관점에서 보면 아직 우리나라의 부장교사 리더십에 관련 연구는 부장교사 리더십에 관한 명확한 개념 정립 또는 개념화 연구가 아직 부족하다.

둘째, 부장교사 리더십에서 부장교사와 동료교사와의 영향력 상호작용에 관한 심층적·종합적인 분석 연구가 필요하다. 리더십 연구에서 리더와 팔로워 사이의 영향력 상호작용 과정을 분석하는 것은 핵심과제이다. 따라서, 부장교사가 발휘하는 리더십 영향력이 누구에게, 어떤 과정으로, 어떠한 상호과정을 거치는지를 분석하고, 이를 개념화·측정화하는 연구가 가장 핵심과제로 요구된다. 특히, 부장교사 리더십 연구의 핵심대상은 동료교사이기 때문에, 부장교사와 동료교사가 어떠한 상황 맥락에서, 어떠한 영향력 방식과 과정으로 상호작용하는지 분석하는 연구가 필요하다.

셋째, 부장교사의 리더십을 향상·발전시킬 수 있는 리더십 프로그램 개발 및 연수체제 구축이 요구된다. 학교조직에서 부장교사에게 요구되는 리더십 역량이 무엇인지 객관화하여 이를 효과적으로 교육할 수 있는 연수 및 교육 프로그램 개발이 필요하다. 이를 효과적으로 운영할 수 있는 교육청 및 단위학교 수준의 부장교사 리더십 프로그램 운영체제 구축이 요구된다.

참고문헌

강석봉(2017). 초등학교 부장교사 리더십에 관한 질적 사례 연구. 부산대학교 대학원 박사학위 논문.

강석봉, 박대휘, 주철안(2013). 초등학교 부장교사 리더십에 관한 질적 사례 연구. **교육행정학연 구**, 31(2), 203-226.

고병면(2017). 교장·교감의 변혁적 리더십, 학년 부장교사 리더십, 교사 셀프리더십, 동학년 교 사 팀웍, 학교조직효과성 간의 구조적 관계. 인천대학교 대학원 박사학위논문.

고삼곤(2020). 사립 일반계 고등학교 학년 부장 교사 리더십에 대한 근거이론적 연구. **한국교원 교육연구**, 37(4), 47-76.

김강문(2006). 부장교사의 리더십에 대한 자기평가. 경상대학교 대학원 박사학위논문.

김병찬(2007). 한국에서 교원의 지도성 연구 최근 동향 분석. **한국교원교육연구**, 24(3), 345-371.

김용정(2009). 교사문화의 진단도구 개발 및 특성 분석. 부산대학교 대학원 박사학위논문.

김현수(2014). 교장의 변혁적 리더십과 부장교사의 리더십, 초임교사의 교직관 및 교직 적응간 의 구조 관계. 인천대학교 대학원 박사학위논문.

남정걸(1998). **교육행정 및 교육경영**. 서울: 교육과학사.

남해진(2015). 교장의 변혁적 리더십과 학년 부장교사의 리더십이 동학년 팀워크를 매개로 교 사 헌신에 미치는 영향. 인천대학교 대학원 박사학위논문.

박미나(2007). 학년부장의 지도성과 직무만족도와의 관계 연구. 서울교육대학교 대학원 석사학 위논문.

박열애(2012). 초등학교 학년부장교사의 감성리더십과 교사효능감의 관계. 서울교육대학교 교 육대학원 석사학위논문.

송윤현(2011). 공공조직의 환경변화와 중간관리자들의 리더십. **한국거버넌스학회보**, 18(1), 159-180.

신현석(1998). 주임(보직)교사의 지위와 역할: 인사법규에 대한 해석을 중심으로. **교육법학연구**, 10, 215-240.

윤지원(2017). 교사가 인식한 부장교사리더십과 LMX(부장교사-교사 교환관계)가 학교 활력에 미치는 영향. 건국대학교 대학원 박사학위논문.

이병진(2003). **교육리더십**. 서울: 학지사.

이인효(1990). 인문계 고등학교 교직문화 연구. 서울대학교 대학원 박사학위논문.

이정미, 김병찬(2010). 중학교 1학년 동학년 교사의 교직문화에 관한 질적 연구. **교육문제연구**, 36, 81-110.

이종숙(2002). 초등학교 학년부장교사의 지도성과 교사의 조직 헌신도의 관계 연구. 충남대학교 교육대학원 석사학위논문.

임종수(2008). 초등학교 학년부장교사의 역할수행능력과 교사 집단 응집성과의 관계. 공주교육대학교 교육대학원 석사학위논문.

장형진(2014). 초등학교 교장 변혁적 리더십, 동학년 부장교사 리더십, 동학년 교사 팀워크 간의 관계. 인천대학교 교육대학원 석사학위논문.

장희선(2017). 초등학교 부장교사의 리더십 역량 모형 개발 연구. **교육행정학연구**, 35(4), 287-316.

정광희, 김갑성, 김병찬, 김태은(2008). **한국교사의 리더십 특성 연구**. 서울: 한국교육개발원.

정태범(2000). **학교경영론**. 서울: 교육과학사.

정현수(2007). 초등학교 부장교사의 리더십 생활기술에 대한 자기평가와 타인평가의 비교연구. 경남대학교 대학원 박사학위논문.

정회욱, 박병기, 최성욱, 강일국(2003). **지도력진단도구 개발 연구**. 서울: 한국교육개발원.

최윤미(2008). 관리자리더검사 개발 연구: 암묵지를 중심으로. 서울대학교 대학원 박사학위논문.

추승희, 고재천(2013). 초등학교 부장교사의 감성적 리더십이 동학년 교사의 직무만족에 미치는 영향. **초등교육학연구**, 20(1), 107-127.

홍재호(1995). 교사문화와 효과적인 학교의 관계 분석. 한국교원대학교 대학원 박사학위논문.

황기우(1992). 한국 초등학교의 교사문화에 관한 해석적 분석. 고려대학교 대학원 박사학위논문.

황선필(2020). 초등학교 업무 부장교사 리더십 현상과 의미에 관한 질적 사례연구. 경희대학교 대학원 박사학위논문.

보직교사 임용 업무 처리 지침(2021). 부산광역시

Adams, A. (2016). *Teacher Leadership: A little less conversation, A little more action research*. Arizona State University Leadership and innovation.

Aronow, S. L. (2006). *Education's middle manager: High school perceptions of distributive leadership*. Doctoral dissertation, Temple University.

Benedict, M. R. (2009). *Teacher leaders building social capital in secondary department: Three case studies*. The University of Wisconsin-Madison.

Blandford, S. (2006). *Middle leadership in school* (2nd ed.). Pearson Education Limited.

Day, C. H. (2000). Grounding knowlege of schools in stakeholder realities: A muti
   –perspective study of effective school leaders. *School Leadership and Management, 21*(1),
   19–42.

Floyd, S. W., & Wooldridge, B. (1997). Middle management's strategic influence and
   organizational performance. *Journal of Management Studies, 34*(3), 465–485.

Gold, A. (1998). *Head of department: Principles and practice.* London: Cassell.

Harris, A., Jones, M., Ismail, H., & Nguyen, D. (2019). Middle leaders and middle leadership
   in school: exploring the knowledge base(2003~2017). *School leadership and management,
   3P*(3-4), 255–277.

Kaminski, K. J. (1991). *The role of the secondary school department head as perceived by
   department heads and teachers in selested South Carolina School.* Doctoral dissertation,
   University of South Carolina.

Katzenmeyer, M., & Moller, G. (2001). *Awakening the sleeping giant: Helping teachers
   develop as leaders* (2nd ed.). Thousand Oaks, CA: Corwin Press.

Leithwood, K. (2016). Department–Head leadership for school improvement. *Leadership and
   Policy in Schools, 15*(2), 117–140.

Mintzberg, H. (1979). *The nature of managerial work.* New York, NY: Harper & Row.

Northouse, P. G. (2007). *Leadership: Theory and practice* (4th ed.). New York, NY: McGraw–
   Hill.

Sergiovanni, T. J. (1984). *Handbook for Effective Department Leadership: Concepts and in
   Today's Secondary Schools.* Boston: Allyn and Bacon.

Siskin, L. S. (1997). The challenge of leadership in comprehensive high school: School vision
   and departmental divisions. *Educational Administration Quarterly, supplement,* 604–623.

Smylie, M. A., & Denny, J. W. (1990). Teacher leadership: tensions and ambiguities in
   organizational perspective. *Educational Administration Quarterly, 26*(3), 235–259.

Weaver, E., & Gordon. J. (1979). Staff development needs of department heads. *Educational
   Leadership, 36*(8), 578–580.

Weller, J., & David, L. (2001). Department heads: The most underutilized leadership position.
   NASSP Bulletin, 85(625), 73–81.

Yukl, G. (2006). *Leadership in organizations* (6th ed.). NJ: Prentice Hall.

제**13**장

교사 리더십

교사들은 "교장선생님이 변해야지, 우리가 아무리 무엇을 하려고 해도 소용이 없어요!"라고 말하고는 한다. 이에 반해서 교장들은 "우리 학교 선생님들은 적극적으로 움직이려고 하지 않고 마지못해서 하려고 하기 때문에 무엇인가를 시도하기가 쉽지가 않아요!"라고 말한다. 서로 간에 신뢰를 형성하지 못하는 이러한 문제를 해결하기 위해 학교조직을 새롭게 정립하고 교사들이 학생들에게 더 다가갈 수 있는 방법은 무엇일까? 어떻게 하면 학생중심의 교육 목적에 다시 집중하여 학교를 새롭게 하는 학교공동체를 형성할 수 있을까?(이석열 외 역, 2011). 리더십은 비전을 가지고 함께 나아가는 것이고, 교사가 책임의식을 가지고 교육의 방향과 목표를 정하여 이 목표에 도달하도록 학생들을 돕고 지원하며 촉진하는 것이 교사 리더십이다(김병찬, 2019).

이 장은 교사 리더십에 대한 것으로 네 가지 주제로 구성되어 있다. 첫째, 교육 패러다임의 변화, 교사의 역할 및 책임, 힘든 교직 현실 극복, 국가의 실패 및 교육개혁의 성공 등의 측면에서 교사 리더십의 필요성에 대해 기술하고, 둘째, 교사 리더십이 무엇인지, 즉 교사 리더십의 개념 구성요소에서 교사 리더십 발휘 대상, 발휘 영역, 교사 리더십 속성을 다루면서 교사 리더십의 개념 모형과 교사 리더십의 특성 및 연구동향에 대해 제시하였다. 셋째, 학생, 동료교원, 학부모를 대상으로 하는 교사 리더십 함양을 위한 역량개발로 이해역량, 소통역량, 촉진역량, 성찰역량, 철학역량과 교사로서 리더의식 갖기에 대해 서술하였다. 넷째, 교사 리더십 실행의 측면에서, 전문적 학습공동체에서의 교사 리더십에 대해 살펴봄으로써 교사 스스로 서기에서부터 교사가 진정한 교육의 주체로 서야함에 이르기까지 교육 리더십에서 필요불가결한 교사 리더십에 대해 밝혀 두고 있다.

1. 교사 리더십의 필요성

'왜 교사 리더십이 필요한가?'라는 질문에 대한 답을 교육 패러다임의 변화, 교사의 역할 및 책임, 힘든 교실 현실 극복, 국가의 실패 및 교육개혁의 차원에서 살펴보고자 한다. 이는 김병찬(2019)의 저서 『왜 교사 리더십인가』에서 참조한 것으로, 우선 교육 패러다임의 변화에서는 구성주의 패러다임 시대의 도래와 교육 체제의 분권화, 그리고 교사의 자율과 재량의 증대 등의 측면에서 교사 리더십의 출현 배경과 당위성을 모색해 보고자 한다.

1) 교육 패러다임의 변화

(1) 구성주의 패러다임 시대의 도래
과거에는 교사 리더십이란 개념을 사용하지 않았고 교사가 리더십을 갖추어야 한다는 이야기도 거의 하지 않았다. 그런데 왜 갑자기 교사 리더십이란 말이 등장하고, 교사들이 리더십을 갖추어야 한다는 주장들이 생겨난 것일까? 그 이유 중의 하나는 교육 패러다임이 변화하였기 때문이다. 과거의 객관주의 교육관에서 구성주의 교육관으로 변화하였다.

새로운 시대의 구성주의 교육관에서는 교사가 학생들에게 일방적으로 지식을 전달하는 것이 아니라 학생들이 스스로 지식을 구성하도록 돕고, 지원하는 것을 교사의 주요 역할로 본다(Hargreves, 2008). 그리고 구성주의 관점에서는 절대적인 지식은 존재하지 않는다고 여기며, 각 학습자가 본인의 상황과 맥락에 맞게 구성한 것을 지식이나 진리로 여긴다. 즉, 구성주의 관점은 상대주의 진리관을 기반으로 하는 것이다. 구성주의 교육관에서 교사는 절대적 진리와 지식을 학생들에게 주입시키는 것이 아니라, 학생들이 각자의 상황과 맥락에 맞게 지식을 구성하도록 안내하고 지원하고 돕는 것이 주요 역할이기 때문에 이 역할을 담당하기 위해서 바로 리더십이 필요하다(Lieberman & Miller, 2004). 교사가 학생의 지식 구성을 돕고 안내하기 위해서는 학생에 대한 종합적인 이해뿐만 아니라 학생과 교감할 수 있어야 하며, 학생을 전인적으로 촉진하고 지원해 줄 수 있어야 한다. 이러한 총체적 역량이 바로 교사 리더십이며, 이제 이러한 교사 리더십을 발휘해야 하는 시대가 도래한 것이다(김병찬, 2019).

(2) 교육 체제의 분권화

각 지역이나 학교, 학생의 상황이나 맥락에 맞는 지식 구성을 강조하는 구성주의 시대에는 획일적인 중앙집권 체제가 오히려 방해가 될 수 있다. 각 지역, 학교, 학생들의 맥락에 맞는 지식 구성이 되기 위해서는 분권화된 교육 체제가 필요하다.

분권화의 최종 귀착지는 교사이다(Hargreaves, 2008). 교육 체제의 분권화에 의해 각 단위학교의 자율과 권한이 증대되는데, 단위학교의 자율과 권한은 교장이 독점하는 것이 아니다(Sergiovanni, 2006). 물론 학교마다 차이는 있겠지만 대부분의 교장은 그 자율과 권한을 교사들에게 이양하고 공유한다. 이러한 흐름에 따라 교사의 자율과 권한이 증대되고 있으며, 앞으로도 더욱 확대될 것이다. 자율과 권한의 증대가 교사의 위상을 높이고 교육력을 강화할 기회가 될 것은 분명한데, 한 가지 명심해야 할 것은 이로 인해 교사에게는 이전보다 더 큰 책임이 부여된다는 점이다(Lieberman & Miller, 2004). 교사들은 이제 확대된 권한과 자율을 바탕으로 이전보다 더 큰 책임을 지고 교육을 이끌어 가야 한다. 이러한 역할을 감당하기 위해 교사들은 이전 교육 패러다임 시대에는 주목하지 않았던 교사 리더십을 갖춰야 한다.

(3) 교사의 자율과 재량의 증대

교육 패러다임 변화에 따른 교육 체제 분권화의 궁극적인 의미는 교육 현장에서 교사들의 권한과 자율이 증대되었다는 점이다. 그런데 교사들에게 자율과 재량이 확대되었다는 것은 동시에 책임이 증가되었다는 것을 의미한다.

이를 위해 교사들의 사고의 전환이 필요하다. 이제는 스스로 교육을 만들어 나가야 한다는 마음 자세를 가져야 한다(Sergiovanni, 2006). 그리고 교사들은 지금까지의 교육부, 교육청, 교장의 지침을 따르는 팔로워 의식에서 벗어나 스스로 책임지고 교육활동을 수행해 나가는 리더로서의 정체성을 확립해 나가야 한다. 이는 교사들로 하여금 지금까지의 수동적인 자세에서 벗어나 국가 교육을 책임지고 이끌어 나가는 주체이자 리더로 자리매김하라는 시대적 요청이다(Hargreaves & Fullan, 2012).

2) 교사의 역할 및 책임

(1) 교사 역할

동서고금(東西古今)을 막론하고 어느 국가, 어느 시대든 교사는 항상 중요하다. 왜 교사가 이렇게 중요한 자리인가? 첫째, 교사가 국가의 교육을 담당하고 있기 때문이다. 국가의 모든 교육정책은 궁극적으로 교사를 통해 실현된다. 아무리 중요한 교육정책이라고 하더라도 교육정책 담당자가 직접 학생들을 가르칠 수 없으며, 오로지 교사를 통해서 교육이 이루어진다. 둘째, 교사는 한 인간의 인생을 좌우할 수 있을 만큼 중요한 자리이기 때문이다. 학창시절 어떤 선생님을 만나느냐에 따라 그 아이의 인생이 달라진다는 것을 우리는 잘 알고 있다. 학교 환경이 바뀌고 있기는 하지만 학생에 대한 교사의 영향력은 변함이 없다. 셋째, 국가와 사회의 공동체 유지 발전을 위해서 교사의 역할이 매우 중요하기 때문이다. 민주주의 국가에서 살아가기 위해서는 민주주의 시민에 맞는 역량과 자질을 갖춰야 한다. 이는 교육을 통해 길러지는 것이며, 이 교육의 역할을 교사가 맡고 있는 것이다.

교사가 이러한 중심적인 역할, 본래적인 역할을 감당하기 위해서는 주체의식과 책임의식을 가지고 교육을 이끌어 가는 교사 리더십이 필요한 것이다. 또한 교사들 스스로 교육의 주체임을 명심하고, 국가 교육에 자신이 주도적으로 그 역할을 감당하겠다고 하는 주체의식을 가지고 주도적으로 교육을 이끌어 나가야 한다.

(2) 교사의 책임

교사에게 있어서 "당신의 교육활동에 대해 책임을 지시오."라는 말은 매우 엄중한 말이다. 책임을 묻는 것은 '교사로서 해야 할 기본 역할과 임무를 다했는지'를 묻는 것이다. 그리고 그 기본 역할과 임무를 다 못했다면 끝까지 다해야 한다는 의무 감이 책임이다. 교사는 아이들에게 해 주어야 할 것들을 최선을 다해 끝까지 다 해 주어야 한다. 중단해서도 안 되며 포기해서도 안 된다.

'아이들을 좋아하는 마음' '가르치는 것을 좋아하는 마음'은 당연히 필요하다. 하지만 그 이상의 것이 있어야 한다. 그 순수한 마음은 교직에 들어서는 순간부터 파괴되기 시작한다. 분주한 업무 속에서 아이들과 싸우고 부딪히면서 순수한 마음은 사라지고 '전쟁' 같은 일상에 직면해서는 "내가 언제 그런 마음을 가졌던가?"라고 자조하기도 한다(김병찬, 임종헌, 2017). 교사에게는 아이들을 가르치는 것이 고통스럽고 힘들어도 포기하지 않고 교사로서 해야 할 바, 책임을 다하겠다는 결연한 의지와 자세가 필요하다. 그리고 이러한 책임의식의 발휘가 교사 리더십 발휘과정이다.

3) 힘든 교직 현실 극복

우리 교사들은 다루기 힘든 아이들 때문에, 그리고 쏟아지는 업무와 중층적인 구조적 압박 때문에 점점 지치고 피곤해지고 있는데, 그렇다면 어떻게 해야 할까? 해결책은 간단하다. 교사들의 잡무를 줄여 주고 교사에 대한 중층적 통제 구조를 개선해 주면 된다. 그런데 이것들은 교사보다도 교육부, 교육청이 나서서 해 주어야 할 일이다. 그렇다고 쉽게 바뀌지 않는 교육부나 교육청을 바라보며 마냥 기다릴 수만은 없다. 교사가 다시 나서야 한다. 수동성과 소극성을 벗어 버리고 능동성과 적극성을 다시 회복해야 한다. 그러기 위해서는 기본에서 다시 시작해야 한다. "나는 왜 교사가 되었는가?" "나는 교사로서 무엇을 해야 하는가?"를 다시 생각해야 한다. 그러고 나서 책임의식을 회복해야 한다. 내가 교사로서 감당해야 할 기본적인 역할이 무엇인지부터 다시 점검해야 한다. 이를 바탕으로 교사 스스로 어려움과 문제를 해결하기 위해 적극 나서야 한다.

교사 리더십은 교사들이 힘든 현실을 극복할 수 있는 핵심적인 돌파구가 될 수 있다(Lieberman & Miller, 2004). 교사들이 리더십을 가지고 당당하게 교육을 이끌어 갈 때 지치고 힘든 현실을 이겨 낼 수 있을 뿐만 아니라 우리 교육도 살아날 수 있다.

4) 국가의 실패 및 교육개혁의 성공

(1) 국가의 실패 및 한계

교육이 점점 더 복잡해져서 국가가 다 통제하고 관리하기 어려운 시대가 되었다. 사회의 변화와 발달로 교육의 대상, 내용, 방법 등이 모두 복잡해진 것이다(류태호, 2017). 우선, 교육의 대상이 복잡해졌다. 포스트모던 사회, 다원주의 사회가 되면서 국민들의 교육에 대한 필요와 욕구는 매우 다양해졌다. 교육내용 역시 국가가 통제할 수 없는 시대가 되어 가고 있다. 우리나라에서도 과거 오랜 기간 동안 지속해 왔던 5년 주기의 국가교육과정 개정 정책을 2009년부터 포기하고, 필요할 때마다 수시로 국가교육과정을 개정하도록 하는 방향으로 바뀌었다. 과거처럼 교과서대로 가르치지 않아도 되고, 더 나아가 교과서를 재구성하여 가르치는 것이 큰 흐름이 되고 있다(이중현, 2017). 또한 학습자의 다양한 필요를 채우기 위해서는 다양한 교육방법이 필요하고, 그리고 다양한 종류의 지식을 가르치기 위해서도 그에 적합한 다양한 교육방법이 요구된다(이민영, 2012).

이제 우리가 인정해야 할 것은 국가도 교육을 실패할 수 있다는 것이다(Hargreaves & Fullan, 2012). 교육 분야에서의 국가의 실패를 찾아볼 수 있다. 대학입시 때문에 국민이 얼마나 많은 고통을 겪고 있는가? 대학입시제도나 정책을 제대로 만들지 못한 것 또한 국가의 책임이고 국가의 실패이다. 사회가 복잡화, 다양화되고 급변하는 상황에서는 국가도 실패할 수 있다. 따라서 국가가 교육을 도맡아 일방적으로 끌고 가려 해서는 안 된다. 같은 맥락에서 교육청의 실패, 교장의 실패 가능성 역시 인정하고 그 토대 위에서 방향을 새롭게 정립해 나가야 한다.

(2) 교육개혁의 성공

교육 패러다임의 변화를 겪고 있는 오늘날 세계의 거의 모든 나라는 교육개혁에 박차를 가하고 있다(Tan et al., 2017). 그리고 대부분의 국가에서 교육개혁의 성패에 국가의 사활을 걸 만큼 큰 관심과 노력을 기울이고 있다(Hargreaves & Fullan, 2012). 한국 역시 거의 모든 정부에서 교육개혁을 국가의 핵심 개혁정책으로 삼아 다양한 개혁을 추진해 왔다. 김영삼 정부 때 5·31 교육개혁안, 김대중 정부 때 교원정년단축, 노무현 정부 때 교육참여운동, 이명박 정부 때 각종 평가제도의 확대, 박근혜 정부의 자유학기제, 문재인 정부의 고교학점제 등에 이르기까지 끊임없이 정부 차원의 다양한 교육개혁이 추진되어 왔다(신재한, 이윤성, 2017; 신현석, 2010). 이러한 국가 차원의 교육개혁 성공을 위해 반드시 필요한 것이 교사 리더십이다.

　교사들 또한 교육 및 교육개혁과 관련해서 수동적·소극적 자세를 버리고 진정한 교육 주체로 거듭나야 한다. 교사들은 교육부나 교육청이 어떤 교육 정책을 펴든 교육의 성패는 교사의 어깨 위에 달려 있다는 점을 명심하고 사명감을 가지고 교육에 임해야 한다. 국가 교육의 성공을 가져오기 위한 열쇠는 교사가 쥐고 있다. 이러한 역할을 담당하는 교사들에게 교사 리더십은 선택이 아닌 필수 역량이다(김병찬, 2019).

2. 교사 리더십의 개념 요소와 모형

　교사 리더십에 대한 개념은 학자들 간에 강조하는 초점과 맥락에 따라 달리 정의되고 있어 아직 명확하게 정립되어 있지 않은 상태이나, 교사 리더십에 대해 "교사들이 교실 안팎에서 학교의 성취목표를 달성하기 위하여 학교공동체 구성원들의 실천 향상에 끼치는 영향력"으로 정의하고 있으며(Katzenmeyer & Moller, 2009), 리더십을 가진 교사는 수업에 대한 전문성과 열정을 가지고 있으며, 수업자료를 공유하고, 다른 교사들에게 수업을 공개하거나 전문성 개발 활동 등에 참여한다고 하였다(Katzenmeyer & Moller, 2011). 한편, 라이스우드 등(Leithwood et al., 2004)은 교사 리더십은 학교 안의 리더십 실행에 있어서 수평적이고 유동적이며 네트워크화된 형태를 전제로 하는 것이기 때문에 분산적 리더십의 핵심적인 원리를 내포하고 있다고 하였다. 국내학자인 김병찬(2015)은 교사 리더십을 "교사들이 학교에서 학교의 목표 달성을 위하여 수업지도, 생활지도, 학급운영, 동료교사 관계, 행정업무, 학부모 관계 영역에서 학생, 동료교사, 학부모에게 목표지향적이며, 공동체적이고, 과업주도적이며, 전문적으로 미치는 영향력"으로, 이경호(2019)는 "교사 리더십은 교육의 질 향상을 목적으로 교사들이 교실 안과 밖의 교육활동 과정에서 발휘하는 영향력"이라고 정의하고 있다.

　여기에서는 교사 리더십 개념 모형을 포함한 김병찬(2015, 2019)의 연구를 중심으로 교사 리더십이 무엇인지에 대해 살펴보자.

1) 교사 리더십 개념 구성 요소

교사 리더십은 교사의 지도자로서의 자질이라고 할 수 있는데 이 자질은 단일 속성이 아니라 복합적 속성이다. 교사 리더십 개념은 아직까지 모호한 점이 있으며 명확하게 정의 내리기가 어렵다(Katzenmeyer & Moller 2009). 따라서 교사 리더십을 다루는 대부분의 논의나 연구에서는 동일한 교사 리더십 개념을 사용하기보다는 강조 영역이나 관심 영역에 따라 다양하게 개념을 규정하고 있다.

캐천마이어와 몰러(Katzenmeyer & Moller, 2001)는 학교 재구조화 차원에서 교사 리더십을 논의하고 수업, 교사평가 등 교사 리더십 발휘 영역을 중심으로 논의를 전개한 바 있다. 또한 다니엘슨(Danielson, 2006)은 교사의 전문성 향상 차원에서 교사 리더십에 접근하여 교사 리더십의 목적, 발휘 대상, 발휘 영역, 실천활동 등을 중심으로 교사 리더십 개념을 정의하였다. 국내 학자로서 교사 리더십 개념을 탐색한 김영태(1999)는 교사 리더십의 목적, 내용, 주체, 대상 등 네 가지 차원에서 교사 리더십 개념을 정의하였다. 또한 캐천마이어와 몰러(Katzenmeyer & Moller, 2001)는 교사 리더십 개념에 대한 보다 많은 연구가 필요하다고 제안하면서, 교사 리더십을 단지 단위학교 내에서의 과업 수행과정에서 발휘되는 것으로 한정하지 말고 교사학습공동체 및 학교 밖으로까지 확대해야 한다고 주장하였다.

이와 같은 다양한 교사 리더십 개념 논의를 바탕으로 한 교사 리더십 개념 구성 요소로, 첫째, 교사 리더십 발휘 대상, 둘째, 교사 리더십 발휘 영역, 셋째, 교사 리더

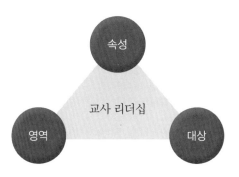

[그림 13-1] 교사 리더십 개념 구성 요소

십 속성의 세 가지를 설정하였다. 여기서 구안하고자 하는 교사 리더십 개념의 구성 요소를 그림으로 나타내면 [그림 13-1]과 같다.

(1) 교사 리더십 발휘 대상

교사 리더십 발휘 대상은 누구인가? 일반적으로 리더십의 발휘 대상에 대해서는 주로 '구성원 또는 집단 구성원'이라는 말로 표현되고 있다. 교사의 경우 상호작용 하는 대상은 주로 교실에서 만나는 학생, 학교 업무과정에서 상호작용하게 되는 동 료교원, 대외활동 과정에서의 학부모, 지역사회 인사 등이라고 할 수 있다.

- 학생: 교사의 중심 과업이 학생 교육이기 때문에 교사는 학생을 대상으로 적절 한 리더십을 발휘할 수 있어야 한다. 교사 리더십의 목표를 교육과정, 수업, 학 습방법, 학습 격려에 두고 교사 리더십은 학생에게 초점을 맞추어야 한다. 또한 교사 리더십의 핵심은 교수활동이라고 보고 교사 리더십은 학생에게 주목해야 한다. 이와 같이 대체로 교사 리더십 발휘의 핵심 대상을 학생으로 보고 있는 데, 학교 교육의 궁극적인 목적이 학생의 학업성취와 인성발달, 즉 학생의 전인 적 성장에 있기 때문에 교사 리더십 발휘의 중심 대상도 학생이 되는 것이다.
- 동료교원: 리더십이 있는 교사는 동료교원을 도와주고 지원해 주며 촉진해 줄 수 있다(Danielson, 2006). 또한 리더십 있는 교사는 모범적인 실제를 보여 주어 동료교원의 발달을 도모하며 동료교원의 비전을 키워 주기도 한다(Lieberman & Miller, 2004). 최근 들어 동료교사 사이에 전문성 향상을 위해 서로 도움을 주 고받는 교사학습공동체가 강조되고 있다. 이를 위해 모든 교사에게 동료교원 과의 협력이 매우 중요하며(김영태, 1999), 협력과정에서 리더십이 필요한 것이 다. 또한 교사는 교육활동의 전문성 측면에서 권위를 갖고 동료교사뿐만 아니 라 교장이나 교감에게도 리더십을 발휘할 수 있어야 한다.
- 학부모: 학업, 생활지도, 진로지도 등 다양한 차원에서 교사는 학부모에게 리더 십을 발휘한다. 교사는 학부모에게 교육목표, 교육내용과 방법, 결과 등을 알리 고 교육활동 운영과정에 학부모들을 적절하게 참여시킬 수 있어야 한다. 교사 와 학부모와의 관계는 협력적 관계가 유지될 수도 있지만 갈등관계가 발생하 기도 한다. 교사는 학부모의 특성을 잘 이해하고, 학부모와 협력하여 교육을 잘

이끌어 가야 하는데, 이 과정에서 학부모에 대한 교사 리더십 발휘가 필요하다.

(2) 교사 리더십 발휘 영역

교사의 리더십 발휘 영역은 교사의 과업 영역과 밀접하게 관련이 있다. 우리나라에서 교사 과업 영역은 대체로 수업지도, 생활지도, 학급 운영, 행정업무, 대외관계, 전문성 개발 등 여섯 영역으로 나뉜다(박영숙 외, 1999). 구체적으로 보면 다음과 같다.

• 수업지도: 교사의 과업 중에서 수업지도는 가장 핵심적인 과업이라고 할 수 있다. 수업 리더십은 교사가 수업과 관련하여 발휘하는 리더십으로, 수업을 계획하고 수업내용을 선정하며 수업을 실행하고 평가하는 수업의 전 과정에서 발휘하는 리더십이다. 교사는 모든 수업에서 학생에 맞게 적절하게 교과내용을 재구성하고 상황에 맞는 교수방법을 개발하여 성공적으로 수업을 이끌어 갈 수 있어야 하는데, 이 과정에서 교사 리더십이 발휘되는 것이다.

• 생활지도: 구체적인 생활지도 목표는 민주시민의식 함양, 자치능력 함양, 공동체의식 함양, 건전한 인간관계 역량 함양 등인데(박병량, 주철안, 2006), 교사는 이러한 목표를 달성하기 위한 비전, 전략, 방법 등을 갖추고 리더십을 발휘할 수 있어야 한다. 최근 들어 물질만능주의, 비인간화, 폭력 및 다양한 사회 문제 등으로 인해 생활지도의 중요성은 더욱 높아지고 있는데, 이러한 생활지도를 담당할 교사의 생활지도 리더십 역시 크게 강조되고 있다.

• 학급 운영: 학급은 학생들이 학교에서 가장 많은 시간을 보내며 생활하는 장이다. 교사는 학생들이 학급에서 생활을 잘할 수 있도록 적절한 리더십을 발휘해야 한다. 이를 위해 교사들에게는 학생에 대한 이해, 조직에 대한 이해, 인간관계에 대한 이해 등 다양한 이해와 능력이 요구되며 학급을 둘러싼 환경에 대한 이해도 갖추고 있어야 한다.

• 동료교원과의 활동: 교육활동 수행을 위해 동료교원과의 관계는 매우 중요하다. 심지어 동료교원과의 관계형성 역량에 따라 교직생활의 성패가 좌우된다고 보는 관점도 있다(Hargreaves & Fullan, 2012). 교육 체제 및 학교문화의 변화로 인해 학교에서 동료교원과의 활동 및 관계는 점점 더 늘어나고 있다. 따라서 학교 교육활동을 성공적으로 이끌기 위해서는 이들 동료교원과의 활동 및 관계

에서 적절한 리더십을 발휘할 수 있어야 한다.

- **행정업무:** 과거뿐만 아니라 오늘날에도 많은 교사는 행정업무를 부담스러워하 거나 어려워하기도 한다. 물론 이러한 문제를 해결하기 위해서는 근본적으로 행정업무를 줄이는 노력을 해야겠지만 불가피하게 교사들이 행정업무를 수행 해야 하는 상황이라면 그 행정업무 수행을 위한 리더십을 발휘해야 한다.

- **학부모 관계:** 학부모는 학교로부터 학생의 학교생활, 교육 프로그램, 교사의 학 생에 대한 기대, 교사의 훈육방법, 학교나 학급의 특별활동 계획 등의 정보를 얻고 싶어 하기도 한다. 교사는 학부모들에게 이러한 정보를 제공해 주는 등 리더십을 발휘할 수 있어야 한다.

(3) 교사 리더십 속성

교사 리더십의 공통된 속성은 목표지향성, 공동체성, 과업주도성, 전문성 네 가지 이다.

- **목표지향성:** 교사 리더십 역시 교육목표 달성을 위하여 발휘하는 영향력이라고 할 수 있다(Lieberman, 2002). 교사 리더십은 '학교 및 학급 목표를 성취하기 위 하여 영향을 미치는 활동'으로, '전통에 대한 극복 및 학교 발전에 대한 확고한 목표의식'을 교사 리더십의 중요한 기반으로 본다. 결국 교사 리더십을 갖춘 교 사는 교사로서 무엇을 해야 하는지 그 목표를 분명하게 알고 있는 사람이며, 아 울러 그러한 목표와 방향으로 나아가도록 구성원들을 고무시킬 수 있는 사람 이다.

- **과업주도성:** 교사 리더는 학교의 변화와 발전을 위해 주도적으로 참여하며 과업 수행에 있어 강한 '주인의식'을 가지며 또한 과업의 원활한 수행과 목표의 성 취를 위해 교장 및 학교 행정가들과 협력관계를 유지하기도 한다. 이 과정에서 교사들은 때로는 위험을 감수하면서도 관계를 유지하며 과업을 이끌어 나가는 과업주도성을 보여 준다.

- **공동체성:** 리더십은 타인과의 관계 속에서 나타나는 관계적 속성이다. 즉, 리더 십은 다른 사람과의 관계, 그리고 집단이나 공동체 속에서 이루어지는 작용이 다. 캐천마이어와 몰러(Katzenmeyer & Moller, 2001)는 교사 리더십을 '학급 및

학교공동체 발전을 위해 기여하는 능력'으로 보았고, 스마일리와 데니(Smylie & Denny, 1990)는 우선적으로 동료교사들을 돕고 지원하는 교사가 리더십을 가진 교사라고 주장하면서 학교조직 내에서 '촉진자' '도와주는 사람' '정서적 지원자'로서의 교사 역할을 강조하였다. 해리스(Harris, 2003) 역시 리더십을 '조직 내에서 구성원 사이의 상호작용 가운데 나타나는 현상'으로 보고 리더십을 어느 한 개인의 속성으로만 봐서는 안 된다고 주장하였다.

- 전문성: 캐천마이어와 몰러(Katzenmeyer & Moller, 2001)는 교사 리더십을 갖춘 교사는 촉진자, 안내자, 교육과정 개발자, 스터디그룹 인도자, 업무책임자, 실행연구자, 학교발전위원회 위원, 경제계나 지역사회, 대학, 학부모단체와의 연계 주도자 등의 역할을 수행하는 교사라고 보고, 이러한 과업 수행의 핵심 기반을 전문성으로 보았다. 또한 외부 자원이나 전문가 지원 등을 끌어 올 수 있는 대외관계 전문성도 필요하다고 강조되고 있다. 이러한 맥락에서 다니엘슨(Danielson, 2006)은 교사의 리더십은 행정의 토대 위에서 이루어져서는 안 되며 교육적 전문성의 기반 위에서 발휘되어야 한다고 강조하였다.

2) 교사 리더십의 개념 모형

교사 리더십은 교육활동 전반에 걸쳐 '구성원'으로 하여금 목표를 달성해 갈 수 있도록 작용하는 '통합적인 영향력'이라고 할 수 있다. 여기서 교육활동이란 교과지도, 생활지도 등 학생을 대상으로 하는 교사의 활동을 비롯하여 학급 운영, 동료교원과의 관계 및 활동, 행정업무 그리고 학부모 관계까지를 모두 포함한다. 또한 통합적 영향력이란 목표지향성, 공동체성, 과업주도성, 전문성 등의 속성이 종합적으로 구현되어 구성원으로 하여금 목표를 달성하도록 안내, 촉진하는 힘이라고 할 수 있다. 교사 리더십 개념 모형을 제시하면 [그림 13-2]와 같다.

이상으로, 교사 리더십은 '교사들이 학교에서 학교의 교육목표 달성을 위하여 수업지도, 생활지도, 학급운영, 동료교원 관계, 행정업무, 학부모 관계 등의 영역에서 학생, 동료교원, 학부모 등에게 발휘하는 목표지향적·공동체적·과업주도적·전문적 영향력'이라고 할 수 있다(김병찬, 2019). 이는 국내에서 좀 더 일찍이 교사 리더십에 관심을 가진 김영태(1999)가 교사 리더십을 "학생의 삶의 변화를 효율적으

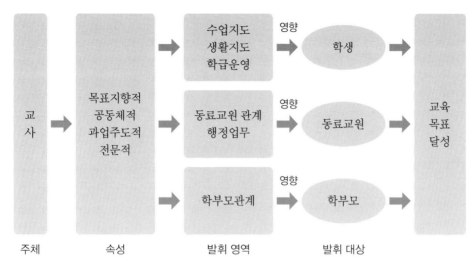

주체   속성   발휘 영역   발휘 대상

[그림 13-2] 교사 리더십 개념 모형

출처: 김병찬(2019). 왜 교사 리더십인가, p. 92.

로 촉진하기 위해 특정한 자질과 능력을 지닌 교사가 학생, 학부모, 동료교사, 학교
행정가, 지역사회를 대상으로 발휘하는 적합한 영향력"으로 정의하였는데, 그 영향
력의 실제가 되는 내용에 대해서는 자세한 논의가 없었던 부분을 메워 주는, 교사
리더십에 대한 개념을 설명하고 있다.

3) 교사 리더십의 특성 및 연구동향

우리나라 교사의 리더십 특성(정광희, 2009)에 대해서 살펴보고, 교사 리더십 특성
에 기초하여 연구동향을 분석한 주현준과 김갑성(2015)의 연구결과와 김민수(2018)
의 연구결과에 따라 우리나라 교사 리더십 연구동향을 분석하고, 향후 교사 리더십
연구의 방향과 과제를 살펴보면 다음과 같다.

우리나라 교사의 리더십 특성(정광희, 2009)은, 첫째, 교사의 리더십에 대한 인식
도는 대체로 보통 수준을 넘는 높은 수준을 보이며, 둘째, 대상별로는 학생, 학부모,
교원대상 순으로 나타나고 있으며, 셋째, 발휘 영역별로는 생활지도 영역에서 가장
높고, 그다음이 학급운영, 수업지도, 학부모 관계, 행정업무, 동료 간 교육활동 순으
로 나타났다. 이는 학교교육에서 교사의 리더십이 가장 중요하게 발휘되어야 할 직

무 영역이 수업지도라고 할 때 이 결과는 수업에 대한 한국 교사의 인식과 리더십에 대한 재검토와 향상 조치가 필요함을, 또한 교직문화의 특징을 결정짓는 중요한 요인으로 간주되는 동료교사와의 교육활동이 크게 낮음에 대해서도 마찬가지로 문제를 지적할 수 있다. 넷째, 수업지도에서 나타나는 리더십의 속성적 특성은 공동체성이 가장 낮은 것으로 나타나 특히 중·고등학교에서 학생이 함께 참여하는 수업보다는 교사중심으로 이루어지고 있음을 확인 시켜 주고 있으며, 다섯째, 리더십 발휘 영역에서 전문성이 낮은 수준에 있는 것으로 나타났는데, 이는 리더십에서 전문성이 부족하면 다른 속성들이 높더라도 그 효과를 실제로 드러내는 데 한계를 갖게 된다는 점에서도 소홀히 할 수 없는 부분이다. 여섯째, 교사는 수업이나 학급활동 등 교사 개인 단위로 수행되는 과업에서는 리더십을 어느 정도 발휘하고 있지만, 동료와의 공동 과업이나 상호작용 면에서는 그 필요성에 대한 인식이 낮거나 적극성을 결여하고 있다. 일곱째, 배경요인별로는 리더십 인식도가 뚜렷하게 높게 나타나고 있는 요인들은 초등학교 교사, 공립학교 교사, 경력교사, 보직교사, 석사교사인 것으로 나타났다. 지역별로는 큰 차이를 나타내지 않았으며, 담임, 비담임은 내용에 따라 다소간의 차이를 보였다. 또한 정광희 등(2008)은 교사지도성의 척도로 수업지도 14문항, 생활지도 12문항, 학급운영 16문항, 총 42문항을 개발하였다.

한편, 특성과 관련하여 요크바와 듀크(York-Barr & Duke, 2004)는 일반적인 교사와 리더로서의 교사의 특성을 구별하고 있는데, 이러한 특성은 모두 교사가 리더십을 발휘하는 데 필요한 요소들로서 형식적인 것과 비형식적인 것이 모두 포함되어 있다(〈표 13-1〉 참조).

주현준, 김갑성(2015)은 국내에서 발표된 박사학위논문 18편과 한국연구재단 등재후보지 이상의 학술지에 게재된 논문 9편, 총 27편을 분석하였다. 그 결과는 교사 리더십의 리더십 발휘 대상 및 영역이 다양하고, 영향력 발휘 형태는 형식적·비형식적 형태로 복합적으로 나타나며, 전문성 개발 방식은 제도화된 방식과 비제도화된 방식으로 양분되었고, 교사 리더십의 발휘 대상 및 영역과 영향력 발휘 형태에서 연구의 편향성이 확인되었으며 연구대상은 교사 자신과 학생에 치중되었고, 영향력 발휘 형태는 주로 과업주도성과 공동체성으로 해석되었다. 또한 김민수(2018)는 박사학위논문 25편, 국내학술지 논문 104편, 총 129편 연구동향을 분석한 결과, 효과분석연구에 집중된 경향이 있으며, 2004년부터 2017년까지 양적 연구가 65%로

표 13-1 교사 리더십의 특성

교사로서	• 충분한 교육경험과 탁월한 교수기술 • 교수 · 학습, 교육과정, 교과내용에 대한 폭넓은 지식 • 발전된 개인의 교육철학 • 변화와 성장, 위험, 평생 학습자, 가르침에 대한 열정 • 행동에 대한 책임감 • 동료로부터의 인정 • 타인의 생각과 감정을 느끼고 수용 • 인지적, 정서적 유연성 • 강한 행정력, 조직적 기술
리더로서	• 동료 간 신뢰 형성, 관계 형성, 학교문화 기여 • 동료교사의 지지, 동료 간 성장 촉진 • 경청 등을 포함한 효과적인 의사소통 • 혼란과 갈등을 중재 • 과정, 집단 처리 기술을 다루는 능력 • 교사의 요구를 평가, 설명, 처리하는 능력 • 행정가와 교사에 의해 결정된 큰 그림 이해

출처: York-Barr & Duke (2004). What do we know about teacher leadership? Findings from two decades of scholarship, p. 268.

다수를 차지하고 있는 것으로 나타났다.

이를 토대로 향후 교사 리더십 연구의 방향으로, 첫째, 교사 리더십에 관한 연구가 전반적으로 확대될 필요가 있다. 지난 10년간(2001~2011) 대표적인 전문학술지에 발표된 논문 가운데 80편이 학교장을 연구주제로 하였고 그 가운데 교장의 리더십을 분석한 논문은 47편에 이른다. 반면, 교사 리더십을 다룬 연구는 소수에 불과하다. 둘째, 교사 리더십의 특성을 반영한 연구가 필요하다. 일부 대상과 영역에 치중된 편향성을 극복하기 위해 무엇보다도 교사 리더십이 발휘되는 대상과 영역을 교사, 학생에서 학부모, 지역사회로 확대해야 한다. 교사 리더십이 중심이 되는 논의 속에서 교사의 팔로워십, 학교 내 집단적 협력과 협동 구축 등에 관한 실증사례 및 실제적 연구가 질적 연구로까지 수행되어야 한다. 셋째, 교사 리더십 개발을 위한 실용적인 모형이 탐구되어야 한다. 일선 학교 현장에서 발휘되는 교사의 전문적 리더십은 국가나 지역 교육정책의 성패를 좌우하는 매우 중요한 요인이다. 그럼에도 불구하고 아직까지 일선 리더가 아닌 일선 관료로서 취급되고 있다. 교사 리더십 연구는 제도적인 방식과 비제도적인 방식을 체계적으로 비교 분석하여 보다 실용적인 리더십 개발 모형을 제시할 필요가 있다.

3. 교사 리더십 역량 개발

교사 리더십을 함양하기 위해서는 구체적으로 무엇을 어떻게 길러 주어야 하는가? 이와 관련하여 교사 리더십 함양 프로그램마다 다양한 지향과 목표가 있지만 아직 뚜렷하게 합의된 것은 없다. 리버만과 밀러(Lieberman & Miller, 2004)는 교사 리더십 발휘 다섯 사례 분석을 통해 이해역량, 자기주도역량, 소통역량, 전문성역량, 성찰역량 등의 교사 리더십 역량을 밝혀낸 바 있다. 한편, 교사 리더십 발휘 사례를 분석한 정광희 등(2007)의 연구에서는 문제해결역량, 관계역량, 반성적 성찰역량, 목적의식 등이 교사 리더십 역량이라 제시하였다. 또한 김병찬과 윤정(2015)의 연구에서는 교사 리더십을 발휘하는 교사에게는 도전정신, 생각하는 습관, 철학 등의 역량이 있는 것으로 나타났으며, 김병찬과 조민지(2015)의 연구에서는 개인의 내적 역량과 아울러 독서를 바탕으로 한 철학역량이 교사 리더십의 주요 역량임을 밝혀냈다. 이처럼, 여러 선행연구와 실제 사례 분석을 토대로 도출된 역량은 이해역량, 소통역량, 촉진역량, 성찰역량, 철학역량이다. 이 다섯 가지 역량에 대해 좀 더 구체적으로 살펴보면 다음과 같다.

1) 이해역량

교사가 리더십을 발휘하기 위해서는 교육활동을 함께하는 모든 대상을 이해할 수 있는 역량을 갖추고 있어야 한다. 교사의 리더십 발휘는 기본적으로 상대방에 대한 이해에서 시작된다(김영태, 1999; Lieberman & Miller, 2004). 기본적으로 학생, 동료교원, 학부모, 교육환경과 맥락 등에 대한 이해가 필요하다.

우선 교사가 교사 리더십을 발휘하기 위해서는 학생에 대한 이해가 필요하다. 교사는 학생을 통해 교육목표를 이루기 때문에 교사가 리더십을 발휘해야 할 가장 중요한 대상은 학생이다. 학생과 관련하여 교사는 학생의 정서와 심리에 대해 깊이 있게 이해할 수 있어야 한다. 더불어 학생이 어떤 지적 역량과 수준에 있는지를 파악함과 동시에 학생의 성격, 성향, 학생의 가정 배경과 환경에 대한 이해도 필요하다.

동료교원 역시 교사 리더십 발휘의 주요 대상이다(Danielson, 2006). 따라서 교사가 동료교원에 대해 리더십을 발휘하기 위해서는 동료교원에 대한 이해가 필요하다. 최근 교육 패러다임의 변화로 인해 동료교원을 포함한 학교 구성원과 함께하는 다양한 활동이 확대되고 있으며, 동료교원과 함께 어울려 교육활동을 수행해 나가는 공동체역량이 교사로서 성공의 관건이 되고 있다(Katzenmeyer & Moller, 2009). 교사가 동료교원에 대해 이해하기 위해서는 우선적으로 동료교원의 심리와 정서, 특성 및 상황, 환경 맥락 등에 대한 이해가 필요하고, 동료교원의 욕구와 동기에 대해서도 이해할 필요가 있다. 아울러 동료교원과 함께 교육활동을 이루어 나가기 위해서는 동료교원의 교육철학과 비전에 대한 이해도 필요하다.

학부모 또한 교사 리더십 발휘의 주요 대상이고, 학부모에 대해 교사 리더십을 발휘하기 위해서도 학부모에 대한 이해가 필요하다. 학부모를 이해하기 위해서는 학부모의 특성 및 성향, 욕구, 필요, 동기 등에 대해서도 잘 알 필요가 있다. 이제 교사들이 교육활동을 수행함에 있어 학부모와 함께해야 하는 시대를 맞이하고 있다. 따라서 교사는 학부모와의 관계를 부담스러워 하지 말고 오히려 적극적으로 받아들여야 한다. 이러한 학부모에 대한 리더십 발휘의 출발점이 바로 학부모에 대한 이해이다.

2) 소통역량

소통은 인간관계에 있어 원활한 상호작용을 위해 갖춰야 하는 매우 중요한 역량이다. 교사는 기본적으로 학생, 동료교원, 학부모 등과 소통할 수 있어야 한다.

최근 들어 상당히 많은 학교와 학급에서 교사와 학생 사이에 소통 부족 현상이 나타나고 있다. 교사들은 "학생들이 도대체 말을 안 들어 무엇을 못하겠다."라고 하고, 학생들은 "선생님하고는 말이 안 통해요. 그래서 말하기 싫어요."라고 한다. 교사와 학생 사이의 이러한 소통의 단절과 부재는 단순한 갈등을 넘어 교육의 실패로 이어질 수 있다(한대동 외, 2009). 그렇다면 교사는 어떻게 해야 할까? 우선 소통의 개념을 확대시켜야 한다. 즉, 교사는 학생과 소통이 안 된다고 해서 포기하지 말고 학생과 소통할 수 있도록 여건과 환경도 만들 수 있어야 하고, 소통할 수 있을 때까지 학생을 설득하고 인내할 수 있어야 하는데, 이 노력의 과정도 소통이라는 것이다. 학생들과의 소통은 특별한 방법이나 기법을 필요로 하는 것이 아니라 학생의 마음을 얻는 작은 일에서부터 시작된다는 것 또한 명심할 필요가 있다. 물론 소통을 위해서는 더 넓은 마음과 인내심이 필요하다.

동료교원에 대한 리더십 발휘를 위해 소통역량을 갖추는 것 또한 매우 중요하다. 과거뿐만 아니라 현재에도 교원 사이의 문제점 중의 하나는 소통의 부족이다(김병찬, 임종헌, 2017; Katzenmeyer & Moller, 2009). 대부분의 교원은 다른 교원들이 어떻게 수업하고 어떻게 학생지도를 하는지 잘 모르며, 잘 알려고 하지도 않는다(김찬호 외, 2018). 최근 들어 이러한 문제를 해결해 보고자 '전문가학습공동체' 등 교원 사이의 소통을 활성화시키기 위한 다양한 노력이 이루어지고 있기는 하다. 이와 같이 동료교원과의 협력활동 증가는 동료교원에 대한 리더십 발휘의 필요성을 더욱 높여 주고 있으며, 교사 리더십 발휘를 위해서는 반드시 동료교원과의 소통역량을 갖추고 있어야 한다.

학부모 역시 교사 리더십 발휘의 주요 대상이므로, 교사는 교육활동을 더 잘 수행하기 위해 학부모에게 적극적으로 다가가 소통할 수 있어야 한다. 교사는 책임을 지고 리더십을 발휘하여 교육을 이끌어 가야 하는데, 이 과정에서 학부모를 교육 동력으로 삼을 수 있어야 한다.

3) 촉진역량

촉진역량은 과업 수행과정에서 상대방에게 동기를 부여하고 격려하며 자극해 주는 역량이다. 교육을 책임지고 있는 교사는 모든 학생의 학업 및 성장을 촉진할 수 있어야 한다. 또한 교육의 목표 중의 하나가 학생의 잠재역량 개발이라고 할 때, 교사는 모든 학생의 잠재역량을 개발·촉진시켜 줄 수 있어야 한다. 구체적으로 보면 다음과 같다.

- **동기유발:** 교사 리더십 발휘 과정에서 교사의 학생에 대한 촉진기제 중 대표적

인 것이 동기유발이다. 동기유발은 학생들로 하여금 적극적으로 교육활동에 참여할 수 있도록 의욕과 의지를 자극해 주는 것이다(이경숙, 2017). 수업지도, 생활지도, 특별활동, 방과 후 활동 등 모든 교육활동에서 교사가 리더십을 발휘하여 교육을 이끌어 가기 위해서는 기본적으로 학생들의 동기를 유발시킬 수 있어야 한다. 학생들로 하여금 교육활동에 참여하게 하고 주체적으로 지식을 구성해 가도록 돕고 지원하며 안내하는 교사 리더십 발휘과정의 핵심이 바로 동기유발이다. 교사가 맡은 학생이 처한 상황에서 필요에 맞는 한마디의 조언을 해 주는 것도 얼마든지 학생의 동기유발로 이어질 수 있다.

- **학생의 요구와 필요**: 학생의 욕구를 파악해야 학생의 동기를 촉진시킬 수 있다. 욕구가 드러나지 않아 확인이 되지 않으면 동기유발이 어려울 수 있으므로 교사는 지속적으로 학생들과의 소통을 통해 그들의 욕구와 필요를 확인하고 드러내도록 도와주어야 한다. 이와 같이 교사는 학생의 동기를 유발하기 위해 학생의 내면에 있는 욕구를 확인하여 교육활동과 연계시킬 수 있어야 하며, 아울러 새로운 것을 배우는 상황 등 필요한 경우에는 학생의 욕구를 창출해 낼 수도 있어야 한다(류태호, 2017).

- **격려와 자극**: 동기유발이 대체로 어떤 활동이나 과업 수행에서 시작단계의 촉진역량이라면, 격려와 자극은 수행과정에서의 촉진역량이라고 할 수 있다. 학생들이 어려움을 극복할 수 있도록, 잘해 나갈 수 있도록 적극 촉진해 주어야 하는데, 이 과정이 바로 격려와 자극의 과정이다. 잘 극복하며 이겨 내고 있는 학생에게는 더욱 분발할 수 있도록 격려해 주고, 힘들어하거나 따라오지 못하는 학생에게는 용기를 북돋아 주며 새롭게 힘을 낼 수 있도록 격려하고 자극해 주는 교사 리더십을 발휘할 수 있어야 한다.

- **믿음과 신뢰**: 교사 리더십 발휘 과정에서 학생들을 촉진하기 위해서는 학생에 대한 믿음과 신뢰 또한 필요하다(이경숙, 2017; 이중현, 2017). 교사가 그 어떤 학생도 포기하지 않고 끝까지 함께하기 위해서는 학생에 대한 이해, 방법, 전략 등도 매우 중요한데, 그 무엇보다 중요하고 필요한 것이 학생에 대한 믿음과 신뢰이다. 모든 학생이 변화할 수 있고 성장·발전할 수 있다는 믿음은 교사 리더십 발휘를 위한 촉진역량의 핵심 기반이다.

이와 같이 교사는 학생 외, 동료교원 간에도 필요시 동료교원의 도움, 격려, 자극이 큰 힘이 되는 등 여러 방식의 상호 촉진이 가능하고, 학부모에게도 교육 참여를 위한 동기 부여측면에서 학부모들을 격려, 자극하는 등 학부모에 대한 촉진역량을 갖추고 있어야 한다.

4) 성찰역량

교사 리더십을 발휘하는 데 필요한 또 하나의 역량은 성찰역량이다. 성찰은 '자기 자신의 생각과 행동을 돌이켜 살피고 고찰해 보는 것'이다. 교사가 학생이나 동료교사, 학부모 등을 대상으로 리더십을 발휘하는 일은 결코 쉽지 않을 뿐만 아니라, 매우 복잡하고 불확실한 일이기도 하다. 따라서 단순한 사고나 판단으로는 리더십을 제대로 발휘할 수 없고 부정적인 결과를 낳을 수도 있다. 교사는 교육활동 수행과정에서 교사 리더십을 제대로 발휘하기 위해서는 성찰역량을 갖추고 있어야 한다. 교사의 수업지도, 생활지도, 동료교원 및 학부모에 대한 성찰에 대해 살펴보자.

- 수업지도: 학교에서 교사의 가장 중요한 과업 중의 하나는 수업이며(이민영, 2012), 실제로 교사들은 학교에서 가장 많은 시간을 수업에 할애하고 있다(정광희 외, 2007). 대부분의 수업은 국가가 정한 교육과정의 토대 위에서 교과서를 중심으로 이루어지고 있고, 교과서는 대체로 중간 수준에 있는 보통 학생들을 기반으로 해서 만들어진다고들 한다. 따라서 다양한 수준의 아이를 고려하는 것은 실제 학교 현장에서 교사들이 담당해야 할 몫이다. 그리고 끊임없이 새로운 교육 상황에 직면해야 하는 것 또한 교사의 일상이다. 이와 같이 교사는 아이들을 가르치면서 매우 다양한 학생을 만나며 항상 새로운 상황, 불확실한 상황을 마주한다. 이러한 상황에서 교사는 수업을 해야 하고 교사 리더십을 발휘하여 학생을 이끌어 가야 한다. 익숙하지 않은 생소한 상황에서 다양한 아이들을 가르치고 이끌어 나가기 위해서는 교사 스스로 그 수업 상황을 끊임없이 성찰해야 한다(Lieberman & Miller, 2004). 성찰역량은 교사들이 교사 리더십을 발휘하여 수업을 잘해 나가기 위한 매우 중요한 기반이다.
- 생활지도: 우리나라 교사들의 경우 대체로 수업지도보다 생활지도에서 더 많은

어려움을 겪고 있는 것으로 나타나고 있다(권형자 외, 2017). 교사를 힘들게 하는 학생, 교사를 괴롭히는 학생 그 모든 학생의 행동에는 반드시 원인이 있지만(이경숙, 2017), 그 배경과 원인은 쉽게 드러나지 않는다. 그 담당교사가 찾아내야 하는데, 이를 위해 성찰이 필요하다. 성찰은 일회성 과정이 아니라 반복되는 지속적인 과정으로, 교사가 리더십을 발휘하여 학생의 행동을 변화시키고 생활지도를 하기 위해서는 성찰역량을 갖춰야 한다.

- **동료교원 및 학부모:** 교사에게 동료교원과 학부모는 함께 교육을 이끌어 가야 하는 동반자이다. 이들과 잘 협력하여 좋은 교육을 만들어 나가기 위해서는 이들에 대한 리더십이 필요한데, 교사가 동료교원 및 학부모를 대상으로 리더십을 발휘하는 과정에서 성찰은 중요한 기반이 된다.

5) 철학역량

철학은 어떤 가치 · 지향 · 방향에 대한 관점 · 이념 · 사상이라고 할 수 있다. 리더십을 가진 교사에 대한 사례 연구에서도 리더십을 적극적으로 발휘하는 교사들의 공통적인 특징 중의 하나는 바로 분명한 철학을 가지고 있다는 점이었다(Hargreaves & Fullan, 2012; Lieberman & Miller, 2004). 철학은 혼란스럽고 복잡한 교육 상황을 극복하는 기반, 가치갈등 상황을 헤쳐 나가는 기준, 교사의 타성을 극복하기 위한 대안이 되기도 한다. 좀 더 구체적으로 살펴보면 다음과 같다.

(1) 혼란스럽고 복잡한 교육 상황을 극복하는 기반

교사는 자신의 철학과 상대방의 철학을 함께 인지하면서 교육 상황에 맞는 좀 더 나은 철학을 구축해 낼 수 있어야 하며, 리더십을 발휘하여 교육을 잘 이끌어 나가기 위해서는 결코 철학하기를 멈춰서는 안 되며, 철학역량을 갖추기 위하여 부단히 노력해야 한다(Serginvanni, 2001).

(2) 가치갈등 상황을 헤쳐 나가는 기준

교사의 거의 모든 일상은 가치갈등의 연속이라고 할 수 있으며, 이러한 가치갈등을 풀어 나가는 과정이 교사 리더십 발휘 과정이다(Katzenmeyer & Moller, 2009). 예를 들면, 지각하는 학생 처벌 여부부터 전인교육과 입시교육 사이의 갈등, 교육부나 교육청의 지침이나 방침이 자신의 교육관과 차이가 날 때이다.

(3) 교사의 타성을 극복하기 위한 대안

철학이 부족한 상황과 일을 빨리 수행해야 하는 압박을 받는 상황에서 과거의 방식, 관행적인 방식은 교사에게 매우 큰 유혹이다. 그래서 큰 문제의식 없이 과거의 방식, 관행적인 방식에 따라 형식적으로 대응하는 것이 적지 않은 교사들의 적응 양식이 되어 버렸다. 이러한 상황이 반복되면 교사는 타성에 젖게 되고 '죽은 교육'으로 이어진다(Lieberman & Miller, 2004).

(4) 교육의 본질로서의 철학

철학은 인간 삶의 본질을 다루는 분야이며, 교육 역시 바람직한 삶, 올바른 삶, 즉 인간 삶의 본질을 다룬다. 교사들은 인간에 대한 탐구, 인간다움에 대한 탐구, 최고의 삶에 대한 탐구를 꾸준히 해 나가면서 자신의 철학을 가지고 리더십을 발휘하여 학생들을 가르쳐야 한다.

이상으로서, 이 다섯 가지 역량은 개념적으로는 분리될 수 있지만 실제적으로는 결코 분리될 수 없는 것들이다(Katzenmeyer & Moller, 2009; Lieberman & Miller, 2004). 더불어 리더의식을 갖는다는 의미에 대해 살펴보자.

교사 리더십을 갖추기 위해 교사는 어떤 노력을 해야 할까? 많은 노력이 필요하겠지만 가장 중요한 것은 리더의식을 갖는 것이다. 무엇보다 우선적으로 중요한 것은 우리 교사 스스로 리더로 우뚝 서는 것이다. 비록 학교, 교장, 교육청, 교육부, 교원양성기관이 바뀌지 않는다 하더라도 이들이 바뀌기만을 막연하게 기다리지 말고 교사 스스로 먼저 교사 리더십을 발휘하여 교육을 이끌어 나가야 한다. 교사들은 끌려다녀서는 안 되며 교육의 주체이자 리더로서 당당하게 서야 한다. 그렇다고 교장, 교육청, 교육부를 거부하라는 이야기는 아니다. 교장, 교육청, 교육부의 지침과 방침은 존중하되, 학교 및 교실 상황에서의 교육의 책임자는 교사임을 명심하고 주체의식과 책임의식을 가지고 당당하게 교육을 이끌어 가야 한다는 것이다(김병찬, 2019).

교사가 리더십을 갖는 것의 가장 큰 의미는 마음 자세의 변화이다. 마음의 변화만으로도 충분히 교사 리더십을 갖출 수 있다고 했으며, 생각과 마음만 변해도 리더십을 갖출 수 있다(Katzenmeyer & Moller, 2009)고 했다. 그렇다면 어떤 마음의 변화와 생각의 변화가 필요할까? 가장 우선적인 것이 교사로서 교육의 주인의식을 갖는 것이다(Harris & Muijs, 2005). 교육의 주인의식을 갖는다면 그 교사는 이미 리더십을 갖춘 교사이다. 자기가 맡은 아이와 학급에 대해 주인의식을 가지고 주도적으로 이끌어 간다면, 교사 리더십이라는 표현을 쓰지 않아도 그 교사는 이미 교사 리더십을 발휘하고 있는 것이다. 따라서 이러한 교사 리더십은 몇몇 리더 교사에게만 필요한 것이 아니라 모든 교사에게 필요하다(Katzenmeyer & Moller, 2009). 모든 교사가 리더가 될 수 있으며 반드시 리더가 되어야 한다(Lieberman & Miller, 2004). 그리고 모든 교사는 이미 교사 리더십 잠재력을 가지고 있다(Danielson, 2006). 단 한 사람도 예외 없이 모든 교사는 리더로 서야 한다.

4. 교사 리더십 실행

학생들의 학업성취나 성장에는 교육부장관, 교육감, 교장 등의 리더십보다 교사의 리더십이 훨씬 더 효과적이고 중요하다(Lieberman & Miller, 2004). 따라서 교사가 리더십을 발휘하여 교육을 제대로 이끌어 나가는 것이 학교 교육의 성공을 위한 핵심 열쇠이다(Harris & Muijs, 2005). 여러 학자의 연구에 따르면, 교사학습공동체는 학교개혁에서 중요한 역할을 하며 교사들의 전문성 신장 및 학생들의 학업성취 증진에 긍정적 영향을 미친다. 이에 따라 교사들의 협력을 통한 교육력 제고를 목적으로 하는 교사학습공동체의 운영과 관련된 연구들이 증가하고 있으며, 특히 교사학습공동체 내에서의 교사 리더들의 역할에 주목하고 있다.

먼저, 교사 리더십 실행의 측면에서, 교사 리더십 발휘하기는 어떤 측면에서 어떻게 발현되는지와 연이어, 교사학습공동체 내에서의 교사 리더십에 대해 살펴보자.

1) 교사 리더십 발휘하기

교사들이 리더의식, 즉 주체의식, 책임의식, 자율의식 등을 바탕으로 과업을 수행해 간다면 얼마든지 교사 리더십을 발휘할 수 있다. 구체적으로 교사 리더십 발휘는 교사 리더십의 개념 요소와 모형에서 다루었던 교사 리더십의 속성에 대한 발휘, 다시 말해 목표지향적이며, 과업주도적이고, 공동체적이며, 전문적으로 과업을 수행하는 모습으로 나타날 수 있다.

(1) 목표지향적 과업 수행

기본적으로 학교의 목표, 학급의 목표가 무엇인지부터 잘 인식·인지하고 교육활동을 수행해 나가는 것이 교사 리더십 발휘의 출발이다. 아울러 매 교육활동마다 그리고 매 수업시간마다 교육활동 및 수업의 목표가 무엇인지 분명하게 인식한다면 교사 리더십 발휘는 훨씬 더 고양될 것이다(Lieberman & Miller, 2004). 교사들이 모든 교육활동에서 교사 리더십을 발휘하고자 한다면, 우선 명확한 목표의식을 가질 필요가 있다.

(2) 과업주도적 과업 수행

학교 차원의 교육활동이든 학급 차원의 교육활동이든 교사가 소극적·수동적인 자세를 가진다면 리더십이 발휘되기 어려울 뿐만 아니라, 교육활동도 성공하기 어렵다. 따라서 어떤 교육활동이든 교사는 능동적·적극적으로 교육활동을 수행할 필요가 있다. 과업주도성은 교사 혼자 모든 것을 끌고 나가는 것을 의미하는 것이 아니라 여러 주체와 함께 과업에 대한 책임의식과 주체의식을 바탕으로 적극적으로 과업을 수행해 나가는 것을 의미한다(Danielson, 2006). 이처럼 주도적으로 과업을 수행해 나가는 것이 교사 리더십 발휘의 모습이다.

(3) 공동체적 과업 수행

공동체성은 기본적으로 과업을 수행함에 있어 혼자 하지 않고 함께하는 것을 의미한다(정광희 외, 2007). 교육의 대상, 내용, 방법, 환경 등이 더욱 복잡해지고 있기 때문에 교육활동을 수행함에 있어 교사 혼자 감당하기는 점점 더 어려워지고 있다. 따라서 교육활동 수행 과정에서 학생, 동료교원, 학부모 등과의 협력은 매우 중요해졌으며 이들과 협력할 수 있는 협동역량이 교육활동 성패의 관건이 되었다 (Hargreaves & Fullan, 2012). 여러 주체와 함께 과업을 수행해 나가는 교사의 교사 리더십 발휘 과정은 공동체적 과업 수행과정이며 협력과정이다.

(4) 전문적 과업 수행

교사 리더십 발휘는 또한 전문적 과업 수행 모습으로 나타난다. 전문성을 갖춘 교사는 교사 리더십을 발휘함에 있어 전문적으로 판단하고, 관계를 맺으며, 과업을 수행한다(Danielson, 2006). 교사 리더십을 발휘하기 위해서는 보다 넓게 이해하고 깊이 있게 볼 수 있어야 하며, 보다 많은 것을 고려하여 판단할 수 있는 전문성을 갖추고 있어야 한다(Lieberman & Miller, 2004). 이와 같이 교사 리더십 발휘는 전문적 과업 수행의 과정이다.

요약하면, 교사는 학교나 학급에서 교육활동을 수행하면서 보다 뚜렷한 목표의식을 갖고 과업을 수행하며, 교육활동을 주도적으로 이끌어 가고, 협력하여 함께 수행하며, 전문적으로 과업을 수행하는 교사가 교사 리더십을 발휘하는 교사인 것이다.

2) 교사학습공동체에서의 교사 리더십

교사학습공동체의 성공적 현장 정착을 위한 인적 · 물적 · 재정적 지원 등 환경적 요인도 중요하지만 무엇보다 중요한 것은 교사학습공동체를 주도적으로 계획하고 실행할 교사들의 리더십을 개발해 주는 일이다. 즉, 교사학습공동체의 성공 여부는 교사들의 전문성, 특히 교사 리더십에 달려 있다 해도 과언이 아니다.

학교혁신과 개혁을 위한 정책 방안의 하나로 추진되고 있는 전문적 학습공동체는 교사 개개인의 전문적 역량을 신장시킬 뿐만 아니라 더 나아가 동료교사들의 성장과 발달을 촉진시켜 학교 교육력 향상에 기여한다. 또한 학습공동체는 가치와 규범의 공유, 협력, 지속적 학습을 근간으로 개인 실천의 공유, 교사와 학생의 학습 중시, 지원적 공유 리더십, 공동 탐구와 적용, 공유된 가치와 비전, 지원적 환경 등을 속성으로 한다(이경호, 2019). 전문적 학습공동체의 구체적인 특징에 대한 논의는 다양하지만, 대부분의 논의는 공유된 신념, 가치, 규준과 분산되고 지원적인 리더십, 집단학습, 수업의 탈사유화, 학생학습에 대한 초점, 협력 등의 특징을 포함하고 있다.

전문적 학습공동체에서 '가치와 규준을 확실히 공유하고 집단적으로 이를 강화하면 교사가 목표로 한 바를 성취할 가능성이 높아진다'. 또한 '장학담당자는 학교공동체의 교사 및 관계자들과 의사결정을 공유하고, 모든 교직원의 리더십 잠재력 개발을 목표로 학교 전역으로 리더십을 분산' 해야 한다. 집단학습은 교사들로 하여금 동일한 학습과정에 함께 참여하게 하는 작업이다. 또한 수업의 탈사유화에서, 교사는 수업을 관찰하고 데이터를 수집하여 피드백을 제공해 주거나, 서로에게서 새로운 아이디어를 찾거나, 팀 티칭을 하기 위해 다른 교실을 방문한다. 학생 학습에 대한 초점 관련 질문은 '학생 개개인이 무엇을 학습하기 원하는가, 학생들이 그것을 배우고 있다는 것을 어떻게 알 수 있는가, 학생이 학습과정에서 어려움에 직면하였을 때 어떻게 반응할 것인가'이다. 협력은 교사들이 고립으로부터 벗어나 서로 정보와 전문성을 공유하고, 교육과정을 개발하고 수업자료를 만들고 학생의 학습결과를 평가하기 위해 협력하며, 문제를 해결하기 위해 서로 참여하는 방식으로 동료를 지원하는 것이다.

캐천마이어와 몰러(Katzenmeyer & Moller, 2009)는 리더십을 가진 교사는 교실 안팎을 아우르며 주도하고, 교사 공동체에 기여하며, 교육활동을 개선하기 위해 다른 사람들에게 영향을 끼치며, 리더십 결과에 대해 책임을 진다고 하면서 "학교 조직에 있어 가장 많은 피고용자이며 학생들과 가장 가까운 그룹인 교사들의 리더십이 요구된다."고 하였다. 그리고 교사 리더십은 "높은 수준의 교사 질을 유지할 수 있다."고 하면서 "학교를 지속적으로 개선할 수 있는 다양한 자원을 가져오며, 교사들이 리더로서 그들을 인식하는 데 도움을 주고, 리더십 기술을 개발하는 기회를 제공하며, 그들의 리더십을 존중하는 학교문화를 형성한다."고 하면서, 리더십의 다양한 역할들에 대해서도 논의하였다. 즉, 교사 리더십은 교사들의 높은 질 관리와 함께 학교의 발전에도 도움을 주며, 긍정적인 학교문화를 형성하는 데 필요하다.

무엇보다 학생들의 수업 및 학습 방법의 변화와 함께 교사 리더십이 대두됨에 따라 교사들은 리더십을 가지고 수업 전문성을 향상함과 동시에 학생들의 학습 효과를 높이기 위한 노력이 필요하게 되었다. 특히, 교사들은 시시각각 변화하는 학교 상황과 정책에 수동적으로 반응하는 대상이 아니라 능동적으로 행동하는 리더로서의 역할이 필수적이다. 수업내용과 방법에 있어 교사들의 상호협력이 더욱 필요하게 된 시점에서 전문적 학습공동체의 역할 또한 매우 중요하다. 전문적 학습공동체의 특성상 교사들의 자발적인 참여와 운영이 기본바탕이 되므로 그 속에서 교사들이 리더십을 가지고 운영하는 것이 전문적 학습공동체의 목적에 맞는 효과성을 높일 수 있을 것이다.

교사들의 전문성 향상을 목적으로 하는 전문적 학습공동체는 참여교사들의 공유된 신념, 가치, 규준을 공유하고, 구성원들의 협력을 바탕으로 운영되며, 학생의 학습에 초점을 두고 있다. 교사 리더십은 전문적 학습공동체와 동일하게 목표지향성, 과업주도성, 공동체성, 전문성이라는 속성을 가지고 있으며, 동료교원과 학생 및 학부모에게 영향력을 발휘한다.

전문적 학습공동체와 교사 리더십은 모두 교사의 전문성 향상이 그 목적이며, 전문적 학습공동체가 활발하게 운영되고, 교사 리더십이 효과적으로 발휘될 때, 교수학습의 질도 개선될 수 있을 것이다. 또한 교사 리더십을 바탕으로 효과적인 전문적

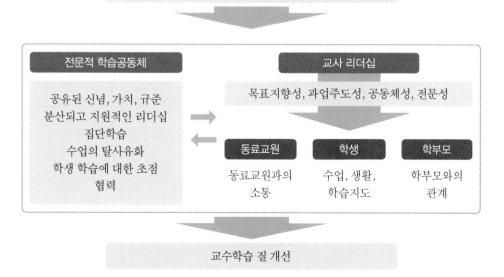

[그림 13-3] 전문적 학습공동체와 교사 리더십 관계

출처: 김효정, 한재범(2021). 전문적 학습공동체와 교사리더십 관계에 대한 탐색적 사례 연구, p. 987 수정·보완.

학습공동체가 운영될 수 있으며, 전문적 학습공동체를 통해서 교사 리더십을 개발할 수 있을 것으로 기대된다. 김효정과 한재범(2021)은 이러한 내용을 바탕으로 [그림 13-3]과 같은 틀을 도출하였다.

다음은 이 틀을 바탕으로 실제 교사들이 전문적 학습공동체에서 경험하고 있는 교사 리더십 개발에 초점을 두어 사례를 분석한 결과를 살펴보았다. 협의 및 수업자료 개발에 있어서의 리더십 개발, 리더십 개발을 위한 의식적인 변화에 대한 인식과 학생 지도를 위한 교사 리더십 개발, 공동체 구성원들과의 적극적 상호작용에 대한 인식 등이다. 또한 학교 업무의 주도성 강화 측면에서 교사들은 어떻게 교사 리더십을 인식하고 있는지와 교육과정과 전문적 학습공동체 운영의 불협화음 측면에서의 인식 등을 살펴 본 결과는 다음과 같다.

- 협의 및 수업 자료 개발에 있어서의 리더십 개발

> 사실 교사들은 늘 공유할 수밖에 없고, 특히 초등은 더 많이 해 왔는데, 예전에는 선배교사가 주시고, 부장님이 주신 노하우를 받아서 수업을 했는데. 지금은 거의 대부분의 교사들이 경력에 상관없이 같이 연구하는 것이 있어서 아이들 지도하기가 더 쉬운 것 같아요. (F 교사)

> 전학공(전문적 학습공동체)에서 STEAM(Science, Technology, Engineering, 예: Arts Mathematics) 융합교육을 해요. 자료를 누가 제안하면, 우리는 국어 수업을 이렇게 했는데, 비 오는 내용으로 했는데, 누구는 우산을 그리고 색칠, 동시자료 등을 주로 만들고 있고 내가 해 봤더니 이렇더라. 이것이 많이 도움이 돼요. (G 교사)

- 리더십 개발을 위한 의식적인 변화

> 중요한 것은 리더를 세우는 것이에요. 현재는 부장 중심으로 리더를 맡고 있어요. (B 교사)

> 우리 학년은 매 반이 돌아가면서 전학공 리드를 해요. 다른 학년들 보면 보통은 부장님이 하시는데 힘드시니까…… 나도 해야 되는데 뭐 해야 하지, 고민하고 있어요. (I 교사)

- 학생 지도를 위한 교사 리더십 개발

  전학공 주제를 정하긴 해도 안전, 인성, 수업 다 해요. 동 학년에서 경력 많고 적은 사람들 팀으로 서로 지도, 조언하고…… 공동수업안도 했었거든요. 수업을 하나 짜서 교사 내에서는 학년별 운영, 공개수업 등 다 망라되어 있다고 생각하고 있어요. (C 교사)

- 공동체 구성원들과의 적극적 상호작용

  사람과 사람의 관계는 인간관계가 바탕이 되어야 하거든요. 공동체에서 일적인 협의 전에 개인적인 친밀감도 쌓고, 정도 쌓이고…… 선후배 간의 어려운 점도 이야기 하고 학교업무 추진에서도 어려움이 있을 때도 나 혼자 생각하는 것보다는 다른 선생님들과 의논하면서 실마리가 많이 풀려요. 든든한 아군, 나의 편이 된 느낌이 들고 거기에서 긍정에너지를 많이 얻는다고나 할까요. (A 교사)

- 학교 업무의 주도성 강화

  지난주에 학교 앞에 공원으로 산책을 갔어요. 그래서 (전문적 학습공동체 모임이 아니었는데도) 그 전에 모여서 안전사항, 준비물 체크, 비 올 수도 있고…… 미세먼지도 어떻게 할까 의논했습니다. 코스도 의논하구요. (E 교사)

- 교육과정과 전문적 학습공동체 운영의 불협화음

  작년에도 보드게임을 몇 세트 샀는데, 수업시간에 하기에도 부족해요. 이걸 하려면 과목도 줄여야 하고, 자료는 많은데, 다른 교육과정이랑 함께 할 시간도 없고, 학생들에게 적용할 시간도 좀 부족한 느낌이 있어요. (D 교사)

이와 같이, 교사들은 전문적 학습공동체 활동을 통해 리더십을 개발하고 있었다. 수업자료 개발과 공유에 있어서 동료들과 함께 고민하면서 적극적으로 수업자료 개발에 참여하고 협력하는 모습을 통해 전문성 향상을 위해 리더십을 개발하는 경험을 하였다. 또한 전문적 학습공동체의 운영에 있어 리더의 중요성에 대해 공통적으로 인식하고 구성원들이 모두 리더의 역할을 경험해 보는 과정 등을 통해 의식적으로 리더십 역량 개발을 위한 노력을 하고 있었다.

전문적 학습공동체의 성공적 현장 정착을 위한 인적·물적·재정적 지원 등 환경적 요인도 중요하지만 무엇보다 중요한 것은 전문적 학습공동체를 주도적으로 계획하고 실행할 교사들의 리더십을 개발해 주는 일이다. 즉, 전문적 학습공동체의 성공여부는 교사들의 전문성, 특히 교사 리더십에 달려 있다 해도 과언이 아니다.

우리 교육이 살아나기 위해 가장 중요하면서도 기초적인 것이 교사 리더십이다. 교사가 리더로서 책임의식을 가지고 끝까지 아이들을 돌보고 가르치는 것만이 교육이 살 길이다.

우리나라에 리더십을 잘 발휘하는 교사들도 많지만, 아쉽게도 아직 리더로서의 주체의식과 정체성이 약하고 리더십을 잘 발휘하지 못하는 교사 역시 많다. 교육을 위해서는 모든 교사들이 리더십을 발휘해야 한다. 모든 아이가 소중하고 중요한 만큼 모든 교사가 리더십을 갖추고 있어야 하는 것이다. 그렇다면 어떻게 해야 할 것인가? 리더십이란 어떤 특별한 비법이 있어 그것을 배워야 발휘할 수 있는 것이 아니라, 교사의 마음 자세와 의지야말로 리더십 발휘의 가장 중요한 기반이다. 교사로서 학생들을 책임지겠다는 마음, 끝까지 학생들을 포기하지 않겠다는 마음과 의지를 가지면 된다. 교사가 지니고 있는 '잠자는 거인'을 깨우면 되는 것이다 (Katzenmeyer & Moller, 2009).

모든 교사는 교육의 길을 개척해 나가는 선구자이며 리더이다. 모든 교사는 리더이며 리더십을 발휘해야 하고 또 발휘할 수 있다(김병찬, 2019). 학교조직 전반에 걸쳐 모든 교사들이 리더이자 학교 변화 주체로서의 정체성을 갖추고 전문성을 발휘할 수 있기를 기대한다.

참고문헌

권형자, 정정애, 김미란, 정선영, 김숙자(2017). 생활지도 및 상담. 서울: 태영출판사.
김민수(2018). 한국의 교사 리더십에 대한 연구동향 분석. 동아대학교 교육대학원 석사학위논문.
김병찬(2015). 교사 리더십 개념 모형 구안 연구. 한국교원교육연구, 32(1), 339-370.

김병찬(2019). 왜 교사 리더십인가. 서울: 학지사.

김병찬, 윤정(2015). '창의적으로 수업하는 교사'에 대한 생애사적 사례 연구. 학습자중심교과교육연구, 15(4), 497-530.

김병찬, 임종헌(2017). 한국 교사의 희, 노, 애, 락: 교사의 삶에 관한 일 고찰. 한국교원교육연구, 34(4), 49-80.

김병찬, 조민지(2015). '창의적으로 수업하는 교사'의 특징은 무엇인가?: 초등학교 A교사에 대한 생애사적 사례 연구. 교육문제연구, 28(2), 111-149.

김영태(1999). 교사 지도성 탐색. 서울: 창지사.

김찬호, 손연일, 심선화, 우소연, 위지영, 조춘애, 최신옥, 최현미(2018). 나는 오늘도 교사이고 싶다. 서울: 푸른숲.

김효정, 한재범(2021). 전문적 학습공동체와 교사 리더십 관계에 대한 탐색적 사례 연구. 문화와 융합, 43(4), 981-1001.

류태호(2017). 4차 산업혁명 교육이 희망이다. 서울: 경희대학교출판문화원.

박병량, 주철안(2006). 학교 · 학급경영. 서울: 학지사.

박영숙, 신철지, 정광희(1999). 학교급별, 직급별, 취득자격별 교원 직무수행 기준에 관한 연구. 한국교육개발원 수탁연구, CR 99-48.

신재한, 이윤성(2017). 자유학기제 운영 길라잡이: 자유학기제 연간 매뉴얼. 경기: 교육과학사.

신현석(2010). 한국의 교원정책. 서울: 학지사.

윤정(2018). 학교는 어떻게 성공하는가? 경희대학교 대학원 박사학위논문.

이경숙(2017). 생활지도와 상담. 서울: 정민사.

이경호(2019). 교사학습공동체에서의 교사 리더십 개발 방안 탐색. 교육정치학연구, 26(1), 111-132.

이민영(2012). 학생과 함께 하는 코칭형 교사. 서울: 새문사.

이석열, 김규태, 주영효, 손보라 공역(2011). 분산적 리더십: 미래를 위한 학교 리더의 방향. 알마 해리스 저. 서울: 시그마프레스.

이중현(2017). 혁신학교는 지속 가능한가. 서울: 에듀니티.

정광희, 김병찬, 김태은, 김갑성(2008). 한국 교사의 리더십 특성 연구. 한국교육개발원.

정광희(2009). 한국 교사의 리더십 특성 연구. 한국교원교육학회 학술대회자료집, 1-15.

정광희, 김병찬, 박상완, 이용관, 방희경(2007). 한국의 헌신적인 교사 특성 연구. 서울: 한국교육개발원 연구보고. RR 2007-8.

주현준, 김갑성(2015). 교사 리더십 특성에 기초한 연구동향 분석. 한국교원교육연구. 32(4), 199-217.

한대동, 김대현, 김정섭, 안경식, 유순화(2009). 배움과 돌봄의 학교공동체. 서울: 학지사.

Danielson, C. (2006). *Teacher leadership: That strengths professional practice*. Alexanandria, VA: ASCD.

Hargreves, A. (2008). The fourth way of change: Towards an age of inspiration and sustainability. In A. Hargreaves & M. Fullan (Eds,), *Change Wars* (pp. 11–44). Toronto: Solution Tree.

Hargreves, A., & Fullan, M. (2012). *Professional capital*. New York: Teachers College Press, Columbia University.

Harris, A. (2003). Teacher leadership as distributed leadership: Heresy, fantasy or possibility? *School leadership & Management, 23*(3), 323–324.

Harris, A., & Muijs, D. (2005). *Improving schools through teacher leadership*. London: Open University Press.

Katzenmeyer, M., & Moller, G. (2001). *Awakening the sleeping giant* (2nd ed.). Thousand Oaks: Corwin Press.

Katzenmeyer, M., & Moller, G. (2009). *Awakening the sleeping giant* (3rd ed.). Thousand Oaks: Corwin Press.

Katzenmeyer, M., & Moller, G. (2011). Chapter one: Understanding teacher leadership. *Counterpoints, 408*, 3–21.

Leithwood, K., Seashore-Louis, K., Anderson, S., & Wahlstrom, K. (2004). *How leadership influences student learning: A review of research for the learning from leadership project*. New York: Wallace Foundation.

Lieberman, A., & Miller, L. (2004). *Teacher leadership*. New Jersey: John Wiley & Sons, Inc.

Lieberman, J. M. (2002). *Promoting teacher leadership in urban schools*. Paper Presented at the Annual Meeting of the AACYE. New York, 2002.

Sergiovanni, T. J. (2001). *Leadership: What's in it for schools?* London: Routledge Falmer.

Sergiovanni, T. J. (2006). *The principalship: A reflective practice perspective* (5th ed.). Boston: Pearson/Allyn and Bacon.

Smylie, M. A., & Denny, J. W. (1990). Teacher leadership: Tensions and ambiguities in organizational perspective. *Educational Administration Quarterly, 26*(3), 235–259.

Tan, O., Liu, W., & Low, E. (2017). *Teacher education in the 21st century: Singapore's evolution and innovation*. Singapore: Springer.

York-Barr, J., & Duke, K. (2004). What do we know about teacher leadership? Findings from two decades of scholarship. *Review of Educational Research, 74*(3), 255–317.

제**14**장

교육행정가 리더십

이 장에서는 교육행정가의 개념과 범위, 교육전문직 리더십, 교육장 리더십 그리고 교육감 리더십 등을 중심으로 살펴본다.

교육행정가의 개념과 범위에서는 관련 연구를 바탕으로 교육행정가를 단위학교 교육행정가와 교육행정기관 교육행정가로 구분하여 제시하고, 교육행정기관의 교육행정가 중에서 교육전문직, 교육장, 교육감 등을 중심으로 서술 범위를 제한하였다.

교육전문직 리더십에서는 교육전문직 개념, 교육전문직의 직무와 역할, 교육전문직 리더십 실제를 살펴본다. 교육장 리더십에서는 교육장의 법적 지위와 권한, 교육장의 직무와 역할, 교육장 리더십 실제를 소개한다. 교육감 리더십에서는 교육감 선출제도의 변화, 교육감의 법적 권한 및 역할, 교육감 리더십 실제를 살펴본다.

1. 교육행정가의 개념과 범위

교육행정가의 개념과 범위에 대하여는 연구자에 따라 다양하다. 노종희(1995)는

「교육행정가의 전문화」 연구에서 교육행정가를 학교장으로 규정하고, 두상언(2005)은 「교육행정가들이 지각한 교육장의 지도성과 역할수행상의 갈등 연구」에서 교육행정가에 교육장, 학교장, 학교행정실장 등을 포함하고 있다. 최동규와 최정혜(2002)는 「초등교사, 학교관리자 및 교육행정가의 실과교육에 관한 인식도」 연구에서 교육행정가에는 교육전문직, 학교관리자에는 교장·교감으로 구분하고 있으며, 장경원과 이지은(2009)은 「학습자 중심 교육에 대한 교육행정가, 교사, 예비교사의 인식 비교 연구」에서 교육행정가에 교장, 교감, 교육전문직을 포함하고 있다. 김영식(2005)은 「교육행정가의 지도성이 조직 구성원의 직무만족에 미치는 영향에 관한 연구」에서 교육행정가에 교육행정기관에 근무하는 일반직 공무원을 포함하고 있고, 민경훈 등(2017)은 「학교 교육 행정가를 위한 문화예술교육 연수 프로그램 개발」 연구에서 학교장을 학교교육행정가로 규정하였다. 교육행정가의 개념과 범위에 관한 연구를 종합하면, 교육행정가는 단위학교 교육행정가와 교육행정기관 교육행정가로 구분할 수 있으며, 단위학교 교육행정가에는 교장·교감이 해당되며, 교육행정기관 교육행정가는 교육전문직 공무원, 일반직 공무원 등이 해당된다. 그리고 교육행정기관의 장에 해당하는 교육장, 교육감, 교육부장관 등도 교육행정가에 해당되는 등 그 범위가 넓다.

앞에서 열거한 교육행정가 중에서 단위학교 교육행정가에 해당하는 학교장의 리더십은 앞의 장에서 기술하고 있으므로, 이 장에서는 교육행정기관에 근무하는 교

표 14-1 교육행정가의 범위

범위 연구자	교육행정기관			학교		
	교육 전문직	교육 전문직 (교육장)	일반직 공무원	교장	교감	행정실장
노종희(1995)				○		
두상언(2005)		○		○		○
최동규, 최정혜(2002)	○			○	○	
장경원, 이지은(2009)	○			○	○	
김영식(2005)			○			
민경훈 외(2017)				○		

육전문직, 교육행정기관의 장에 해당하는 교육장, 교육감 등을 중심으로 교육행정
가 리더십을 살펴보고자 한다.

2. 교육전문직 리더십

1) 교육전문직 개념

이윤식(2002)은 교육전문직을 '교직전문성을 갖추고 지적·기술적 수월성을 겸
비한 자가 교육체제의 유지·발전과 교육의 질 관리를 위해 교육정책의 수립, 교과
지도와 학생지도 및 학교경영에 대한 장학, 교육연구, 교육연수, 교재편찬 등의 직
무를 수행하는 직'으로 정의하였는데, 그 개념의 범위가 상당히 폭넓고 방대하다

표 14-2 교육전문직의 법적 자격기준

직명 ＼ 자격기준	자격기준
장학관 교육연구관	1. 대학, 사범대학, 교육대학을 졸업하고 7년 이상의 교육경력이나 2년 이상의 교육경력을 포함한 7년 이상의 교육행정경력 또는 교육연구경력이 있는 자 2. 2년제 교육대학 또는 전문대학 졸업자로서 9년 이상의 교육경력이나 2년 이상의 교육경력을 포함한 9년 이상의 교육행정경력 또는 교육연구경력이 있는 자 3. 행정고등고시 합격자로서 4년 이상의 교육경력이나 교육행정경력 또는 교육연구경력이 있는 자 4. 2년 이상의 장학사, 교육연구사의 경력이 있는 자 5. 11년 이상의 교육경력이나 2년 이상의 교육경력을 포함한 11년 이상의 교육연구경력이 있는 자 6. 박사학위를 소지한 자
장학사 교육연구사	1. 대학, 사범대학, 교육대학 졸업자로서 5년 이상의 교육경력이나 2년 이상의 교육연구경력을 포함한 5년 이상의 교육행정경력 또는 교육연구경력이 있는 자 2. 9년 이상의 교육경력이나 2년 이상의 교육경력을 포함한 9년 이상의 교육행정경력 또는 교육연구경력이 있는 자

는 점이 특징이다. 법령의 측면에서 교육전문직의 범위에 대하여는 「교육공무원법」 제2조에 규정하고 있는데, 교육행정기관에 근무하는 장학관·장학사, 교육기관·교육행정기관 또는 교육연구기관에 근무하는 교육연구관·교육연구사로 한정하고 있으며, 일반적으로 교육전문직은 장학관(사), 교육연구관(사)을 뜻한다(이상철, 2012). 그리고 「교육공무원법」 제9조의 별표에 규정된 교육전문직의 법적 자격기준은 〈표 14-2〉와 같다.

2) 교육전문직 직무와 역할

이준희 등(2020)은 선행연구를 바탕으로 교육전문직의 직무를 〈표 14-3〉, 〈표 14-4〉와 같이 내용상, 행위상으로 분류하여 제시하였다.

먼저, 교육전문직 직무를 내용상으로 분류하여 빈도순으로 살펴본 결과 수업장학/컨설팅이 가장 높고, 교원인사행정, 교원연수 및 연구, 교육과정개발 및 운영, 학교효과성/학교개선, 교육재정/감사/예·결산, 환경개선 및 시설개선, 학생생활지도, 학업성취도 평가, 교사평가 순으로 나타나고 있다.

표 14-3 교육전문직 직무의 내용상 분류

연구자	직무의 내용상 분류										비고
	수업 장학/ 컨설팅	교육 과정 개발 및 운영	교원 인사 행정	교원 연수 및 연구	학생 생활 지도	교사 평가	학교 효과성/ 학교 개선	학업 성취도 평가	교육 재정/ 감사/ 예·결산	환경 개선 및 시설 행정	
이명주 (1988)	○	○	○	○	○						
서울시 교육 연구원 (1995)	○		○		○				○	○	
주삼환 (1996)	○	○		○		○	○	○			

연구자	학교감독 및 관리	전문적 지도 및 컨설팅	교육정책 기획 및 관리	학교교육 활동지원	학교교육 성과평가	교육연구 및 연수	소통 및 조정역할	민원처리 역할	비고
두상언 (2005)	○	○	○				○	○	
정진환 외 (2005)	○	○		○		○		○	통합
홍창남 (2010)	○		○	○		○			통합
한국교총 (2010)			○			○			
박영숙 (2010)	○		○	○		○	○	○	통합
박수정 외 (2011)	○		○	○			○		통합
교육정책 디자인 연구원 (2019)	○	○	○		○		○	○	통합

출처: 이준희 외(2020). 지방교육자치 강화에 따른 교육전문직 인사제도 개선 방안, p. 14.

다음으로, 교육전문직 직무를 행위상으로 분류하여 빈도순으로 살펴본 결과 전문적 지도 및 컨설팅이 가장 높고, 교육정책기획 및 관리, 학교교육활동지원, 교육연구 및 연수, 소통 및 조정역할, 학교감독 및 관리, 민원처리 역할 순으로 나타나고 있다.

표 14-4 교육전문직 직무의 행위상 분류

연구자	직무의 행위상 분류								비고
	학교감독 및 관리	전문적 지도 및 컨설팅	교육정책 기획 및 관리	학교교육 활동지원	학교교육 성과평가	교육연구 및 연수	소통 및 조정역할	민원처리 역할	
김재복 외 (2001)	○	○							
정진환 외 (2005)		○	○			○			통합

최경희 (2007)	○	○					○		
김용일 외 (2008)		○		○			○		
김세진 (2009)	○	○	○			○			
김민희 (2009)	○		○	○				○	
홍창남 (2010)		○	○	○	○				통합
박영숙 (2010)		○	○	○		○	○		통합
박수정 외 (2011)		○	○		○	○	○		통합
이윤중 (2018)		○	○	○	○	○			
교육정책 디자인 연구소 (2019)		○	○	○	○	○	○	○	통합

출처: 이준희 외(2020). 지방교육자치 강화에 따른 교육전문직 인사제도 개선 방안, p. 16.

앞서 살펴본 바와 같이 이준희 등(2020)은 교육전문직 직무에 관한 선행연구를 종합하였다. 이러한 연구결과에 더하여 2010년 전국적 교육감 직선제 도입 이후 지방교육자치 확대에 따른 시대적 변화를 반영하여, 교육전문직의 역할을 교육과정 운영 외 교육활동 지원, 현장기반 교육연구 및 교원연수, 교육정책 기획 및 조정, 지역사회 연계 및 조력 등으로 제시하였다. 그리고 홍섭근(2018)은 교육자치시대에 필요한 교육전문직에 요구되는 역량으로 전문성, 조직헌신도 및 책임감, 윤리의식, 문제해결능력, 인적·물적 자원 활용, 업무능력 및 추진력, 정책기획관리 능력, 의사소통 능력, 갈등 조정 능력, 지방 교육자치 특성에 대한 이해 및 업무수행 능력, 학교에 대한 지향성, 교육법·제도·정책에 대한 지식 및 활용, 교육 3주체에 대한 이해, 교육현장 지원 능력, 교육과정, 지역 네트워크, 변화지향(혁신지향), 미래비전,

학습과 성장 등을 제시하였다. 또한 홍은광(2018)은 「교육전문직원 역할 재정립을 통한 장학활동 활성화 방안 연구」에서, 교육전문직에 요구되는 역할로 학교교육 지원(컨설팅장학), 교원전문성 강화, 장학지원, 교육전문성 기반 장학행정, 정책 수립 추진 평가 등을 제시하였다.

교육전문직 직무에 관한 선행연구와 지방자치 확대라는 최근의 흐름을 반영하여 교육전문직 직무를 살펴보면, 수업장학/컨설팅, 교원인사행정, 교원연구 및 연구, 교육과정 개발 및 운영 등과 같은 전통적 직무와, 교육정책 기획 및 조정, 학교교육 활동 지원, 지역사회 연계 및 조력 등의 새로운 직무로 구분하여 정리할 수 있다.

3) 교육전문직 리더십 실제

교육전문직 리더십과 관련된 연구를 살펴보면, 우정남(2005)은 「교육전문직의 지도성 개발」 연구에서, 교육전문직에게 요구되는 리더십으로 교육정책 리더십, 인간 관리 리더십, 단위학교 리더십 등을 제시하였다. 이윤식(2006)은 교육전문직의 교육리더십 개발 프로그램에서, 교육전문직에 요구되는 교육 리더십으로 윤리·문화적 리더십, 변혁·참여의 리더십, 합법적 리더십, 교육정책·비전제시의 리더십, 조직관리·인사 리더십, 교육과정·수업 리더십, 창의적 기획 리더십 등을 제시하고 있다.

교육전문직 리더십 관련 연구, 교육전문직 직무와 역할 관련 연구, 1991년 교육자치 부활 30년 및 2010년 전국적 교육감 주민직선제 시행 11년 경과로 인한 교육자치 확대 등을 종합해 보면 교육전문직에게 요구되는 리더십은 다음과 같이 정리해 볼 수 있다.

첫째, 변화지향 리더십이다. 교육전문직은 일반적으로 시·도교육청의 본청이나 교육지원청과 같은 교육행정기관에 근무할 경우에는 장학사·장학관으로, 직속기관 등에 근무할 경우에는 교육연구사·교육연구관으로 근무하게 된다. 2010년 전국적 교육감 주민직선제 도입 이전에는 중앙정부에서 수립한 교육정책이 '교육부 → 시·도교육청 → 교육지원청 → 학교'로 이어지는 상의하달적 구조에서, 시·도교육청에 근무하는 교육전문직은 교육부에서 수립한 정책을 구체화해서 교육지원청과 학교로 내려보내는 역할을 수행해야 하기 때문에 혁신적 사고보다는 보수적이고 안정지향적으로 사고할 수밖에 없다. 반면 2010년 교육감 주민직선제 도입 이후 시·도교육청 자체적으로 교육정책을 수립하게 되고, 유·초·중등교육 권한의 시·도교육청 이관 등으로 인하여, 교육전문직은 기존의 교육부 지향적 사고에서 벗어나 주체적으로 해당 지역의 교육정책 방향을 수립하고 교육구성원에게 제시하는 새로운 변화지향적 리더십을 발휘할 필요가 있다.

둘째, 교육정책 리더십이다. 교육정책 리더십도 앞의 변화지향 리더십에서 살펴본 바와 같이, 2010년 교육감 주민직선제 도입 및 유·초·중등교육 권한의 시·도교육청 이관 등으로 인하여 교육전문직에게는 해당 지역의 교육발전에 기여할 수 있는 교육정책을 발굴하고 구체화하여 교육구성원에게 제시할 수 있는 교육정책 리더십이 요구된다. 예를 들면, 2014년 당시 전라북도교육청의 추창훈 장학사는 '완주창의적교육특구' 추진 업무 담당자로서, '교육환경 탓에 학생들이 다른 데로 떠나지 않고 학부모가 안심하고 완주군 학교에 보내도록 하는 교육공동체'를 만들기 위해 따뜻한 학교, 열손가락학교, 실천연구회, 맞춤형 책임교육, 마을교과서, 풀뿌리 교육과정 등과 같은 지역교육 살리기 사업을 성공적으로 추진하였으며, 이러한 기록을 『로컬 에듀』(2017), 『로컬이 미래다』(2020) 등으로 정리하기도 하였다. 이와 같이 교육전문직은 지역 상황에 적합한 교육정책을 수립하고 집행하는 전문가로서의 교육정책 리더십 발휘와 함께, 담당 정책에 대한 고민을 담은 저술활동까지 수행하는 연구자로서의 리더십도 보여 줄 필요가 있다.

셋째, 교육과정 리더십이다. 교육자치 활성화 이전까지만 해도 교육정책은 교육부 중심으로 이루어져 왔으며, 교육과정 영역과 관련하여서도 국가수준 교육과정의 강한 통제, 교과서 중심 교육체제, 표준화된 교육 등이 학교교육 문제의 핵심으로 제시되어 왔다. 하지만 최근 교육과정 논의의 흐름은 표준화된 교육과정에서 탈피하고 학생들의 삶의 기반인 지역교육과정의 제대로 된 역할을 통해 학생 참여 중심 수업, 교사수준 교육과정 운영을 강조하고 있으며, 2022 개정 교육과정 추진 계획도 교육과정 분권화를 통한 시·도 및 학교교육과정, 교사의 교육과정 의사결정 자율권 확대 등에 초점을 두고 있다(김은주, 2021). 앞서 교육전문직의 직무와 역할에서도 살펴보았듯이 교육과정은 교육전문직의 중요한 직무의 하나인데, 그 동안의 관련 업무 수행은 교육부에서 제시하는 지침과 국가수준 교육과정을 충실하게 해석하여 학교로 전달하는 역할을 수행하였다면, 앞으로는 교육과정 분권화의 핵심 담당자로서 지역의 상황에 적합한 지역교육과정을 설계하고 학교수준 및 교사 수준 교육과정의 방향을 제시할 수 있는 교육과정 리더십을 발휘해야 한다.

넷째, 학교지원 리더십이다. 오랜 기간 시·도교육청 및 교육지원청은 '교육부 → 시·도교육청 → 교육지원청 → 학교'로 이어지는 상의하달적 구조 속에서 교육부 의 교육정책을 학교로 전달하는 매개적 또는 터미널 기능을 수행하였다(이상철 외, 2018). 이러한 과정에서 학교는 시·도교육청과 교육지원청의 관리와 통제의 대상 이었으며, 자율적 교육기관이라기보다는 관료조직의 맨 하단에 있는 교육행정기관 과 같은 역할을 수행하였다. 그러나 2010년 전국적 교육감 주민직선제 11년을 경과 하고 교육자치가 강화되면서 학교는 관리와 통제의 대상이 아니라 지원의 대상이 라는 방향으로 시·도교육청의 기능과 인식이 변화하고 있다. 단적인 예로, 대부분 의 시·도교육청은 본청에는 학교지원을 총괄하는 조직을 두고 있으며, 교육지원 청에는 학교지원센터와 같은 학교지원조직을 설치하여 학교지원 업무를 수행하고 있다. 심지어는 2011년 지역교육청의 명칭이 교육지원청으로 변경되었지만 여전히 지원보다는 학교를 지도·감독하는 기능을 수행한다고 비판하면서, 학교지원 확대 를 위해 교육지원청 명칭 자체를 '학교지원센터'로 변경해야 한다는 주장도 있다(성 병창 외, 2020; 이수광 외, 2015). 따라서 교육전문직은 이와 같은 시대적 변화의 흐름 을 파악하여 학교를 교육행정의 중심에 두고, 학교가 본질적 기능에 해당하는 교육 활동을 잘 수행할 수 있도록 최선의 지원 방안을 고민하는 학교지원 리더십을 키워 나가야 할 것이다.

3. 교육장 리더십

1) 교육장의 법적 지위와 권한

교육장의 법적 지위는 「지방교육자치에 관한 법률」 제34조에서 규정하고 있는데, '교육감의 권한에 해당하는 시·도의 교육·학예에 해당하는 사무를 분장하기 위하 여 1개 또는 2개 이상의 자치구를 관할 구역으로 하는 하급교육행정기관으로서 교 육지원청을 두고, 교육지원청에 교육전문직 장학관을 교육장으로 둔다.'라고 규정하고 있다. 즉, 교육장은 시·도의 교육·학예에 관한 사무 중 법률에 근거하여 일부를 위임받아 집행하는 하급교육행정기관의 장이다.

표 14-5 교육장의 법적 지위 및 권한

법률 조항	내용
「지방교육자치에 관한 법률」 제34조 (하급교육행정기관의 설치 등)	제34조(하급교육행정기관의 설치 등) ① 시·도의 교육·학예에 관한 사무를 분장하기 위하여 1개 또는 2개 이상의 시·군 및 자치구를 관할 구역으로 하는 하급교육행정기관으로서 교육지원청을 둔다. ② 교육지원청의 관할 구역과 명칭은 대통령령으로 정한다. ③ 교육지원청에 교육장을 두되 장학관으로 보하고, 그 임용에 관하여 필요한 사항은 대통령령으로 정한다. ④ 교육지원청의 조직과 운영 등에 관하여 필요한 사항은 대통령령으로 정한다.
「지방교육자치에 관한 법률」 제35조 (교육장의 분장 사무)	제35조(교육장의 분장사무) 교육장은 시·도의 교육·학예에 관한 사무 중 다음 각 호의 사무를 위임받아 분장한다. 1. 공·사립의 유치원·초등학교·중학교·공민학교·고등공민학교 및 이에 준하는 각종학교의 운영·관리에 관한 지도·감독 2. 그 밖에 조례로 정하는 사무
「지방교육자치에 관한 법률 시행령」 제6조 (교육장의 분장사무의 범위)	제6조(교육장의 분장사무의 범위) 법 제35조 제1호에 따라 교육장이 위임받아 분장하는 각급 학교의 운영·관리에 관한 지도·감독사무의 범위는 다음 각 호와 같다. 1. 교수학습활동, 진로지도, 강사 확보·관리 등 교육과정 운영에 관한 사항 2. 과학·기술교육의 진흥에 관한 사항 3. 특수교육, 학교 부적응 학생 교육, 저소득층 학생 지원 등 교육복지에 관한 사항 4. 학교체육·보건·급식 및 학교환경 정화 등 학생의 안전 및 건강에 관한 사항 5. 학생 통학 구역에 관한 사항 6. 학부모의 학교 참여, 연수·상담, 학교운영위원회 운영에 관한 사항 7. 평생교육 등 교육·학예 진흥에 관한 사항 8. 그 밖에 예산안의 편성·집행, 수업료, 입학금 등 각급학교의 운영·관리에 관한 지도·감독 사항

교육장의 법적 권한은 「지방교육자치에 관한 법률」 제35조에서 규정하고 있는데, 공·사립의 유치원·초등학교·중학교·공민학교·고등공민학교 및 이에 준하는 각종학교의 운영·관리에 관한 지도·감독권을 가진다. 구체적인 교육장의 법적 권한 즉 분장사무의 범위는 「지방교육자치에 관한 법률 시행령」 제6조에서 규정하고 있는데, 교육과정 운영, 과학·기술교육 진흥, 교육복지, 학생 안전 및 건강, 학생 통학 구역, 학부모 참여 등 학교운영위원회 운영, 평생교육 등 교육·학예 진흥, 예산안 편성 및 집행, 각급 학교의 운영·관리 등이 해당된다.

2) 교육장의 직무와 역할

　서울대학교교육행정연수원(2011)에서는 교육장에게 요구되는 역할과 자질을 〈표 14-6〉과 같이 제시하고 있다.

표 14-6 교육장에게 요구되는 역할과 자질

구분	내용
역할	• 지역 실정에 맞는 교육정책 개발, 지속적 추진을 위한 평가 및 환류 • 미래지향적 비전 제시 • 장학관리자, 장학지원 • 학교 교육성과 산출과 피드백 • 교육의 자율성 신장을 위한 현장 중심의 지원체제 강화 • 교육공동체에 대한 서비스로 교육만족도 향상 • 교육 취약계층 및 소외계층에 대한 지원 • 교사들의 전문성 신장을 위한 정보 제공 및 지원 • 지시나 명령보다는 현장의 목소리를 많이 듣는 역할 • 에이전트 및 학교 경영의 서포터 역할 • 교육공무원 사기 진작 및 공정한 인사관리 • 인적·물적 자원 확보 및 행·재정 지원 • 지자체, 유관기관과의 협조체제 구축 • 교원단체, 학부모단체, NGO 등과의 교육파트너십 발휘 • 교육구성원 간의 이해관계 조정 및 갈등관리, 교육 현안 해결 • 시·도교육청과 학교 간의 가교 역할 • 지역사회 안전망 구축을 통한 안전한 교육환경 구현 • 교육환경 및 근무여건 조성

구분	내용
자질	• 투철한 교육관 및 올바른 교사관, 학생관 • 교육에 대한 소신과 미래지향적 교육철학 • 교육자적 품성 · 교육행정적인 품성 · 교육정치인으로서의 품성 • 교육전문가 · 교육행정가 · 교육정치가 • 좋은 품성과 높은 덕망, 솔선수범, 신뢰 • 도덕성, 청렴, 정직, 봉사, 헌신, 희생정신 • 헌신적인 소명의식 • 통솔력 및 포용력 • 문제해결력 • 통합적 리더십(카리스마 리더십, 민주적이고 변혁지향적 리더십, 서번트 리더십, 　감성 리더십, 지원적 리더십) • 의사소통능력 및 조정능력 • 경영 관리자

　　교육장의 주요 역할로는 지역 실정에 맞는 교육정책 개발과 지속적 추진을 위한 평가 및 환류, 미래지향적 비전 제시, 교육의 자율성 신장을 위한 현장 중심의 지원체제 강화, 교육공동체에 대한 서비스로 교육만족도 향상, 교육공무원 사기 진작 및 공정한 인사관리, 인적 · 물적 자원 확보 및 행 · 재정 지원, 지자체 및 유관기관과의 협조체제 구축, 교육구성원 간의 이해관계 조정 및 갈등관리, 교육 현안 해결 등이 해당된다.

　　교육장의 주요 자질로는 교육에 대한 소신과 미래지향적 교육철학, 교육자적 품성 · 교육행정적인 품성 · 교육정치인으로서의 품성, 통솔력 및 포용력, 통합적 리더십 등을 들 수 있다.

　　김이경 등(2010)은 2010년 지역교육청에서 교육지원청으로 기능 개편 이후 교육장의 역할 변화와 요구되는 능력과 자질에 대하여 다음과 같이 정리하였다.

　　교육지원청 기능 개편 이전에는 지역사회 교육계의 수장, 교육감의 하부 기관장, 조직 관리자, 학교교육행정가의 역할에서, 교육지원청 기능 개편 이후에는 지역사회 교육 촉진 책임자, 지역교육계의 대변자, 교사 · 학생 · 학부모에 대한 봉사자, 지역교육 문화 네트워크 관리자로 역할 변화가 필요하다고 제안하였다.

표 14-7 교육지원청 기능 개편 이후의 교육장의 역할 변화

교육지원청 기능 개편 이전	교육지원청 기능 개편 이후
• 지역사회 교육계의 수장 • 교육감의 하부 기관장 • 조직 관리자 • 학교교육 행정가	• 지역사회 교육 촉진 책임자 • 지역교육계의 대변자 • 교사, 학생, 학부모에 대한 봉사자 • 지역교육 문화 네트워크 관리자

출처: 김이경 외(2010). 교육장 임용방식 개선에 관한 연구, pp. 28-30.

이은주(2012)는 교육장의 직무와 역할 관련 선행연구를 바탕으로 교육장 평가 준거를 〈표 14-8〉과 같이 개발하였다. 교육장 평가 준거는 지역교육 계획 및 관리, 단위학교 교육 지원, 지역사회 연계 협력, 학생·학부모·주민 지원 및 소통, 도덕적 품성과 자질 등의 5개 영역으로 구성하였으며, 각 영역별로 세부 내용을 제시하였다.

표 14-8 교육장 평가 준거

영역	내용
지역교육 계획 및 관리	• 교육비전 수립 및 추진 • 시·도교육청 교육정책 추진 • 변화 및 혁신 관리 • 인적·물적 자원 및 조직 관리
단위학교 교육 지원	• 학교교육과정 운영 및 장학활동 지원 • 학교 교육 프로그램 및 성과 지원 • 교직원 역량 강화 지원 • 단위학교 자율역량 강화 지원 • 교육기회 균등 확보
지역사회 연계 협력	• 학교와 지역사회 연계 지원 • 대외적 협력 관계 촉진
학생·학부모·주민 지원 및 소통	• 학생 지원 • 학부모·주민 지원 • 수요자 의견 수렴 및 민원 처리
도덕적 품성과 자질	• 품성 및 자질 • 청렴 및 신뢰도

출처: 이은주(2012). 교육장 평가 준거 개발, p. 112.

교육장의 직무와 역할 관련 선행연구를 종합해 보면 지역사회 교육 촉진 책임자, 단위학교 교육 지원자, 교사·학생·학부모 간 소통자, 지역사회 교육 네트워크 관리자 등으로 교육장의 역할과 직무를 정리할 수 있다.

3) 교육장 리더십 실제

2010년 지역교육청의 교육지원청으로의 기능 개편, 2019년 전국 시·도교육청 조직개편 결과 학교지원 기능 강화에 중점을 두는 방향으로 교육지원청의 기능 개편 등과 같이 교육지원청은 학교지원 중심으로 변화하고 있다. 앞서 교육장의 법적 지위에서 살펴본 것처럼 교육장은 교육전문직에 해당하는 장학관으로 보한다고 규정하고 있으므로, 교육장의 리더십은 교육전문직 리더십의 하위 영역에 해당된다고도 볼 수 있다. 따라서 이 절에서 다룰 교육장 리더십은 앞서 살펴본 교육전문직의 리더십에서 제시한 변화지향 리더십, 교육정책 리더십, 교육과정 리더십, 학교지원 리더십 등과 중첩된다고 볼 수 있으며, 교육장 리더십에 추가되어야 할 리더십으로 지역사회, 즉 학교, 교육지원청, 기초지방자치단체, 지역시민단체 등과의 연계 협력에 초점을 두는 '지역사회 연계 리더십'을 중심으로 살펴본다.

현행 교육자치제도 현황을 살펴보면 시·도 단위의 광역교육자치는 실시하고 있는 반면에 구·군 단위의 기초교육자치는 실시하지 않고 있다. 이는 일반자치가 광역 및 기초자치를 함께 실시하고 있는 것과는 차이가 있다. 이러한 제도적 특징으로 인해 주민에 의해 선출된 기초자치단체장에 의해 기초자치구·군이 광역자치단체로부터 어느 정도의 자치권을 가지는 반면에 교육감에 의해 임명된 교육장이 기관장으로 있는 교육지원청은 시·도교육청의 하급교육행정기관으로 위치해 있으며, 앞의 절에서 살펴본 것처럼 교육부 및 시·도교육청에서 수립한 교육정책을 일선 학교로 전달하는 터미널 기능과 일선 학교를 관리감독하는 역할을 수행해 왔다.

하지만 최근의 흐름은 교육지원청이 지역사회와 연계하여 학교교육을 지원하고 학교교육의 공간을 지역사회로 확대하기 위해 다양한 노력이 이루어지고 있으며 대표적인 사례가 혁신교육지구, 마을교육공동체 등이다. 혁신교육지구는 지역과 학교가 협력하는 지역교육공동체 구축을 위해 교육지원청과 해당 지역의 기초지방자치단체가 공동 운영하는 지역으로 2011년 경기도에서부터 시작된 이래 2021년 현재 전국 226개 기초자치단체 중 191개 자치구·군에서 운영되고 있다. 마을교육 공동체 또한 '한 아이를 잘 키우기 위해서는 온 마을이 필요하다.'는 아프리카 속담처럼 학교와 마을이 아이들을 함께 키우기 위해 협력하는 교육생태계로 마을을 통한 교육, 마을에 관한 교육, 마을을 위한 교육을 지향한다(주철안 외, 2021).

　지역사회와 함께 하는 교육지원청의 역할 변화 속에서, 교육지원청의 장인 교육장은 학교를 지역사회의 고립된 섬으로 둘 것이 아니라 학교와 지역사회가 교류하고 소통하는 지역교육생태계 조성을 위한 리더십을 발휘할 필요가 있다. 예를 들면, 2018년 부산혁신교육지구(다행복교육지구) 지정 당시 부산광역시북부교육지원청의 김대성 교육장은 '북구혁신교육지구'의 비전을 [그림 14-1]과 같이 제시하고 실천

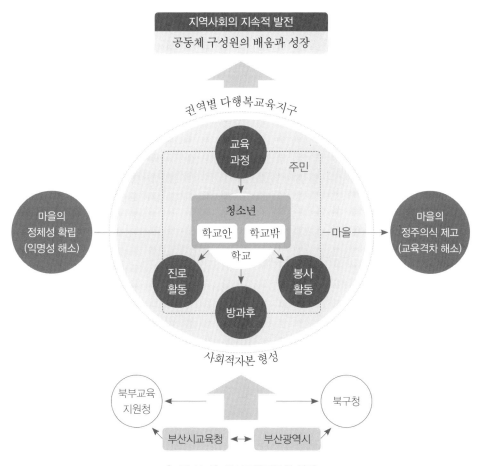

[그림 14-1] 혁신교육지구의 비전

출처: 부산광역시북부교육지원청 홈페이지(https://www.bsbukgu.go.kr).

을 위해 노력하였다. 핵심 내용은, 학교와 청소년을 중심에 두고, 지역사회 주민과 마을의 연계를 통해 마을의 정체성을 확립하고 마을의 정주의식을 제고하며, 공동체 구성원의 배움과 성장을 넘어 지역사회의 지속적 발전을 지향한다. 이를 구현하기 위해 부산시교육청과 북부교육지원청 그리고 부산광역시와 북구청이 지원체제를 구축한다.

4. 교육감 리더십

1) 교육감 선출제도의 변화

교육감 리더십 관련 내용을 살펴보기 전에, 현행 교육감 주민직선제가 실시되기까지의 선출제도 변화과정을 살펴볼 필요가 있다. 교육감 선출제도는 선출 주체에 따라 크게 교육위원회 선출제, 학교운영위원 선출제, 주민직접 선출제로 구분할 수 있다.

교육위원회 선출제는 1949년부터 1990년까지는 교육위원회가 추천하고 문교부장관의 제청으로 대통령이 임명하였고, 1991년부터 1996년까지는 교육위원회에서 무등록 · 무추천 선출, 즉 일명 교황식 선출 방식으로 변화하였다.

학교운영위원 선출제는 1997년부터 1999년까지는 학교운영위원 및 교원단체 추천 선거인단에 의해 선출하였고, 2000년부터 2006년까지는 학교운영위원 전원에 의한 선출 방식으로 변화하였다.

주민직접 선출제는 2007년 이후 현재까지 해당 시 · 도 주민의 직접 선거에 의해 선출되고 있다. 교육감 주민직선제의 의의로는 주민대표성 확보, 지역주민을 위한 교육정책 실시, 교육자치의 영역 확대 등이며, 한계로는 직 · 간접적 정당 관여, 교원단체 · 이익단체의 관여, 보수와 진보의 이념 대결 등으로 정리할 수 있다(이상철, 2011). 이와 같은 교육감 주민직선제의 의의와 한계를 가지고 있으나, 주민에 의해 직접 선출된다는 측면에서 교육감의 위상은 그 이전에 비해 한결 높아졌으며, 이에 따라 교육감의 역할과 리더십 등에서도 상당한 변화가 이어지고 있다.

표 14-9 교육감 선출제도의 변화

선출 주체	시기	선출 방법
교육 위원회	1949~1990	교육위원회 추천 → 도지사경유 → 장관제청 → 대통령 임명
	1991~1996	교육위원회 무등록·무추천 선출(일명 교황식)
학교 운영위원	1997~1999	학교운영위원(97%) 및 교원단체(3%) 추천 선거인단
	2000~2006	학교운영위원 전원
주민직접	2007~현재	해당 지역 주민

출처: 이상철(2009). 교육감 주민직선제 쟁점 및 과제 연구: 서울특별시 교육감 선거 결과를 중심으로, p. 30.

2) 교육감의 법적 권한 및 역할

교육감의 법적 권한은 「지방교육자치에 관한 법률」에 규정되어 있는데, 크게 교육·학예 사무의 대표권, 행정에 관한 권한, 입법에 관한 권한 등으로 구분할 수 있으며, 주요 내용을 살펴보면 다음과 같다(이상철, 2011).

첫째, 교육·학예에 관한 사무의 대표권이다. 교육감은 법 제18조에 따라 시·도의 교육·학예에 관한 사무 집행기관이며, 교육·학예에 관한 소관 사무로 인한 소송이나 재산의 등기 등에 대하여 당해 시·도를 대표한다.

둘째, 행정에 관한 권한이다. 행정에 관한 권한은 일반행정 사무의 집행권과 소속 직원에 관한 권한으로 구분할 수 있다. 일반행정 사무의 집행권에는, 교육감은 법 제19조에 따라 국가행정사무 중 시·도에 위임하여 행하는 사무로서 교육·학예에 관한 사항, 법 제20조에 따라 조례안 작성 및 제출, 예산안 작성 및 제출, 결산서 작성 및 제출, 교육규칙 제정, 학교 및 그 밖의 교육기관의 설치·이전 및 폐지, 교육과정 운영, 학교체육·보건 및 학교환경정화, 학생통학구역, 재산의 취득·처분, 소속 국가공무원 및 지방공무원의 인사관리 등에 관한 사항 등에 대한 집행권을 가진다. 소속 직원에 관한 권한으로, 법 제27조에 따라 소속 공무원 지휘·감독권 및 임용·교육훈련·복무·징계권을 가진다.

셋째, 입법에 관한 권한이다. 교육감은 제25조에 따라 교육규칙 제정권, 제28조에 따라 시·도의회 등의 의결에 대한 재의와 제소권을 가진다.

표 14-10 교육감의 주요 권한

영역		교육감 권한의 법률적 근거	구체적 내용
교육·학예 사무의 대표권		제18조 ① 시·도의 교육·학예에 관한 사무 집행기관 ② 교육·학예에 관한 소관 사무로 인한 소송이나 재산의 등기 등에 대하여 당해 시·도를 대표	교육·학예 대표권
행정에 관한 권한	일반 행정 사무의 집행권	제19조 국가행정사무 중 시·도에 위임하여 행하는 사무로 서 교육·학예에 관한 사항 제20조 1. 조례안의 작성 및 제출에 관한 사항 　　　 2. 예산안의 편성 및 제출에 관한 사항 　　　 3. 결산서의 작성 및 제출에 관한 사항 　　　 4. 교육규칙의 제정에 관한 사항 　　　 5. 학교, 그 밖의 교육기관의 설치·이전 및 폐지에 　　　　 관한 사항 　　　 6. 교육과정의 운영에 관한 사항 　　　 7. 과학·기술교육의 진흥에 관한 사항 　　　 8. 평생교육, 그 밖의 교육·학예진흥에 관한 사항 　　　 9. 학교체육·보건 및 학교환경정화에 관한 사항 　　　10. 학생 통학 구역에 관한 사항 　　　11. 교육·학예의 시설·설비 및 교구(교구)에 관한 　　　　 사항 　　　12. 재산의 취득·처분에 관한 사항 　　　13. 특별부과금·사용료·수수료·분담금 및 가입 　　　　 금에 관한 사항 　　　14. 기채(기채)·차입금 또는 예산 외의 의무부담에 　　　　 관한 사항 　　　15. 기금의 설치·운용에 관한 사항 　　　16. 소속 국가공무원 및 지방공무원의 인사관리에 　　　　 관한 사항 　　　17. 그 밖에 당해 시·도의 교육·학예에 관한 사항 　　　　 과 위임된 사항 제26조 사무의 위임·위탁권 제29조 선결처분권	조례안 작성제출권 예산 편성권 교육규칙 제정권 학교설립 지정권 교육과정 운영권 교직원 인사권 고교선발방식 결정권
	소속 직원에 관한 권한	제27조 소속 공무원 지휘·감독권 및 임용·교육훈련·복 무·징계권	
입법에 관한 권한		제25조 교육규칙 제정권 제28조 시·도의회 등의 의결에 대한 재의와 제소권	

출처: 이상철(2011). 교육감 주민직선제 주요 쟁점과 향후 과제: 2010년 전국동시 교육감 선거결과를 중심으로, p. 250.

다음으로, 교육감의 역할이다. 김정민(2015)은 「직선 교육감의 역할기대에 관한 실증적 연구」에서 관련 선행연구를 바탕으로 직선 교육감에게 기대되는 역할을 정리하였다. 직선 교육감에게 기대되는 역할로는 교육이 추구하는 기본 가치의 수호자, 지역교육공동체의 합의 조성자, 학교지원을 위한 교육정책 기획자, 교육개혁을 위한 변화 촉진자, 지역교육행정의 최고 책임자, 지역사회의 지성적 지도자 등을 제시하였다.

표 14-11 직선 교육감에게 기대되는 역할

역할	세부 내용
교육이 추구하는 기본 가치의 수호자	• 대한민국의 기본교육이념 추구자 • 교육자치제도에서 교육의 기본가치 준수자
지역교육공동체의 합의 조성자	• 지역교육공동체의 개념 확립자 • 지역교육공동체의 합의 조절자
학교지원을 위한 교육정책 기획자	• 교육복지 지원자 • 학교지원 촉진자
교육개혁을 위한 변화 촉진자	• 교육혁신 후원자 • 교육비전 제시자
지역교육행정의 최고 책임자	• 교육행정 전문가 • 중앙교육행정과 지방교육행정 사이의 매개자
지역사회의 지성적 지도자	• 도덕적 · 윤리적 인품 실현자 • 공교육뿐만 아니라 사교육까지도 포용할 수 있는 광폭 지도자

출처: 김정민(2015). 직선 교육감의 역할기대에 관한 실증적 연구, p. 49.

3) 교육감 리더십 실제

먼저, 교육감 리더십 관련 연구를 살펴보면, 곽진규(2016)는 「직선 교육감의 리더십 발휘에 관한 연구」에서, 직선 교육감에게 요구되는 리더십으로 변화지향 리더십, 소통 리더십, 상호존중의 리더십, 설득의 리더십 등을 도출하였다. 성병창(2020)은 「교육감과 지방의회 관계의 정치성」연구에서, 교육감에게 요구되는 리더십으로 주민대표성과 관련된 민주적 리더십, 교육변화 요구에 부응하는 변혁적 리더십, 감성적 리더십 등을 제시하였다.

교육감 리더십 관련 연구, 교육감의 법적 권한 및 역할 관련 연구, 2010년 전국적 교육감 주민직선제 시행 11년 경과로 인한 교육자치 확대 등을 종합해 볼 때 교육감에게 요구되는 리더십은 다음과 같이 정리해 볼 수 있다.

첫째, 교육자치 리더십이다. 2010년 전국적으로 주민직선에 의해 교육감이 선출되기 이전까지만 해도 시·도교육청은 교육부의 교육정책을 집행하는 하위 행정기관으로서의 성격을 강하게 가지고 있었으며, 시·도교육청의 교육감도 시·도별로 차별화된 교육정책을 수립하기보다는 교육부 정책을 관리하는 집행기관으로서의 역할에 치중하였다. 하지만 주민직선으로 선출된 교육감은 '지역주민의, 지역주민에 의한, 그리고 지역주민을 위한' 교육정책을 펼쳐야 하는 보다 높은 책무성을 가지게 되며(이상철, 2011), 이를 위해 지역사회 교육발전을 위한 공약을 제시하고 이행해야 할 의무를 가진다.

이러한 상황에서, 2009년 보궐선거에서 주민직선에 의해 선출된 김상곤 경기도교육감은 2014년 퇴임하기까지의 5년 동안 혁신학교, 혁신교육지구, 학생인권, 무상급식 등과 같은 지역사회 중심의 정책을 통해 교육자치의 이념을 구현하고자 하였으며, 이들 정책들은 시·도교육청이 자체적으로 추진한 대표적 교육정책으로 발전하였고 이러한 성과를 바탕으로 국가교육정책화되거나 전국적으로 확대되었다. 예를 들면, 혁신학교는 2009년 도입된 이후 2021년 3월 기준 전국 초·중·고등학교의 18.5%가 혁신학교로 운영되고 있으며, 혁신교육지구는 2011년 도입된 이래 2021년 3월 기준 전국 226개 기초자치단체 중 191개 자치구·군에서 운영되고 있다. 무상급식도 2011년 도입된 이후 2021년 3월 현재 전국 초·중·고 모든 학교에서 실시하고 있다. 혁신학교, 혁신교육지구, 무상급식 등과 같은 정책들은 직선제 교육감에 의해 지역사회에 도입된 대표적 교육자치 정책 사례에 해당된다. 따라서 주민직선에 의해 선출된 교육감은 중앙정부의 통제로부터 벗어나 지역사회 중심의 교육을 실천하고, 일반행정으로부터 분리된 교육자치의 정신을 구현하기 위해 교육에 대한 지역주민이 요구를 교육정책으로 반영하고 실천하는 교육자치 리더십을 발휘해야 한다.

둘째, 문제해결 리더십이다. 앞서 교육감의 권한에서 살펴본 바와 같이 교육감은 교육·학예에 관한 사무의 대표권, 행정에 관한 권한, 입법에 관한 권한 등을 가지고 있는데 '교육대통령'이라고 불릴 정도로 해당 시·도 교육·학예에 관한 전권을 행사한다(이상철, 2011). 하지만 가진 권한에 비례하여 책임도 막중하며, 특히 지역 사회 교육 관련 갈등을 조정하고 해결하는 리더십을 발휘해야 하는 위치에 있다. 지역사회 교육 갈등은 주로 학교 폐교, 학교 신설, 학교 이전 등과 관련된다.

예를 들면, 2020년 3월 개교한 공립 특수학교인 서울서진학교 사례를 들 수 있다. 2014년 서울시교육청은 서울 강서구 소재 옛 초등학교 부지에 서진학교라는 특수 학교 설립계획을 세웠으나, 일부 지역사회 주민의 반발하면서 개교가 연기되고, 장애학교 학부모들이 학교설립을 호소하는 등 지역사회의 첨예한 갈등 상황이 지속되었다. 당시 조희연 서울시교육감은 지역의 숙원사업과 관련된 지원을 약속하면서 서울서진학교는 설립을 추진하고 개교를 할 수 있게 되었으며, 서울서진학교 설립 과정을 담은 다큐멘터리 영화 〈학교 가는 길〉이 제작되기도 하였다. 서울서진학교 사례를 바탕으로, 서울시교육청은 특수교육 대상자들의 교육기회 확대와 원거리 통학불편 해소를 위해 특수학교가 없는 자치구에 우선적으로 공립특수학교를 설립하는 '공립 특수학교 설립 중장기계획(2021~2040년)'을 발표하게 된다. 이와 같이 교육감은 해당 지역 교육·학예 분야의 대표자로서 교육 분야에서 발생하는 수많은 갈등을 조정하고 해결하는 데 있어 최선의 대안을 찾기 위해 노력하는 문제해결 리더십 역량을 갖추고 있어야 한다.

셋째, 정치적 리더십이다. 「지방교육자치에 관한 법률」 제24조 교육감 후보자의

[그림 14-2] 영화 〈학교 가는 길〉 포스터

출처: 다음 영화(https://movie.daum.net/moviedb/main?movieId=144226)

자격에 '후보자 등록 신청 개시일부터 과거 1년 동안 정당의 당원이 아니어야 한다.' 라고 규정하여 교육감 후보의 정당 당적 보유를 금지하고 있는데, 「헌법」 제31조 4항에서 규정하고 있는 교육의 자주성 및 정치적 중립성을 보장하기 위한 제도적 장치에 해당된다. 즉, 교육감은 교육의 자주성과 정치적 중립성 확보를 위해 당적 보유는 법적으로 금지되는 것이다. 하지만 현실적으로 시·도교육청의 장인 교육감은 대통령에 의해 임명된 교육부장관과의 관계에서, 시·도교육청이라는 집행기관을 견제하는 역할을 수행하는 심의·의결기구로서의 시·도의회와의 관계에서 고도의 정치력을 발휘해야 하는 위치에 있다. 특히 교육감의 교육정책의 이념적 성향과 교육부장관 및 시·도의회 의원들의 정치적 성향이 같은 경우보다 다를 경우에 상호 간 갈등 양상이 심각하게 나타난다는 점이다(성병창, 2020).

예를 들어, 보수 성향의 대통령이 집권한 시기에 진보적 성향의 교육감과의 갈등이 심각하게 전개되었는데, 이명박 정부 시기인 2009년에는 시국선언 전교조 교사 징계건으로 교육부장관과 경기도교육감 간의 갈등, 2010년 교원능력개발평가 시행 건으로 교육부 즉 교육부장관과 전라북도교육감 간의 갈등, 박근혜 정부 시기인 2015년에는 누리과정 예산 편성 여부건으로 교육부와 진보성향 교육감 간의 갈등(김규태, 2016), 문재인 정부 시기인 2019년 유·초·중등교육 권한 배분 건으로 교육부와 당시 전국시도교육감협의회 회장인 전라북도교육감 간의 갈등 등을 들 수 있다. 그리고 교육감과 시·도의회 의원들 간의 관계에 있어서도, 교육감의 성향과 시·도의원들의 성향이 다를 경우에는 대립적 관계를 보이다가, 선거 이후 교육감의 성향과 시·도의원들의 성향이 같을 경우에는 협력적 관계를 보였다는 점이다(성병창, 2020). 이와 같이 당적 보유를 할 수 없는 교육감이라 할지라도 대부분 정당 출신에 해당하는 교육부장관이나 시·도의회 의원들과의 관계에서는 교육감 자신과 지역교육 발전을 위해 고도의 정치적 리더십을 발휘해야 하는 경우가 상당하다.

참고문헌

김영식(2005). 교육행정가의 지도성이 조직 구성원의 직무만족에 미치는 영향에 관한 연구. 전북대학교 석사학위논문.

곽진규(2016). 직선 교육감의 리더십 발휘에 관한 연구. 연세대학교 석사학위논문.

김규태(2016). 교육감과 교육부장관 관계의 정치학. 2016한국교육정치학회 춘계학술대회 자료집, 15-37.

김은주(2021). 2022 개정 교육과정의 의의와 과제. 부산교육정책연구소, 2021 교육동향 분석보고서.

김이경, 이차영, 나민주, 박상완(2010). 교육장 임용방식 개선에 관한 연구. 교육과학기술부.

김정민(2015). 직선 교육감의 역할기대에 관한 실증적 연구. 고려대학교 석사학위논문.

노종희(1995). 교육행정가와 전문화. 교육행정학연구, 13(2), 65-92.

두상언(2005). 교육행정가들이 지각한 교육장의 지도성과 역할수행상의 갈등 연구. 건국대학교 박사학위논문.

민경훈, 권수미, 임은정(2017). 학교 교육 행정가를 위한 문화예술교육 연수 프로그램 개발. 음악교육연구, 46(3), 73-92.

서울대학교교육행정연수원(2011). 제101기 교육행정지도자과정(초등) 연수 자료. 서울대학교 교육행정연수원.

성병창(2020). 교육감과 지방의회 관계의 정치성. 교육정치학연구, 27(4), 205-226.

성병창, 이상철, 이인수(2020). 학교통합지원센터 운영 진단을 통한 조직 및 운영 개선 방안 연구. 서울특별시교육청교육연구정보원 교육정책연구소, 서교연 2020-31.

우정남(2005). 교육전문직의 지도성 개발. 2005년도 한국교원교육학회 춘계학술대회 자료집, 97-154.

이상철(2009). 교육감 주민직선제 쟁점 및 과제 연구: 서울특별시 교육감 선거 결과를 중심으로. 아시아교육연구, 10(2), 25-49.

이상철(2011). 교육감 주민직선제 주요 쟁점과 향후 과제: 2010년 전국동시 교육감 선거결과를 중심으로. 교육문제연구, 41, 247-274.

이상철(2012). 교육전문직 전문성 제고를 위한 제도적 과제. 지방교육경영, 16(2), 22-46.

이상철, 김옥희, 신혜진, 이덕화, 이준희(2018). 유·초·중등교육 권한 강화에 따른 시·도교육청 기능 개편 방향. 부산광역시교육연구구정보원 2018-64.

이수광, 백병부, 오재길, 이승준, 이근영, 임선일, 이병곤, 강일국, 유성상(2015). 4·16 교육체제 비전과 전략 연구. 경기도교육연구원, 기본연구 2015-05.

이윤식(2002). 학교경영과 자율장학. 서울: 교육과학사.

이윤식(2006). 교원의 교육지도성 프로그램 개발. 한국교원교육연구, 23(2), 231-266.

이은주(2012). 교육장 평가 준거 개발. 건국대학교 박사학위논문.

이준희, 김혜영, 박상현, 이은성, 정준화(2020). 지방교육자치 강화에 따른 교육전문직원 인사제도 개선 방안. 부산광역시교육청 교육정책연구소·전국교육정책연구소네트워크, 부산교육 2020-234.

장경원, 이지은(2009). 학습자 중심 교육에 대한 교육행정가, 교사, 예비교사의 인식 비교 연구. 학습자중심교과교육학회지, 9(1), 315-339.

주철안, 김대성, 김혜영, 이상철, 이영내, 이용철, 이지영, 홍창남(2021). 교직실무. 서울: 학지사.

최동규, 최정혜(2002). 초등교사, 학교관리자 및 교육행정가의 실과교육에 관한 인식도. 한국실과교육학회지, 12(2), 177-192.

추창훈(2017). 로컬 에듀. 서울: 에듀니티.

추창훈(2020). 로컬이 미래다. 서울: 에듀니티.

홍은광(2018). 교육전문직원 역할 재정립을 통한 장학활동 활성화 방안 연구. 강원대학교 박사학위논문.

홍섭근(2018). 교육자치를 위한 시·도교육청 교육전문직군의 직무역량 진단도구 개발. 단국대학교 박사학위논문.

제**15**장

여성 리더십

리더십에 대한 연구는 오래 전부터 이어져 왔으며, 시대가 변화함에 따라 그 가치와 핵심요소들이 함께 변화하며 발전해 왔다. 최근 우리는 전통적인 조직사회와는 180도 달라진 사회를 경험하고 있다. 사람들의 가치가 변화하고 사회·조직·문화 등 우리를 둘러싸고 있는 환경이 변화함에 따라, 조직을 이끌어 가는 리더십에 대한 새로운 해석이 필요하게 되었다.

새로운 리더십은 기존 전통적인 리더십과는 전혀 다른 차원으로 다루어진다. 리더십에 대한 정의가 특정인의 소유가 아닌, 누구나 개발할 수 있는 보편적인 능력으로 평가 받고 있기 때문이다(Capowski, 1994: 조병남 2007재인용). 새로운 리더십은 사람과 사람 간 관계에서 요구되는 능력으로 인지하며, 수직적인 직위에 따른 것이 아닌 수평적 관계를 전제로 하게 될 때 리더십의 효과가 증대한다고 보았다. 즉, 전통적 리더십 패러다임의 전환이 이루어지는 것이다.

지식정보화 산업시대에는 눈에 보이지 않는 지식과 정보가 조직의 경쟁력을 좌우하기에 능력에 따른 인재 등용이 중요한 시대가 되었고, 남녀구별이 무의미해져 자연적으로 여성의 사회 참여도 증가하였다. 지식정보화 사회에서는 조직이 민주적이고 자율적인 환경으로 변하고, 예술성, 감성, 창조성과 같은 여성적 특성이 강조되었고, 이는 여성의 사회적 참여를 더욱 가능하게 하였다(신경숙, 2017). 조직에서는 여성이 가지는 민주적·수평적·배려적·관계 중심적 등과 같은 여성 특징들이 효과적인 조직을 운영하는 데 기여할 수 있음을 깨닫고, 이러한 여성의 특성은 새로운 리더십의 요구에 부합하는 요소로 보았다. 이러한 의미에서 과거와 달리, 여성 리더십은 단순이 여성이 발휘하는 리더십이라는 제한된 범주에서 벗어나 지금 우리 사회가 요구하는 새로운 리더십 패러다임과 부합하는 것으로 본다.

이 장에서는 여성 리더십의 필요성과 개념, 그리고 리더십에서 여성에 대한 기본적인 입장이 무엇인지 확인하고, 과거부터 지금까지 조직의 효과적인 목표달성을 위해 리더십으로 여성 리더십 연구가 어떤 흐름으로 진행되었는지 살펴볼 것이다. 그리고 학교에서의 여성 리더십은 어떻게 연구되어 왔는지 살펴봄으로써, 새로운 패러다임 속에서 대안적 리더십으로서의 여성 리더십에 대한 이해를 돕고자 한다.

1. 여성 리더십의 필요성 및 개념

1) 여성 리더십의 필요성

지난 수십 년 동안 조직의 변화와 발전을 위해서 리더와 리더십에 관한 연구는 지금까지도 끊임없이 이루지고 있다. 최근에는 21세기 사회 패러다임의 전환에 따라, 조직들이 기존의 수직적인 위계구조와 조직 및 평가방식을 가급적 축소하고, 수평적이고 네트워크 중심의 팀 조직의 민주적인 형태로 전환하는 것이 필요하게 되었다. 복합 다원화된 사회에 필요한 새로운 리더십의 필요성이 부각되는 상황이다.

사회, 산업 및 조직의 민주화와 더불어 사람들의 리더십에 대한 요구와 태도, 조직 안에서 자신의 역할에 대한 기대도 변하고 있다(김양희, 2006). 조직에서는 조직 구성원의 개인적 능력의 중요성이 부각되고, 개인 역량을 활용하고 개발하는 것을 지원하는 업무도 새롭게 등장하였다. 또한 현대사회에서는 여성의 사회 참여가 기본적인 것으로 인식되고 있다. 경영학자 피터 드러커(Peter Drucker)가 21세기를 '여성의 세기'로 단언한 만큼, 여성들이 세계 곳곳에서 활발하게 사회활동을 하고 있으며, 이러한 사회 참여는 단순한 참여를 넘어서 정치, 경영, 경제, 문화 등의 많은 분야에서 자연스럽게 리더의 위치까지 오르는 경우가 많아지고 있다. 과거보다 여성 리더가 많아지면서, 조직에서의 여성 리더들의 활약이 눈에 띄게 되었다(신경숙, 2017). 지식정보화 시대가 필요로 하는 21세기 사회의 리더십 특성은 여성의 특성과 많은 관련성을 가진다. 여성 리더십은 경쟁보다는 협동, 위계적 조직보다는 팀 중심의 수평적 조직, 감독 보다는 지원을 강조하는 '여성적' 역할과 밀접한 관련성을 가지기 때문이다(Rosener, 1990). 그리고 여성은 타인의 감정이해, 보살핌, 대인관계의 민감성, 개방성, 타인에 대한 배려, 집단 이익을 중시하는 성향을 가지며(Eisler, 1987), 이러한 여성적 특성은 민주적이고 참여적인 관계의 중요성을 부각하는 오늘날 사회에서 강점으로 적용될 수 있다(Eagly & Carl, 2003). 따라서 보다 참여적이며 민주적인 인간 중심 리더십에 대한 요구가 높아지면서 조직은 여성 리더십을 필요로 하게 되었다. 여성 리더십은 사람들과 상생을 기본으로 보다 개인 간의 관계와 상대방에 대한 배려를 중요시한다는 점에서 현대의 가치와 관련성이 깊다고 할 수 있다. 변화하는 사회, 조직, 문화에서 새로운 리더십 패러다임의 전환은 필수 불가

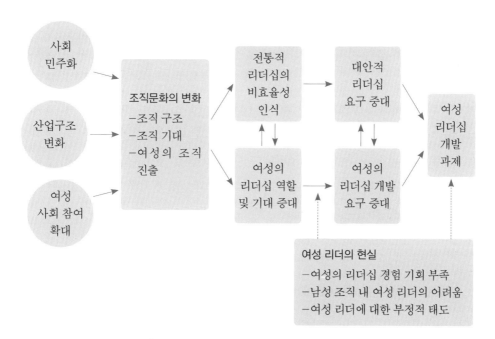

[그림 15-1] 여성 리더십에 대한 관심의 배경

출처: 김양희(2006). 여성, 리더 그리고 여성리더십, p. 44.

결한 요인이 되고 있으며 이러한 리더십 패러다임의 전환은 누구에게나 새로운 가능성을 제공한다. 새로운 패러다임은 관계의 중요성을 부각시키고 있다. 따라서 수직 관계에 익숙한 남성보다는 여성에게 친화적인 조직 환경이라 할 수 있다. 여성적 리더십은 전통적인 남성적 리더십과는 달리 감성과 배려, 조화와 균형을 중시하며, 사회정의 및 환경의 변화를 촉진하는 것뿐만 아니라, 복수적 리더십 유형을 융통성 있게 발휘하는 성향도 가진다(김양희, 2006; 이성은, 2001; Barton, 2006; Goleman, 2000; Logan, 1998; Strachan, 1999).

이는 시대적 환경이 과거와는 달리 여성친화적으로 변화하고 있음을 의미함은 물론이고, 여성도 스스로 이런 환경에 적합한 역량을 충분히 갖추어 왔기 때문이다. 따라서 변화는 조직에서 새로운 리더십 패러다임, 즉 여성 리더십을 필요로 하는 시대가 된 것으로 볼 수 있다(조병남, 2007).

2) 여성 리더십 개념

여성과 리더십에 대한 연구들을 살펴보면, 많은 경우가 '여성 리더십, 여성적 리더십, 여성주의적 리더십' 등의 용어를 구분하지 않고 혼용하여 사용한다. 이는 '여성'과 '리더십'의 결합 자체가 그 안에 복합적이고 때로는 모순적이기까지 한 집합적인 의미를 내포하기에 여성과 리더십의 관계에 대한 많은 관심과 연구에도 불구하고 그 개념을 명확하게 정의하지 못하는 것이다(김양희, 2006; 허라금, 2005). 장필화(2004)는 여성 리더십을 여성(women)의 세 가지 개념 구분으로부터 개념을 정리한다. 먼저, 생물학적 구분에 의해 구별되는 '여성(female)', 문화적으로 구성된 구분적 특성을 의미하는 '여성적(feminine)' 그리고 마지막으로 성차별적인 젠더로부터의 해방을 목표하는 '여성주의적(feminist)'인 개념이 그것이다.

(1) 여성 리더십

여성 리더십(female leadership)은 생물학적으로 여성으로 분류되는 이들이 발휘하는 리더십을 의미한다. 즉, 리더로 분류되는 여성들이 어떤 리더십을 발휘하고 있는지에 대한 역사적 사실 혹은 현재의 사실들을 통해 리더십을 확인한다. 여성 리더십의 연구에서는 여성들의 업무 추진 스타일을 분석하거나, 인간관리 유형의 특징과 더불어 남성 중심적 조직문화에서의 업무 방식과 능력이 여성 리더들을 어떻게 성공으로 이끌어 주었는지 분석하고, 이것이 일반화될 수 있는지 여부를 타진하는 것이 연구의 주 내용을 이룬다. 즉, 여성 리더십 연구에서의 관심은 그녀가 자신이 속해 있는 조직에서 성취하고자 한 것을 어떻게 이루어냈는가 또는 그 조직의 높은 지위에 어떻게 올라갔는가에 일차적으로 집중하는 것이다.

하지만 이러한 연구들은 여성에게 비우호적인 조직 환경 속에서 여성 리더들이 어떤 전략을 통해 성공할 수 있었는지를 밝혀 줄 수는 있지만, 성공적 또는 성취지향적 리더십의 차원을 넘어서 여성에게 비우호적인 조직문화 자체를 변화시킬 수 있는 리더십에 대한 연구는 되지 못한다는 한계를 갖는다. 즉, 여성 리더들이 조직에서 성취한 결과에만 관심을 두고, 그들이 성취한 것이 무엇을 위한 것인지는 중요하게 다루어지지 않는다는 점이 비판으로 지적된다.

(2) 여성적 리더십

여성적 리더십(feminine leadership)은 로든(Loden, 1985)에 의해서 처음으로 그 개념이 주창되었다. 이는 인성적 특징을 여성적인 것과 남성적인 것으로 구분하는 개념체계 안에서 여성적인 특성을 갖는 리더십을 의미한다. 남·여 모두에게서 나타날 수 있는 인성적 특징 중 여성 리더에게 상대적으로 더 많이 나타난다고 밝혀진 특징, 즉 관계지향성, 배려, 보살핌 등을 특징으로 하는 리더십이다. 예컨대 조직의 구성원들이 개성이 강하고 자존감이 강할 경우 리더는 조직의 목표를 원활히 달성하기 위해 구성원들의 목소리에 귀를 기울이고, 그 잠재력을 충분히 발굴할 수 있는 관계적이고 민주적인 '여성적' 리더십을 구사한다. 즉, 조직의 주어진 목표나 성격을 변경함 없이 그 안에서 주어진 목표에 효과적으로 리더십을 발휘하는 것이다.

따라서 '여성적 리더십'은 여성들 모두가 발휘하거나 할 수 있는 것, 혹은 여성들만의 리더십을 뜻하는 것이라기보다는 '수평적 리더십' '서번트 리더십' '코치형 리더십' 등으로 불리는 민주적 리더십과 가까운 것으로 이해한다. 왜냐하면 섬세하게 상대를 배려하고 감정 이입적인 여성적 특성이 평등한 관계를 지향하는 조직이나 사회에서 요구되는 민주적 리더십의 모델이 될 수 있을지 모른다는 기대가 있기 때문이다.

〈표 15-1〉에서 보듯이 여성적 리더십의 활동스타일은 경쟁이 아니라 협동이며,

표 15-1 여성적 리더십 모델(Londen, 1985)

활동스타일	협동
조직구조	팀
기본 목적	질적 결과물
문제해결 스타일	직감, 합리성
주요 특성	낮은 통제, 감정이입, 협동적, 높은 수행 기준

조직구조는 위계조직 대신 수평으로 된 팀 중심이다. 기본 목적은 양적 성장 보다 질적 결과물에 치중하고, 문제해결은 직감과 합리성에 의해 이루어진다. 종합하면, 여성적 리더십 모델에서는 직급 간 통제를 최소화하고, 조직 구성원 간 감정 이입과 협동을 통해 수행결과를 추구한다(김양희, 김홍숙, 2000).

(3) 여성주의적 리더십

여성주의적 리더십(feminist leadership)은 정치적 권력관계의 맥락에서 추구되는 '해방적 가치'에 기초를 둔다. 이는 '여성'을 생물학적 범주가 아닌 사회적 범주로 이해하여, 여성주의적 리더십을 정치적 의식·목표 아래 발휘되는 리더십으로, 약자의 입장에서 지배적이고 억압적인 현실의 권력질서에 저항하고 그런 권력관계의 변화를 이끌어 가는 것으로 해석한다. 이는 여성주의가 가부장적 또는 남성중심적인 권력질서로부터 여성해방을 목표로 하는 정치적 입장이라는 사실에서 비롯되는 것이다(허라금, 2005).

여성주의적 리더십은 여성이냐 남성이냐를 떠나서 리더 위치에 있는 사람이 자신이 발휘하는 리더 역할을 통해 여성주의적 가치를 실현하고, 여성주의적 목표를 달성하는 방향으로 협력해 나가는 것을 중요하게 본다(김양희, 2006). 그러므로 여성주의적 리더십은 '무엇을 위해 발휘되는 리더십인가?'가 목표의 성공적 성취 여부보다 중요하다. 리더십의 결과보다는 여성주의 의식 아래 여성의 해방적 목표를 향한 변화를 얼마나 열어 주고 있는가가 보다 중요한 관심이 되는 것이다. 종합하여 정리하면, 여성주의적 리더십은 목표하는 바의 '변화'를 핵심으로, 리더가 지향하는 여성주의적 가치, 목표에 의해 성립하는 리더십이라 할 수 있다(서용희, 2013). 따라서 여성주의적 리더십은 '여성 리더십' 및 '여성적 리더십'과 구별되며, 그 내용을 정리해 보면 〈표 15-2〉와 같다.

표 15-2 여성, 여성적, 여성주의적 리더십

여성 리더십 (female leadership)	여성적 리더십 (feminine leadership)	여성주의적 리더십 (feminist leadership)
• 리더십 핵심 내용: 자기주도적이고, 도전적인 성취지향능력 −여성에게 결코 호의적이지도, 친화적이지도 않을 뿐 아니라, 성차별적이기까지한 불리한 상황에서 그 자신의 성공을 개척해 내거나 조직으로 하여금 목표를 이루어 내게 만드는 능력	• 리더십 핵심 내용: 타자지향적이고 민주적인 관계의 능력 −성취한바가 대단하지 않더라도 함께하는 이들이 스스로 역량을 발휘할 수 있도록 격려하고, 어려움을 극복할 수 있도록 보살피는 능력	• 리더십 핵심 내용: 지배적이고 억압적인 현실의 권력질서에 저항하고 가부장적인 권력질서를 변화시키려는 정치적인 의지나 효과 −여성주의가 지향하는 가치를 실현하고, 여성주의적 목표를 달성하는 방향으로 협력해 나가는 능력

출처: 김양희(2006). 여성, 리더 그리고 여성리더십; 허라금(2005). "여성주의 리더십" 이해를 위한 시론, pp. 55-80.

이러한 '여성, 여성적, 여성주의적' 리더십의 내용은 실제 사용에 있어서 명확히 구별되기보다는 오히려 상호 연결되고 중첩되어 구현되거나, 가능한 여러 조합들로 나열된다(허라금, 2005). 예를 들면, 여성주의적 의식도 전혀 없고 여성적인 실천양식도 갖추지 않은 리더십을 어떤 여성(female)이 발휘할 수도 있고, 여성적이지 않지만 여성주의적 의미를 가지는 리더십을 어떤 남성(male)이 훌륭하게 발휘할 수도 있으며, 여성주의 의식을 가지고 여성적인 리더십을 여성이 실천할 수도 있다.

실제로, 여성과 리더십에 대한 최근의 연구들을 살펴보면, 여성과 리더십을 연결하는 논의에 있어서, 여성 리더십을 여성적인 특성에 기초하기도 하고, 전통적인 인식에 대한 비판적, 저항적, 전략적인 사고에 기초해서 여성주의적 관점으로 리더십과 여성주의적 가치를 다루기도 한다(김양희, 2006; 허라금, 2005; Barton, 2006; Blakmore, 1996, 2002; Eagly & Carl, 2003; Morgan, 1997; Strachan, 1999). 또한 이러한 여성주의적 사고와 행동에 기초한 여성 리더십은 반드시 여성적이지 않을 수도 있으므로, 그 개념적 차원에서 모순이 발생하는 복합적 의미를 가지기도 한다. 이처럼, 여성 리더십은 구체적인 실천의 맥락을 갖는 개념인 만큼 개념 분석적 접근으로는 그 의미를 전부 밝혀낼 수 없다. 따라서 이 개념은 좀 더 포괄적으로 사용되어야 한다.

따라서 이 장에서는 '여성 리더십'을 세 가지 개념을 조합한 포괄적 개념으로 다룬다. 즉, 리더가 주도적으로 발휘하는, 여성적 특성을 가진, 새로운 권력구조와 관계의 변화를 추구하는 리더십으로 규정한다. 여성주의적 가치는 '변화'를 핵심으로 추구하므로 이전과는 다른 사고나 행동을 요구하는 전문화 · 다원화된 조직에 적합하며, 여성적 특성이라고 하는 것도 기본적으로 확률상 남성보다 여성에게 유리할 수는 있지만 그 특성이 여성만이 가지는 것은 아니기 때문에, 남성이든 여성이든 오늘날과 같은 시대적 변화 속에서 구성원에 대한 배려의 마음과 인간관계에 기초한 리더십을 발휘하는 것을 의미하는 것이기 때문이다.

※ 전통적인 시각에서의 성역할 고정관념을 바탕으로 남성적 · 여성적 특성을 구분한 여러 연구에 의해 밝혀진, 일반적으로 사회에서 인정되는 여성적 · 남성적 특성

여성적 특성			남성적 특성		
• 수동적	• 보살핌	• 성공적 관계성	• 적극성	• 활동성	• 성취지향성
• 의존성	• 온정적	• 대인관계의 민감성	• 독립성	• 책임감	• 자기신뢰
• 섬세함	• 동정적	• 비경쟁적	• 효율성	• 합리성	• 경쟁성
• 친근함	• 개방성	• 타인의 감정의 이해	• 이성적	• 주도력	• 통솔력
• 헌신적	• 따뜻함	• 타인에 대한 배려	• 지배성	• 냉철함	• 권위지향성
• 순응성	• 부드러움	• 인간지향적	• 야망성	• 공격성	• 결단력
• 표현적	• 관심	• 집단 이익의 중시			

---

2. 성(性)과 리더십에 대한 기본 입장

20세기 후반 서구사회에 새롭게 등장한 사회운동을 통해 그동안 뒷전에 밀려 있었던 몇몇 사회적 주제, 특히 여성운동 · 여성학에 대한 관심이 부각되면서 많은 여성이 사회활동에 참여하게 되었다(김명자, 2003). 여성의 사회활동이 본격적으로 시작되면서, 여성들은 많은 영역에서 자신의 능력을 발휘하여 높은 사회적 지위를 획

득하고, 리더로서의 역할도 수행하게 되었다. 하지만 실제로 여성이 리더십을 발휘할 수 있는 분야는 여자학교 교직원, 전화 교환원 등 특정 분야에 제한되었다. 리더십의 연구에서 '여성'에 관심을 갖게 된 것은 1970년대 이후이며, 1980년대 이후로는 세계 각국에서 많은 여성들이 정치·경제 및 산업·교육·국방·의료 등의 분야에서 중요한 리더의 역할을 수행하였다(신응섭 외, 1999).

성과 리더십에 대한 논의는 크게 공정성 모델(equity model)과 상호보완적 기여모델(complementary contribution assumption) 두 가지의 개념적 모델에 근거하여 출발한다(Olivares & Epstein, 1991).

1) 공정성 모델에 근거한 입장

공정성 모델(equity model)은 남녀 간 근본적인 차이를 부정하는 유사성 가정(similarity assumption)에 기초한다. 주로 북미 쪽 연구에서 확인되며, 리더 위치에서 여성의 동등한 진입과 대표성을 강조한다. 따라서 이 모델은 조직에서의 여성 리더가 기존 체제에 동화(assimilation)를 통해 적응하는 것을 목표로 하며, 이는 조직에서 암묵적으로 요구된다. 따라서 조직은 여성 리더에게 남성과 똑같이 행동하기를 기대할 뿐, 여성들이 독특한 방식으로 조직의 목표달성이나 성과에 기여하는 것은 기대하지 않는다. 이 모델에서는 적극적인 조치, 평등법, 여성에게 그들이 받지 못했던 리더로서의 기술을 훈련시키기 위한 구조 변화 등을 중요한 접근 정책으로 본다.

이러한 공정성 모델에 근거한 여성 리더십 이론을 살펴보면, 브레너와 브로머(Brenner & Bromer, 1981), 크루즈와 빈터만텔(Kruse & Wintermantel, 1986)의 연구는 여성이 리더로서 역할을 성공적으로 수행하기 위해서는 소위 '남성의 세계'로 일컬어지는 일의 세계에서 남자다운 행동과 태도를 취하는 것이 바람직하다고 하였다(Bass, 1998). 이 연구에서는 여성 리더가 야망·경쟁심·상황판단과 같은 남성다움의 가치를 표명하는 것이 승진에 도움이 된다고 밝히고 있는데, 이러한 사실은 결국 성공한 여성 리더는 교육훈련과 사회화를 통해서 남성적 특성을 가지는 것이 필요하다는 것을 말해 준다. 마찬가지로 덴마크(Denmark, 1977)와 비카스(Osborn & Vicars, 1976)의 연구에서도 동일한 결과를 도출하였는데, 그러한 사실 때문에 일반적으로 조직 내 구성원들은 일부 여성이 리더가 되었을 때, 그녀들이 조직에서 인기 있는 남성 지도자와 다르지 않게 행동하기를 기대한다고 보았다(Bass, 1998). 이러한 내용들은 결국, 여성 리더가 남성 리더와 같은 리더십 특성을 가져야 한다는 것을 주장하고 있음을 알 수 있다.

2) 상호보완적 모델에 근거한 입장

상호보완적 모델(complementary contribution assumption)은 남녀 간 생물학적 또는 사회심리학적 차이를 수용하여, 오히려 여성이 가지는 남성과 다른 점을 강점으로 보는 시각에 기초한다. 즉, 유사성이 아니라 차이에 대한 가정에 기초하는 것으로, 여성이 가지는 독특한 점을 긍정적으로 인식한다. 주로 유럽 쪽에서 나타나는데, 스웨덴의 관리자들에 의해 최초로 제기된 이 접근은 유럽과 일본에서부터 전 세계 여러 지역에 확산되었다. 이 모델에서는 여성과 남성은 서로 다르기 때문에, 남성과 다르지만 여성 리더도 조직에 동등하게 가치 있는 기여를 할 수 있다고 본다. 공정성 접근과는 달리 이 접근에서는 통계적 대표성 개념의 평등이 아니라 여성과 남성의 스타일의 차이에 대한 동등한 인정과 그로부터의 이익을 극대화하는 데 목표를 둔다. 상호보완적 모델에서는 ① 남녀 관리자들의 독특한 기여를 찾아내는 데 초점을 두는 것, ② 두 종류의 형태의 기여를 독려하고 보상하는 환경을 조성하는 것, 그리고 ③ 조직이 직면한 도전을 해결하는 데 보다 혁신적이며 강력한 해결책을 마련하도록 여성과 남성의 기여를 잘 조합하여 시너지 효과를 내는 것을 변화 전략으로 본다(김수주, 2003).

상호 보완적 모델에 근거한 여성 리더십 이론은 공정성 모델의 접근방법보다 이후에 많이 수행되었다. 로즈너(Rosener, 1990)는 연구를 통해서 리더십을 발휘하는 데 있어서 전통적인 남성적 접근방법과는 다른, 여성의 방법이 있다고 주장하고, 헬게센(Helgesen, 1990)은 여성리더는 수평적 조직 구조를 선호하며, 남성보다도 조직 구성원과 더 자주 접촉하고 정보를 공유하는 것을 강조하는 특성을 지닌다고 하였으며, 이글리와 존슨(Eagly & Johnson, 1990)은 리더십 유형에서 여성 리더가 남성 리더에 비해 더 민주적이고 참여적인 경향을 가진다고 보았다. 그 외에도 바스 등(Bass, Avolio, & Atwater, 1996)은 1986년과 1992년 사이의 논문들을 모아 정비하여 네 가지의 연구로 분류하였는데, 이 연구 논문에서 나온 다요인 리더십 측정(MLQ)

자료는 여성리더들이 리더십의 네 가지 구성요소, 카리스마 · 동기부여 · 지적 자극 · 개인적 존중에서 모두 높은 점수를 획득한 것으로 확인하고, 여성이 남성에 비해 더 변혁적인 리더십을 가지는 반면에 거래적 리더십에 있어서는 그렇지 못하다는 결론을 도출하였다(Bass, 1998).

3) 여성 리더십의 구성요소

많은 리더십 연구 중에서도 여성 리더를 대상으로 리더십의 구성요소를 설명하는 연구는 쉽게 발견되지 않았다. 따라서 유클(Yukl)이 리더십이 가지는 제 요소를 '권한 · 영향요소, 특성 · 자질요소, 상황 · 환경요소' 세 가지로 분류한 내용을 여성 리더에게 적용하여 여성 리더가 갖추어야 할 자질과 소양으로 정리한, 김인철(1992)의 내용을 살펴보고자 한다.

(1) 권한 · 영향요소

조직에서의 통솔 효과는 리더가 발휘하는 권력의 출처가 명확하고, 그 권한이 갖는 영향력이 어느 정도인지 파악하여 그에 기초한 최적의 방법으로 구성원들에게 힘을 행사할 때 유지된다. 즉, 리더가 조직 구성원의 추종을 얻을 수 있느냐 없느냐 하는 것은 권력의 소재와 그 성격 그리고 행사하는 방법에 따라 크게 달라진다는 것이다.

이러한 측면에서, 효과적인 여성 리더는 구성원의 지위나 권한을 약화시키기보다는 오히려 그들의 능력과 자존심을 고양시킬 수 있도록 힘을 발휘하는 데 보다 유리한 입장으로 인식한다. 남성들에 비해 구성원들의 저항이나 냉소적 순종을 강제하기보다는 참여나 사기를 진작시킬 수 있는 정교하고 조심스런 방법으로 권력을 사용하는 데 비교우위를 점할 수 있다고 보기 때문이다. 대체적으로 전통적 한국 남성의 경우 조종하는 식 혹은 위압적인 방법으로 권력을 행사함으로써 구성원들에 의한 자발적인 우호적 순응을 획득하는 데 실패하는 경우가 많다. 남성중심의 권위주의적(authoritarian) 리더십에 의해 좌절되는 조직 운영의 효과가 여성 리더의 민주적(democratic) 통솔에 의해 제고되는 경우가 허다하다는 것이다.

따라서 '권한 · 영향요소'는 리더가 얼마나 많은 권한과 강력한 영향력을 행사하여 조직을 효과적으로 운영하는가를 핵심으로 보는 것이 아니라, 리더가 가지는 권한의 성격과 그 행사 기술(skill)이 어떠하냐에 따라 달성하고자 하는 목표가 성취될 수 있다는 점을 중요하게 다루는 요인이다.

(2) 특성 · 자질요소

리더십 기능 수행의 초점을 리더 개인에 두고, 리더십의 성패는 개인의 인격 또는 자질에 크게 의존한다는 근거를 제공한다. 이는 소위 자질론의 요체를 이루는 특성을 중심으로 한다. 즉, 리더십 발휘에서 필요 불가결한 요소 중 하나인 신체적인 면, 심리 · 성격적인 면에 치중하는 것이다. 신장이 큰 사람, 체중이 무거운 사람, 정력적이며 건강한 사람, 용모가 단정한 사람, 지능이 월등하게 높은 사람 등은 신체적인 자질 면에서 리더 요소를 갖춘 것으로 인정하며, 또한 자기 자신에 대해 항상 자신감을 갖고 있는 사람, 사교적인 사람, 의지가 강한 사람, 다른 사람에 대하여 우월감을 갖고 있는 사람, 외향적인 성격을 가진 사람 등은 심리 · 성격적인 면에서 어떤 집단 혹은 어떤 상황에서도 리더가 될 수 있는 자질을 가진다고 상정한다.

과거에는 신체, 심리 · 성격 양면 모두에서 남성의 특징이 여성의 그것을 앞지른다는 점에서 이의가 없었으나, 이는 어떠한 과학적 연구를 통해서도 한두 가지 특징을 제외하고는 여성이 남성에 뒤진다는 분석은 증명되지 않았다. 오히려 심리 · 성격 면에서는 여성의 특징이 남성이 갖지 못하는 섬세한 부분까지 갖추었다는 여성 자질 우위론이 대두되고 있다. 따라서 '특성 · 자질 요소'는 조직 목표달성에 도움이 되고, 구성원들에게 긍정적인 영향을 미치는 여성 리더십의 특성 · 자질이 어떤 것인지 파악하는 것이 필요하고 중요하다는 인식을 가지게 한다.

(3) 상황 · 환경요소

상황 · 환경 중심적 요소는 자질론과는 달리 리더의 행동 유형, 추종자의 형태 그리고 주어진 다양한 상황에 따라 리더십의 성격이 달라진다는 것이다. 즉, 보편적인 리더의 성향이나 자질을 찾기보다는 다양한 상황에 따라 리더가 나타나므로, 조직에서도 주어진 환경에 가장 잘 반응하는 인물이 리더가 되어야 함을 강조한다. 리더십을 생성하는 특수한 상황은 지극히 예측하기 어렵기 때문에, 조직에서 규범에 의해 평이하게 움직이는 눈에 띄지 않던 보통 사람이 주어진 특수 여건이 주변의 상황을 변화시키면서 잠재되어 있던 자신의 능력을 발휘하는 경우가 적지 않게 나타난다. 환경에 적응하는 행동 유형에 강조점을 두고 있는 이 입장은 특히 여성도 훈련하고 계발함으로써 여러 상황에서 리더 역할을 습득하고 행동할 수 있다고 본다. 즉, 남녀를 불문하고 대부분의 사람들은 교육이나 훈련을 통해서 내재하고 있는 리더 역할을 주어진 상황을 매개로 하여 창출해 낼 수 있다는 입장이다.

이와 같은 상황·환경요소를 중시하는 시각은 다양한 구조와 형태를 갖고 있는 우리 조직사회에서 보편적으로 적용될 수 있는 일반적인 여성 리더십 유형을 찾는 것뿐 아니라, 이제는 조직의 특성이나 그 조직이 처한 상황에 맞추어 여성 리더십을 극대화할 수 있는 특징을 세부적으로 유형화해 나갈 필요가 있음을 인식 시켜 준다.

3. 여성 리더십 이론의 변화

여성과 리더십 관련 연구들은 1980년대 이후부터 본격적으로 진행되었다. 이 시기에는 다양한 분야에서 여성들의 사회 참여가 이루어져, 많은 영역에서 여성들이 능력을 발휘할 수 있는 기회가 확대되었고, 그 결과 능력 있는 여성들이 높은 사회적 지위(리더로서의 직위)를 획득하여 중요한 리더의 역할을 맡았다(서용희, 2005; 신응섭 외, 1999). 이로 인해 리더십의 영역에서 학자들뿐만 아니라 실무자들까지 '리더십 행동과 효과성에서 남성과 여성이 차이가 있을 것인가?' 하는 부분에 많은 관심을 가지게 되었다.

1) 여성 리더십 연구의 흐름

여성 리더십의 초기 연구들을 살펴보면, 주로 '생물학적 성(sex)'으로서 여성과 남성의 리더십을 구분한 연구가 주를 이루었다. 여기에서는 주로 '여성 리더와 남성 리더의 리더십 차이가 있는가? 여성 리더는 리더로서 자질이 있는가? 누구의 리더십이 더 효과가 있는가?'를 논하는 차원에서 많은 연구가 진행되었다. 초기 연구들은 리더십 역할에서 남성이 여성보다 더 적임이라는 성차별적 신념에 근거하여, 남성이 여성보다 리더로서 더 적합한 자질을 가지고 있다는 경험적 증거 없는 주장을 통해, 여성 리더들이 남성 리더의 행동양식을 모방하는 것을 강조하였다(Porat, 1991; Yukl, 2006). 하지만, 이후 연구들을 통해 여성들이 보유한 친화력이나 민주적인 사고능력이 좋은 리더가 될 수 있게 한다는 주장(Loden, 1985; Rosner, 1990)이 제기되면서, 여성 리더를 재조명하는 연구들이 나타났다.

여성 리더를 재조명하는 연구들은 여성 리더십에서의 관심이 '생물학적 성'에서 '사회학적 성(gender)'으로 전환된 것에 기초한다. 여기에서는 주로 '남·여 리더 간 리더십 스타일에 차이가 있는가? 어떤 리더십 스타일이 더 효과가 있는가? 여성리더의 리더십 특성은 어떠한가?'에 대한 연구가 많이 이루어졌다(Bass, 1998). 이는 크게 남·여 리더의 차이를 부정하고 관리자로서 행하는 역할이 유사하다는 연구(Butterfield & Powell, 1981; Carless, 1998; Dobbins & Platz, 1986; Vecchio, 2002 등)와 남·여 리더의 리더십 차이를 인정하고, 여성이 가지는 리더십 특성을 긍정적으로 보는 연구(Druskat, 1994; Eagly & Johannesen-Schmidt, 2001; Rosener, 1990 등)로 구분해서 볼 수 있다. 전자의 경우에는 남·여 리더는 거래적이거나 변혁적, 구조 주도적이거나 배려적인 성향에 차이가 없으며, 리더십 유효성에서도 또한 차이를 발견할 수 없다는 결과를 보여 준다(Dobbins & Platz, 1986; Bass, 1990; Eagly et al., 1995 등). 후자의 경우에는 효과적으로 리더십을 발휘하기 위해서는 여성이 가지는 강력한 대인기술, 협력하고 신뢰하는 관계 구축, 감정이입의 기술, 지지하고 활력을 부여하는 것과 같은 전통적으로 여성적인 것으로 간주되었던 행동들이 필요함을 주장한다(Drukat, 1994; Eagly, Makhijani, & Klonsky, 1992; Rojahn & Willemsen, 1994). 그리고 이러한 여성적 리더십 연구들은 이후, 남성적 특징보다는 여성적 특징이 더 효과적이라는 견해를 바탕으로, 보다 여성적 특성의 우위를 다루는 리더십 연구로 계속 이어진다(Eagly & Carl, 2003; Helgesen, 1990; Strachan, 1999 등). 그러나 이러한 리더십 성차에 대한 연구 결과들은 연구의 방법이 실험연구인지, 현장연구인지, 표본 집단이 어떠한지와 같이 연구의 설계에 따라, 그리고 상황 조건에 영향을 받는 정도에 따라 그 결과가 다르게 나타나기 때문에(Bartol & Butterfield, 1976; Petty & Lee, 1975; Petty & Bruning, 1980), 많은 선행 연구가 있음에도 불구하고 일관된 결과를 보여 주지 못하였다.

지금까지의 연구들은 단순히 전통적으로 남성의 시각으로 여성 리더십을 다룬 것이 대부분이다(Shakeshaft, 1989). 즉, 남성 중심의 전통적인 패러다임을 중심으로 여성적 특성과 남성적 특성을 이분법적으로 전제하고, 그 위에서 여성적 리더십 가능성을 조사하고 탐구하는 경향을 가진 것이다. 때문에 이러한 연구들은 모두 그 특성을 리더십과 단순히 연결시켜 여성 리더들을 획일적으로 유형화시켰다는 한계를 가지는 것으로 비판되었다(Rhode, 2004).

2) 대안적 리더십으로서의 여성 리더십

대안적 리더십으로서의 여성 리더십에 관한 연구들은 단순히 남·여 리더의 차이를 비교하는 정도를 넘어서, '정치적 권력관계에서의 성(feminism)'의 관점에서 여성리더들이 가지는 리더십과 여성 고유의 특성을 새로이 해석하는 움직임에 보다 중점을 둔다(Blackmore, 1996; Chisholm, 2001; Schmuck, 1996; Williamson & Matha, 2002). 왜냐하면, 경쟁보다는 협동, 위계적 조직보다는 팀 중심의 수평적인 조직을 전제로 하는 여성적 가치가 현대와 같이 급변하는 사회의식 및 조직의 변화에 효율적으로 대처하는 것에 더욱 필요하다고 보기 때문이다(김양희, 2006; Morgan, 1997). 이러한 연구들은 사회변화에 따른 여성 리더의 사회적 위치, 힘, 여성적 가치 등을 고려한다. 즉, 남성중심 체계에서 벗어나 여성의 고유한 자질과 가치를 드러냄으로써, 여성 리더십 원리들이 21세기에 보다 효과적인 도구가 될 것이라고 보는 것이다 (Barton, 2006; Conrad & Conrad, 2007; Grossman & Grossman, 1994; Marshall, 1996). 이와 같은 여성주의적 관점은 '해방적 가치'를 핵심 가치로 다룬다(김양희, 2006). 해방적 가치란, 지배적이고 억압적인 현실의 권력질서에 저항하고, 그러한 권력관계의 변화를 이끄는 것을 의미한다. 따라서 여성주의 관점의 리더십은 단순히 성 불평등에 관한 것이 아니라 모든 종류의 불평등과 고통에 대한 민감성 실천을 지향하는 대안적인 방향으로 인식되는 것이다(곽삼근, 2008).

그러므로, 대안적 리더십으로서 '여성 리더십'은 단순히 기존의 여성 관리자가 발휘하는 리더십, 남성과는 다른 여성적인 특성을 발휘하는 리더십이라는 개념이 아니라, 리더가 여성이냐 남성이냐 구분 짓는 것을 떠나서 기존의 권력질서에 벗어나 새로운 권력관계의 변화를 이끄는 리더 역할을 수행하고, 이를 위해 협력해 나가는 것을 중요하게 다룬다. 여성적 가치를 내포하는 여성 리더십에 대한 연구는 기존의 지시적이고 전제적인 성격으로 대표되는 전통적인 리더십보다는 참여적이고 민주적인 인간중심의 리더십으로 인식된다. 그리고 군림하는 권력이 아니라 함께하는 권력을 가지고, 명령과 통제의 방식이 아닌 촉진과 변화의 방식을 추구하는 리더십으로 인식된다. 때문에 기존의 리더십이론 틀에 국한하지 않고, 새로운 변화를 내포하는 '여성 리더십'은 오늘날 복합·다양한 조직의 목표를 달성하기 위해 파악되어야 할 새로운 리더십 패러다임으로서 전통적 리더십의 '대안'적 개념으로 보는 것이다(강형철 외, 2005; 서성교, 2003).

  기존의 여성성을 대표하는 배려하고, 이해하고, 대인관계를 중시하며, 섬세하고, 수평적인 의사소통을 하는 여성적 특성들(Eisler, 1987; Gilligan, 1993)이 여성주의적 가치를 내포함으로써 변화하는 권력으로서 보다 의미를 가진다고 인식한다. 따라서 여성 리더십은 현대사회에서 강점으로 적용될 수 있는 리더십으로, '남·여 리더가 여성주의 가치를 내포한 여성적 특성을 가지고 리더십을 발휘하는 것'으로 정의되면서 대안적 리더십으로서의 가치를 가진다. 하지만 우리나라의 경우, 이러한 대안적 리더십으로서의 '여성적 리더십'에 대한 연구들은 여전히 전통적인 리더십 관점에 머물러 있거나, 새로운 리더십 연구의 일부분으로 논의되는 수준에 그치고 있는 한계를 가진다(안세근, 권동택, 2006).

3) 여성 리더십 연구 동향

  여성 리더십 연구의 동향을 파악하기 위해, 리더십의 여성적 특성과 관련한 많은 연구들에는 어떤 것들이 있는지 정리하고, 특히, 국외연구에서 많이 다루어진 평등을 지향하는 여성주의 가치를 리더십 개념에 내포하는 것을 강조하는 여성주의 가치 연구를 살펴보고, 국내에서는 연구의 경향성을 중심으로 다루었다.

(1) 국외 여성 리더십 연구 동향

① 리더십의 여성적 특성과 관련한 연구
  여성과 리더십에 대한 초기 연구는 전통적인 시각에서의 성역할 고정관념을 바탕으로, 남성적·여성적 특성을 구분한 연구로 시작된다. 벰(Bem, 1974), 이글리(Eagly, 1987; Eagly & Steffen, 1984), 아이슬러(Eisler, 1987), 가이스(Geis, 1985), 길리건(Gilligan, 1982), 칸터(Kanter, 1977), 스펜더(Spender, 1984) 등의 학자들로 대표되는 초기연구들은 성취동기와 결단력, 합리성, 자신감 등 리더의 자질이라 일컬어지는 요인들이 전형적인 남성적 특성 및 남성다움과 일치한다고 밝혔으며, 반대로 전형적인 여성적 특성 및 여성다움을 리더로서의 자질이 부족한 것으로 다루었다. 따라서 초기 여성 리더십 연구는 대다수 남성적 특성을 보다 우위에 두고, 여성 리더가 여성의 특성보다는 남성적 특성을 갖추는 것이 중요함을 주장한다.

다음으로는 리더십 발휘에 남성과는 다른 여성의 리더십 특성이 존재함을 밝히는 연구가 진행되었다(Bass, 1998). 레빈과 동료들(Lewin et al., 1939)은 리더십 성차에 관한 연구를 통해서, 리더 행동의 민주성과 전제성을 각각 참여적 리더십, 지배적 리더십으로 분류하고, 흔히 남성이 여성보다 더 통제적이며 지배적인 형태로 나타남을 밝혔다. 존(Joan, 1976)은 여성 리더십을 조직 구성원 모두가 동등한 정치적 인격체로서 유기적인 관계를 통해 조직목표를 달성하기 위해 공유된 리더십(shared leadership)이라고 주장하면서, 민주적 리더십의 특성을 가진다고 보았다. 로젠탈과 동료들(Rosenthal et al., 1979)은 여성이 남성에 비해 타인의 의도라든지 감정을 이해하는 데 있어서 유리한 사회적 행동특성을 갖고 있어서 의사결정 과정에 있어서 협동적 분위기를 만든다고 하였다. 로즈너와 슈바르츠(Rosner & Schwarz, 1980)는 전통적 리더십을 분석적이고 합리적이며 양적인 사고에 기초하여 위계적인 권한관계에 의존하는 알파 리더십(alpha leadership)으로, 새로운 리더십을 통합·직감·질적 사고·적응적 지원관계에 의존하는 베타 리더십(beta leadership)으로 구별하면서, 여성에게 더욱 자연스럽게 나타나는 리더십이 베타 리더십이라고 밝혔다. 이글리와 존슨(Eagly & Johnson, 1990)은 성과 리더십 스타일에 관한 160편의 연구들을 메타분석하여, 보편적으로 여성들이 남성에 비해 더 민주적이며 참여적인 리더 행동을, 남성들은 여성보다 더 지배적이며 독재적인 리더 행동을 취한다고 밝혔다. Helgesen(1990)은 여성 리더가 남성보다 조직 구성원과 더 자주 접촉하고 정보를 공유하는 것을 강조하는 수평적 조직구조를 선호한다고 보았다. Rosner(1990)의 경우에는 여성 리더가 전통적인 남성적 접근방법과 다른 방법의 리더십, 즉 상호작용 리더십(interactive leadership)을 가진다고 제시하였다. 이는 변혁적 리더십으로 이해되는 관리 스타일로 여성 리더들은 권력을 카리스마, 대인관계에 의한 기술, 개인적인 접촉 등의 대인적인 특성에서 기인하는 것으로 파악하고, 그들이 발휘하는 리더십은 참여·권력과 정보의 공유·타인의 자기가치 강화·타인에게 힘을 주는 것을 특징으로 한다고 언급하였다. 이글리(Eagly & Karau, 1991)는 여성 리더가 남성에 비해 더 민주적이고 참여적인 리더십 유형을 가진다고 하는 경험적 증거를 제공하였으며, 바스 등(Bass et al., 1996)은 여성이 남성에 비해 더 변혁적인 리더십을 가지며, 리더십의 네 가지 구성요소(카리스마, 동기부여, 지적 자극, 개인적 존중)에서 모두 높은 점수를 획득하는 것으로 확인하였다.

또한 전통적 리더십과는 다른 여성적 리더십이 있음을 밝히고 여성적 리더십의 개념을 주창한 연구, 리더로서 남성적 특성보다는 여성적 특성이 보다 효과적이라는 견해를 밝히기는 연구도 진행되었다. 로든(Loden, 1985)은 여성적 리더십 개념을 처음 주장하고, 협동성, 권한의 위임, 참여적 관계 형성, 공감, 고려적 태도 등을 전통적 리더십과 대비되는 여성적 리더십의 특성으로 정리하였다. 이글리와 칼리(Eagly & Carli, 2003)는 여성 리더가 보다 높은 변혁적 리더십의 형태를 나타내며, 문제가 있을 때에만 개입하여 교정행동을 취하는 보상행동의 경향을 보여 주므로, 더 효과적인 리더십이라는 견해를 밝혔다.

그 외에도 다양한 연구들이 진행되었는데, 아볼리오(Avolio, 1999), 바스(Bass, 1988), 로우와 동료들(Lowe et al., 1996), 요더(Yoder, 2001) 등은 변혁적 리더십의 특성이 여성의 전형적인 성역할로 간주되는 지원적·고려적·긍정적·격려적·고무적 태도 등에 준한다고 보고, 변혁적 리더십을 최근의 조직사회에 매우 적합한 여성에게 유리한 리더십 유형으로 보았다. 브라운과 어비(Brown & Irby, 1995)는 여성 리더가 남성보다 더 참여적이고 덜 전제적이라고 보았고, 비니콤(Vinnicombe & Cames, 1998)는 여성 리더가 남성 리더에 비해 더 직감적으로 애매한 문제를 잘 다루고 창조적 문제해결을 추구하는 것으로 밝혔다(서종희, 2003). 코바코프(Kobacoff, 1998)는 여성 관리자들이 남성에 비해 높은 수준의 감정이입을 보이고, 자신의 기대와 생각을 명확하게 표현함으로써 커뮤니케이션의 흐름을 유지하는 특징을 보이면서 인간관계 지향적 리더십 기술에서 점수가 높음을 확인하였다.

② 여성주의 가치 연구

여성주의는 전통적 세계관에 대한 비판의식을 가지고, 이제까지 자연스럽고 정상적이고 바람직한 것으로 여겨온 많은 것, 즉 여성의 차별, 예속, 억압의 근원에 도전함으로써 세계를 변화시켜 여성을 해방시키려는 이론(이념체계)과 사회적 실천

(운동)을 총괄한다. 즉, 여성주의 그 자체가 '변화시키는 권력'을 의미하는 것이다(이상화, 2005). 하지만, 여성이 체험하는 억압은 그 맥락과 상황에 따라 매우 상이하고 다양한 형태로 나타나므로, 그 입장의 차이에 따라 다양해질 수밖에 없으므로, 여성주의는 한마디로 정의될 수는 없지만, 다양한 범주에서의 '차이'를 넘어 평등을 지향하는 것으로 볼 수는 있다(이상화, 2003).

최근의 리더십 개념은 평등을 지향하는 여성주의 가치를 내포해야 하며, 이를 위해서는 여성주의적 관점으로 리더십을 재정의하는 작업이 필요하다. 여성주의적 관점은 여성주의적 가치로부터 파생된 일련의 이해 방식이고, 이는 약자 우선의 입장을 견지함으로써 단순히 성 불평등뿐 아니라, 모든 종류의 불평등에 대한 민감성을 실천하는 것을 지향하는 방향으로 인식되어야 한다(곽삼근, 2008).

여성주의적 가치들은 여성주의철학 이론을 통해서 파생된 내용을 바탕으로 확인할 수 있다. 여성주의철학의 목표는 주체와 객체가 관계 맺을 수 있게 하고, 다양한 주체들 간 차이를 명료히 함으로써 가부장제적 이원론을 해체하여, 여성성과 사유형식의 다원성을 성취하는 것이다(Meyers, 2005). 이와 같은 여성주의철학 이론에서 대표적인 것으로는 '이성·가부장제·학문에 대한 비판이론'과 '성차'에 대한 이론을 제시할 수 있는데, 그중에서 대표적인 이론 몇 가지를 살펴보면 다음과 같다.

먼저, 시몬 드 보부아르(Simone de Beaivoir, 1949)는 『제2의 성』을 통해서 여성들에게 더 이상 타자, 남성의 보조라는 자신의 위치에 머물 것이 아니라, 사회 속에서 자신의 동등한 지위를 요구할 것을 촉구하였다. 낸시 초더로(Nancy Chodorow, 1978)는 엄마역할 하기(mothering)가 남·여의 차이를 재생산한다고 보았다. 즉, 엄마의 양육태도가 관계나 의존을 거부하는 자율적이고 경쟁적인 '남성적 인성'을, 다른 사람들과의 관계와 연결성에 기초하여 더 애정적인 인간관계를 가지는 '여성적 인성'을, 그리고 그러한 남·여의 성역할을 학습하게 한다는 것이다. 초더로는 이때의 여성의 mothering은 의도되지 않은 결과라 보았으며, 만일, 남성과 여성 모두 동등하게 mothering을 하게 된다면 여성과 남성은 상이한 성질을 지닌 채 성장하지 않을 것이라 주장하였다. DIOTIMA(1983)[1] 에서는 여성주의 철학의 '차이'에

---

1) 디오티마(Diotima)는 1983년에 발족된 이탈리아 베로나 대학 내 여성철학자들의 그룹(Meyer, 2005에서 재인용).

대한 중요 이론에서, 단순히 성별 간 차이만이 아니라 여성 간 차이, 즉 아피다멘토 (affidamento)라는 개념을 수용하고 발전시켰다. 아피다멘토는 '여성적 상호주관성'으로, '신뢰하다', 혹은 '마음속을 터놓다'로 직역될 수 있다. 여기에서 중요한 것은 자기 인식 및 자기 정체성을 전제조건으로 하는 여성적 주체성의 육성이다(Meyer, 2005에서 재인용). 길리건(Gilligan, 1982)은 '돌봄의 윤리학'을 강조하였다. 콜버그 (Kohlberg)도덕성 발달 연구가 남성중심이라는 표집상의 문제와 여성의 도덕성 발달에서 나타날 수 있는 차이점을 전혀 고려하지 않았다는 점을 지적하면서, 여성의 도덕성을 이해할 수 있는 새로운 기준으로 '배려의 윤리'를 제시하였다. 길리건은 여성들의 윤리는 보살핌, 배려, 감정이입 등의 가치를 중요한 것으로 다루고 있음을 나타내었다. 마틴은 여성주의가 중시하는 가치는 상호의존과 협동, 자양(自養), 지원, 참여, 자기결정, 임파워먼트, 개인적·집단적 전환 등으로 보고, 이러한 가치를 실현하기 위해서, 타인과의 협동과 상호작용을 통한 학습, 민주성과 참여 증진, 부하직원의 세력화 증진, 자양과 보살핌 증진, 전환적 결과 추구 등이 중요한 과제가 된다고 보았다(Martin, 1993: 김양희, 2006에서 재인용).

그 외에도 헬렌 피셔(Helen Fisher, 1999)는 남·여 간의 뚜렷한 차이를 검토하여, 남·여의 차이를 인정하고 여성의 타고난 재능을 확인하였다. 여성의 경우 남성에 비해 전후관계를 살피는 시각, 수평적 권력을 가지고, 대화를 중시하며, 친밀한 접촉, 보호정신, 청취 등의 성향이 높이 나타난다는 것이다. 피셔는 특히, 여성들이 중년에 이르러 큰 영향력을 행사하는 방식을 탐구하고, 경제적으로 막강한 여성들의 영향력을 확인함으로써, 남녀가 서로 조화로운 관계를 구축하는 것에 많은 관심을 가지고 탐구하였다. 여성주의 리더십의 근간이 되는 여성주의철학 이론들을 정리하여 여성주의적 가치들을 살펴보면, 다음 〈표 15-3〉과 같다.

표 15-3 여성주의적 가치

연구자	주요 내용	핵심 가치/ 개념

Simone de Beauvoir (1949)	• 표준 여성의 유형이 아니라, 다양한 여성의 생활 양식을 세분화하고자 노력함(자유의 가능성)
	• 타자의 지위를 적극적으로 극복하라는 호소
	• 가부장제 사회구조의 변화(고유한 실천적 변화에 대한 요구)
	• 상호 간 책임과 의무-사회적 행위의 정초 도출
	• 남성적 가치 승인
	• 주체 및 초월의 지위를 차지할 용기 획득 강조
		• 타자성
		  -다원성, 다양성, 차이 허용
		• 이상적 여성
		  -독립적, 적극적, 남성에 의해 강요된 수동성 거부(능동적 태도), 자기결정
		• 자율성 및 주체성

Nancy Chodorow (1978, 1985)	• 대상-관계적 경험(의도치 않은 결과)
	  -남·여의 인성, 역할과 관련해 일반적이고 보편적으로 나타나는 차이의 재생산에 관한 설명
	• 엄마역할 하기(mothering): 재생산을 위한 수용력 포함(공생의 경험 재생산)
		• 모성적 양식(수용력)
		  -사랑과 의무, 상호성, 협력, 애정, 돌봄, 보살핌, 배려
		• 보상 부여: 보호, 책임
		• 여성의 인간관계: 연대 형성

DIOTIMA (1983)	• 여성 자신의 특별성 발견
	  -자기 인식 및 자기 정체성을 전제조건으로 하는 여성적 주체성의 육성을 중요시 함
	• 여성 간 차이 역시 반성
		• 아피다멘토(affidamento)
		  -여성적 상호 주관성
		  (신뢰, 마음속을 터놓음)

Carol Gilligan(1982)	• 남성과는 다른 여성의 도덕적 발달(언어) 제시
	  -여성이 아니라 도덕적인 사람으로서의 여성의 성장을 판단하는 데 이용되는 기준 변화 주장
	• 여성의 도덕성을 이해할 수 있는 새로운 기준으로 배려를 중심으로 한 '배려의 윤리' 제시
		• 배려의 윤리
		  -보살핌, 배려, 감정이입 등

Nel Noddings (1984)	• 여성적인 보호의 윤리 강조
	• 윤리는 특별에 관계에 대한 것임을 주장
	  -개인중심의 관계에서 관계중심의 배려성에 기초함
		• 보호의 윤리
		  -수용, 보호, 호의적 감정, 배려, 돌봄

Martin (1985, 1993)	• 여성주의 학자들은 공적인 일/사적인 일의 이분법에 대해서 부정하였으나, 여전히 사회, 문화의 교육적 사고에는 적용되고 있음을 제시함
	  -집, 여성, 가정성(domesticity)과 관련된 여성적 성질과 특징 등의 가치, 태도, 그와 관계된 사고와 행위의 유형이 교육의 존재이유에 반하는 것으로 여겨지고 있음
		• 보살핌, 관심, 연결성(3Cs)
		  (care, concern, connection)
		• 협동, 상호작용, 민주성, 참여, 지원 개인적 및 집단적 전환

Prengel (1992, 1993)	• 평등한 차이 강조 –평등이 없는 차이: 사회적 질서, 문화적 평가 절하, 경제적 착취를 의미함 –차이가 없는 평등은 순응이나 획일화 또는 타자의 배척을 의미함	• 불평등 해소, 차이 배우기 • 다양성, 이질성 인정 –차이에 대한 적극적 수용, 창조적인 반응 생성 • 적극적 네트워킹(타자와 관계 맺기) • 임파워먼트(능력 갖추기)
Helen Fisher (1999)	• 남·여 간의 뚜렷한 차이점 검토 • 여성들이 중년에 이르러 큰 영향력을 행사하는 방식 탐구, 조정 • 경제적으로 막강한 여성들의 영향력 확인 • 남·여 서로의 차이점 인정, 여성의 타고난 재능 확인 및 서로 간 조화로운 관계 구축 탐구	• 거미집 사고(web thinking) • 팀 플레이(협력) • 여성들의 언어 • 타인의 마음 읽기 • 감정이입 • 친교 네트워크(동시 다발적)

(2) 국내 여성 리더십 연구 동향

우성미, 오소영(2019)에 의하면, 국내 여성리더십 연구는 2002년부터 실시되었으며, 연구 초반인 2003년부터 2005년까지는 연구의 추세가 급격히 증가하다가 2007년부터 2009년까지는 감소하는 경향을 보이고, 다시 2010년부터 2014년까지는 증가하다가 2015년 이후에는 감소와 증가를 반복하는 흐름을 보인다. 2002년부터 연도별 여성 리더십 논문 게재 추세를 살펴본 결과는 다음 [그림 15-2]와 같다.

[그림 15-2]를 통해서 여성 리더십에 대한 연구는 국내에서 처음 학술지에 등장한 이후로 2018년까지 매해 20편 미만인 것을 볼 수 있는데, 이러한 결과는 학계에

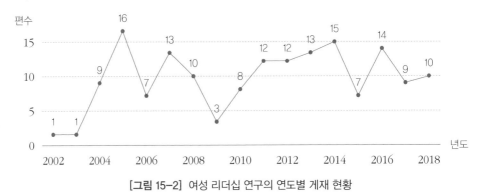

[그림 15-2] 여성 리더십 연구의 연도별 게재 현황

출처: 우성미, 오소영(2019). 주제어 연결망 분석을 활용한 국내 여성리더십 연구 동향, p. 16.

서 여성 리더십을 관심 주제로 다루지 않고 있다는 것을 의미하다. 학문 분야별·연도별 주제어 출현 빈도를 통해 그나마 '여성학'과 '기독교 신학', '경영학' 그리고 '교육학' 분야에서 관련 연구가 다양하게 다루어진 편임을 확인할 수 있다.

표 15-4 학술지 학문 분야별 빈도

구분	여성학	기독교 신학	경영학	교육학	철학	체육	역사학	정치 외교학
여성 리더십	6	9	2	2	3		3	1
리더십	7		1	2	1	5	3	2
변혁적 리더십	1	2	3	1	1	1		
여성 리더	3		1			1	1	1
여성적 리더십		2	1	2	1			
여성주의 리더십	6		1	2	1			
리더십 유형	2		2	1				
여성주의	3				1			1
직무만족			1	1				
강성 리더십		1	1	1				
서번트 리더십		1						
성차별	1	1						1
여성	1	1						
합계	30	17	13	12	8	7	7	6

표 15-5 학술지 연도별 주제어 빈도

연도	빈도	주제어
2003	2	여성CEO
2004	7	여성 리더십
	2	왕비
2005	5	여성 리더십
	4	리더십
	3	여성주의 리더십
	2	여성 리더, 성차별, 여성적 리더십, 리더십 유형, 성 고정관념

2006	2	여성 리더십, 여성주의 리더십
2007	4	리더십
	3	여성 리더십
	2	커뮤니케이션, 노인 전담 여성 체육 지도자, 임파워먼트
2008	5	여성 리더십
	3	여성주의
	2	가부장제, 조선후기, 지구화
2009	–	–
2010	2	여성 리더십, 리더십
2011	2	리더십, 정치 리더십
2012	4	리더십
	2	변혁적 리더십, 여성 리더십, 여성주의
2013	5	여성 리더십
	4	리더십
	2	변혁적 리더십, 성
2014	4	리더십, 여성 리더
	2	직무만족, 감성 리더십, 셀프 리더십, 정치대표성
2015	2	질적연구
2016	5	여성 리더십
	3	여성적 리더십
	2	여성주의 리더십, 욕망
2017	2	여성 리더십, 리더십, 여성적 리더십, 여성성, 여성학교장, 남성성, 자아존중감
2018	4	여성 리더십
	2	리더십

출처: 우성미, 오소영(2019). 주제어 연결망 분석을 활용한 국내 여성리더십 연구 동향, p.18-20.

〈표 15-5〉에서 출현 빈도가 가장 높은 주제어는 '여성 리더십, 리더십, 변혁적 리더십, 여성리더, 여성적 리더십, 여성주의 리더십' 등으로 이는 현재 여성 리더십 연구영역에서 주요하게 다루어지고 있는 주제어임을 알 수 있다. 그리고 연도별로 나타난 주제어를 통해 여성 리더십 연구의 방향이 '여성이 발휘하는 리더 연구에서 기존의 리더십을 대체할 대안적 리더십'으로 연구되어 국내 여성 리더십 연구의 흐름도 국외 연구와 동일한 것으로 볼 수 있다.

4. 학교에서의 여성 리더십

일반 조직이론에서 리더십에 대한 연구가 1940년대 리더십 특성이론부터 80년대 이후 변혁지향적 접근에 이르기까지 활발히 진행되면서, 학교행정가에 대한 리더십 연구 또한 꾸준히 지속되어 왔다. 더욱이 오늘날 조직의 성취와 리더십이 밀접한 관련을 맺고 있다는 사실이 더욱 구체적으로 밝혀지면서 많은 조직의 최고경영자들이 리더십 문제에 더욱 관심을 집중하고 있다. 오늘날 같이 급변하는 사회와 위기의 시대에 있어서 학교가 보다 적극적으로 대응하기 위해서 보다 탁월하고 유연한 리더십을 필요로 하므로, 학교장의 리더십이 과거에 비해 더욱 중요시되고 있다(유현숙 외, 2000). 실제로 오늘날 학교에서는 학교장이 감성을 바탕으로 한 포용·섬김·배려 등의 덕목을 가지고 리더십을 발휘하는 것을 중요하게 본다(유현숙 외, 2000; Collins, 2002; Kouzes & Posner, 2002).

1) 교직의 여성화

전통적으로 교직은 남성의 직업에 속했으나 1990년대 이후에 들어서부터는 여교사가 지속적으로 증가하고 있다. 현재 여성의 비율은 조직에서 반수 이상을 차지한다. 전체적으로 여교사가 소수집단에서 다수집단으로 부상하여 현재 교직에서 수적으로 우세한 위치에 있다. 실제 우리나라에서 교직 내 여교원의 비율을 살펴보면, 2020년 기준으로 초등학교 77.1%, 중학교 70.5%, 고등학교 56.4%(교육부, 한국교육개발원, 2020)인데, 이는 1965년 초등학교 25.5%, 중학교 16.1%, 고등학교 8.9%(문교부, 1965)였던 것에 비해 47~54%p 이상 증가한 것이다. 하지만, 여교장의 비율을 살펴보면, 1965년을 기준으로 2000년까지 여교장의 비율은 2.7%에서 8.7%로, 불과 6%p 증가한 것에 불과하다. 교직의 여성화로 인해 여성의 참여가 확대되어 여교원이 수적인 우세에 있음에도 불구하고, 35년 동안 여전히 여성이 행정가로서 차지하는 위치가 미비하였다. 그러나 최근 들어서는 관리직에서의 여성 교직원의 비율이 급속도로 증가하고 있다. 2000년부터 2010년까지 10년 동안 여교장의 비율이 8.9%p의 증가율을 보였고, 2010년에서 2020년까지 10년 동안에는 23.3p%의 큰 증

표 15-6 2010년 vs 2020년 초·중등학교 여교사 및 여교원 비율

학교급		2010년		2020년	
		교장	교사	교장	교사
초등학교	계	5,818	120,089	6,084	189,286
	여교원 수(%)	832(14.3)	98,689(82.2)	3,097(50.9)	145,943(77.1)
중학교	계	2,800	66,978	2,982	111,894
	여교원 수(%)	493(17.6)	48,756(72.8)	828(27.8)	78,844(70.5)
고등학교	계	2,177	84,329	2,344	89,666
	여교원 수(%)	139(6.4)	41,318(49.0)	286(12.2)	50,597(56.4)

출처: 교육과학기술부(2010), 교육부, 한국교육개발원(2020). http://cesi.kedi.re.kr.

가율을 나타내고 있다.

이와 같이, 교직의 여성화로 학교를 책임지고 운영하게 될 여성 학교행정가 역시 증가함에 따라, 여교장이 학교를 운영·관리함에 있어서 수반되어야 할 리더십 능력 제고의 필요성이 증대되고 있다. 교육행정가는 기존의 냉담하면서 공정하고 초연한 관리적 남성 시각에서 탈피하여 여성적인 정의적 차원에서 조직 구성원의 삶과 조직문화의 민감성에 부응해야 하기 때문이다(Marshall et al., 1996). 오늘날 학교는 리더십이 전통적인 관리 형태에서 혁신적이고 창의적인 형태로 변화하기를 요구받는다. 그러므로 학교의 리더는 이를 위해, 학교가 당면한 문제의 새로운 해결방안을 모색하고, 새로운 조직구조를 도입하고, 새로운 리더십을 갖추는 것이 필요하다(권기욱, 2009; 민무숙, 2005).

2) 성별에 따른 학교장 리더십 연구

(1) 국외 연구

학교장의 리더십에 대한 연구는 많은 발전을 이루었다고 할 수 있으나 성별에 따른 학교장 리더십에 대한 관심은 전무하다시피 하다. 이는 여전히 학교행정가 대부

분이 남성이었기 때문이기도 하고, 여성이 있다 하더라도 성별이라는 변수가 효율적인 교육 경영에 영향을 줄 수 있다고 생각을 별로 하지 못하였기 때문일 것이다. 성별에 따른 학교장 리더십에 대한 관심이 매우 부족하다는 사실에 근거하여, 여성주의자들은 학교행정가에 대한 리더십 연구가 너무나 남성 편향적이라는 지적을 했다. 이글리 등(Eagly et al., 1992), 셰이크샤프트(Shakeshaft, 1989a, 1989b) 등의 연구들은 교직에서 교장들의 지도성의 성차에 대한 관심이 증가하게 하였으며, 그 영향으로 많은 학자에 의해 교육행정학에서의 여성주의적 접근이 접목되어 여성 교장에 대한 연구들이 이루어지게 되었다(민무숙, 허현란, 2000).

민츠버그(Mintzberg, 1973)는 관리행동의 연구에서 남교장과 여교장의 리더십 행동이 세 가지 성차에 의해서 특징지어진다고 밝혔다. 그 첫 번째 차이는 여교장은 민주적이고 참여적인 유형으로 행동하는 반면에 남교장은 더 지배적이고 독재적이라는 것이다. 두 번째는, 남교장들은 구조적인 리더십 유형을 가지는 데 반해, 여교장은 인간중심적인 리더십 유형을 가진다는 사실이며, 마지막 세 번째는 남교장이 관리에 있어서 감독지향적인 면을 더 보이는 것에 비해, 여교장은 학교의 핵심기술인 교수학습 기술에 대해서 더 많은 관심을 가지는 행동을 한다고 하는 것이었다(McDowell, 1993).

피셸과 포트커(Fishel & Pottker, 1979)는 여교장들이 남교장보다 학생들의 사회적 발달 및 정서적 발달에 더 큰 관심을 가지고, 초임교사를 더 기꺼이 잘 도와주며, 학부모와 함께 하는 일에 있어서 보다 효과적으로 행동한다는 것을 증명하였고, 이글리, 카라우와 존슨(Eagly, Karau & Johnson, 1992)은 미국 초등학교 수준에서 수행된 50개의 연구들을 분석한 결과에서 여교장이 남교장보다 더 민주적이고 더 과업지향적임을 밝혔다. 그리고 Marshall과 Mitchell(1989)은 여교장이 갈등 해결에 더 뛰어난 능력을 가지고 있으며, 학생과 함께 문제를 해결하는 데 있어서 덜 권위적이라고 하였다(Leithwood et al., 1996).

모싱크(Morsink, 1966)는 여교장들이 표현·설득·생산에 관한 강조, 예측의 정확성, 집단의 통합, 그리고 관리자로서 영향 면에서 남녀 교직원 양쪽 반응에서 남교장보다 그 점수가 훨씬 높게 나타났다고 보았다(Bass, 1990).

(2) 국내 연구

국내에서는 여성 리더십에 대한 연구가 2000년대부터 본격적으로 시작되었기 때문에 성별에 따른 학교장 리더십 연구는 학교장의 리더십 연구에 비해 매우 적다고 할 수 있다. 지금까지 학교에 여교사 비율이 급격히 증가하는 것에 비해 여교장의 비율은 여전히 낮은 편이지만, 2017년도를 기점으로 초등학교에서 여교장의 비율이 40%가 넘어가게 되면서 조금씩 변화하고 있는 추세이다.

국내에서 진행된 학교장의 성별과 관련된 선행 연구를 살펴보면, 관련 연구결과를 크게 두 부분, 즉 남·여교장의 리더십을 비교한 연구의 유형과 여교장 리더십의 특징만을 살펴본 연구로 구분할 수 있다.

① 남·여교장의 리더십을 비교한 연구

박종필(1995)은 조직의 효과성에 있어서 남·여 학교장의 지도성 유형이 어떠한 영향을 미치는가에 대해 연구하였는데, 그 결과를 이론적 측면과 실제적 측면으로 구분해서 나타내었다. 남·여 학교장의 지도성 유형과 조직 효과성 간의 관계 연구의 결과를 살펴보면, 이론적 측면에서는 여교장이 인간자원적·상징적 지도성을, 남교장이 구조적 지도성을 주로 발휘하는 것으로 나타났으며, 남교장보다는 여교장이 보다 효과적이라는 결과를 보여 주었다. 그리고 실제적 측면에서는 조직 효과성이 인간자원적·상징적 지도성 유형에서 가장 높게 나타났고, 구조적 지도성과는 부적 관계를 보이는 것으로 밝혀졌다. 또한 남·여 학교장들이 모두 정치적 지도성에서 낮게 나타났는데, 이는 우리나라의 학교행정가들이 갈등 해결, 영향력 행사와 같은 정치적인 면이 상당히 부족하다는 것을 보여 주고 있다.

서용희(2013)는 학교장의 여성적 리더십 특성에 대한 연구에서 대안적 리더십으로서의 여성적 리더십의 의미를 정립하고, 중학교 교사들이 일반적으로 인식하는 남·여교장 리더십 차이를 조사하고, 교사들과의 심층면담을 수행하여 학교장이 발휘하는 여성적 리더십의 특성을 도출하였다. 조사 결과, 교사들은 남·여교장의 리더십에 대해서 교사 보호 및 교사에 대한 위임 활동 영역을 제외하고는 관리적·관계적·변화적 측면에서 여교장의 리더십을 더 높게 인식하였다. 교사 보호 및 교사에 대한 위임 활동 영역에 대해서는 남·여교장 모두에게서 미흡하다고 보았다. 그리고 학교장이 발휘하는 '여성적 리더십'의 특성은 배려, 관계 맺기, 임파워먼트,

함께하기, 총체론적 사고로 파악되었다. 심층면담을 통해 확인한 학교장의 여성적 리더십 특성은 단순히 여교장이 발휘하는 여성적 특성이 아니라, 기존의 여성적 특성에 여성적 가치와 기술이 포함되어 바람직한 의미를 담고 있는 것으로 도출되었다.

양종만(1993)은 남·여교장이 재직하고 있는 공립 초등학교의 교사들을 대상으로 남·여교장의 지도성 행동에 대한 남·여교사의 지각 차이를 조사하였다. 조사 결과, 남교사는 남교장을 여교장보다 더 과업 지향적이라고 인지하고 있었고, 여교사는 여교장을 남교장보다 더 인화지향적이라고 인지하고 있었다. 그리고 남교사는 경력 차이에 따라 학교장의 지도성 행동에서 과업변인 차원에 대해서는 유의미한 차이가 없으나, 인화변인 차원에서는 교직 경력 16년 이상의 남교사가 5년 이하의 남교사보다 더 인화지향적이라고 인지하고 있었으며, 여교사는 경력 차이에 따라 지각하는 학교장의 지도성 행동이 다르지 않다고 인지하고 있음을 볼 수 있었다.

한혜숙(1994)은 학교장의 성별과 지도성 차이에 따른 교사의 직무만족 관계를 알아보기 위한 연구에서, 성별 지도성 유형에 따라 직무만족을 주는 요인에 차이가 있다고 보았다. 남교장은 직무환경 및 행정체계·직무·보상 등의 요인에서 여교장보다 지도성이 긍정적으로 나타났고, 여교장은 교사의 전문성 신장요인에서 만족도가 높은 것으로 지적되었다.

② 여교장 리더십의 특징만을 살펴본 연구

김일환(1993)은 초등학교 여교장의 진로발달연구에서, 여성 학교행정가의 진로발달과정, 자질과 특성에 대해서 질적 연구방법을 사용하여 연구하였다. 이는 서울 시내에 소재한 국공립 초등학교 여교장 15명을 면담하여 학교행정가로 진출하기까지의 진로발달에 영향을 주는 요인을 환경조건 및 사건, 학습경험, 자아관찰 일반화 등의 세 가지 개념에 초점을 맞추어서 초등 여교장의 진로 발달과정을 분석하였다. 그 결과 초등 여교장들은 성장환경 조건이 우수하고, 학업지향적이었으며, 역할모델로 교직에 종사하는 사람을 선택하는 경향을 보였다. 그리고 교직 생활을 하면서 가정과 직장의 이중역할로 인해 좌절의 기간이 있었으나, 중요한 타인으로서 남편의 많은 격려 덕분에 장기근속을 할 수 있었다고 하였다. 이들은 직무에 열정적이며, 성실성을 가장 정형화된 승진요인으로 지적하였다.

서용희(2005)는 초등학교 여교장의 리더십 특성에 관한 연구에서 교사들이 여교장이 발휘하는 인간지향·목표지향·관료지향·참여지향·변화지향성 리더십을 어떻게 지각하는지, 여교장은 자신의 리더십 특성을 어떻게 이해하고 있는지, 여교장과 교사 두 집단 상호 간의 인식의 차이를 조사하고, 여교장의 리더십 특성이 나타나게 되는 배경은 무엇인지 확인하였다. 조사 결과, 초등 교사들은 여교장의 리더십이 인간지향성·목표지향성·관료지향성·참여지향성·변화지향성 측면 모두에서 고르게 나타난다고 인식하며 여교장의 결과와 크게 다르지 않게 나타났다. 그리고 기존의 연구에서 성별에 따라 여교장의 리더십을 다르게 지각한다는 결과와는 다르게 교사의 직위·경력의 변인에 있어서 여교장의 리더십이 다르게 인식됨을 확인하였다.

안군자(1994)는 여교장의 리더십 유형이 교사의 직무에 어떠한 영향을 미치는가를 분석하였는데, 그 연구결과는 다음과 같음을 볼 수 있었다. 첫째는, 교사와 교감선생님들은 여교장의 지도성을 '효율적' 지도성 유형과 '비효율적' 유형 두 가지로 인식하는 경향이 있음을 볼 수 있었고, 둘째는, 여교장이 나이가 많은 교사와는 잘 화합하고 있으나, 젊은 교사와는 화합이 잘 이루어지고 있지 않다고 하였다. 셋째는, 여교장은 효율적·비효율적인 지도성에서 차이가 많이 났으며, 과업형과 인화형에서도 그 차이가 있어 교사의 직무성과 향상을 위해서는 과업 및 인화형을 모두 갖출 필요가 있다고 보았고, 마지막으로, 여교장의 지도성이 효율적일 때, 교사의 직무성과가 향상된다고 하였다.

이상에서 살펴본 바와 같이, 대다수의 연구들이 여교장의 리더십 특징에 대해 명확한 결론을 제시해 주지는 못하고, 단순히 여교장이 가지는 특징이 무엇인지에 대한 개괄적인 설명을 나열하고 있는 경우가 많은 편이다. 하지만, 이러한 연구를 통해서 일반적으로 여성 교장들이 덜 권위적인 리더십을 발휘하고, 보다 민주적이고 인간중심적인 리더십 행위를 하는 경향이 있다고 하는 공통적인 결과는 볼 수 있다.

참고문헌

강형철, 박미석, 조경순, 조병남, 양승찬, 김경아, 이신자(2005). 여성리더십의 재발견. 서울: 숙명
　　여자대학교출판부.

곽삼근(2008). 여성주의 교육학. 서울: 이화여자대학교출판부.

교육과학기술부(2010). 교육통계연보. (http://kess.kedi.re.kr)

교육부(2000). 교육통계연보. (http://kess.kedi.re.kr)

교육부, 한국교육개발원(2010, 2020). 교육통계연보. (http://kess.kedi.re.kr)

권기욱(2009). 학교 리더십. 서울: 보현사.

김명자(2003). 여성공직자의 성공하는 리더십. 서울: 한국여성개발원.

김양희(2006). 여성, 리더 그리고 여성리더십. 서울: 삼성경제연구소.

김양희, 김홍숙(2000). 기업내 남녀관리자의 리더십 비교연구(연구보고서 250-7). 한국여성개
　　발원.

김인철 외(1992). 조직과 여성리더십: 여성과 리더십. 한국여성개발원.

김일환(1993). 초등여교장의 진로발달연구. 건국대학교 대학원 박사학위 청구논문.

문교부(1965). 교육통계연보. (http://kess.kedi.re.kr)

민무숙(2005). 남·여교장의 지도성에 대한 교사 인식 분석. 교육사회학연구, 15(3), 153-178.

민무숙, 허현란(2000). 여교장의 지도성 효과 및 특성에 관한 연구. 연구보고서220-4. 한국여성
　　개발원.

박종필(1995). 남·여 학교장의 지도성 유형과 조직 효과성간의 관계 연구. 고려대학교 대학원
　　석사학위논문.

서성교(2003). 하버드 리더십 노트. 서울: 원앤원북스.

서용희(2005). 초등학교 여교장의 리더십 특성에 관한 연구. 부산대학교 대학원 석사학위논문.

서용희(2013). 학교장의 여성적 리더십 특성에 대한 연구. 부산대학교 교육학 박사학위논문.

서종희(2003). 여성리더십의 유효성에 대한 고찰. 고려대학교 경영대학원 석사학위논문.

신경숙(2017). 여성 리더십이 경쟁력이다. 서울: 해피북스.

신응섭, 이재윤, 남기덕, 문양호, 김용주, 고재원(1999). 리더십의 이론과 실제. 서울: 학지사.

안군자(1994). 국민학교 여교장의 지도성과 교사 직무성과에 관한 연구. 건국대학교 교육대학
　　원 석사학위청구논문.

안세근, 권동택(2006). 젠더 리더십 수준에 따른 초등학교 여교장의 변혁적 리더십 연구. 한국교
　　원교육연구, 23(1), 81-98.

양종만(1993). 남·여국민학교장의 지도성 형태에 대한 남녀교사의 지각차이. 고려대학교 교육
　　대학원 석사학위논문.

우성미, 오소영(2019). 주제어 연결망 분석을 활용한 국내 여성리더십 연구 동향. **여성연구,** 101(2), 5-34.

유현숙 외(2000). 학교 경영환경 변화와 학교장의 리더십 연구(연구보고 RR 2000-8). 한국교육 개발원.

이상화(2005). 리더십과 권력에 대한 여성주의적 재개념화. **여성학논집,** 22(1). 3-22.

이성은(2001). 학교변화와 교육정책: 빛의 개념변화 맥락에서 본 학교장의 역할. **교육행정학연 구,** 19(1). 47-68.

장필화(2004). '여성리더, 여성적 리더십, 여성주의적 리더십'. 이화리더십개발원 개원1주년 기 념 학술대회 자료집.

조병남(2007). 젠더 주류화와 21세기 여성 리더십 개발 전략에 관한연구. **숙명리더십연구,** 5(1), 203-235.

한혜숙(1994). 학교장의 성별과 지도성 차이에 따른 교사의 직무만족 관계 연구. 연세대학교 교 육대학원 석사학위논문.

허라금(2005). "여성주의 리더십" 이해를 위한 시론. **한국여성학,** 5, 55-80.

Avolio, B. (1999). *Full leadership development: Building the vital forces in organizations.* Thousand Oaks: Sage Publications.

Bartol, K. M., & Butterfield, D. A. (1976). Sex effects in evaluating leaders. *Journal of Applied Psychology, 61*(4), 446-454.

Barton, T. R. (2006). Feminist leadership: Building nurturing a cademic communities. *Advancing Women in Leadership Online Journal, 21.* http://www. advancingwomen.com/awl/fall2006/barton.htm

Bass, B. M. (1998). *Transformational leadership: Industrial, military, and educational impact.* London: Lawrence Erlbaum Associates Inc.

Bass, B. M. (1990). Women and leadership. In B. M. Bass (3rd ed), *Bass and Stodgill's handbook of leadership: Theory, research, and managerial applications.* The Free Press.

Bass, B. M., Avolio, B. J., & Atwater, L. (1996). The Transformational and transactional leadership of men and women. *Applied Psychology, 45*(1), 5-34.

Bem, S. L. (1974). The measurement of psychological androgyny. *Journal of Consulting and Clinical Psychology, 42*(2), 155-162.

Blackmore, J. (1996). 'Doing Emotional Labour in the Educational Market Place: Stories From the Field of Women in Management'. *Discourse, 17*(3), 337-350.

Blackmore, J. (2002). Leadership for socially just schooling: more substance and less style in high risk low trust times?. *Journal of School Leadership, 12*, 198-219.

Blackmore, J. (1996). Breaking the silence: Feminist contributions to educational administration and policy. In K. Lethwood, J. Chapman, D. Corson, and D. A. Hart (eds). *International handbook of educational leadership and administration*. Kluwer Academic Publishers.

Brown, G., & Irby, B. (1995). *The preparation of today's educational leaders: Inclusivity of women*. Annual Meeting of the American Educational Research Association (San Francisco, CA, April 18-22).

Butterfield, D. A., & Powell, G. N. (1981). Effect of group performance, leader sex, and rater sex on ratings of leader behavior. *Organizational Behavior & Human Performance, 28*(1), 129-141.

Carless, S. A. (1998). Gender differences in transformational leadership: An examination of superior, leader, and subordinate perspectives. *Sex Roles, 39* (11/12), 887-902.

Chisholm, L. (2001). Gender and Leadership in South African Educational Administration. *Gender and Education, 13*(4), 387-399.

Chodorow, N. (1978) *The Reproduction of Mothering: Psychoanalysis and the Sociology of Gender*. Berkeley, CA: University of California Press.

Chodorow, N. (1985). Gender, relation, and difference in psychoanalysis perspective. In H. B. Eisenstein & A. Jardine (Eds.), *The future of difference*. New Brunswick, NJ: Rutgers University Press.

Collins, D. (2002). *The Effectiveness of Managerial Leadership Development Programs: a Meta-Analysis of Studies from 1982-2001*, s.l.: A Dissertation, The School of Human Resource Education and Workforce Development, Louisiana State University.

Conrad, D. A., & Conard, D. J. (2007). Testimonies of exemplary caribbean women educational leaders. *Advancing Women in Leadership Online Journal, Vol. 23*. http://www. advancingwomen.com/awl/spring2007/conrad.htm

Denmark, F. L. (1977). Styles of leadership. *Psychology of Women Quarterly 2*, 99-113.

Dobbins, G. H., & Platz, S. J. (1986). Sex differences in leadership: How real are they?. *The Academy of Management Review, 11*(1), 118-127

Druskat, V. U. (1994). Gender and leadership style: Transformational and transactional leadership in the roman catholic church. *Leadership Quarterly, 5*(2), 99-119.

Eagly, A. H. (1987). *Sex difference in social behavior: A social role interpretation*. Hillsdale, New York: Erbaum.

Eagly, A. H., & Carli, L. L. (2003). The female leadership adva ntage: An evaluation of the evidence. *The Leadership Quarterly, 13*, 807-834.

Eagly, A. H., & Johannesen-Schmidt, M. C. (2001). The leadership styles of women and men. *Journal of Social Issues, 57*(4), 781-797.

Eagly, A. H., & Johnson, B. T. (1990). Gender and leadership style: A meta-analysis. *Psychological Bulletin, 108*(2), 233-256.

Eagly, A. H., & Karau, S. J. (1991). Gender and the emergence of leaders: A meta-analysis. *Journal of Personality and Social Psychology, 60*(5), 685-710.

Eagly, A. H., & Steffen, V. J. (1984). Gender stereotypes stem from the distribution of women and men into social roles. *Journal of Personality and Social Psychology, 46*(4), 735-754.

Eagly, A. H., Karau, S. J., & Johnson, B. T. (1992). Gender and leadership style among school principals: A meta-analysis. *Educational Administration Quarterly, 28*, 76-102.

Eagly, A. H., Makhijani, M. G., & Klonsky, B. G. (1992). Gender and the evaluation of leaders: A meta-analysis. *Psychological Bulletin, 111*(1), 3-22.

Eisler, R. (1987). *The Gaia Tradition and Partnership Future*. an Ecofeminist Manifesto, in Diamond, Irene and Ornstein, Gloria, Reweaving the World. Sierra Club Books, San Francisco.

Fishel, A., & Pottker, J. (1979). Performance of women principals: A review of behavioral and attitudinal studies. In M. C. Berry (Ed.), *Women in educational administration: A book of readings* (pp. 24-31). Washington, DC: National Association for Women Deans, Administrators and Counselors.

Fisher, H. (1999). *The first sex: the natural talents of women and how they will change the world*. New York: Random House.

Geis, M. (1985). Sex of Authority role models and achievement by men and woman: Leadership performance and recognition. *Journal of personality and social Psychology, 49*(3), 636-653.

Gilligan, C. (1982). *In a different voice: Psychological theory and woman's developm ent*. Cambridge, MA: Harvard University Press.

Gilligan, C. (1982). *In a different voice: Psychological theory and women's development*. Harvard University Press.

Gilligan, C. (1993). *In a different voice: psychological theory and women's development*. Cambridge, Mass. Harvard University Press.

Goleman, D. (2000). Leadership that gets results. *Harvard Business Review, 78*, 78-90.

Grossman, H. & Grossman, S. H. (1994). *Gender issues in education*. USA: Allyn and Bacon.

Helgesen, S. (1990). *The female advantage: women's ways of leadership*. New Work: Doubleday.

Kanter, R. M. (1977). *Men and women of the corporation*. New York : Basic Books.

Kouzes, J., & Posner, B. (2002). *The leadership challenge* (3rd ed). SanFrancisco: Jossey-Bass.

Kruse, L., & Wintermantel, M. (1986) "Leadership Ms.-Qualified: I. The Gender ias in Everyday and Scientific Thinking", in C. F. Graumann and S. Moscovici (eds) *Changing Conceptions of Leadership*, pp. 171-197. New York and Heidelberg: Springer.

Lewin, K., Lippit, R., & White, R. K. (1939). Patterns of aggressive behavior in experimentally created social climates. *Journal of Social Psychology, 10*, 271-301.

Loden, M. (1985). *Feminine leadership, or, how to succeed in business without being one of the boys*. New York: Time Books.

Logan, J. P. (1998). School leadership of The 90's and beyond: A window of opportunity for women educators. *Advancing Women in Leadership Online Journal*. http://www.advancingwomen.com/awl/summer98/LOGAN.htm

Lowe, K. B., Kroeck, K. G., & Sivasubramaniam, N. (1996). Effectiveness correlates of transformation and transactional leadership: A metaanalytic review of the MLQ literature. *Leadership Quarterly, 7*, 385-425.

Marshall, C. (1996). Caring as career: Alternative perspective for educational administration. *Educational Administration Quarterly, 32*(2), 271-294.

Marshall, C. (1996). Caring as career: Alternative perspective for educational administration. *Educational Administration Quarterly, 32*(2), 271-294.

Marshall, C., & Mitchell, B. (1989, March). Women's careers as a critique of the administrative culture. *Paper presented at the annual meeting of the American Educational Research Association*, San Franhncisco.

Martin, J. R. (1985). *Reclaiming a Conversation: The Ideal of the Educated Woman*. 유현옥 역 (2002). 교육적 인간상과 여성: 이상적인 여성상 정립을 위한 탐색. 서울: 학지사.

McDowell, L. (1993). Space, place, and gender relations: Part I. Feminist empiricism and the geography of social relations. *Progress in Human Geography, 17*, 157-179.

Meyers, D. T. (2005). "Who's There? Selfhood, Self-Regard, and Social Relations.". *Hypatia, 20*(4), 200-215.

Mintzberg, H. (1973). *The Nature of Managerial Work*. New York: Harper and Row.

Morgan, G. (1997). *Images of Organization*. Sage, Thousand Oaks, CA.

Olivares, F., & Epstein, C. F. (1991). Ways men and women lead. *Harvard Business Review, Jan-Feb*, 150-160.

Osborn, R., & Vicars, W. (1976). "Sex stereotypes: an artefact in leader behaviour and subordinate satisfaction analysis". *Academy of Management Journal, Vol. 19 No. 3*, pp. 439-499.

Petty, M. M., & Bruning, N. S. (1980). A comparison of the relationships between subordinates' perceptions of supervisory behavior and measures of subordinates' job satisfaction. *Journal of Applied Psychology, 60*, 624-628.

Petty, M. M., & Lee, Gordon K. (1975). Moderation effects of sex of supervisor and subordinate on relationships between supervisory behavior and subordinate satisfaction. *Journal of Applied Psychology, 60*, 624-628.

Porat, K. L. (1991). Women in administration: The difference is positive. *The Clearing House, 64*(6), 412-414.

Rhode, D. L. (2003). *The difference "Difference" makes: Women and leadership*. Stanford University Press.

Rhode, D. L. (2004). *The difference "Difference" makes: Women and leadership*. Stanford University Press.

Rojahn, K., & Willemsen, T. M. (1994). The evaluation of effectiveness and likability of gender-role congruent and gender-role incongruent leaders. *Sex Roles: A Journal of Research, 30*(1-2), 109-119.

Rosener, J. B. (1990). The ways women lead. *Harbard Business Review, 68*(6), 119-125.

Rosener. L., & Schwartz, P. (1980). "Women, Leadership and the 1980's: What Kind of Leaders Do We Need?" In C. Steele (Ed.), *New Leadership in the Public Interest*, 25-36. New York: NOW Legal Defense and Education Fund.

Rosenthal, R., Hall, J. A., DiMatteo, M. R., Rogers, P. L., & Archer, D. (1979). *Sensitivity to nonverbal communications: The PONS-test*. Baltimore, MD: Johns Hopkins University Press.

Schmuck, P. A. (1996). Women's place in educational administration: Past, present, and future. In K. Leithwood, J. Chapman, D. Corson, & D. A. Hart (eds). *International handbook of educational leadership and administration*. kluwer Academic Publishers.

Shakeshaft, C. (1989). The gender gap in research in educational administration. *Educational Administration Quarterly, 25*(4), 324-337.

Shakeshaft, C. (1989a). *Women in educational administration*. California: Corwin Press, Inc.

Shakeshaft, C. (1989b). The gender gap in research in educational administration. *Educational Administration Quarterly, 25*(4), 324–337.

Spender, D. (1984). *Women's Studies International Forum,* 7(5), Paperback–January 1. Pergamon Press.

Strachan, J. (1999). Feminist educational leadership: Locating the concepts in practice. *Gender and Education, 11*(3), 309–325.

Vecchio, R. P. (2002). Leadership and gender advantage. *Leadership Quarterly, 13,* 643–671.

Vinnicombe, S. & Cames, I. (1998). A study of the leadership styles of female and male managers in 10 different nationality banks in Luxembourg, Using the personal attributes questionnaire. *International review of women and leadership, 4*(2), 24–33.

Williamson, R. D., & Martha, B. H. (2002). Breaking the bonds: Women school leaders confront the effects of socialization. *Parper presented at the annual meeting of the American Educational Research Association*, New Orleans, LA.

Yoder, J. D. (2001), "Making leadership work more effectively for women", *Journal of Social Issues, Vol. 57 No. 4*, pp. 815–828.

Yukl, G. A. (2006). *Leadership in oranization* (6th ed). Englewood Cliff, NJ: Prentice–Hall.

찾아보기

내용

저자 소개

주철안(Joo, Chul An)

서울대학교 사범대학 교육학과 문학사

서울대학교 행정대학원 행정학 석사

미국 하버드대학교 대학원 교육학 박사

전 한국교육행정학회장

　　한국교육재정경제학회장

　　한국교원단체총연합회 부회장

　　부산대학교 교육부총장 겸 대학원장

현 부산대학교 교수

〈주요 저서〉

『교직실무』(2판, 공저, 학지사, 2021),『교육행정 및 교육경영』(2판, 공저, 학지사, 2021)

『교육재정학』(공저, 학지사, 2014),『배움과 돌봄의 학교공동체』(공저, 학지사, 2009)

『교육리더십』(공저, 교육과학사, 2004),『전환시대의 한국교육행정』(공저, 원미사, 2002)

강석봉(Kang Seokbong)

부산대학교 대학원 교육학 박사

전 부산대학교, 부산교육대학교, 신라대학교, 경성대학교 강사

현 부산 양정초등학교 교무부장 교사

〈주요 저서 및 논문〉

『학교경영컨설팅』(공저, 학지사, 2013)

「초등학교 부장교사 리더십에 관한 질적 사례 연구」(공저, 교육행정학연구, 2013)

「의원발의 교육법률안 증가와 그 영향요인 분석」(공저, 교육행정학연구, 2008) 외 다수

서용희(Seo, Yonghee)

부산대학교 대학원 교육학 박사

전 부산대학교, 부산교육대학교, 부경대학교, 부산외국어대학교 강사

　　부산외국어대학교 교육평가혁신센터 전임연구원

현 동아대학교 교육혁신원 조교수

〈주요 논문〉

「중학교 학교장의 여성적 리더십 특성에 관한 질적 연구」(교육행정학연구, 2015)

「한국과 중국 대학생의 핵심역량수준 및 미래지향적인 핵심역량 중요도」(공저, 비교교육연구, 2015)

「디지털교과서 전면도입에 따른 학습격차 심화가능성 탐색」(공저, 수산해양교육연구, 2014) 외 다수

이상철(Lee Sangchul)
부산대학교 대학원 교육학 박사
전 부산광역시 중·고등학교 교사
　　부산대학교 교육학과 전임대우강사
현 부산광역시교육청 교육정책연구소 선임연구위원

〈주요 저서 및 논문〉
『교직실무』(공저, 학지사, 2021)
「학교장의 변혁적 지도성과 교사의 민주적 의사결정 참여가 교사의 학교만족도에 미치는 영향」
　　(교육혁신연구, 2018)
「시·도교육청 차원의 정책결정 과정 분석: 부산다행복교육지구 정책결정 과정을 중심으로」
　　(수산해양교육연구, 2018) 외 다수

이영내(Lee YoungNae)
경북대학교 대학원 간호학 박사
부산대학교 대학원 교육학 박사
현 부산대학교 교육학과 강사

〈주요 저서〉
『교직실무』(공저, 학지사, 2021)
『인간관계와 의사소통』(공저, 수문사, 2021)

홍창남(Hong Changnam)
서울대학교 대학원 교육학 박사
전 한국교육개발원 부연구위원
　　한국교원교육학회장 역임
　　부산대학교 사범대학장 역임
현 부산대학교 교수

〈주요 저서〉
『교직실무』(2판, 공저, 학지사, 2021)
『교육행정 및 교육경영』(2판, 공저, 학지사, 2021)
『학교컨설턴트 가이드북』(공저, 학지사, 2015)
『학교경영컨설팅』(공저, 학지사, 2013)
『학교경영컨설팅과 수업컨설팅』(공저, 교육과학사, 2008)

교육 리더십
Educational Leadership

2022년 2월 20일 1판 1쇄 인쇄
2022년 2월 25일 1판 1쇄 발행

지은이 • 주철안 · 강석봉 · 서용희 · 이상철 · 이영내 · 홍창남
펴낸이 • 김진환
펴낸곳 • ㈜ **학 지사**
　　　　04031 서울특별시 마포구 양화로 15길 20 마인드월드빌딩
대표전화 • 02-330-5114　　팩스 • 02-324-2345
등록번호 • 제313-2006-000265호

홈페이지 • http://www.hakjisa.co.kr
페이스북 • https://www.facebook.com/hakjisabook

ISBN 978-89-997-2604-0　93370

정가 22,000원

출판 · 교육 · 미디어기업 **학 지사**

간호보건의학출판 **학지사메디컬** www.hakjisamd.co.kr
심리검사연구소 **인싸이트** www.inpsyt.co.kr
학술논문서비스 **뉴논문** www.newnonmun.com
교육연수원 **카운피아** www.counpia.com